刘秀与河北

主编 常海成

河北大学出版社
·保定·

出 版 人：朱文富
责任编辑：李丽华
装帧设计：王占梅
责任校对：冯博楠
责任印制：常 凯

图书在版编目（CIP）数据

刘秀与河北 / 常海成主编 . -- 保定：河北大学出版社，2021.7
ISBN 978-7-5666-1799-6

Ⅰ . ①刘… Ⅱ . ①常… Ⅲ . ①汉光武帝（前 6-57）- 生平事迹 Ⅳ . ① K827=342

中国版本图书馆 CIP 数据核字（2021）第 000098 号

出版发行：河北大学出版社
地址：河北省保定市七一东路 2666 号 邮编：071000
电话：0312-5073019 0312-5073029
邮箱：hbdxcbs818@163.com 网址：www.hbdxcbs.com
印 刷：河北纪元数字印刷有限公司
幅面尺寸：170 mm × 240 mm 1/16
印 张：33
字 数：393 千字
版 次：2021 年 7 月第 1 版
印 次：2021 年 7 月第 1 次印刷
书 号：ISBN 978-7-5666-1799-6
定 价：118.00 元

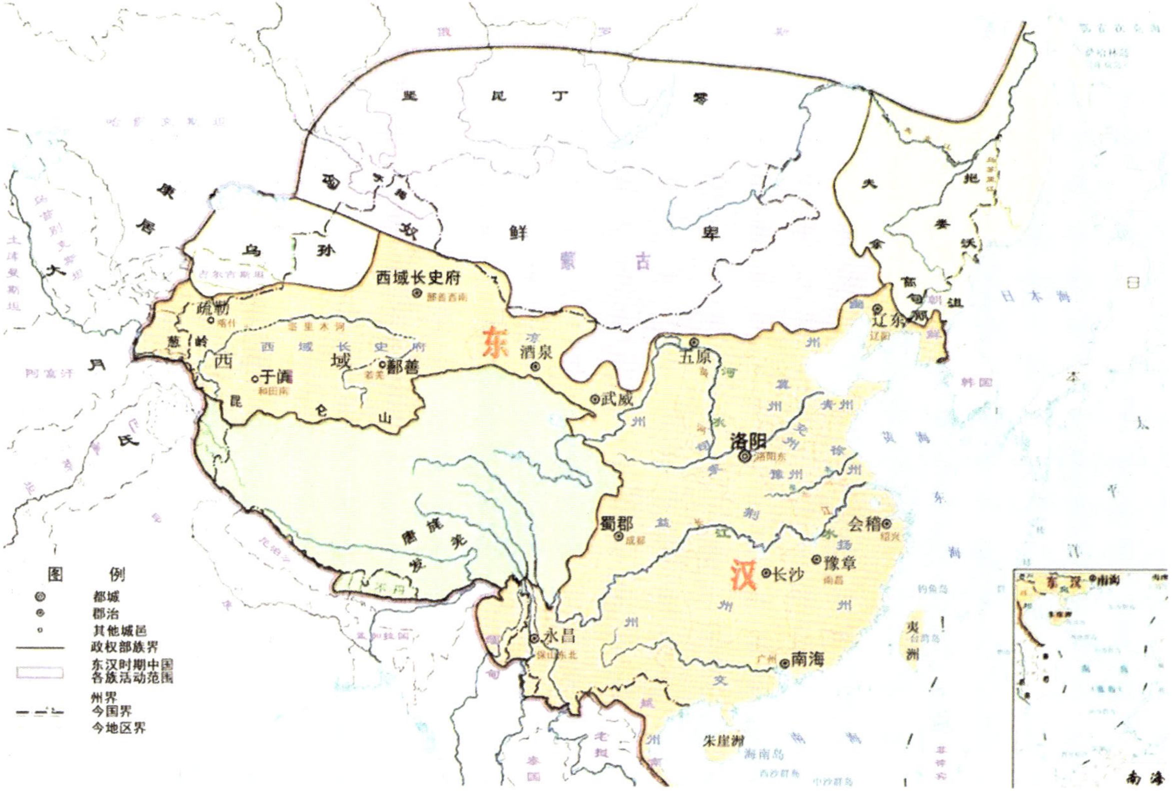

东
汉
洛阳
西域长史府
鲜卑
蒙古
坚昆
丁零
匈奴
乌孙
康居
大月氏
夫余
挹娄
高句丽
辽东
五原
武威
酒泉
鄯善
于阗
疏勒
葱岭
西域长史府
昆仑山
蜀郡
会稽
豫章
长沙
永昌
南海
朱崖洲
海南岛
夷洲
日本海
图例
都城
郡治
其他城邑
政权部族界
东汉时期中国各族活动范围
州界
今国界
今地区界
南海

东汉疆域图

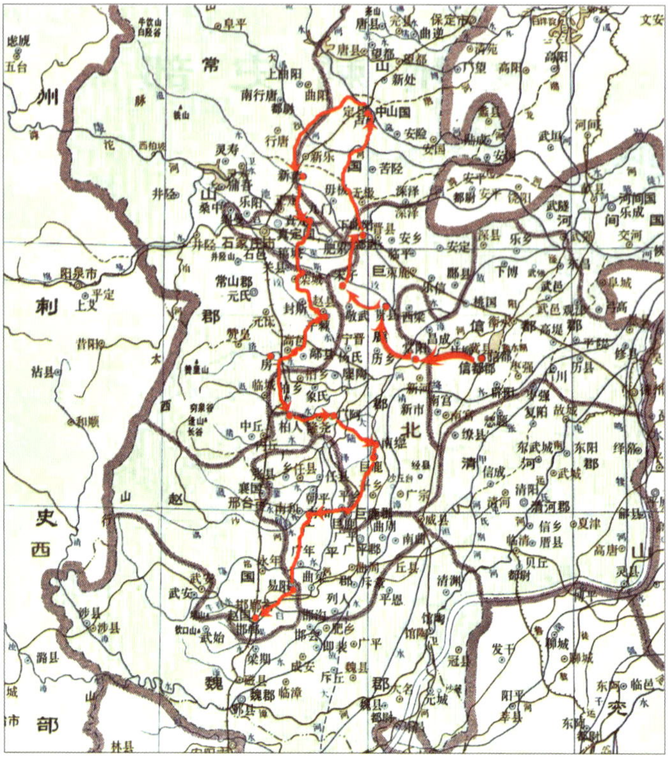

刘秀信都起兵消灭王郎路线图

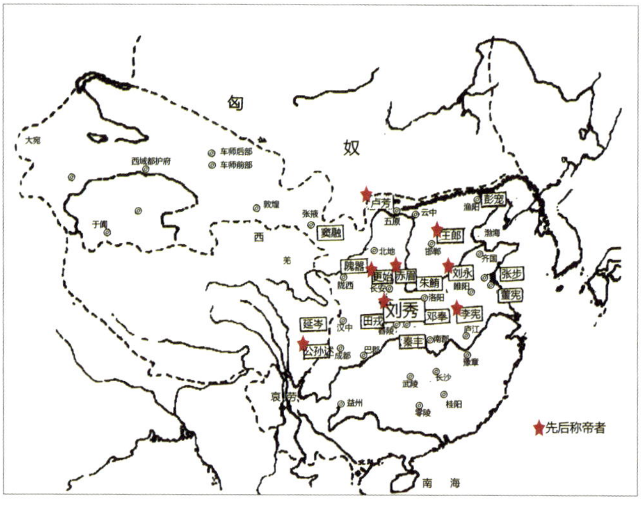

刘秀称帝前后割据形势图

编　委　会

主　编　常海成

副主编　郑文林　滑春改　齐春荣

编　辑　尚旭璟　李　谋　王　博　赵希文

回彦芹　张彩霞

序　一

常海成先生是河北地方志领域的儒者，是我的良师益友。先生治学严谨，著述甚丰，多年在地方史志领域笔耕不辍，积淀深厚。最近编著的《刘秀与河北》即将出版，约我为之写序，盛情难却，只得从之，我深感荣幸且欣慰先生不断有新作付梓。

诚如先生在该书综述中所说，刘秀兵起河南，先与其兄刘縯辅助更始帝刘玄推翻新莽政权，继而为更始帝大司马持节巡守河北，经历了“王郎赶刘秀”的危难艰辛，在河北、河南二十八将辅佐下，征战河北，灭邯郸伪皇帝王郎，继而取代更始帝刘玄，创建东汉，成为中国历史上一代明君。

河北是刘秀征战封王的政治发祥地，也是创建东汉王朝的奠基之地。在河北的山水村镇、城邑、田畴之间，留下了很多刘秀的传说。这些口头传说的故事与真实的历史之间，有着非常微妙的关系。这些民间传说，既融汇了一些历史的真实背景，也杂陈了河北人民的对刘秀及其团队的爱，以及对“王莽”（实际上是邯郸伪皇帝王郎）的恨，其中的是非观与历史观是世代在百姓心中传承的一种文化。

我在20世纪90年代后期也写过关于刘秀在河北传说与历史真伪的文章，应河北人民广播电台邀请，主讲了三集《刘秀在河北的传说与历史》。之后，又应河北电视台邀请，在电视台“公共频道”《燕赵大讲堂》节目中，主讲了四集电视版《刘秀在河北的传说与历史》。2015年，应河北人民广播电台邀请，作为数百集大型历史文化广播节目《燕赵传奇》的总撰稿与主讲人，我在《皇家文化》系列节目中再次主讲了《刘秀在河北》的历史。其间，我认真翻阅史书，并且在衡水、邢台、石家庄等地做了一些考察调研，搜集了一些民间故事，在我们的节目中，努力让历史活在河北的城镇村落之间，努力将刘秀在河北真实的历史与河北的地方风物结合起来。而今，拜读海成先生的这部大作，深感学海无涯、学无止境啊！无论是广播电视节目，还是做学问，不仅要读万卷书，更要行万里路！

海成先生以多年学术积累，编著的这部《刘秀与河北》分上、中、下三编。上编是先生多年耕耘于地方史志文献的海洋，勤勉搜集、积累的河北各地关于刘秀的民间传说。有些传说虽与史实相去甚远，但其中浸润了仁善美德，闪耀着人性的光辉，远远超越历史而植根于民间，读罢令人不由得泪目。中编系统梳理了史籍中关于刘秀中兴汉室、治国安邦的记述，先生还广征博引，整理了关于刘秀及其将领们的成语和诗歌。尤为可贵的是，先生以河北先贤治学精神为珪璋，师承郦道元作《水经注》之雅范，行走于燕赵大地，收录了河北各地存留于城镇乡村与庙祠中的碑碣题记等地方文献，补正史之不足，更显弥足珍贵，读罢方知先生学养之深厚，积淀之广博。下编收入了部分学术论文和历代名人、学者对刘秀的评述。书后附录光武中兴二十八功臣简介和刘秀年表，可谓仰观千古史籍之博，俯察地方文献品类之盛，洋洋大观，堪为“刘秀在河北”的学问之集大成矣。

这部《刘秀与河北》既是一部专业的学术专著，也是一本好看而易读的通俗读本。严谨的学养用通俗的语言表述其精道，是海成先生修养的功力。诚如先生平时为人、为学、为师，善于娓娓道来且言必有据，谦谦君子之气而不失实事求是的学术风骨。读罢先生大作，感悟其学养之深厚、学术积累之广博、治学著述之艰辛，于是抒发治学情怀于此，聊以为序，与海成先生共勉并就教于方家。

梁勇

辛丑正月于鉴古斋

梁勇，河北省政府文史研究馆馆员、文史专家。

序　二

常海成先生嘱我为他的新书《刘秀与河北》作序。该书收录了关于刘秀在河北各地的传说故事、文史资料和学术研究成果，包括关于刘秀的典籍记载、成语、历代诗歌、学术论文和历代评述。我读后慨然答应，开始深入思考刘秀传说及其意义。

说起来，我自己就是听刘秀传说长大的。我出生、成长的深州辛村，传说本来叫宝桑村，而且村名是刘秀所赐。说是当年刘秀走国经过此地，饥饿难忍，便以桑葚果腹，称帝后赐村名宝桑。村里老人说，光绪二十八年（1902年）六月爆发霍乱，俗称转大筋，到处死人，各村出村报丧都须二人以上，以免报丧者发病身亡。当时屡有把宝桑村人误为报丧者，于是忍痛舍弃刘秀赐的村名宝桑，改为辛村至今。

我认为在刘秀活着的时候，就已经有刘秀的传说了。大家知道，他成为东汉的开国皇帝完全靠个人奋斗得来，而不是靠什么高祖九世孙正宗皇裔。因为在皇位继承的序列里，他原本是连个边儿都沾不上的角色。可特殊历史的因缘际会，让他从起兵到称帝三年，从称帝到统一全国十二年，成就灿烂辉煌人生。当然，过程也曲折传奇。除了他具备了勇敢、智慧、隐忍、周全等品格外，我相信他和他的团队对他形象的包装、品牌营销也是做足了功夫。最重要、最有效的手段就是仿照他老祖宗刘邦，自称赤帝之子，斩白蛇，设祭坛起事，让吕后散布每次找到他时，都是在他藏身的地方见到彩云缭绕等。刘秀肯定得了真传，同样是利用传说，把一介布衣，硬生生传说成比嫡传还正宗的真龙天子。传说，无疑为他的开挂人生帮了大忙。

东汉八世十四帝，江山一百九十五年，虽比西汉略少，但也是近两个世纪的漫长岁月。刘秀的后人们出于各种想法，仍须持续地捍卫刘秀的正统地位，以巩固他开创的基业。可以想见，这个时期，从皇室到朝臣，从官员到乡绅，从军士到百姓，应是全社会动员参与，宣扬刘秀的神明天助，更把传说这个形式运用到极致。直至东汉末年，他们的后人刘备，一个卖草鞋的，也有样学样起兵，自己常把中山靖王之后挂在嘴边，生怕别人忘掉。姓刘的皇帝在曹操那里，象征皇权的传国玉玺在孙权手上，他两手空空，就靠这么个传说，弄些皇嫡蹊跷，三分天下，虽未能光复汉室，也鼎立西南多年。

东汉以降，近两千年来，关于刘秀的传说绵延不绝。既有真实正史记载，也有寺庙道观加持，还有碑石拓片为证，戏曲鼓书诗词绘画升华，使这些传说成为世代传诵的重要题材。这当然是得到历代统治者赞同或默许的，我相信也同时反映了人民群众对英雄、对明君、对法统的认可和喜爱。

时至今日，江山犹在，两千年的传说犹在，刘秀的传说尤甚。毛泽东同志说，刘秀是最有学问、最会打仗、最会用人的皇帝。这个被他格外推崇的皇帝，是在咱河北征战称帝的，这是史实不是传说，他的大业在河北功成，东汉的江山在河北奠基，咱河北对刘秀肯定多几分亲切。关于他的传说也多跟地名、村名、生产、生活、树木、生物密切关联，深刻地嵌入人们的精神和生活，代代相传，长盛不衰，早已成为令我们自豪、促我们奋进的重要文化遗产。

物格而后知至。思考了刘秀传说的意义，《刘秀与河北》一书的意义不须赘言，其义自明。常海成先生作为河北地域文化研究者，多年来对冀州文化、衡水文化、河北文化都有不凡贡献，我向他表示敬意和祝贺。

是为序。

陈廷佑

2021 年 4 月

陈廷佑，国务院参事室原巡视员、作家、书法家。

编著说明

一、编纂目的

本书意图将历代典籍记载、传说故事、地方文献及部分学术研究成果汇集整理，形成刘秀在河北比较完整的文化资料集，以期读者更方便地了解、研究刘秀这个重要的历史人物，从中受到启迪，获得教益。

二、选材编排

收录刘秀在河北各地的传说故事、文史资料和学术研究成果。为保持人物资料的完整性，酌情收录与河北相关的部分域外内容。全书分上、中、下三编，上编为刘秀在河北的传说故事，中编主要涵盖关于刘秀的典籍记载、成语和历代诗歌，下编收入部分学术论文和历代对刘秀的评述，附录“光武中兴”二十八功臣简介和刘秀年表。

三、资料来源

资料主要来源于历代相关典籍、报纸、杂志、学术期刊、河北地方志书和地方文化资料，部分内容尤其是传说故事参考了互联网上的资料。

四、语言文字

以现代规范白话文语体为主，古代典籍引文保留原著原文并加注标点。文字采用简化汉字，以教育部 2013 年颁布的《通用规范汉字表》为标准，参考 2016 年 9 月第七版《现代汉语词典》及《叶典》（字海网）。标点符号采用 2012 年 6 月 1 日实施的《标点符号用法》

（GB/T15834—2011）。

五、纪年、计量单位和数字

1949年9月30日以前的纪年采用传统纪年括注公元纪年的形式，1949年9月30日以后采用公元纪年。数字书写以2011年11月实施的《中华人民共和国国家标准出版物数字用法》为标准，计量单位以1993年12月27日国家技术监督局发布的《量和单位》为标准。古代文献引文中的纪年、数字和计量单位保持原貌不变，民间传说故事原文中的计量单位保持原貌不变。

六、地名

正文中的古代地名采用脚注的形式注明古今地名的对应关系。

综　　述

在中国的历代帝王中，汉光武帝刘秀既是东汉的“定鼎帝王”，又是“中兴之君”，堪称千古一帝。毛泽东同志在批阅历史古籍《后汉书》时，曾用三个“最”字评价东汉开国皇帝刘秀：东汉光武帝、南阳人刘秀是历史上最有学问、最会打仗、最会用人的皇帝。毛泽东之所以给刘秀如此高的历史定位，与刘秀在历代帝王中卓然不群的个性、英勇过人的才能和克定祸乱、光复汉室的业绩有重要关系。

刘秀是汉高祖刘邦的九世孙。他生于西汉王朝没落的年代，虽依然是皇室苗裔，但泯然一介布衣，丧失了几乎一切可以利用的皇家资源。在王莽新朝的乱世中，刘秀骑着一头牛走向了推翻王莽统治的战场，并且从中脱颖而出。他凭借超人的勇略在昆阳之战中大放异彩，以数千之众击溃王莽数十万大军，彻底动摇了王莽政权的统治。王莽政权垮台后，他巡行河北，遇上冒充皇帝之后的王郎，在河北大地上遭到王郎的追杀。然而，刘秀依然艰难崛起，扫平赤眉，打下关东，先后战胜众多农民起义军和地方割据势力，平定了天下。刘秀具有强烈的民本意识，他“以柔道理天下”，“泛爱容众”，善于争取人心，凝聚民意，注重人民休养生息。光武一朝，国家逐渐强盛，民生大为改善，文化空前繁荣，这就是史书上称道的“光武中兴”。

刘秀虽出身太学生，但他从不脱离社会实际，极具务实精神。他是卓越的军事家，几乎每战必胜，却不好大喜功、穷兵黩武。他是优秀的政治家，却没有政治人物惯有的冷酷无情，反而事事彰显了浓浓的人情味。他是富有四海的皇帝，却一生勤俭，毫无穷奢极欲的思想。他是高于一切的统治者，却时时事事以民命为旨归，真正践行了儒家的民本思想。刘秀不但在其当世创造了光武中兴的繁荣社会，还积极弘扬文化，给后世留下了非常宝贵的文化遗产，为社会文化的兴盛做出了不朽的贡献。他是历代帝王无人能及的“成语帝”，他的许多言行和事迹成为汉语经典词汇或成语。他足迹所至，不仅造就了诸多文化遗存，还在民间留下了众多的传说、故事。特别是在他奠定帝业的河北地区，其传说、故事不仅数量众多、内容广泛，还与当地文化、风物融合在了一起，成为民间文化活动的重要组成部分。

可以说，刘秀是中国历史上不多见的儒者型帝王，他身上凸显的文化特质，使他在中国封建社会历代帝王中格外引人注目。他在历史、人民、文化和学术四个方面的建树与作为，也对后世产生了重要的影响，非常值得我们研究和学习。

近年来，刘秀的历史地位、治国方略、社会贡献，以及他身上体现的人性、文化、思想等特点成为学术研究的热点，产生了许多颇具见地的学术论文。

刘秀的帝业兴于河北，成于河北，可以说，没有河北，就没有东汉王朝的“光武中兴”。本书以刘秀在河北为焦点，重点收录了刘秀在河北的传说故事、典籍记载和文化遗存，既是通俗读物，又是文化资料集。此书的出版有助于人们了解并研究东汉之初河北的重要地位，进而重新审视河北在中国历史上的定位，从中汲取经验，增强信心，为地方经济和文化的发展做出更大贡献。

目　　录

上　编　传说中的光武帝

中编　典籍中的光武帝

下编　评述中的光武帝

上编

传说中的光武帝

河北城乡大地广泛流传着“王莽赶刘秀”的传说，民间称“刘秀走国”。这些传说虽然并非皆为史实，但根植于民间，在石家庄、邢台等七八个地区代代相传，耳熟能详。

西汉末年，王莽新朝被推翻后，汉更始帝刘玄继位。更始元年（23 年）十月，刘秀以大司马的身份到河北安抚州郡。此时，王郎在邯郸冒充汉室传人，自立为帝，悬赏追杀刘秀。刘秀势单力薄，不得不在常山郡（今石家庄）、信都郡（今衡水市冀州区）、巨鹿郡（今巨鹿县、平乡县）等地东躲西藏。刘秀逃至信都，太守任光打开城门迎接，和成太守邳彤（冀州人）率军救援。后来，他娶真定王刘杨的外甥女郭圣通为妻，得到刘杨大军的支持，平定了河北，并且在鄗地（今属柏乡县）筑千秋台称帝，即东汉的开国皇帝。

东汉光武帝刘秀

王郎追杀刘秀起于蓟城（今属北京市），从此辗转向西南而逃，其足迹几乎遍及河北中部和南部一带，因此在河北民间流传着“王郎追杀刘秀”的大量民间故事、传说。有些故事在口口相传的过程中逐渐演变为“王莽赶刘秀”，从而造成在同一地域的民间故事中，既有“王郎赶刘秀”，也有“王莽赶刘秀”。甚至在有些故事中，刘秀竟成了王莽的外孙。追根溯源，因为创作或改编故事的部分民间人士缺乏相应的历史知识，造成了他们创作的人物与事件逻辑关系的错位，部分故事因此便有了一定的荒诞色彩。

刘秀的民间故事是一个历史人物、地方风物与传说相结合的口头文学系列，具有很强的地域特色，由群众口口相传千年不衰，影响极为深远。其主干故事在《后汉书》及其他地方志书中均有记载，富有历史价值。许多相关的地名、村名承载着历史文化，传承着同情弱者、舍己为人、诚信正义、善良感恩等民族人文精神和传统美德。

本编收入传说、故事 218 个，涉及许多山川河流，主要是太行山、滹沱河、拖枪河（泥河）；涉及石家庄、保定、邢台、邯郸、衡水、廊坊、沧州共 7 个地级市、65 个市县区、140 多个村庄。民间故事中涉及的动物有蝼蛄、蜘蛛、马、骡、牛、寒号鸟等，植物有松、柏、椿树、桑树等。同一个故事在各地内容相似，表述方式不一。“耕地救刘秀”“蝼蛄救刘秀”“蜘蛛救驾”“扳倒井”“滹沱河结冰”等在多个市县中均有相似的传说。为保持这一历史特点，在此一并收录，供读者鉴赏。

第一章　廊坊市与沧州市

廊坊市是河北省辖地级市，位于河北省中部偏东，北临首都北京，东交天津，南接沧州，西连保定。沧州市属河北省辖地级市，地处河北省的东南部，濒临海河流域，境内河流众多，素有“九河下梢”之称。廊坊市与沧州市的大部分地区在汉代属幽州渤海郡，沧州市的局部地区属冀州。廊坊市的安次区、固安县和沧州市的沧县、肃宁县、献县、河间市等，流传着很多关于刘秀的民间故事，本章辑录了其中的 11 个。

一、安次区[①]

龙凤呈祥

西汉末年，王莽篡位，天下大乱，刘秀参加了推翻王莽政权的起义军。由于他智勇双全，很快成为义军首领，旌麾指处，所向披靡。

一年，刘秀率大军在幽州安次征讨尤来、五幡等农民军。军队在行进当中，忽然一阵混乱。刘秀不知何故，以为遇到敌兵，刚欲探问，见路旁不远处树荫下有一位少女边牧羊边唱歌，歌声悠扬。少女的美

① 安次区：位于廊坊市中东部，西汉高祖初年（前 206 年）设安次县，隶属幽州渤海郡，后置方成县，属燕国，后属广阳郡。东汉建武二年（26 年），方成县改为方城县，属幽州广阳国；建武十三年（37 年），改属上谷郡。

貌和百灵鸟般的歌声令三军驻足不前。

是夜，月明如洗，刘秀辗转难眠。朦胧中见一须眉皆白的老者走到近前，自言是月下老人，掌管人世婚姻，并且说：“将军征战天下，英雄无匹。红花需绿叶相配，将军此行将了结前世未了的姻缘。”说着，老者拿一红绳系于刘秀左手之上。刘秀方欲细问，却忽然醒来，乃帐中一梦。

次日，刘秀将梦中之事说与军师邓禹。邓禹说：“此乃上天之意，将军可还记得昨日三军被一牧羊少女牵动裹足不前？我曾看其右手有一红绳，当时不知何故，今听将军之梦，此女乃将军之属。”

这牧羊女本是凤娘转世之身，生于幽州安次金姓之家，名金凤。金凤出生百日，有一老者称金凤乃皇后之命并送一红绳，称长大之后系于右手，将有贵人来娶。

邓禹到金凤家将刘秀想娶金凤之意说出。谁知金凤一听泪如雨下，并不同意。众人相劝方知金凤看家乡干旱贫穷，不忍舍父母、乡亲而自己享受荣华富贵。邓禹将实情告诉刘秀。刘秀当日食不甘味，寝不安眠。第二日，军卒来报，夜间天降双河。双河一脉源自西北高山，后分为二河。刘秀急忙带领众将观看，只见一条大河在军营南浩浩荡荡，急流滚滚，似一条巨龙弯转向东南。另一条河在军营北，碧水粼粼，波光亮丽，在阳光照耀下色彩斑斓，如同彩凤。

回到帐中，邓禹对刘秀讲：“一夜忽降二河，应龙凤呈祥之意。干涸的土地可灌溉，民众可富庶，金凤爱家乡父老之意可全，将军之愿可了。”

邓禹再去金凤家提亲，金凤欣然同意。经过南北转战，刘秀当了皇帝，金凤也就成了皇后。后来，人们便把南边的河叫“龙河”，北边的河叫“凤河”。

今天，这两条河中的一条在廊坊南，一条在廊坊北，仍然叫龙河和凤河。

二、固安县[①]

刘秀与公主府

刘秀在河南被王莽打败后，把马和兵器都卖了，一边讨饭，一边往河北走。那会儿，他真够惨的，连累带饿，身上还带着伤。当他走到固安县的聚粮屯外时，实在迈不动步了。恰好一个十几岁的小姑娘看见了精疲力竭的刘秀，姑娘心眼挺好，就把刘秀搀到家里去了，做了点吃的，又给他的伤口抹上了点药。刘秀调养了几天，身体恢复了，便告辞继续北行。在村北口，刘秀发誓说，一旦自己有出头之日，一定要报答救命之恩。

刘秀当了皇上后，还真的没有忘记这件事。可是，他只记得是什么县，忘了村名和姑娘的名字。于是，刘秀叫画匠照他说的模样画了许多像，让手下的人拿着到县城附近去找人。有一个跟姑娘一村的人进城看到画像后，就告诉姑娘说城门洞那儿挂着她的画像，不知要干什么。姑娘听后不信，跑去一看，还真是，于是就问两位看画的差人谁给画的像，干吗要挂在那里。两个差人见她跟画像上人的模样一样，一个赶紧跑去报告县官，另一个告诉她说："画像上的这个人以前救过皇上，皇上正找她呢！"不一会儿，大轿就被抬来了，县官亲自跟着。姑娘纳闷："皇上找我干什么呢？"在县衙，众人好吃好喝好穿戴地招

① 固安县：位于廊坊市中西部，汉代为方城县之地，东汉划入幽州涿郡。

待了姑娘两天，然后一路吹吹打打把姑娘送进了皇宫。到了皇宫，刘秀一看，就是这个姑娘！姑娘一看刘秀也愣住了，说：“你不是那个讨饭的老头吗?”刘秀一听心里有点不高兴，但没说什么，让人把姑娘送到后宫去了。刘秀刚当皇上，事挺多，过了几天之后才又把姑娘找来。刘秀说：“我就是那个要饭的老头，现在当皇上了。你以前救过我的命，我想封你为公主，给我当个闺女，你看怎么样?”姑娘挺干脆，说：“行，不过你们皇宫太憋得慌，我受不了，我得回家去。我妈身体不好，老有病，我得伺候她。”刘秀说：“可以。”他又问姑娘要什么东西，告诉她宫中的东西可以随便拿。姑娘说：“我什么也不要。当初救你是看你怪可怜的，不为别的。”姑娘回去之后，刘秀派人送去很多金银财宝，还盖了一座很大的公主府，后来又为姑娘招了一位驸马。慢慢地，这个村就被叫成了“公主府”，原来的“聚粮屯”村名被人们逐渐淡忘了。

三、沧县①

黄递铺的由来

公元23年，刘玄派刘秀去镇抚河北诸郡。刘秀刚进河北境内就遭到在邯郸称王的王郎的追杀，落荒而逃。

有一天，刘秀来到沧州南边的一个小村边。天已傍晚，他累得实在走不动了，索性躺在一棵大桑树下，仰面朝天地睡着了。到了后半夜，一阵凉风吹过，树上噼里啪啦地掉下几颗桑葚，正好落在刘秀的

① 沧县：位于沧州市中部，西汉置浮阳县、中邑县，属幽州渤海郡。浮阳县，王莽时称浮城县；中邑县，王莽时称检阴。东汉废中邑入浮阳。

嘴里。刘秀吧嗒吧嗒嘴，觉得又鲜又甜，于是爬到树上饱餐了一顿，然后对桑树说：“树啊，树啊，今天你救了我，有朝一日我当了皇上，一定封你为树王。”说罢，他又提刀上马朝西北去了。

次日，他来到黄递铺南洼的一片枣林里。此时正是晌午时分，天上无风，骄阳似火，刘秀又热又渴。进村喝水吧，担心暴露了身份；到附近野洼里去寻水吧，又没有塘井和小河。正在为难之际，忽然有一只花喜鹊站在枣树上叫：“喳碴喳，喳喳喳，请到这儿喝水吧!”刘秀大步走过去一看，果然在一丛酸枣树下有眼古老的水井，水面离井沿有五尺深。刘秀身旁没有水桶、瓦罐，只好趴在井沿边探下身子去喝，可折腾了半天也没喝上一口。

刘秀渴急了，就使劲扒着井沿说：“井水，井水，救救过路人，今天得了救，来日报大恩。”话音刚落，那眼井就慢慢向南倾斜，清凉的井水流到井沿边，刘秀一伸脖子，咕咚咕咚喝了个饱。

喝完水，他把衣服挂在一根树杈上，躺在一堆柴火上睡着了。不一会儿，他觉得身子底下有只虫子又拱又挠，实在难受。刘秀伸手一摸，原来是只蝼蛄，气得他咔嚓一下掐掉了蝼蛄的脑袋。这时，忽听得远处传来了哒哒的马蹄声，刘秀抬头一看，王郎的追兵到了。

他立即钻进柴火堆里一动不动，凑巧这时来了一只大花狗，在柴火堆上拉了一摊屎。当王郎领兵来到这儿一看，发现柴堆上有摊纹丝没动的狗屎，又见刘秀的衣裳挂在井边的树杈上，以为他跳井死了，便率兵走了。

刘秀从柴火堆里钻出来以后，寻回坐骑，正待上马要走时，忽然看见了那只刚刚掉头的蝼蛄，心想：“刚才要不是它拱醒了我，我就成了王郎的俘虏了。”想到这儿，刘秀掰了一根枣树刺，把蝼蛄的首身串接在一起，所以至今蝼蛄脖子处还有根枣刺似的东西。

刘秀平定天下后，当了东汉的开国皇帝。他回忆往事，感慨颇多，遂御赐当年歇过脚的这个村庄为“皇帝铺”、喝过水的井叫“扳倒井”、挂过盔甲的酸枣树为“挂甲树”。

明朝时，“皇帝铺”成了官府传递书信的驿站，为了避讳，故把村名改为“黄递铺”。

四、河间市①

赤塔村的来历

河间城北二十七里处有一个村子名叫赤塔。传说它原来并不叫赤塔，而叫黑狗塔。说起这个村的演变，还有一段故事呢。

公元 23 年，刘秀受命到燕赵旧地安抚郡县。汉成帝刘骜的儿子刘子舆听说刘秀到了河北地面，遂派兵追剿刘秀，直杀得刘秀丢盔弃甲，落荒而逃。

这一天，刘秀孤苦伶仃一个人逃到大洼旷野。此时，正是场干地净的季节，千里平原没有遮拦，只见身后尘土飞扬，人喊马嘶，刘秀不禁对天长叹：“今日吾命休矣！”狂奔之际，他见前面有处苇塘，就一头扎了进去。

追兵赶来，把整个苇塘团团围住。几个追兵站在马鞍桥上朝里喊话，让刘秀出来受死。刘秀打定主意，死也不出去。追兵放起火来，风助火势，整个苇塘顷刻成了火海，一群群鸟雀哀叫着飞走了，那狂奔的兔子、哀鸣的狐狸在火里乱窜。忽然，一只黑狗拖着满身泥水跑

① 河间市：县级市，位于沧州市西部，汉代为武垣县之地，属冀州河间国。

到刘秀面前，嗅嗅他的脚，“汪汪”叫了两声，走了。刘秀会意，紧紧跟着那只黑狗来到一个小土坑前，原来这个坑是这只黑狗刨的。刘秀顾不得多想，就蹲到了里边。黑狗拖着浑身泥水在刘秀周围转了起来。渐渐地，刘秀周围的苇子湿了，倒了，黑狗越跑越慢，最后朝着刘秀哀哀地叫了两声，死去了。大火绕过了这片地面，刘秀逃过了一劫。

追兵望着烈焰腾空的火海，在岸上哈哈大笑。他们认为刘秀被烧死了，于是鸣锣收了兵。

刘秀登基做了皇帝后，为了感谢黑狗的救命之恩，遂命工匠在苇塘边修建了一座红塔，取名“黑狗塔”。因塔为红色，俗称“赤塔”。后来，塔西渐渐有人聚居成村，遂叫“赤塔村”。而今，塔基仍可辨认。

五、肃宁县[①]

夜走三阳

汉朝更始年间，刘秀以破虏将军行大司马事的身份，从洛阳到河北安抚郡县。当时，邯郸以北、辽河以西的广大地区，已被算命先生出身、在邯郸称帝的王郎占领。王郎先截断刘秀南归之路，然后悬赏“封十万户”，派兵到处追杀刘秀。刘秀到达蓟城（今属北京）后，被王郎部将刘接围困。在万分危急的情况下，刘秀决定突围投奔信都（今衡水冀州）太守任光。他带领邓禹、冯异、王霸等人逃出南门，顶风冒雪，一路南奔。传说刘秀等人在一夜之间穿越高阳、蠡阳（今肃

① 肃宁县：位于沧州市最西端，与保定市接壤。辖区秦置武垣县，西汉属涿郡，王莽时称垣翰亭。

宁古城东门叫载阳门）、饶阳，即“夜走三阳”。

卖豆腐的敲小梆子

现在卖豆腐的敲小梆子，而且节奏急促，这是为什么呢？传说这与“刘秀走国”有关。

传说东汉以前，卖豆腐敲的是大木梆子，一下儿、一下儿慢慢地敲，与过去官府夜间巡逻打更的声音差不多。

当年刘秀走到肃宁西南一带时，天色已晚，便在今曲吕村东、寺上村的玉皇阁住了下来。天刚亮，听到外面有敲梆子的声音，好像官府巡逻的声音。刘秀等人以为是官府的追兵来了，都吓坏了，跑出去一看，虚惊一场，原来是一个卖豆腐的老头在敲梆子。

刘秀当了皇帝后，想起此事，便下了个命令：卖豆腐的不准敲梆子，用嘴吆喝。可是用嘴吆喝人们很不习惯，便偷偷做了个小梆子。因为怕被官府发现，急急忙忙敲几下就停下来，把小梆子藏在怀里，看看没人来管就再敲几下。

卖豆腐的敲小梆子就是这么来的。

曲吕村名的来历

在肃宁县西南与饶阳县接壤的地方有一个村庄，叫曲吕村。曲吕这村名是怎样来的呢？这得从西汉末年“刘秀走国”谈起。

有一天，刘秀一行人逃到肃宁境内，住在一个叫“玉皇阁”的破庙中。来到这里时，他们随身带的钱快花光了，缺衣少食，饥寒交迫，就想去附近的村子买些东西，讨要点食物。

这座破庙的西边就是如今的曲吕村。这个村的人不知道刘秀等人的底细，把刘秀派到村里买东西、讨要食物的随从都轰了出去。刘秀批评随从说：“你们太没用了！为什么不向村民讲明道理呢?”

刘秀亲自到村里讨要，可照样被人轰了出来。刘秀非常生气，认为村里人太不讲道理，于是带着他的随从朝饶阳一带逃去。

刘秀做了皇帝后，令该村子改名为“缺理”，意思是说村里人不近人情，不讲道理。“缺理”这个村名一直被沿用了好多年，后来一位叫刘有道的县令觉得“缺理”太不雅观，就取“缺理”的谐音“曲里”代替了“缺理”。

明朝嘉靖年间，政府重修地方志，用“曲里”的谐音“曲吕”代替了“曲里”。从此以后，“曲吕”这个村名一直被沿用至今。

蝼蛄吃碱地

刘秀走国时，为躲避追兵，藏在一个地洞里。地洞突然塌了，他正憋得难受，忽然觉得鼻翼有小动物蠕动，就顺手抓起来，一揪两截扔掉。

刘秀脱险后，发现被揪死的是一只拉拉蛄（蝼蛄），才知道若不是它钻个小洞透气，自己早就闷死了。他赶紧用一小段细棍把蝼蛄的头和身子连接起来，蝼蛄又活了。因此，现在蝼蛄的脖子很细。

为了感激蝼蛄的救命之恩，刘秀说：“你拣地里的去吃吧。”蝼蛄把“拣地”错听为“碱地”，以为受了皇封，让它到碱地里去吃。至今，蝼蛄就爱在碱地寻食。

六、献县[1]

刘秀渡河

相传刘秀到河北抚慰州郡，但更始皇帝没有给他一兵一卒。刘秀的活动在河北引起了当时盘踞在邯郸的王郎的注意。王郎不过是个江湖郎中，但他自称汉成帝的儿子刘子舆，要匡复汉室江山，很多不明真相的人相信了他的话，纷纷投到他的帐下。他的势力比刘秀大得多，但他察觉到刘秀必定会成为对他的威胁，便想吞并刘秀的势力，于是发兵讨伐刘秀。

这时候，刘秀虽然有了一支军队，但刚刚建立起来的军队在数量、质量上都与王郎相差悬殊。王郎悬赏要刘秀的人头，其手下对刘秀穷追不舍。刘秀的战马已经累得快虚脱了，眼看就要被追上了。为了逃命，刘秀把战马赶到西边以吸引追兵，自己往南跑去。但是，走了不到几里路，敌军发现了他的踪迹，又追了上来。刘秀眼见不能逃脱，心想：“难道今天我命当绝于此吗？我宁死也不当俘虏。”他拔出宝剑准备自杀。这时候，他忽然看到前方飞一般地向他跑来一匹白马，不久就停在了他的面前。他仔细一瞧，马上有鞍，却无人骑乘。刘秀赶紧上了马，飞奔而去。这匹马跑得跟飞一样，很快把敌人甩了很远。跑了一阵，马突然停住了，刘秀仔细一看，暗暗叫苦，前方一条大河拦住了去路。(那时北方的河流水势汹涌，河面宽阔）这匹马只是沿着河边跑，不敢下水。

---

① 献县：位于沧州市西部边界，西与石家庄市相连。辖境汉代为乐成县，属冀州河间国，为河间国治所驻地。王莽时称陆信县。

追兵越来越近了，刘秀一咬牙，死命地把马带到水里。当追兵赶到的时候，只见一人一马从汹涌的河水中横渡而去，再想放箭已经来不及了，想下水又怕被河流冲走，便只能败兴而归。

再说刘秀，好不容易到达对岸，看到追兵被河水挡住不前，知道自己安全了，于是想骑马去找自己的部属，却发现那匹驮他过河的白马已经瘫软在地，马身变成了一堆湿泥，只有马头完整无缺。刘秀不由地说："我以为你是水里的龙驹，不料却是个泥马头。"

后来，刘秀渡河的地方就有了两个村庄，一个叫"龙驹"，一个叫"泥马头"。

晒不死的马齿苋

据说刘秀逃跑，天气太热，想凉快凉快，可四下连棵树都没有。只好找了一棵较大的半死不活的野菜盖上，躲避热辣辣的太阳。野菜一离开地，在太阳光下很快就被晒成干了。刘秀说："这种菜晒不死多好！"因为受了皇封，这种菜真的晒不死了。不管晒多少天，只要一见湿就又能活得很水灵。这种野菜就是马齿苋。

椿树挂牌子、杨树响叶子

刘秀大热天逃跑，天太热了，就在一棵枝叶茂盛的杨树下乘凉，而且美美地睡了一觉，杨树上一点声音也没有。刘秀一觉醒来，十分高兴，心中暗暗说："有朝一日我坐天下，一定给这种树挂牌子。"几年后，刘秀果然做了皇帝，想起当年树的恩情，决定给这种树挂皇牌。因为当时是逃跑，没来得及细看树的样子，只记得那树的树身笔直，树皮青白细滑。椿树也是这种树干，奉旨去挂牌的人搞不清到底是杨树还是椿树，糊里糊涂地把皇牌错给椿树挂上了，还将椿树移植到院落中。杨树知道了很生气，于是整天哗哗作响以示抗议，而且从此以后只生长在村边路旁。

第二章　保定市

保定古称上谷，位于河北省中部，北邻北京，是首都的南大门。长期以来，保定是河北的政治、经济、文化、军事中心及全国的区域性政治中心。今保定辖区在汉代大部分属涿郡和中山国。西汉末年，刘秀走国南北纵穿该辖区，在高碑店市、涞源县、阜平县、满城区、清苑区、望都县、顺平县、曲阳县、安国市、定州市留下了很多传奇故事。本章辑录了 21 个关于刘秀的传说故事。

一、高碑店市[①]

平安店的由来

一天，刘秀走到一个小村庄，村小人少，马粪却很多。刘秀感到十分奇怪，一打听才知道前天王莽带兵驻扎在这里。王莽的将军王寻在这一带搜不到刘秀，就向北追去，人马已到达燕山脚下。王莽派人召王寻回军，来人在这个村等了王寻一天。王寻到来后，他们一起回师南下了。

刘秀得知这一消息，大大地松了一口气，不由说道："这下平安了。"20 多天的奔波，刘秀早已疲惫不堪。这一松气，他实在不愿再

① 高碑店市：位于保定市东北部边界，辖区汉代属涿郡。市政府驻地古名平安店。

走了，于是找了一家客店住了下来，美美地歇了三天，然后骑上店家帮他新买的马又出发去求援了。

刘秀当了皇帝后，来到这个村歇脚，仍住在当年住过的小店中。酒足饭饱之后，他和随行大臣与店家闲谈，提起了村子的一些情况。

刘秀问："这村有多少人？"

店家答道："约50来户，200多人。"

"都有哪些姓氏？"

"仅有张、何、陈三大姓，没有外姓人家。"

"这村叫什么名字？"

"村子小，人不多，还没有取名字。"

"这不好。村虽然小，但很齐整，人虽少，但市面繁荣，应有一个合适的村名。想当年，我被莽贼追了20多天，在这个县的境内就被追了一大圈，历时七天七夜，最后到达这个村才得平安。我看这村就叫平安店吧，各位以为如何？"

随行大臣及店家无不点头称是。刘秀当即命人草诏，于次日下达，该村从此就正式被命名为"平安店"了。

二、涞源县①

仙人峪的来历

一年初秋，王莽赶刘秀追到了飞狐郡内，刘秀想西去恒山避难。因为天晚夜黑，刘秀跑到井子会村时，迷路进了大难沟。他孤身一人，

① 涞源县：位于保定市西部与山西省交界处，辖境西汉置广昌县，属并州代郡。

疲惫不堪，喝了点山泉水，吃了点野果，躺在山崖边的石板上，观满天星斗，冷风袭来，倍感凄凉。他口中默默祈祷：“上苍啊上苍，何时助我一臂之力，匡复汉室？”说着说着，他进入了梦乡。

刘秀面对苍天祈祷，忽见一白须老者飘然而至：“刘秀啊，你尚有十五劫难。只要有宏图大志，心系百姓，逢五便成大业。”他还告诫刘秀：“明儿有劫难，此中仙神定会相帮。”说罢，白须老者飘然而去。

早晨，太阳出来了，把刘秀照得浑身暖融融的，待他醒来，方知是南柯一梦。但是，他仍然朝白须老者来去的方向三叩三拜。拜过白须仙翁，刘秀折路北行，刚到峡谷，就见王莽的兵马迎头赶来。一急之下，刘秀调头又往南逃。谁曾想，调头之际，刘秀已被一名士卒瞅得清清楚楚，士卒大声叫喊：“刘秀啊，刘秀就在前边！”

一瞬间，王莽的千军万马涌进大难沟。刘秀回头一看，追兵如潮水一般涌来，越追越近，眼看仅有百余步了。他见前面有一个豁口，噌地蹿上了“五步登天”，从“五步登天”攀往母子沟，进入好汉谷。

王莽的兵马追到沟里寻不见人，又返回井子会村盘问老百姓，问谁谁说不曾看见刘秀。这时，村里一个有点痴傻的中年汉子胡乱向追兵比划，说有人去了大难沟。王莽便二次派兵进入大难沟。此时天已过午，刘秀躲在好汉谷的好汉洞内。他听到追兵的脚步声越来越近，心急火燎地想：“此刻我只有听天由命了。”于是，他默默祷告：“仙翁啊仙翁，吾在此处遇难，仙神何不搭救于我？”问话刚罢，忽然一阵刺骨冷风袭来，随之乌云滚滚压山峰。刹那间，狂风暴雨夹杂着杏子大的冰雹一齐倾泻而下。王莽派来的追兵被冰雹砸得哭爹叫娘，惨叫声一片。不一会儿，风雨停歇，因被冷冻、冰砸、水浇，追兵死伤大半。刘秀出得好汉洞，向四方作揖、八方叩头，连连说：“仙人遇啊，仙人遇，我终生不忘遇仙神。”从此，人们把大难沟叫成“仙人峪”。

三、易县①

后山奶奶的传说

易县洪崖山又名后山，位于易县城北 15 千米处，山上有年代久远的古庙群，主庙为“后土皇帝庙”，俗称“后山庙”或“后山奶奶庙”。有关后山奶奶的传说很多，尤以后山奶奶救刘秀的神话故事流传最广。

很久以前，一位名叫张生香的美貌少女，在后山修行 40 余年后，脱凡成仙。传说张生香本是玉皇大帝之妹，成仙后奉旨下界来到此山，替天行道，安抚百姓，主管人间的生儿育女、养花种草、植树造林、治理河山，故被称为“后山奶奶”。

西汉末年，王莽篡位后要斩草除根杀刘秀。一天中午，王莽的大军追赶刘秀到了易州洪崖山，直追得刘秀上天无路，入地无门。这时，他看到山下有一个很破旧的茅草屋，就急急忙忙跑了进去。屋里只有一位白发苍苍的老妇人，刘秀急切地对她说：“奶奶救我，后面有人要杀我!”老妇人一看是一个十几岁的孩子，说：“你赶紧躺在地上，闭上眼不要动。”老妇人让刘秀躺在墙角，然后把中午剩下的米饭含在嘴里喷到刘秀身上，米饭随即变成了一个一个蠕动的长尾巴蛆，使刘秀看上去就像一个奄奄一息的叫花子。

追兵来到近前一看，只见一个衣衫褴褛、满身生蛆的叫花子躺在角落里，就问老妇人：“我们看着那个逃犯跑到你这里，你把他藏哪儿了？把他交出来。”老妇人说：“没有人来过我这里。”追兵问：“怎么

① 易县：古称易州，位于保定市西北部，今辖区秦代分属上谷和广阳两郡，汉代大体因袭秦制。今易县紫荆关，西汉时称上谷关，东汉时称五阮关。

地下躺着个人?”老妇人说:“这是我儿子，生病快死了，身上已经长蛆了。”追兵见状也不问不看了，灰溜溜地走了。

老妇人见追兵走远了，向刘秀身上喷了一些清水，浑身爬满蛆虫的叫花子恢复成英俊潇洒、一身正气的少年刘秀。原来后山奶奶听说刘秀遇难，特意赶过来化身老妇人救了刘秀一命。刘秀当了皇帝之后，为报答救命之恩，在易州洪崖山上建了一座“奶奶庙”，封后山奶奶为“奉天效法后土皇帝”，后人因此称此山为“后山”。从此，后山声名远播，香火极盛。

四、满城区①

满城的由来

听老人们说，满城原先叫玉川，因盛产玉石而得名。那为什么改叫满城呢?

传说在王莽赶刘秀的时候，一天夜晚，刘秀逃到了玉川城。当时，他又饥又渴，肚子饿得咕噜噜乱叫，而后边还有追兵，情况十分危急。他不敢找高墙大院的财主家藏身，只好到一个破墙烂院的有两间小茅草屋的人家去敲门。开门的是个老汉，老汉问清了他的来历之后，就把他藏了起来。王莽的追兵当天夜晚也进了玉川城，经过一番搜查，没找到刘秀，第二天就向别处追了下去。

追兵走后，老汉把刘秀叫出来仔细盘问。刘秀表明了身份之后，就说如今天下不太平，要想有好日子过，非除掉王莽不成。两个人你

① 满城区：位于保定市城区西部，西汉置北平县，属中山国。

一言，我一语，谈得很投机。老汉见刘秀是个有志气的好后生，打心眼里高兴。没想到，刘秀因担惊受怕，再加上连日里的奔波，竟病倒了。老汉为了救刘秀，东求西借，煎汤熬药，把刘秀照顾得很周到。刘秀养好了病，依依不舍地辞别了老汉。

刘秀当了皇帝后，想起这位救命恩人一辈子住在漏风漏雨的破茅草屋子里，于心不忍，决心给他盖新房子，让老人享享福。于是，刘秀下了“去玉川盖房”的圣旨，后因政务繁忙，竟忘了这码事。过了两年之后，有一天，他忽然又想起盖房的事来，问手下盖得怎么样了。手下执事告诉他：“房子已经盖满城了。”刘秀听了哈哈笑着说：“好！那就叫它满城吧！”没想到执事理解错了皇帝话的意思，说了声“遵旨”，就骑马来到玉川县，宣布皇帝的命令——将玉川改叫满城。这就是满城的由来。

五、清苑区[1]

三疙瘩怀与马刨泉

传说西汉末年，王莽篡位，想杀刘秀。刘秀带着人马逃出京城长安。这一天，他们跑到清苑县韦各庄村南、宋村以北，已是太阳压山、人困马乏了。刘秀下令安营扎寨，埋锅造饭。可是，没有水怎么办呢？刘秀命人四处找水。他们在韦各庄村东南找到一眼井。大家渴极了，刚打上来的一桶水就被抢着喝光了。凡是喝了水的，当下肚子疼得满地打滚，工夫不大就都死了。刘秀想：这水吃不得，准是王莽提前投

---

① 清苑区：位于保定市城区东南部，辖境西汉时约为广望县、蠡吾县北境之地，属涿郡。东汉置阳城县，属中山国。

毒了。但是，弟兄们又饥又渴，怎么办呢？刘秀正愁得没法，突然有匹战马高声嘶鸣。他上前一看，那战马用蹄子刨了一条沟，沟里顿时涨满了水，将士们既能解渴，又能做饭了，刘秀非常高兴。

正在此时，狂风骤起，沙石呼啸，树叶哗哗作响，断枝遍地飞。刘秀手握刀柄，向四处眺望。此时，士兵纷纷来报：“风太大，做饭点不着火呀！”是啊，这又怎么办呢？刘秀心里琢磨着，安抚大家说：“待我前去看看。”他一迈步，觉得鞋里有土，便脱下来倒了三下，倒出来三堆土。这三堆土眨眼间猛长，很快变成了三座小土山，挡住了风沙，士兵们当下便可以点火做饭了。后来，人们把这三个小土山叫“三疙瘩怀”，将那条水沟叫作“马刨泉”。

鸡 鸣 台

一天晚上，刘秀路过一个村庄，投宿在一个农户家中。睡前，刘秀召集随从谋事，议定在鸡叫时动身西行，投奔长安。由于连日行军，将士们累得倒头便睡着了。

这家主人刘公是个孤独老汉。当刘秀等人议事时，他在一旁听着，心想：“他们是反对王莽的人，都是些好人。我虽然是个老百姓，也应当为他们效劳。”于是，他深夜里独自在外边放哨。

夜深人静，忽然从东北方向传来阵阵马蹄声，他猜测是追赶这些投宿的人。他灵机一动，立刻学起鸡打鸣来。众人听见鸡鸣，立刻起身告辞，西行而去。

刘秀走后不多时，王莽的追兵就赶到了。他们抓住刘公，询问刘秀等人的去向。刘公听了，料定这伙追兵一定是王莽的人。王莽不得人心，天数将尽，决不能让他们抓住刘秀。于是，刘公谎说晚饭后有一伙人从此路过，向东南方向走了。

王莽追兵听了刘公的话，信以为真，立刻向东南方向追去，一直追到天明，连个人影也没见到。他们追到一处，向人一打听，根本没有外人来过，方知上了刘公的当。追兵愤怒不已，立即掉转马头要找刘公算账。

追兵回到村庄寻找刘公，刘公早已逃走了。

追兵一气之下放火烧了刘公的房子，然后向西追去，刘秀此时早已走远了。

刘秀等人奔出 10 余里路，不见追兵赶来，停歇了一会儿才听到鸡鸣报晓。他忽然明白了，那时的鸡鸣一定是老汉听到追兵的马蹄声发出的报警，催他们动身，刘秀深深地被感动了。

后来，刘秀建立了东汉王朝，统一了全国。他曾派人到村子寻找刘公，可是那里已荒无人烟了，他当时住过的房屋早被王莽的军队烧光了。刘秀为了纪念这位老者，派人在此处修了一座庙。因为他不知刘公姓名，所以赐名“鸡鸣台”。因为是天子赐名，所以又叫“天赐台”。

臧村的来历

清苑境内的东北有一个村庄叫臧村。西汉末年，传说王莽追杀刘秀，有一次，刘秀逃到一片茫茫无际的原野中，前不着村，后不着店，没有藏身之地。追兵在后紧逼，刘秀催马飞逃。跑着跑着，跑到一棵参天大树下，马却突然四蹄蹬地不动了，急得刘秀狠命抽打却无济于事。后面的追兵眼看就要追上来了，刘秀无奈把心一横，抽出宝剑，对着苍天呼喊道：“苍天啊，难道这棵大树之下就是我归天之地吗?”说完，他把眼一闭就要自刎。突然，大树说话了：“刘秀，这不是你归天之地，而是掩藏君王玉体之处。”“啊!”刘秀大吃一惊，再看眼前这棵大树，树下竟然出现了一个洞。他喜出望外道：“真是绝处逢生，天不灭我啊!”刘秀对苍天作了一个揖便钻进了树洞，树洞随即合拢了。

这些天，刘秀一直被追杀，又困又乏，进了树洞，他就睡着了。等他醒来一看，一下子怔住了，发现自己正躺在一户农家的炕上，一位老者捋着胡须含笑望着他。刘秀慌忙起身跪倒，拜谢救命之恩。老者说：“王莽的追兵已去远，你快快骑上马走吧！你的马在院子里已等你多时了。”

刘秀告别老者，牵着马出了门，发现这里是一片村落，茫茫无际的原野已然不见。刘秀走后，这个由他藏身而出现的村庄便取名为“藏村”。后来，刘秀做了皇帝，村里人觉得叫“藏村”不合适，便将“藏”改为“臧”，这里就成了“臧村”。

火烧的来历

相传西汉末年，王莽追杀刘秀。一天深夜，刘秀逃到一望无际的原野上，疾奔的马儿跑到一棵大树前突然停下，任凭刘秀怎么打，就是不走。眼看追兵逼近，刘秀绝望地准备拔剑自刎，突然出现一位老者将他拉下马，推到大树背后，嘱咐他不要动。黑暗中，追兵呼啸而过，刘秀暂时躲过一劫。

大树是一棵具有千年树龄的古槐，三根大树杈向上伸向四周，树干粗到至少需要五个人合抱，树冠像一个倒扣的大锅，枝繁叶茂，遮天蔽日，站在树下看不到阳光。大树中间有个树洞，足以容纳三个人。刘秀听从老者的建议，藏在了树洞里，不一会儿就睡着了。一觉醒来，闻到一股食物的香味，顿时觉得饥饿难耐。他刚想出洞要吃的，忽听马蹄声由远及近，知道追兵要到了。

追兵来到大树下，看到老者正在打饼，一哄而上，连吃带拿，一扫而光。之后，追兵威胁老者，让他一看见刘秀就马上报告，否则按私通定罪。老者心中暗惊，这才知道昨晚所救之人竟是刘秀。追兵远去，刘秀爬出树洞对老者说：“我已多日没吃东西，能不能弄些吃的，最好是刚才那喷香的饼。”老者说：“那饼是用发酵的面做的，现在没有发酵面了。”刘秀早已饿得前胸贴后背，恨不得马上吃到，于是着急地说：“你不用发面了，做熟了就行。”于是，老者马上和面开始做饼。因为死面（北方民间称不发酵的面为死面）不好和，他就将食用油涂在面上；怕不好吃，他又往面里加了些盐，然后轻揉做成圆形，开始在烫锅里烙饼。饼发出的香味使饥饿的刘秀等不到熟就拿起一个开始吃。他咬了一口，知道饼确实没熟，但又不好意思放回去，于是顺手掰了一根树杈，叉住没熟的饼放在火上烤了起来。不一会儿，圆圆的饼变得又鼓又大，他尝了尝，外焦里嫩，太好吃了！刘秀喜出望外，越吃越香。老者拿起一个尝了一口，觉得这种饼色香味美。他灵机一动对刘秀说：“请给这种饼起个名字吧！”刘秀想了一下，说：“我在火上烧烤这没熟的圆饼，使之成熟，就叫它‘火烧’吧。”

六、望都县[①]

柳絮村的来历

唐河南岸有个村庄叫柳絮村，为什么叫这个名呢？

---

① 望都县：位于保定市南部偏东，古名庆都，是“三皇五帝”之一尧帝之母庆都的出生地。辖境秦置庆都，西汉改庆都为望都，属中山国。

相传西汉末年，有一天，刘秀被王莽的军队追到河北一带，只剩下他一个人，三天三夜没吃饭，马也累死了。眼看追兵即将追到面前，走投无路之际，刘秀又被一条大河拦住去路。那大河水深浪大，没有舟船根本过不去。刘秀长叹一声，准备投河自尽。忽然，他看到河岸不远处有一个农民正在耕地，犁过的地留下一道道垄沟，勉强可以藏身。于是，他上前求农夫救他一命。农夫问怎样才能救他，刘秀说："我趴到垄沟里，你用土把我埋上，或许能救我一命。如果救不了，也不怪你，是我命该如此。"于是，刘秀就趴到垄沟里，农夫用土将刘秀埋好。不一会儿，王莽的追兵赶到河边，不见了刘秀。追兵左右一看，这里是一马平川，没地方躲藏，旁边是一条大河，只有一个农夫在耕地。于是，他们问农夫见没见到一个男人从这里经过。农夫指着河水说："刚才有一名男子蹚水过河，走到河中间就不见了。"追兵一听，半信半疑，又朝四下张望，除了这条大河，其他都是平地，根本藏不住人，心想刘秀肯定是冒险蹚水过河，然后淹死了，于是回去复命了。

再说刘秀，他被农夫埋在了垄沟里，过了一会儿，因为呼吸不到氧气，憋得喘不过气，眼看就要命丧垄沟。忽然，一股新鲜空气涌入他的鼻腔，他的呼吸顺畅了。他以为自己已经到了阴曹地府，不由得咬了一下舌头，然后痛呼出声："痛啊！哈！没死，这真是天助我也。"就这样，刘秀在垄沟里安安稳稳地藏了半个时辰。

追兵走后，农夫急忙扒开垄沟，推了推刘秀，看他是死是活，刘秀顺势爬了起来。农夫一见刘秀还活着，松了一口气。他仔细思忖，认为这人埋在土里还能活着，肯定不是等闲之辈。忽然，地里钻出一只大蝼蛄。刘秀一见，上前一把抓住蝼蛄，将其扯成了两段。蝼蛄忽然开口说了话："是我打洞救了你，你为什么恩将仇报？"刘秀一听，原来是蝼蛄救了自己，后悔不及，急忙从地上捡起一根细枝，把蝼蛄的头和尾连了起来，蝼蛄活了下来。不信，你看现在的蝼蛄，它的头和尾之间只有一丝相连，那就是刘秀造成的。刘秀又问："你还有什么要求?"蝼蛄说："请给个封赏。"刘秀觉得自己前途未卜，谈什么封赏啊，只能说："好吧，允许你饥喽吃。"蝼蛄听了个"稀喽吃"，所以现在庄稼种得越稀，蝼蛄越吃。

再说农夫，听到蝼蛄说了人话，还向刘秀讨封赏，心想刘秀以后定能当上皇帝，于是急忙向刘秀磕头道："请封赏。"无奈，刘秀左顾右盼指了指前边那个村说："我没别的可封，以后这个村就叫刘秀村吧!"至此，就有了"刘秀村"这个村名。后来，人们渐渐地把"刘秀村"传成了"柳絮村"。

七、顺平县①

伍侯村的来历

西汉末年，王莽篡夺了王位，身为皇室子弟的刘秀起兵反抗，王莽到处追杀刘秀。一天，刘秀被追至顺平县城东北的一个村子里，慌慌张张无处躲藏，耳听杀声震天，追兵就要到了。正在紧急关头，他看到村口麦场里有兄弟五人正在打麦，忙奔上前冲他们跪求道："好心的大哥们，后边有人在追杀我，发发慈悲，救救我吧!"说着，他连连磕头。兄弟五人一见刘秀那惶急的样子，很是同情，忙说："大哥，快快请起。"说罢，他们用手一指麦秸堆对刘秀说："你先到那里面避一避吧，有什么情况我们来应对。"刘秀一揖说道："多谢五位大哥!"说

① 顺平县：位于保定市中部偏南，秦置曲逆县，西汉末王莽改曲逆为顺平，属中山国；东汉改曲逆县。

罢，他不顾一切地钻进麦秸堆里。五兄弟帮他掩藏好后，刚拿起打场的工具，王莽的追兵就到了。追兵头领来到五兄弟面前，骄横地问："喂！刚才有人来过这里吗?"五兄弟中的大哥连忙走上前，毕恭毕敬地施礼道："老爷，刚才有个人经过这里往西边去了。"追兵头领听罢，将手一挥说了声"追"，就扬鞭催马率先追去。

过了几年，刘秀转败为胜，登上了皇帝的宝座。他没有忘记五兄弟的救命之恩，颁下旨意，召五兄弟进京受封。五兄弟都是老实本分的庄稼人，听说皇帝传他们进京，深恐祸事临头，便于当天夜里一起自杀了。

消息传进皇宫，刘秀心里非常难过，觉得对不起五兄弟，便降诏追封五兄弟为侯爵，为他们修建了坟和塔，还把五兄弟住过的村子赐名为"伍侯村"，以作纪念。

八、安国市[①]

苦水中阳的由来

中阳村的井水多苦涩，相传是汉光武帝刘秀金口玉言封赐的结果。当年，刘秀率兵途经中阳村，在村中讨水饮马。恰逢一个老婆婆端了一盆泡过萝卜片的水出门倾倒，见刘秀召唤，便送他饮马。马嗅了嗅，把头歪向一边。马童向刘秀禀报："水苦，马不饮。"刘秀叹道："真乃穷乡僻壤啊，水都是苦的。"从此，中阳村的井水变得又苦又涩，中阳村也被称为"苦水中阳"。

① 安国市：位于保定市东南边界，与衡水市、石家庄市接壤。西汉置安国县，属中山国。

“大文”村名的由来

传说有一天，刘秀的兵马赶到安国曲堤时，人困马乏，刘秀便命队伍停下来休息。一个士兵见前面有一个村庄，便问刘秀这是什么地方。刘秀担心王莽的兵马追上来，心里很烦，于是说：“待问。”意思是去了再问，士兵却以为这个村就叫“待问”。后来，人们就把这个名字叫开了。

“待问”村的人觉得此名不雅，于是就把“待问”逐步演化为“大文”。“大”不读大小的大，而读大夫（医生）的“大”。

“马固”“流霜”“七公”村名的由来

传说，刘秀义军一路被王莽军追杀，在军诜村附近中了埋伏，因有大将贾复、邳彤等人的保护，王莽军一时奈何不得刘秀。当退至现在的流霜村附近时，义军陷入王莽军的重重包围之中。义军虽然英勇，但敌众我寡，损失惨重。贾复、邳彤等人曾几次杀出重围，但见刘秀未冲出，又几次闯入相救。几次反复，贾复等人已累得满身是汗，身上也多处负伤。眼看王莽军越聚越多，他们呐喊着又一次突入重围，以一当百，锐气不减，同敌人厮杀起来。贾复边战边看顾刘秀，只见一敌将欲偷袭刘秀，便大吼了一声，奋力挡开面前敌人的兵器，冲到了刘秀的马前，用自己的身子挡住了刘秀，结果被敌将一枪正中小腹。贾复怒吼了一声，将敌将劈于马下，随后大喊道：“主公，跟我来！”他奋力舞刀，杀出重围。此时，他感到小腹阵阵剧痛，身体晃了两晃，险些坠下鞍桥。他低头一看，发现肠子已从伤口脱出来了。他觉得自己不行了，但又担心刘秀的安危，便四下寻找刘秀，却不见人。他想："不好，主公没有跟我闯出来。身为大将，宁死阵前，不死阵后，我誓死也要保护主公！"他把肠子重新塞入腹内，撕下一块战袍扎紧伤口，把自己散乱的发髻咬在口中，大显神威，第七次杀入重围。此时，他拼尽最后气力，舍命杀敌，只杀得敌人纷纷后退。他冲到刘秀马前大叫："主公，快走，末将来挡！"刘秀、邳彤早已气喘吁吁，正与几名敌将厮杀，形势万分危急。一看有人接应，刘秀马上叫道："将军千万小心！"他驱马急走，贾复挥刀挡住敌人，邳彤保着刘秀杀出重围。这时，邳彤也已身负重伤，刘秀也多处受伤，贾复断后，急急北退。刘秀的兵马此时已损失大半，王莽军随后紧追。行至半路，贾复气力耗尽，一头栽下马来，慌得刘秀忙叫军士抢救。大军行至一个村庄，刘秀欲给贾复治伤，于是命队伍暂歇。但是，贾复伤势过重，已不可医治。这时，探马来报："王莽军追到！"刘秀忙下令开拔。这个村子后被称为"马过村"，随着时间的推移，慢慢演变为"马固村"。

刘秀催军急进，但因顾念伤重的贾复，行军并不是很快。当他们快要抵达一个村的村口时，邳彤也因伤重落马。于是，刘秀命军士抬着二位将军到村里疗伤。二将伤势十分严重，已奄奄一息。刘秀想到二将如此忠诚，深感创业之艰，不由痛哭道："天哪！难道要把我的二位将军双双留在此地不成！"后来，人们便把这个村庄叫作"留双村"，最后演变为"流霜村"。结果，贾复伤重身亡，邳彤经军医调治慢慢好转。

因王莽军追得很凶，刘秀又命军队继续北上。途中，军士又急急来报："主公，前面有大河拦路！"刘秀不由叹息："难道天要绝我刘秀！"行了一段路，隐隐看到了河堤，刘秀愁眉不展。这时，有人来报："河边有一个村庄。"刘秀大喜，命军士进村找船。村民听说是刘秀的兵马，都争着为他们凑船，很快就凑了十几条大船。此时，贾复已死，刘秀下令就地埋葬。为了不耽误行军，刘秀命兵士每人抓一把土放到埋贾复的土坑内。这样，等军队过完，这里就堆出了一个大坟头。刘秀为防贾复坟被毁坏，便找来七位老人看守。百姓被王莽害得家破人亡，早对其恨入骨髓，对义军很是欢迎，因此七老很乐意承担此事。刘秀率军渡河走了。王莽军追到此处，见大河拦路，便问七位老人义军去处。七老誓死不语，遭到莽军残忍杀害。莽军没有找到船只，在村中抢掠一番后就退走了。

刘秀做了皇帝之后，封贾复为“胶东侯”，在贾复坟前修了一座碑楼。此外，为了纪念七位老人，把村子更名为“七公村”。

九、定州市[1]

陵北疙瘩的传说

定州市西南 30 里（15 千米）处，也就是明月店镇陵南、陵北两个村子的中央，有一个大土疙瘩，每年农历十月的十一、十二、十三，这里都举办庙会，热闹非凡。相传，这土疙瘩与汉光武帝刘秀有着极深的渊源。

西汉末年，王莽为了篡位，想将自己的亲外甥刘秀杀死。刘秀为了逃避追杀，四处躲藏。有一天，十五六岁的刘秀跑到了明月店村南一带。这里地势开阔，一览无余，哪有躲藏的地方？刘秀正发愁之时，忽然看到有个老农正在田间耕地，于是赶紧跑了上去，说：“老人家，

---

① 定州市：位于保定市南部偏东，南临石家庄市。辖区西汉初置卢奴县，属中山国，为中山国治所。卢奴是汉光武帝刘秀巡抚河北时的重要一站。

请你救救我，后面有人杀我，快把我藏起来吧！”老农一听皱眉道：“你看看，我就一头黄牛、一个犁，怎么救你呢？”“要不这样，”刘秀急中生智说：“我躺在犁过的地沟里，你用犁把我埋上好了。”老者仔细一看，见他眉清目秀、气质不俗，一副大富大贵之相，便应允了下来。刘秀躺在犁过的地沟里，老农赶着黄牛顺耕三趟、倒耕三趟，迅速把刘秀埋了起来。

“老头儿，你看到一个男孩儿跑到此处吗？”老农刚把刘秀埋好，王莽的追兵就赶上来了，见四下无人便问起老农来。老农摇了摇头，说：“没有看见。”“哼！刚才肯定有个男孩儿来到此处，你怎会看不见，肯定是你把人藏起来了。你只要把他交出来，就会得到重赏。”老农对男孩已生出同情之心，哪肯道出实情。“大老爷，我真不知道啊。”“不知道，我看你是不肯说罢了。”追兵大怒，挥起大刀把老农杀了。随后，追兵又在附近找了一圈儿，不见刘秀的踪影，想其可能跑远了，便急忙向前追了下去。

再说刘秀，待追兵去远后从土里爬了出来，发现老农被杀了。老农名叫吴黑，刘秀一边痛哭，一边将吴黑掩埋了。

公元 25 年，刘秀在河北登基称帝，想起救过自己的吴黑，便下令给吴黑修建一座陵墓。那年的农历十月十二日，天气很是寒冷，正当人们吃力地修建吴黑陵时，一个小脚老太太走了过来，问：“你们这么多人来来往往地干什么呢？”人们说：“给吴黑修陵呢！”老太太又问：“那要修多高？”人们回答：“要修到皇帝在金銮宝殿上看到陵尖为止。”“那得修到什么时候呀？”小脚老太太摇摇头说，“要不我来帮帮你们吧！”她说完话，围着坟陵绕了一圈，瞄准一个方向，在那里抓了一把土，随后向上一扬，刹那间，一座几百米高的坟陵就修成了。人们见到坟陵修成十分高兴，其中一人明白了过来，大喊：“哎哟，她是神仙，咱们快追!”就这样，人们在后面追，老太太在前面跑。跑着跑着，大家就跑到了侯家洼村的村口，眼看就要追上老太太了，老太太却一屁股坐了下来。只见她倒了倒鞋里的土，一个小土包瞬间冒了出来，人们都看愣了。等大家回过神来再找老太太，她早已不知去向。从那时候开始，每年的农历十月十二日，陵疙瘩便起了庙会。为了守护吴黑陵，陵两侧建起了民居，住户也越来越多，逐渐形成了“陵南”“陵北”这两个村。

狗抬后腿撒尿的来历

王莽赶刘秀，刘秀逃到了定州叮咛店镇塔耳洼村，王莽的追兵发现了他，他赶忙躲到塔耳洼村边的一片苇田里。追兵没找到刘秀，就将这片苇田点着了火走了。

苇田里有一个存死水的大坑，一只狗发现了刘秀，它用尾巴尖沾着大坑里的水围着刘秀转了一圈又一圈，直到苇田全部被烧光，刘秀藏身的地方也没有被烧到。等大火熄灭了，狗的一条后腿也累断了，再也不能动了。

刘秀说：“狗啊，狗啊，你为救我把一条腿都累断了，我又怎么救你呢?”

狗说：“你用泥给我捏一条腿吧。”

于是，刘秀用泥给狗捏了一条泥腿并叮嘱说：“撒尿时，你要把这条泥腿抬起来，免得冲断了。”从此，狗撒尿时便将那条泥腿高高地抬了起来。

马刨泉的传说

在定州，与刘秀有关的马刨泉有好几处，叮咛店、东马头村、西张谦村都流传着马刨泉的传说。

据说，当年王莽在定州境内布下天罗地网追杀刘秀，刘秀及其随从被追得人困马乏，没有干粮，也没有水喝。当跑到东马头村附近时，他们实在挺不住了，马也跑不动了。在即将渴死之际，战马发了狂，前蹄猛踢地面。突然，一股清泉喷出，解了燃眉之急。人马饮水后，精神大振，迅速奔逃，终于摆脱了追兵。

传说，刘秀的战马在西张谦村也踢出了泉水，而且泉水越喷越大，就要把周边的良田淹没了，用土根本堵不住泉眼。这个时候，刘秀从军士那里要来行军用的大铜锅，把泉眼盖住，泉水终于不再往外涌了。据说，1974 年前后，定州西张谦村的众多村民到处寻找这眼泉，可惜没有找到。

定州市叮咛店镇怀德村北 20 里（10 千米）的地方有一处“马刨泉圣地”。传说，刘秀骑马逃到这里，口干舌燥，战马跪地刨坑，有清水溢出，救了刘秀等人。后来，刘秀当了皇帝，给这里的泉水赐名为“马刨泉水”。此后，人们就叫它“马刨泉”。

鸡鸣台与郭娘娘

定州东南有个村子，名叫“鸡鸣台”。相传，刘秀为了兴复汉室，起兵欲推翻王莽政权。他被打败后，带领着一支队伍东渡黄河逃命。途中，他连遭王莽大军的多次追击，损兵折将，待到河北境内时，就只剩下孤零零的几个人。

王莽为了根除后患，派兵紧紧追捕刘秀，刘秀连夜向东奔逃。有一天的后半夜，刘秀一行人跑得人困马乏。忽然，前方传来几声鸡叫，刘秀高兴地想，那里肯定有村庄。他强打精神，脱去身上的盔甲，扮作农夫朝村里走去。这是一个由十几户人家组成的小村子，村中间有一条小河，村边有一座高高的台子。刘秀仰头看看微明的天，忽听到沙沙的脚步声，吓得屏住呼吸，定睛一看，原来是一位妙龄女子提着饭罐迎面走来。刘秀心想，有救了。于是，他站在那儿等那女子来到身前后，弯腰施礼叫了一声“大姐”。女子抬头一看是一个男人，连连后退，但见刘秀没有恶意，才停住脚步。她有点惊慌地问：“你是什么人？为何这般无礼？”刘秀和气地回答：“姑娘，不要害怕，我是个过路人，已两天没有喝到水了。”女子打量了一下刘秀，虽看不清面目，但听声音不像坏人，于是放下饭罐，盛了一碗米汤，放在地上说：“这是我要给在砖窑上做工的哥哥送去的米汤，你喝碗吧。”刘秀一听，感激地向女子连连作揖，然后端起碗来，一口气将米汤喝完了。女子抬头仔细看了看刘秀，见他五官端正，两耳垂肩，不同于一般男子，不免有点动心，脸上泛起了红霞。女子又给刘秀盛了一碗米汤，刘秀又一气喝完。这时，刘秀已不那么饥饿了，他看了一眼近在咫尺的女子，不觉心动。只见那女子一派农家姑娘打扮，圆圆的鹅蛋脸上泛着红晕，弯弯的柳叶眉，水波似的明眸里含着脉脉柔情，显得朴实俊俏。

女子看着刘秀，舍不得让他走，于是说道：“先生如果没有吃饱，就请到我家去，吃饱后再赶路。”刘秀见女子一片真情，就跟她向村里走去。这时，天已大亮，到了家门口，女子悄悄推开大门，把刘秀让到自己的房间后，赶紧去生火做饭，招待刘秀。

可是，在砖窑上做工的哥哥着急了，每日妹妹总是按时把饭送来，今天太阳都升到两树尖子高了，还不见妹妹的影子。哥哥饿得肚子咕咕直叫，很是生气，于是放下工具，怒气冲冲地向村里走去。来到家门口，他也没喊妹妹一声，就闯进了院子。一股米饭的香味扑面而来，他紧走几步进了妹妹的房间。忽见一年轻后生在妹妹房里，他非常生气，正要发作，却见这后生的衣饰虽不华丽，但一身正气，心中不由得高兴起来。他问清了刘秀的来历，当得知刘秀尚未婚配时，经刘秀一番恳求，就应允将妹妹嫁给刘秀。后来，女子与刘秀拜了堂，成了亲。刘秀想到身后还有追兵，不能久留此地，于是准备鸡叫时起程。他刚躺下不久，鸡就“喔喔”地叫了。刘秀走出房门，院内伸手不见五指，不过二更模样，心里很是奇怪，但转念一想，后有追兵，不可迟疑，于是就与站在身旁的新娘依依不舍地告别了。刚走出三里路，王莽的追兵就包围了这个村庄，刘秀又一次逃过一劫。

刘秀登基以后，把女子接到都城洛阳。后来，女子想回老家，刘秀同意了，在鸡鸣台给女子修建了宽大的宅院。因女子娘家姓郭，宅院就叫“郭园”。至今，那里还有一口“郭园井”。刘秀驾崩后，人们在鸡鸣台为刘秀修了一座庙，在庙旁还修了一座娘娘庙。

刘秀含泪追封爵位

西汉后期，王莽篡位，无情捕杀汉室后裔，刘秀只得仓皇出逃，寻找安身之处。他不知不觉逃到定州，此处虽离都城很远，却是兵家必争之地。刘秀得知近处（砖路镇悟村）有一潘姓人家较有威望和实力，手下有一大批农夫，还能联系周围的村庄共同抗敌。于是，他暂住潘家，整顿人马，打造兵器。王莽得知刘秀在定州的消息后，便派兵讨伐。敌兵来时，刘秀巧妙地利用地势，机智地指挥兵马，再加上潘家三兄妹潘龙、潘虎和潘秀英的舍命拼杀，大败敌军，缴获了大量的武器和粮草。刘秀以此地为根基，不断扩大自己的地盘。待离开此地时，他对潘家三兄妹许下高官厚禄的诺言。

公元25年，刘秀建立了东汉王朝。他大摆宴席，庆贺建国，重赏群臣，却对潘家只字不提。这激起了潘家三兄妹的愤恨，他们进京找刘秀理论，却被赶出了京城。三兄妹一气之下各自捧了一把土，在砖路镇悟村村东三里处立身自刎，三把土霎时成了三座坟墓。

此后，刘秀做了一个噩梦，梦见潘家三兄妹披头散发，浑身是血，手执兵刃，直闯大殿。刘秀惊得出了一身冷汗，猛然想起定州潘家的恩德和自己许下的诺言，于是急忙传旨让三兄妹进京。当得知三兄妹已自刎后，他悔恨不已，含泪追封三兄妹爵位，三座坟墓一夜之间变成了三座奇形怪状的高大土丘，一个是窝头形，一个是馒头形，一个中间高、两边洼，占地面积最大。据说，不同形状的三座土丘代表着三个不同的官职和爵位。

十、曲阳县[①]

狗塔的传说

曲阳县文德乡王台北村的白草坡上曾有一座大型汉白玉高塔，相传是汉光武帝刘秀为一条义犬修建的，名曰“狗塔”。

西汉末年，刘秀奉命巡抚河北，遭到在邯郸称帝的王郎的追杀。

① 曲阳县：位于保定市南部偏西，南临石家庄市。秦代置县，汉初属常山郡（恒山郡）。汉文帝元年（前179年）改上曲阳，汉景帝三年（前154年）改属中山国，新莽时先后属常山郡、常山亭。

这天，刘秀跑到曲阳县王台北村南的白草坡上，躲藏在草丛中。时值秋末，白草坡上的草已经枯黄，一点即燃。追兵一时找不到刘秀，就开始放火烧坡。眼看刘秀即将葬身火海，突然从王台北村跑来一条大黄狗，只见它跳进附近的一个水塘中，然后浑身湿淋淋地跑到刘秀身边滚一滚，把周围的枯草弄湿。就这样，那条黄狗周而复始，一次次地在枯草上翻滚，终于制止了烈火蔓延，保住了刘秀的性命，而黄狗却因劳累过度而死去。刘秀十分感激这条通灵义犬，将它埋葬在了白草坡上。

刘秀称帝以后，念念不忘那条义犬的救命之恩，就诏令曲阳官府在白草坡上修建了一座高塔，以示对义犬的永久纪念，后来白草坡也被人称为“狗塔坡”。曲阳县在西汉时就是有名的“雕刻之乡”，那狗塔全部是用当地出产的汉白玉及砖瓦精雕细筑而成，共 13 层，高约 50 米，呈平面八角形，每层四面均设有券门。

“狗塔”底座四面的栏板上雕刻着数百条形态各异的犬，栩栩如生，引人入胜。塔的第一层的外壁上刻有刘秀为义犬亲自撰写的祭文，塔内一至四层的石壁上还刻有浮雕壁画。第一层是“义犬救刘秀”的惊险场面，赞颂了义犬舍命救人的精神。第二层是“荆轲刺秦王”的历史画面，表现了燕国侠客荆轲不畏强暴、舍生报国的英雄气概。第三层是“刘秀大战昆阳”的战斗场面，曲阳石雕艺人通过自己的艺术构思和精湛的雕刻技艺，使战斗场面生动地跃然于坚石之上，表现了刘秀推翻王莽政权使天下悦服的正义行为。第四层是“田园雨耕”的画面，展现了农夫赶着耕牛在清风细雨中劳作的场面，表现了刘秀称帝之后，人们安居乐业和风调雨顺、五谷丰登的美好年景。“狗塔”内的浮雕作品，构图严谨、布局匀称，刀工细腻、形象逼真，艺术性较高，代表着当时曲阳雕刻艺人的技艺水平。

曲阳“狗塔”是中国最早的纪念碑式大型石雕建筑物之一，也是体现东汉时期石雕艺术成就较高的建筑物。令人痛惜的是，这座矗立了近两千年的“狗塔”，因年久失修，在20世纪60年代倒塌，但“刘秀感恩筑狗塔”的传说一直“活”在这片土地上。

蜘蛛为什么肚子圆鼓鼓

刘秀跑到曲阳县嘉山山脚下时，被王莽的追兵发现了，刘秀赶忙躲到山洞里。进洞的时候，刘秀把蜘蛛网撞破了。蜘蛛怕追兵发现刘秀，就赶忙将网织好了。

追兵欲进洞搜查，但看到完好的蛛网后说：“不用进洞了，蜘蛛网没有破，洞里肯定没人。”追兵走后，刘秀从洞中爬出来，看见一只苍蝇粘在蛛网上，误以为是它救了自己，便说：“你救了我，有功，以后谁家做了好菜好饭，你先吃。”苍蝇受了皇封，感激不尽。

这可把蜘蛛气坏了，气得它肚子一鼓一鼓的，从此肚子越来越大。

十一、阜平县①

将军石的由来

阜平县天生桥瀑布下方20米处，有一块棱角分明的巨石，直径大约十三四米，高30米左右，看上去就像一位将军，顶天立地，威武雄壮，俯视山涧，颇具风采，当地人称其为“大将军”。这块巨石的东北

① 阜平县：位于保定市西南与山西省交界处，辖区汉代为南行唐、上曲阳二县之地，西汉属常山郡，东汉属常山国。

侧还有一块略小一点的巨石，也是横眉竖目、虎虎生风，人称“二将军”。传说，这两块将军石是刘秀手下大将岑彭和冯异的化身。

一次王莽赶刘秀，直把刘秀追得上天无路、入地无门。刘秀慌不择路，跳下马在岑彭和冯异的护卫下往山上爬，企图隐蔽在山林中。追兵紧随其后，有眼尖的发现了刘秀的踪影，偷偷摸摸地追赶了上来。刘秀三人沿着山崖边向上攀登。王莽看到马上就要赶上刘秀，就发誓要把刘秀等人赶尽杀绝，于是大声鼓动士兵说：“杀死一个，赏金千两；活捉一个，赏金万两。”士兵们一听，都争着向前，如狼似虎，蜂拥而上。刘秀等人招架不住，危急关头，冯异让岑彭保护刘秀继续向上攀登逃命，自己抡起大刀，连杀数人，直杀得追兵慌了神。不知是谁喊了一声：“还不放箭!”王莽的追兵急忙搭弓上箭，只听“嗖嗖嗖”的几声，冯异被乱箭穿身，直挺挺地倒在了地上，随即化作了一块巨石，这便是“二将军”。

爱将阵亡，刘秀痛不欲生，他豁出去了，手持宝剑就要与王莽拼命。岑彭大声拦阻道：“将军，您不能死，大汉江山还等着您重建呢!”说完，他硬把刘秀向山上推。见刘秀逃进了山林，岑彭才抡起长矛，跟追兵拼杀起来。尽管他本领高强，但终因寡不敌众，被敌兵连砍数刀而亡，瞬间也化作一块巨石，这便是“大将军”。后人有诗云：

山色苍苍锁暮烟，将军石矗山溪间。
藏在深山人未识，千古清标尚凛然。

第三章　衡水市

衡水市是河北省省辖市，位于河北省东南部。西汉时期，辖境先后设有广川国、信都郡、信都国和安平国，属冀州刺史部。衡水市冀州区是汉光武帝刘秀在河北崛起的起点，刘秀走国在衡水市管辖的深州市、饶阳县、安平县、枣强县、冀州区、武邑县、武强县等留下了许多美丽的传说。本章辑录46个流传于本辖区的“刘秀走国”的民间故事。

一、饶阳县①

三个柳枝桥村

西汉末年，刘秀带领人马从引驾庄（今引各庄）、乘驾庄（今程各庄）起身，日夜兼程，来到了今高、宋、王三桥村北，被一条滹沱河支流拦住了去路。刘秀看到波涛汹涌的河水，心急如焚。如何渡河呢？此时，一位神人从河旁柳树上折下一根柳枝，往河上一扔，便成了一座桥，刘秀快步走过，那桥随即消失。

关于柳枝桥，还有另外一个传说。传说刘秀在河边观察了一下地形地物，忽然急中生智，想出了一个主意。他把队伍集合起来，做了

① 饶阳县：位于衡水市最北端。汉高祖年间置县，以县南有饶河，故名饶阳，属涿郡。

简短的动员，讲明了他的想法。兵士们一听有办法过河都喜笑颜开，异口同声地称赞刘秀聪慧。他们七手八脚地搭起桥来，不大会儿工夫就用柳枝搭成了一座桥，人马顺利地过了河。

人们为了纪念刘秀，曾在滹沱河上搭建了柳枝桥，故此处村名为“柳枝桥村”。后来，按姓氏分为高、宋、王三个柳枝桥村。

桑树林歇脚

今桑园村一带在古时有一片桑树林。刘秀的人马搭柳枝桥过河以后，马上构筑工事以防追兵。这时，探马来报，王郎追兵已回蓟州，刘秀这才松了一口气。刘秀这一松气不要紧，疲劳感顿时涌起，只觉两腿发酸，肚空口渴。于是，刘秀下令停止前进，就地休息。

人马在桑树林中暂时停歇，有的人一坐下就打起盹来，有的饿得实在受不了，爬到桑树上摘桑葚充饥。临走时，刘秀提笔写了一个牌子，上书“桑园”二字，挂在桑树杈上。后来，人们就把桑树林旁的这个小村庄叫“桑园村”。

故城木栈

“故城木栈”是刘秀走国途经饶阳时留下的古景。所谓故城，指的是当年的饶阳县城，今故城村。汉更始元年，破虏将军刘秀从蓟县南撤，途经饶阳，路宿庐舍，在芜蒌亭吃了冯异煮的粥，第二天黎明赶到饶阳城。当时，饶阳驻军已响应王郎，刘秀危机重重。为脱险情，刘秀自称邯郸使者，入传舍（客馆）就餐。传史端来饭菜，刘秀部从饥饿难忍，一度争抢。传吏生疑，敲鼓数十通，扬言邯郸将军到了。

刘秀部从皆失色，欲坐车驰逃。刘秀不惊不慌，慢慢地对部从说：“请邯郸将军入席!”良久，毫无动静。他暗中对铫期使一眼色，起驾而去。

县城传舍距离南城门有一段距离，站在城门楼上的门长看到街上一行人马来去匆匆，未进县衙，用餐也很慌乱，心中生疑，立即指挥当班门子解开绳索，滑轮转动，硬木城门徐徐降下来，关得严严实实，纹丝不动。刘秀部将铫期看得清楚，骑马来到城门前，翻身下马，双手抓住城门的两个铁环，两腿叉开，运足丹田气，大吼一声，吱呀呀把重达千斤的城门托了上去，刘秀一行趁机赶忙出了城门，向南而去。

刘秀称帝后，仍关注饶阳，曾派大将铫期到饶阳清剿王郎残部，维护治安。铫期的到来使饶阳县民众立刻想起他手托城门之事，城门就像在悬崖绝壁上用木材搭建的栈道，铫期用自己的悍勇为刘秀开辟了逃生之坦途。

东西草芦

饶阳县的东西草芦位于县城东北九里处，因紧靠芜蒌亭，古名芦亭，是汉朝时负责接待官员休息的亭子，后成为文人墨客聚集之地。

汉更始二年（24 年）春正月，刘秀到蓟县（今大兴区）镇抚州郡。广阳王之子刘接响应王郎，追剿刘秀。刘秀力单势薄，在大将军冯异的保护下，从蓟县南逃，晨夜不敢入城邑，舍食道傍。

刘秀来到饶阳地界，天色已晚，为防敌军夜间偷袭，决定在城北九里处的芦亭庄村西芜蒌亭安营，暂时休息。

此时，天寒地冻，冯异见到刘秀疲惫饥饿的样子，心中不忍，便去村里百姓家讨要吃食。那年，饶阳遭到百年不遇的大旱灾，庄稼绝收，百姓难以生存，都外出逃荒，十室九空。冯异看到家家大门紧闭，转了很久才找到一家没锁门的农户，叫开了门。开门的是一位老人，冯异向老人施礼，说明来意。老人说："我家的粮食也没多少了，不过乐善好施是俺们芦亭百姓的传统，现在家里还有一些禾豆和玉米糁子，只能做些稀粥喝了。"冯异马上点火烧水，煮起粥来。他把香喷喷的豆粥献给刘秀，刘秀一气喝下了两大碗。吃完豆粥，刘秀饥寒俱解，和衣在农家草舍中躺下，很快便进入了梦乡。

刘接的部将率兵驻在瀛洲城内，断定刘秀晚上必扎营于乐寿（今献县）城休整。于是，他特令三军提前造饭，连夜行军，在天明前赶到乐寿城，包围城池，将刘秀困死于城内。他来到乐寿城前，不见刘秀人马，只见城南门大开，方知失策。他认为刘秀已提前出城顺官道南逃了，于是便马不停蹄地直奔正南追去，却没见到刘秀的人马。

当夜，冯异和铫期两员大将带领近百名部从挖土修筑工事，这就是后人说的"刘秀行营"，也称"营丘"。

《后汉书·冯岑贾列传》记述了刘秀走国夜宿芦舍、芜蒌进粥的前因后果，后代不少文人墨客到芜蒌亭吟诗怀古。

莆田黄寿生登芜蒌亭诗曰：

昔人怀豆粥，今日识芜蒌。
事往名犹在，亭空日欲晡。
光寒征雁回，影淡云帆孤。
陈迹无由访，惟余对画图。

余姚邵俊芜蒌亭怀古诗曰：

赤伏王师起筑阿，间关百战此经过。

野亭尚说芜蒌粥，玉食深宫草树多。

后来，这里形成东（大）西（小）两个“草芦村”，村名一直沿用至今。

东 韩 村

饶阳县东韩村古名桑蚕乡丝绸里，村边有一条滹沱河支流直通南北大运河。西汉年间，该村纺织的绸缎便被装船运往长安、开封、洛阳一带，成为显贵之家争抢的衣料。刘秀走国途经饶阳，本想看看久负盛名的丝绸里，但因险境重重，未能前往。

汉更始元年，刘秀进军颍川郡时，听说铫期智勇忠义，就征召铫期为贼曹椽，主管盗贼之事。刘秀深知，国不太平、贼寇四起会影响一方百姓的生产生活，于是派铫期驻守饶阳县桑蚕乡丝绸里维护治安，清剿王郎残部，确保丝绸产业持续兴旺。铫期带领一班人马来到丝绸里，里正安排他们住下并向铫大人汇报当地治安情况。原来这里有一伙强盗，头领绰号“大胡子”。“大胡子”讲义气，肯为朋友两肋插刀，几十名盗贼都听他的调遣。他们时常在深夜闯入民宅，劫走妇女儿童作为人质，索要大量绸缎钱财。如今，桑蚕乡丝绸里的蚕丝积压，织机停产，百姓苦不堪言。

铫期听罢，决心除盗。这天半夜，“大胡子”带领三人刚跳入村西一户农家院落，就听到梆子声骤响。铫期一班人马破门而入，将“大胡子”生擒活拿，五花大绑。“大胡子”见到铫期后，立而不跪，梗着脖子叫嚷：“不知铫将军驻此，我无备受擒，死而不服！”铫期也不审问，只命兵士解绑放人。众将不解地问："何不将盗贼砍头示众？"铫期答道："治其身，不如服其心。"

"大胡子"被放回，贼心不死。他觉得强龙难压地头蛇，就调集全部手下，持枪舞棍，趁夜深人静直奔丝绸里而来。"大胡子"带人来到村西头，听见梆子声，便奔村东，只见所有人家的院内一片漆黑，大门紧闭，只有一户大门虚掩，屋内灯光闪烁。"大胡子"抓人心切，令众人守住门口，带随从破门而入，直奔正房。屋内，铫期布下的四名虎将，如猛虎扑食，抓住"大胡子"等人，把毛巾塞入他们口中，从后门轻轻拖走。

守大门的几十号盗贼等候多时，不见动静，深感凶多吉少，都呼啦啦冲入院中。说时迟，那时快，埋伏在四周的兵将一跃而起，守住前后院门，点亮火把。几十名弓箭手登上四周围墙，弓箭直指院内慌乱的贼众。带兵的将领大喊："放下刀棍，不然统统死于乱箭之下！"盗贼们束手就擒。

"大胡子"被扭送到铫期面前，心想这次定死无疑。他耷拉着脑袋，静等发落。万没料到，铫期令将士退下，手指桌上酒菜，拉着大胡子的手说："我知你乃豪情义士，今日相见，一醉方休！""大胡子"见状扑通跪地，心悦诚服地说："多谢将军不斩之恩！"

天亮时分，铫期把众人送到村头，"大胡子"千恩万谢而去。"大胡子"虽性情恶劣，但对老母百依百顺，是个众人皆知的大孝子。那天老母突患重病，急得他手忙脚乱，跑前跑后，点火熬药。铫期得知后，立即派军医前去救治，老母有惊无险，转危为安。"大胡子"再次受到感动，从心里佩服、敬重这位忠孝节义、力托千斤城门的大将，当即说服手下贼众投入铫期麾下，从了军。盗贼被根除，丝绸里的乡民们过上了平安的日子。机杼声隆隆，他们将织好的绸缎又源源不断地运往了洛阳。

东汉建武五年（29 年），铫期被调回朝任中大夫之职，后又调任管辖宫廷禁卫军的卫尉卿。建武十年（34 年），铫期病故，光武帝亲临治丧，谥号“忠侯”。

丝绸里的乡民得知铫期病故的消息，家家户户自愿捐钱，在村西修了一座铫期庙，庙边雕有一块试枪石。刘秀听说后，派一位跟随铫期的韩将军前来守护三年，御封丝绸里所有乡民“韩”姓。丝绸里百姓欢欣鼓舞，故把丝绸里改名为“韩村”。后因织造绸缎业的快速发展，许多百姓开始西迁，几年时间分别建立起东、西、南、北、中五个韩合村及南、北韩村。为与那些新村有别，韩村改名为“小韩村”。外迁的百姓不愿让故里叫“小韩村”，于是把“小”字改为“东”字，正式命名为“东韩村”。

关于东、西、南、北、中五个韩合村的来历，据史书记载，这一带并没有“河”，河分东、西、南、北、中之说或许有误，可能是从丝绸里迁来仍保留一个“韩”字乃百姓心愿，后添上一个“合”字，含和睦之意。从明至清，这里始终称“韩合”。民国初期，为书写方便，改称“南合村”“北合村”“东合村”“西合村”“中合村”，一直沿用至今。

圣 水 村

饶阳县城西南 10 里处的圣水村，古名西厢里，传说是东汉光武帝敕封的名字。

从前，西厢里有一位村姑，其父母世代务农，他们相依为命地生活在这个村庄里。村姑秉性温和、善良、孝顺。有一年，其父背部生疮，久治不愈，疼痛难忍。村姑见状，心急如焚，坐卧不安。为治父病，她用姑娘圣洁之口对着疮口把脓血吮吸出来。乡亲们怕她这么做危害身体，她说："只要父亲病愈，愿以身代之。"不久，父病果然痊愈，乡亲们无不为之感动。村姑到结婚年龄，父母劝其出嫁，她说："我无兄无弟，怎能扔下年迈的父母呢?"从此，她一心孝顺父母，终身未嫁。父母死后，村姑将二老入土为安，守坟三年，按时祭祀。

更始二年春正月，刘秀途经饶阳，在县城传舍进食后，急出南门。他们来到西厢里村边，见到这位村姑从井里提出一桶水，刘秀立即下马讨水喝。桶里的水像温开水似的，正好解渴。刘秀侍从接着饮用这桶水，一百余人喝了一个时辰，也没有喝完桶里的水。刘秀看着吃惊地称这位村姑为"圣姑"，称这里的水为"圣水"。

刘秀做皇帝后，念念不忘饶阳那位村姑的恩德，并且感佩她的品行，传旨在西厢里修建了一座圣姑庙，封其为"圣姑"，弘扬忠孝之道。

西厢里的圣姑庙由牌坊、碑林、庙台、大殿组成。牌坊上的石雕栩栩如生；顶子上的木制构件锁咬着，十分别致；表面覆盖的琉璃瓦，五彩缤纷。牌坊上部正中横书三个大字——圣姑庙。从庙前举目眺望，红墙碧瓦，香火缭绕，乐曲悠扬，有身居仙境之感。圣姑庙建成之时，当地村民把"西厢里"改成"圣水村"。从此，善男信女前来朝圣，数百年香火不断。安史之乱（755年）时，圣姑庙被毁。

宋　桥　村

更始二年春正月，刘秀在蓟州（今大兴区）活动，已故广阳王之子刘接起兵蓟中，投奔王郎。刘秀势单力薄，难以抵挡，在大将铫期、冯异和宋弘的掩护下，仓皇南逃，途经饶阳县。

刘秀等人来到滹沱河北岸时，河水已经结了冰，他们担心马滑车翻，犹豫不前。河南岸有一个老汉正在柳树林砍柴，见一队人马不敢过河，就踏冰到北岸告诉他们可砍下柳枝铺在冰上，再撒些沙土，然后就可以安全过河。刘秀听从老汉的意见，发动兵士，很快就搭起了柳枝桥，全部人马顺利过了河。

刘秀很感谢老汉，问他家事。老汉称自己在桥头堡街心居住，姓邓，家中有老伴和女儿。因口音不同，刘秀误以为他姓“郑”，即拉着他的手说：“谢谢郑大伯。”老汉见一大将血流不止，疼痛难忍，忙说：“如大帅相信我，就让那位将官留在我家安心养伤吧。”原来宋弘为保护刘秀曾被刘接的兵士刺伤了左臂，没顾上治疗，逃到了这里。刘秀决定让宋弘留在邓家养伤。

邓氏一家人热情接待了大将军宋弘。邓家之女秀儿为人正派，心地善良，聪明贤惠，心灵手巧。她为宋弘煎汤熬药、端茶送饭，关怀备至，视宋弘为兄弟。宋弘多年来骑马抖枪，厮杀疆场，如今终日闷在屋里，孤独、寂寞、无聊涌上心头。细心聪慧的秀儿看出了宋弘的心情，便拿着针线活来陪伴将军，时而唠些乡间风俗人情，时而倾听将军讲述战场故事。慢慢地，宋弘的心情开朗了，同时对乖巧的秀儿产生了好感，一日不见便牵肠挂肚。随着时间的推移，两人产生了深厚的感情。秀儿虽喜欢宋弘，但总觉得自己出身低微，不敢高攀。宋弘臂伤愈合后，执意要娶秀儿为妻。在乡民们的撮合下，宋弘和秀儿终成眷属。宋弘奋战疆场，东挡西杀，为刘秀打下了江山。刘秀当上皇帝后，宋弘被封为宣平侯。因与夫人共枕的枕芯是用荞麦皮和谷糠填充的，所以他称自己的夫人为“糟糠之妻”。

刘秀当上皇帝的第二年，姐姐湖阳公主丧夫新寡，刘秀多次为姐择婚，姐姐都一一拒绝。刘秀心生疑团，百思不得其解。一天，他与湖阳公主共论朝臣，湖阳公主说：“宋公（指宋弘）德才兼备，群臣莫及。”刘秀听罢，茅塞顿开，心想姐姐比宋妻年轻、漂亮，促成此事，当易如反掌。当即，刘秀召见宋弘说：“谚言，贵易交，富易妻，人情乎。”其意是让他另求新欢。宋弘听后，坚定地说：“贫贱之交不可忘，糟糠之妻不下堂，臣宁死不敢承命。万岁封恩妻郑姓，郑家谢万岁大恩大德。”此时，刘秀才知当年所称的“郑大伯”实际是“邓大伯”。

后来，根据这一故事编写的戏剧《糟糠情》在我国北方各地演出，很快惊动了饶阳县桥头堡中、东、西三头互不相连的三个村。邓姓虽然全部搬到京城，但那年邓秀之父让刘秀用柳枝在冰上搭桥的事流传了开来。为了纪念这件事，民众把“桥头堡村”改为“柳枝桥村”。当年邓家住街心，又与宋弘结亲，宋氏其他人家决定将村名改为“宋柳枝桥”。东头和西头的百姓不愿意，最后商定在村名前加上姓氏，东头称“高柳枝桥”，中间为“宋柳枝桥”，西头称“王柳枝桥”。后来，人们嫌村名字多，简称“宋桥村”“高桥村”“王桥村”。戏剧《糟糠情》的演出，还影响了饶阳县郑庄村。该村人说，郑家姑娘秀儿是他们村的。其实前面已提到，郑秀儿并不姓郑，而姓邓。据史料记载，郑庄是明初建的，比刘秀走国晚 1000 多年。所以，郑庄流传的这个故事，可能是该村的一些文人凑在一起编出来的。不管怎么说，这个故事确实在饶阳广为流传。

郭　村

饶阳县城西南 17.3 千米处与深州市交界的郭村，相传与东汉光武帝刘秀有关系。据 1998 年版《饶阳县志》记载，这里原是刘秀所筑的光武城，后废弃，在原城址居住的人们称这里为郭村。

西汉末年，天下大乱，风起云涌。其中，刘秀和王郎就是这场战乱中的两个具有代表性的人物。在著名的“昆阳大捷”中，绿林军打败了王莽的百万大军，刘秀出色地突围搬救兵，立了战功，晋升大司马。王莽政权灭亡后，西汉更始帝刘玄迁都长安，派破虏将军刘秀略定河北。刘秀到蓟县时，王郎在邯郸称帝，广阳王之子刘接起兵蓟中响应王郎。刘秀势单力薄，仓皇南逃，途经饶阳县。《后汉书》对刘秀在饶阳的活动记载详细，芜蒌亭冯异上豆粥、圣姑供水，使光武帝印象深刻。

更始二年正月，刘秀在信都（今冀州区）太守任光的帮助下，开始讨伐王郎。不久，刘秀得到渔阳（今北京密云区西南）太守彭宠和上谷（今河北怀来县东南）太守耿况与其子耿彪的支持，很快消灭了王郎。这时，刘秀的部将纷纷请求刘秀称帝，刘秀拒绝了。更始三年（25 年）六月二十二日，一个名叫强华的儒生捧着《赤伏符》从关中赶来见刘秀，说：“刘秀发兵捕不道，四夷云集龙斗野，四七之际火为主。”“四七”是 28，指的是从公元前 206 年刘邦称帝至公元 22 年刘秀起兵是 228 年。火，指汉朝，按阴阳五行说，汉朝属火德。这表明刘秀乃“受命天子”，如果再不当皇帝，那不仅违背众望，还会违背天意。刘秀以《赤伏符》的预言为依据，在鄗城（今河北柏乡北）南的千秋亭筑起坛台，祭告天地，当了皇帝，改年号为建武。

刘秀即位后，仍然面临着一个群雄割据的局面。他坚定了安邦定国的宏伟志向，为了招兵屯粮，决定建一座广阔坚固的城池。因曾得到饶阳百姓的救助，所以他把城址选在了饶阳，把建城的重任交给了自己最信任的将军冯异。

冯异带领一班人马来到饶阳。那时候，滹沱河在饶阳南部，从今里满进入县境，经耿口、东韩村流入武强。经过勘察，他选择位于滹沱河南岸具有战略意义的一片平坦的原野作为城址。冯异不住客馆，在城址中央搭起了帐篷，吃住在工地，日夜坚守。当地村民听说在这里建城为的是平天下，让他们过上太平日子，纷纷响应，有钱的出钱，没钱的出人，使得建城工程很快开工了。

首先，挖渠引水，解决用水难题。然后，在城池四周新建了多座砖窑，就地取材，减少运输。为了做到万无一失，又在城池外围建造了第二层宽厚的城墙。经过紧张有序的建设，半年后，雄伟坚固的城池建成了。因是按照刘秀的旨意所建，故起名“光武城”，当地百姓也称其为“罗城”。在此后的历次争战中，光武城从未被攻克过。

东汉延平元年（106 年），滹沱河发大水，光武城被冲毁，当地居民重新在此建村，因正好在原城郭（即内城之外加筑的城墙）之处，故起名“郭村”。

影　林　村

饶阳县影林村，古称“拧拧”。当时，滹沱河流经这里，春秋季节，河沟里盛产螃蟹，人们只要用渔叉网在水里一拧，就能逮到七八只大螃蟹。“拧拧”这个村名就是这样来的。后来，河水改道，给这里一望无际的原野留下一道道弯弯曲曲的沙土岗子。勤劳的农民在沙滩上种了桑树。于是，粗细高矮不等的桑树成林，掩映着整个“拧拧”。一到春天，桑枝吐绿，沙土岗披上了淡淡的绿装，在太阳光的照耀下，这里好似一条流动的绿水。那时候，这里的家家户户采桑养蚕，蚕宝宝爬到新鲜的桑叶上吃得饱饱的，长得快，个头大，吐丝多，使这里成为远近闻名的蚕丝之乡。

“拧拧”改称“影林”，那是西汉末年的事。相传，刘秀被王郎的兵马赶到了这里，当时单人匹马又饥又渴，但他不敢进村子，只是慌慌张张地钻进一片桑林，爬到一棵大桑树上。此时正是五月，桑叶又肥又大，桑葚又红又甜。王郎的兵马在村子里搜查，刘秀便躲在桑树上吃葚子，逃过了劫难。后来，刘秀做了皇帝，给这个村子赐名为“影林”，还差人给桑树送来金牌。谁知来人错把金牌挂在了旁边的一棵椿树上，大桑树气裂了肚皮。不远的杨树见了，觉得大桑树徒劳无功，差人糊涂可笑，便拍着手哈哈大笑起来。其他松、柏、榆、柳等树都为桑树不平，为椿树感到羞耻。于是，这株椿树就臭名远扬了。直到现在，椿树的叶子还是臭的，而未挂金牌的桑树叶子却是香的。

1947 年，著名作家方纪在影林村开展土地改革工作，他以村里的真人真事写了三部小说。其中，长篇小说《老桑树下的故事》记述了刘秀走国爬到桑树上吃桑葚充饥的传说，从而使影林村更加远近闻名。

二、安平县①

刘秀与安平圣姑庙

在河北省安平县县政府以西 200 米左右处，有一座规模宏大的圣姑庙。这座庙建在一座四五米高的高台上，是河北省重点文物保护单位。庙内正殿之北有 2010 年所建《圣姑庙重修志》墙壁，志文记载：“《魏书·地形志》曰：‘安平有楼，女贵人神。’乃述周末本郡郝女，吮父痈尝母药，寝毡守冢。执瓯化露，解刘秀战窘之危。光武感其孝

① 安平县：位于衡水市最北端，辖境西汉置安平县、谷邱县，均属涿郡。王莽时期，安平称广望亭。东汉初复安平县原名，废谷邱入安平。

义，敕建斯楼。嗣后历朝奉拜，香火连延千载。”明嘉靖《安平县志》和清康熙《安平县志》都记载了“安平八景”，其中第一景“仙台积雪”就是指旧县城北关的孝感圣姑庙。圣姑庙建有高台，冬季积雪其上，久不融化，被称“仙台积雪”。明代张尔庚诗云：

突兀峥嵘拔地孤，虚空盘插四邻无。

高寒积雪传仙迹，缥缈携云入画图。

安平县孝感圣姑庙壁画

圣姑庙里供奉的本是一位孝顺的村姑，名叫郝女君，今安平县会涡村人。有一年，她的父亲后背生疮，久治不愈。她心急如焚，就用圣洁之口将疮口里的脓血秽物吮吸出来，为父治病。乡亲们劝她不要这样做，担心她因此染病，她却说：“只要父亲病愈，我愿以身代之。”不久，其父果然痊愈，乡亲们无不为之感动。后来，她为了孝敬父母，终生不嫁。父母死后，她仍守墓尽孝。村民们感念她的孝行，为她修建了一座祠庙。

圣姑庙是刘秀当上皇帝后敕建的。他为什么敕建这座庙呢？

传说王郎追赶刘秀的时候，刘秀一连跑了三天三夜，到了安平城北的会涡村。这时，将士们口干舌燥，刘秀心急火燎，忽然看到村头大树下有位端庄秀丽的姑娘正坐在井台边洗衣裳，身旁放着提水罐子。刘秀赶忙上前施礼道："大姐，借罐子一用，可好？"

姑娘抬头，见是生人，不由得脸一红道："借罐子干什么？"

刘秀说："提水让人马解解渴！"

姑娘用手一指罐子，说："那不是有半罐子水吗？用去吧！"

刘秀听了哑然失笑道："姑娘，这一点水哪够这么多人马喝呢？"

姑娘却说："别小瞧我这半罐子水，它可是连着东海呢，任你有千军万马，也喝不完！"

刘秀口渴万分，捧起水罐喝了起来。等喝足水之后，一看罐子里的水果真不见少，他顾不得心中疑惑，赶紧招呼所有的士兵来领水，不知倒了多少桶、多少担，水罐里的水还是不见少。正在此时，王郎的兵马追上来了，姑娘把罐子里的水往地上一泼，立刻出现了一条白浪翻滚的大河，挡住了追兵。刘秀还没醒过神来，姑娘不见了，眼前只有汹涌澎湃的大河和拦在河对面的王郎追兵。

刘秀脱险后到处寻找这位姑娘，可是问遍了村民，没人知道姑娘是谁。他正疑惑，猛抬头看见路口有座小祠，门口匾额上写着"孝感祠"三个大字。细看祠前碑文，才知该祠是为周朝末年会涡村郝氏女所建。刘秀走进祠庙一看，发现祠里的塑像不仅容貌与那姑娘一模一样，连衣服穿戴也不差分毫。他顿时大悟，急忙大礼参拜，许愿说："神女助我，刘秀感激不尽，日后若能称帝，定重修庙宇，再塑金身。"

刘秀得了天下，没有食言，封郝氏女为"圣姑"，传旨在安平修建圣姑庙，要求庙的高度在京城（洛阳）也能看得见，以便自己时常能够拜见圣姑。因此，圣姑庙就建在了高台上。尽管圣姑庙建得很高大，但是在京城是不可能看得见的。派去修庙的大臣很聪明，他在京城建了一座圣姑庙的南天门（也称山门），这样就满足了光武帝的愿望。

滹沱河的传说

传说西汉末年，刘秀被王郎的兵马追至安平县义门村地界，见一女子手提水壶走来，他立刻上前说："大姐，我非常口渴，让我喝点水吧。"女子说："请喝吧。"刘秀接过水壶喝了水。他的士兵们也陆续接过水壶喝了水，可是壶里的水不见少。当刘秀把水壶送还女子时，不小心把壶掉在了地上，水流了出来，霎时变成了一条河。后来，人们便把这条河叫作"壶倒河"，又因为"壶倒"的谐音，后改名为滹沱河。

关于滹沱河的传说，还有另外一个版本。相传西汉末年，王郎追杀刘秀，刘秀逃到安平县会涡村的一片葡萄园里，见一位女子手提水桶正给葡萄浇水。刘秀上前请求女子给找个藏身的地方。女子放下水桶，用手指了指茂密的葡萄架。慌乱中，刘秀不小心碰倒了女子身旁的水桶，水流了出来，竟然变成了一条河。王郎追到河边，无法过河，刘秀趁机逃跑了。因为河水发源于葡萄架下，人们便把这条河叫"葡萄河"。后来，人们根据葡萄的谐音改为滹沱河。

柳枝渡河

刘秀走国，从蓟县南逃，到了安平县，遇到了一片柳树林，刘秀带着随从在此休息了一下。忽然，追兵赶到，刘秀拼命向南奔逃，结果遇到大河拦阻。当时正是正月初，河面上结了冰，刘秀怕冰面不稳，所以就命人在柳树林里折了一些柳枝铺在河面上，从而使人马顺利通过。刘秀等人刚通过滹沱河，王郎的追兵就赶到了，这时冰面再也禁受不住震动，纷纷破裂，滔滔的河水阻挡了追兵，刘秀顺利脱险。

关于柳枝过河的传说，还有另外一个版本。传说刘秀等人被困在河边时，柳林里突然闪出一位姑娘，她面目俊秀，衣着朴素。只见她飘身入林折了一根柳枝，投入湍急的河水中，柳枝立即连通两岸变成了浮桥。姑娘笑盈盈地示意刘秀过河。刘秀带领人马脚踩着摇摇晃晃的柳枝桥过了河。回头看时，河里的柳枝桥不见了，滔滔的大河把追兵阻于对岸。

会涡村的“扳倒井”

一天，刘秀逃到会涡村，人困马乏，见一姑娘在村口井边洗衣裳。刘秀觉得姑娘面善，但一时想不起来在哪儿见过。刘秀向前讨水喝，那女子提了一罐井水递给刘秀。井水别提多甘甜了，刘秀喝了个饱。他直起身抹了抹嘴对姑娘说：“这一小罐水怎够我的将士们喝呢？”那姑娘笑而不答。说也怪，这一小罐水将士们喝了个够也没有喝完。但是人解渴了，马怎么办？那姑娘好像明白，走向井边双手一挥把井扳倒，马就能饮水了，这就是“扳倒井”的传说。

刘秀的足迹和村名的传说

北牛具村、南牛具村：有一天，刘秀等人来到安平境内，突遇追兵，被打散了。刘秀在空旷的田野中奔逃，无处躲藏。这时，他遇一个农民正赶着牛耕地，便向农民求救。农民示意刘秀躺在新犁的田沟里，随后犁地翻土，把刘秀埋了个严严实实。刘秀正透不过气来的时候，只觉得一只小动物在他鼻孔处拱了一个洞，直达地面，这才没有被闷死。这样，刘秀顺利地躲过了追兵。这就是“蝼蛄救驾”的传说。因为农民赶牛耕地救了刘秀，附近的村子因此就改名为“牛具村”。耕地北边的村叫“北牛具村”，耕地南边的村叫“南牛具村”。

徘徊村：在向南奔逃的时候，刘秀来到一个村庄。在这里，他辨不清方向，不知该往哪里逃，好一番徘徊。后来，人们给这个村起名叫“徘徊村”。

察罗村：刘秀南逃，天晚时，决定在一个村庄过夜。为防备追兵夜袭，刘秀让随从轮换巡逻放哨。后来，刘秀当了皇帝，这个村就改叫“察罗村”。

三个大良村：刘秀等人过了滹沱河以后，在一个村子稍作休整，受到了善良村民的热情招待。后来，刘秀当了皇帝，就将这个村子改名为“大良村”。后来，大良村被分成了几个小村子，根据方位被称作“北大良村”“中大良村”“南大良村”。

薛各庄：刘秀被人追得丢盔卸甲、狼狈不堪地逃到了一个村庄，这个村庄后来就被叫作“卸甲庄”，后改称“卸家庄”，现在叫“薛各庄”。

胡林村：一天，刘秀实在逃不动了，就走进一个村子旁边的一片小树林歇脚，忽然有人追进树林，刘秀大惊，却不料此人不是敌人，而是他的随从，刘秀又大喜。后来，为了纪念刘秀在这片树林里歇脚，靠树林这个村庄就改叫“护驾林”，后叫“护林村”，现在叫“胡林村”。

前程干村、后程干村、东程干村：刘秀等人在胡林村经过短暂休息后，继续赶路，此后经过的村子陆续被叫作“前程赶村”“后程赶村”，后来演变成“程干村”。

新民村：刘秀等人逃命到一个村庄，在这里知道了信都的情况，决定投奔信都，村里的百姓们纷纷出来为刘秀送行。后来，这个村就叫作“别驾村”，现在更名为“新民村”。

三、深州市①

白衣老者指点迷津

王郎赶刘秀的故事在河北几乎妇孺皆知。但是，下博是刘秀在河北实现命运转折的重要纪念地，人们对此知之甚少。

刘秀巡抚河北时，王郎在邯郸称帝。他传檄各郡国，围剿刘秀。刘秀在蓟城遭到广阳王刘接的围攻，被迫星夜南下。据《后汉书》记载，刘秀一行人“晨夜不敢入城邑，舍食道傍晨夜兼行，蒙犯霜雪，天时寒，面皆破裂”。这是刘秀进入河北以来最艰难的一段路程，危机重重。刘秀来到下博城时，遇到了福音，由此改变了刘秀的命运。

下博治所在今河北深州市东南下博村，汉初置下博县，属信都国。刘秀等人到了下博城西时，惊惶失措，不知该往哪里去。就在此时，神奇的事情发生了。有位身穿白衣、仙风道骨的老人站在路旁，为刘秀等人指点迷津。他指着前面的路道：“努力干吧！信都郡（今冀州）还在为长安的更始皇帝固守呢，离这里还有八十里。”据《后汉书》记

① 深州市：位于衡水市西部，西汉初在今深州市东南置下博县，汉高祖十二年（195年）在今前磨头一带置桃县，均属信都郡。东汉下博县属安平郡，废桃县。

载，刘秀“进至下博城西，惶惑不知所之。有白衣老父在道旁，指曰：‘努力！信都郡为长安守，去此八十里。’光武即驰赴之，信都太守任光开门出迎”。

这真是一语点醒梦中人啊！刘秀闻言立即带领随从奔赴信都郡。当时，下博周围各郡都已投降王郎，只有信都、和成两郡不肯归附。

从前，在深州下博故城有白衣老人祠，就是用来纪念给刘秀指点迷津的白衣老人。

深州蜜桃

传说刘秀被王郎军追赶，行至今深州西马庄时，口干腹饥，食蜜桃后摆脱追兵。其称帝后，降旨表彰蜜桃的救命之恩，深州蜜桃从此闻名。此后，从汉明帝至清道光帝，深州蜜桃一直为朝廷贡品，至今名闻天下。

四个村名的由来

刘秀等人从蓟县逃出后，行至深州。当时正值六月，骄阳当空，树木丛生，百草丰茂。但是，刘秀无心赏景，策马扬鞭，向前疾驰。忽然，一条大河（今滹沱河）挡住了他的去路。河面宽几十丈，水流湍急，岸上除了绿油油的草地，几十里内再也看不到别的遮挡物。眼看追兵就要到来，刘秀心中一急，仰天长啸：“天不助吾，吾何兴汉！”刘秀急忙派探马前去察看四周情况，寻找船只。一会儿，探马回报，水流湍急，无船可渡。刘秀一听急了，随后又派他的心腹人将王霸再去察看。王霸担心兵将恐慌，便心生一计，回报刘秀，称河水结冰，坚实可渡。刘秀高兴地说："无用的探马，净说瞎话。"他随即命令整队渡河。说来也怪，这时天空骤然刮起了刺骨的寒风，河水开始结冰，等大队人马来到河边时，河面已经被一层厚厚的冰凌封结了。刘秀大喜道："天助我也！"说罢，他挥鞭踏冰顺利过了河。此时，忽然又吹来一阵暖风，坚冰顿时消解。刘秀站在河南岸看着解冻的河水，不禁感慨地说："今日能渡河，真乃天助我也。"王郎的追兵捶胸顿足，都说河面六月结冰是天意。

后来，在刘秀过河的地方出现了四个村庄，以当时天助刘秀出现的奇异现象命名，分别叫"风飘"（今冯飘村）、"谢村"（云散）、"凌消"（冰凌融消，今东凌消村、西凌消村）、"大流"（水流湍急）。

刘秀称帝以后，人们在凌消村修了一座汉光武帝庙。据说，当时的凌消还是滹沱河的一个渡口呢。到了明清两代，"凌消暮霭"成了深州八景之一，文人墨客都争相到此游览，赋诗作词，抒发思古之幽情。其中有一首诗是这样写的：

凌消断岸可藏舟，燕赵分波古渡头。
司隶车徒方返师，滹沱巨堑尚横流。
诡称冰合堪驱马，信道天心果属刘。
元伯一言开大业，云台端不愧封侯。

辰时、得朝、柏树村的来历

刘秀的人马过了滹沱河，继续南奔。他们到达原深县辰时村一带时，正好是上午辰时。这时传来了汉更始帝被赤眉军杀死的消息，刘秀悲痛万分。诸将劝道："望将军忍痛节哀，以定民心。"刘秀不肯。

诸将又劝道："天下志士离乡背井，跟随将军南征北战，谁不想建立功业，日后也好封妻荫子。今将军深孚众望，此时不正号位，只恐众人失望而生归去之心。人心一散，难以复合。此天赐良机，不可失也，诚望将军三思。"刘秀见众人真心劝进，便答应下来，于是就在这里登基称帝，但须祭天拜祖。刘秀见附近村里有棵参天古柏，荫蔽数亩，便在这棵树下拜了祖宗。自此以后，这附近的三个村子就分别叫了"辰时""得朝""柏树"。至今，这一带还流传着"辰时得朝""柏树拜祖"的传说。

大冯营的冯五黑

相传刘秀被王郎追到今深州城东 17. 5 千米处的大冯营村西时，周围一片平地，无处藏身，他十分着急。慌乱中，他见一农民正在耕地，便上前求救。这个农民叫冯五黑，他急中生智，叫刘秀躺在犁沟里，翻土盖上刘秀，然后假装无事一样，仍旧赶着牲口耕地，很容易就骗过了追兵。

刘秀做了皇帝以后，不忘这个农民的救命之恩，想封他个官位，于是差人来找他，才知冯五黑已死。于是，刘秀按照当地的礼仪，为冯五黑修了一座大墓。

冯五黑救刘秀时，相传还有蝼蛄在刘秀的脸上爬来爬去，将覆土拱了一个洞，为刘秀透了气。刘秀被拱得难受，心中骂道："我这样难受，你还来捣乱!"追兵走后，刘秀站起来将蝼蛄揪成了两截。他忽而又一想："刚才若不是蝼蛄钻洞，说不定早把我闷死了。"于是，他顺手从地边的枣树上掰了根枣枝针，把蝼蛄断折的身体连在一起，蝼蛄复活了。刘秀说："你救我有功，饥了就吃，拣地拱去吧。"谁知蝼蛄听成“稀了就吃，碱地拱去吧”。从此以后，碱地里的蝼蛄特别多，庄稼越稀，蝼蛄吃得越厉害。

大小寺家庄和清辉头

深州城西南7.5千米处有清辉头、大寺家庄、小寺家庄三个村庄，相传这三个村庄因村边兴隆寺而得名。

当年刘秀被追杀跑到这里，前不着村，后不着店，只有一座荒凉破旧的古刹。由于战乱，寺庙香火不盛，山门上挂满了蜘蛛网。刘秀急忙破网而入，躲藏起来，心中暗自祷告：“苍天保佑，助我脱险，日后一定重修庙宇，再塑金身。”却说一只大蜘蛛见网被人撞破，便又急急忙忙地织补了一番，不一会儿就恢复了原样。随后，一阵风吹过，把刘秀的脚印也扫净了。追兵赶到后，见庙门上挂满了蜘蛛网，地上也没有脚印，心想刘秀不会藏在庙里，抬头又见墙上写着“请回头”三字，于是掉头离庙而去，刘秀又一次脱了险。

刘秀做了皇帝后，传下一道圣旨，重修这座庙宇，赐名兴隆寺，以示光武中兴。兴隆寺香火不断，人们每年都到这里赶庙会。聚到庙旁居住的人越来越多，渐渐形成了三个村庄，分别叫清辉头（“请回头”的谐音）、大寺家庄、小寺家庄。后来，这三个村为庙的管理发生了争执，都说应归自己所有，为此还打起了官司。经官府实地丈量，兴隆寺离清辉头村较近，最后判给了清辉头村。

石槽魏村

今深州城东南1.5千米处有个石槽魏村。据传，西汉末年，刘秀兵马到此时，人饥马乏，便到村中歇脚。村内有一口水井，井旁有个石槽。刘秀命士兵汲水，用石槽饮马。所有的马都饮足了水，但是石槽中的水不见少，刘秀和将士们感到很惊奇。唐朝睿宗年间，这个村出了个叫魏知古的进士，他先任户部尚书，后任工部尚书。由于村里魏姓出了大官，又有刘秀石槽饮马的传说，故该村被人们称为“石槽魏村”。

蒲龙头和窝幞头

话说刘秀在庙内躲过追兵，告别了神灵，继续南奔。走出古刹不远，他又被王郎的追兵发现，慌忙钻进芦苇荡里，找了处严密的地方隐藏起来。追兵在芦荡里胡乱搜查了一阵子，不见刘秀的影子，便失望地走了。刘秀从芦荡里走出来，脑袋上尽是蒲绒和芦苇花。刘秀称帝后，成了“真龙天子”，皇帝的脑袋当然就是“龙头”了，因为当年他在这里满头蒲绒和芦苇花，所以这一带的几个村庄当时被统称为蒲龙头，后来分别演变成今天以姓氏开头的“刘家头”“阎家头”“常家头”。

刘秀从芦苇荡里走出来，满头蒲绒和芦苇花地向东南逃去。他穿过树林，越过土丘，好不容易来到一个村庄。他本想进村吃点东西歇歇脚再走，忽然马失前蹄，跌下马来，头上的幞头（帽子）也摔掉了。刘秀非常丧气，以为不吉利，便连声问一个村民道：“这是什么去处？”村民回答：“凤凰池。”刘秀道：“什么凤凰池？是窝幞头。”于是，“凤凰池”这个美丽的名字自光武帝时起就变成了“窝幞头”。村民尽管觉得不雅，但又无可奈何。这个名字一直沿用了1900年。1931年后，村民商议捐款唱戏，宴请乡邻，恢复了原来的村名——凤凰池。

四、武强县[①]

郎子头和南北平都村的来历

相传，西汉末年，更始帝刘玄派刘秀行大司马事北渡黄河，镇慰河北州郡。这时，河北邯郸有个叫王郎（又名王昌）的算卦先生，自称会占卜吉凶，预示人的未来。他借此骗取钱财，蛊惑百姓。他对众人说自己有帝王之相，是天子下凡，是上天派他来拯救百姓的。于是，他便趁机发动、组织当地的地痞流氓、无业游民建立军队，也称农民起义军，与刘秀军展开角逐。王郎打仗打累了，晚上露宿在名叫“平都”的村里。夜里，他在朦胧的星光下见到村子中央火光熊熊，照得四周犹如白昼。他想，这是神灵显圣，此地乃天子风水宝地，是打败刘秀后建都的好地方。自古以来，北有北京，南有南京（建业），西有西京（长安），东有东京（开封汴梁），唯独没有中京。此村东靠漳河（今滏阳河），北有滹沱，地势平坦，土壤肥沃，是个建都城的好地方。第二天，他便下令，从四面八方广征民夫工匠 20000 人，在此村大兴土木，修建皇宫，准备称帝后在此建都，号为中京。经过三个月的紧张施工，不知累死了多少人，饿死了多少人，宫殿终于竣工了。他效仿西汉在长安宫殿的模式，分为正宫、东宫和西宫，并且建有大臣上朝议事的太和殿和东西朝房。宫殿落成后，为了庆祝，他当即下令召集四方百姓来此集会，大摆宴席，笙歌艳舞三天。来此集会的人络绎不绝，好不热闹。庙会进行到第三天下午时，密密麻麻的人群中出现

① 武强县：地处衡水市东北部，西汉置武隧县，属河间国。王莽时期改为桓隧县。

了一位鹤发童颜的老者。他一手拄着拐杖，另一只胳膊上挎着一只柳条编的篮子，篮子里放着一捧大枣、三个黄澄澄的大鸭梨，还有两个烤得焦黄的香气扑鼻的大烧饼（俗称火烧）。老汉一边在人群中走动，一面扯开嗓子高声吆喝：“喂——，乡亲们快来买呀，枣（早）梨（离）大火烧！枣梨大火烧！……”老人一遍又一遍地吆喝着。大约一袋烟的工夫，老人突然不见了，不知躲到哪里去了，吆喝声也没有了。这时，突然刮起了一阵狂风，宫殿的西北角起了大火，烈焰冲天，直上云霄。大火在狂风中越烧越旺，转眼蔓延开来，宫殿四周成了一片火海。来此集会的人们一时都慌了手脚，扔下手中的篮子、褡裢袋子，四处奔逃。大约过了两个多时辰，王郎精心督建的宫殿化为乌有，成为一片废墟。

这时，离此不远的刘秀率领的军队伺机与王郎率领的土匪军展开了激战，经过两天两夜的生死角逐，刘秀最后战胜了王郎的乌合之众，生擒了王郎，将他斩首在距此不远的另一个小村庄并悬首示众三天，而这个村子后来就被叫作“郎子头村”。后来，人们在王郎修筑皇宫的村子中央建了一座药王庙，而这个村子也被分成了两个村子，庙北的村子叫“北平都”，庙南的村子叫“南平都”。近两千年来，勤劳、善良的平都村人繁衍生息，一代又一代，但南、北平都村的村名始终没有变，一直沿用至今。

林东村的来历

相传王郎赶刘秀时，刘秀身边的李将军奉军师之令在武强山（系土山，在今武强街一带，早已不存）一带埋伏。

天将中午，王郎兵开始攻山，被伏兵的乱箭射死很多。但是，王郎兵多将广，时间一长，箭已用尽，李将军的人马渐渐支持不住，只好且战且退。他命探马向东来回，装作给刘秀传讯的样子，使敌误认为刘秀在东 10 多千米的树林中。天将黑时，嗖嗖几支冷箭突然射来，因看不清，李将军身上中箭，他的 6 个儿子将他救到林中，但他不多时就气绝身亡了。儿子们只得将他掩埋在树林东边，然后指挥兵卒继续御敌。后半夜传来军师之命，叫急速撤回。刘秀称帝后，封李将军为李元帅，在埋葬李元帅的地方修了一座李元帅墓。他的 6 个儿子为尽孝，随之在树林以东建了一个村庄，起名“林东”，这就是现在武强县的林东村。

刘铁房村的来历

关于武强县刘铁房村的村名，有这样一段来历。相传更始元年的一天，刘秀领兵在武隧县（今武强县）的官道上行军，突然乌云密布，大雨骤降。刘秀便令部队进驻附近的刘家屯村避雨。谁知一连数日阴雨连绵，邻村房倒屋塌之声不断传来。官兵见此情景，个个唉声叹气。刘秀正考虑稳定军心之策，忽然一名谋士进帐说：“我到村中看了看，望见该村有一块特殊的土地，村民都是用这块土地里的土建的房，经得住长久的风吹日晒雨淋，好似铁房一般。”刘秀了解情况后，说：“叫全体士兵和百姓放心，我们这里没事。我们这里的房子像铁铸的一般，完全可以抗住这样的阴雨天。”数日后，天晴风定，这个村的房屋果然平安无事，村民们想起刘秀宽慰民心的话，便把刘家屯村改名为“刘铁房村”了。

拜口村的来历

武强县西南部有个村叫“拜口村”，相传滹沱河曾流经这一带，那时正是刘秀与王莽打仗的时候。有一回，刘秀兵败，带着人马顺滹沱河由东向西败逃，突然河堤被洪水冲开一个好几丈宽的大口子，那浑浊的河水像一队突然而至的天兵，一下子把刘秀的队伍截住了。刘秀见此情景，不由长叹：“天绝我也!”他以为自己的所作所为触犯了天意，急忙冲着决口处行起了三拜九叩的大礼，表示知罪。有人说是刘秀的三拜九叩感动了天地，那决口突然自动愈合了。其实不是这么回事，而是这一带的老百姓帮了刘秀的大忙，成千上万的人都来堵决口，才把决口堵住，刘秀的部队得以顺利通过。人们堵决口运来的土堆成了一座小山，后来在上边建了村子，起名叫“拜口村”。

护驾林村的来历

在武强县城南 7.5 千米处有个村子叫“护驾林”，关于村名的来历有这样一段故事。

相传，西汉末年，刘秀与王莽在邯郸摆下战场，两军对峙，大战数日，不分胜负。有人向刘秀献计说，可到河北沧州聘请武林高手帮助破敌。刘秀闻言大喜，遂轻装简从直奔沧州而去。不料此事被王莽察觉，他派了不少兵马去追刘秀，直追到冀州，困住了刘秀。刘秀一行人拼死相搏，仅剩六人保护刘秀杀出了重围。中午时分，他们来到武强城南的枣林庄，正是农历七月十五日，枣林茂密，半青半红的大枣挂满枝头，枣香阵阵。刘秀怕碰掉枣儿，命令众人下马穿林而过。

林中一老者瞧见刘秀的所作所为，对刘秀的人品非常佩服。他走上前来问明原委，为刘秀指路并赠以鲜枣解饥。刘秀接枣拜别老者，继续赶路不提。

再说王莽军追到林前不见了刘秀的踪影，怀疑刘秀藏入枣林，遂骑马闯入林中寻找。经长途追赶，这些人早已人饥马饿，一见到树上的大枣便伸手摘下往嘴里塞，马也乱吃乱嚼枣枝、枣叶。老者见王莽军如此无礼，便上前劝阻，却被一个兵头扬鞭打翻在地。这个头目还威胁他，要他交出刘秀，还命士兵伐树烧林。谁知他们所打的老者正是本地千年的枣树神，枣树神一怒之下便命枣儿、枣孙奋起自卫。只见根根枣树枝如枪，刺向王莽士兵的胸膛，枣儿飞起像石子一样朝王莽士兵的头上砸去，只打得王莽的兵马溃不成军。枣树林就像一堵墙，横在王莽军的面前，使其不能前进一步。天色将晚，王莽军见无法过林追赶刘秀，只好收兵回邯郸复命。

数日后，刘秀请回武林高手再过枣林庄，见大片枣林被伐，有的枣树被烧焦，打听才知事情经过，便与果农一起抢救枣树。他把随身所带极其珍贵的“还阳接骨仙丹”分给果农，将仙丹化成药水，抹在被伐的树碴口上，将锯下的树身、树枝重新安在树上。这些枯树如遇甘露，几天后竟奇迹般的发芽、抽枝、长叶、生花，恢复了原来的繁茂景象。刘秀还把随身带的散碎银两叫人买来蜂蜜、白糖，帮群众把成熟的枣加工成“蜜枣”“乌枣”等，分给大家食用或到集市售卖，以弥补村民的损失。刘秀爱护老百姓的事迹被人们越传越远，使其深得人心，受到群众的拥护，因此他很快打败了王莽。

刘秀称帝后，始终不忘枣林庄遇救情景，便派人寻找指路赠枣的老者。但是，寻遍了枣林庄，都说不知此人，至此，刘秀方知自己得到的是枣树神的庇护。为表感激之情，刘秀降旨为枣树神修庙，塑造金身，并且将枣林庄赐名为“护驾林村”。

五、武邑县[①]

大里台村的来历

据《武邑县志》记载，汉更始二年，刘秀被王郎军追杀，率兵马夜渡滹沱河，兼程急驱，甩掉敌军，来到武邑县城南5千米处的王家村，准备在此歇息过夜。因时至夜晚，刘秀不准兵马进村惊扰百姓，而是全部停歇在村东边的双庙。刘秀憩息于双庙内，把马拴在酸枣树下，甜美舒适地睡了一夜。

第二天清晨，探马来报，称近处未发现王郎追兵的踪影，刘秀见兵困马乏，又值炎热的盛夏，衣物要洗晒，军械需整理，便下令趁机稍事休整。一时间，士兵们有的修理兵器、战袍、盔甲和用具，有的在村口井台洗衣服，他们在井台周围的树枝上密密麻麻地搭满了衣物。刘秀漫步来到这里，见此情景，笑笑说：“此地乃很好的搭衣台也。”刘秀率兵马在王家村休整半日，闻追兵赶来，便急速起程，向南逃奔而去。

刘秀走后，村里人根据他的话，将王家村改名为搭衣台村，后来村名演化为“大里台村”。

① 武邑县：位于衡水市中部偏北，东临衡水市城区。汉高祖五年（202年）置武邑县，先后属信都国、信都郡，东汉属安平国。

王孝村的传说

故事要从西汉末年说起，由于当时汉皇室软弱，外戚王莽篡夺了皇权，反对王莽的亲王大臣遭到大肆诛杀，朝野上下一片混乱。刘秀得知王莽要加害自己的消息后，慌忙出逃，王莽派军队一路紧追不舍。

这一天，刘秀和几个随从逃到现在武邑县与武强县的交界地带，刚渡过了波翻浪涌的龙治河，王莽的军队就追到了河边，情况非常危急。刘秀等人慌忙躲进了一片树林里，爬到了一棵大树上。王莽的部队在树林里反复搜索，一无所获，天黑了才撤兵。

几天来，连惊带吓，再加上整整一天水米未进，刘秀饥渴难耐。他从大树上跳下来，只觉得眼前金星乱转，脚下像踩着棉花团，身子晃悠，差点倒在地上。身旁的随从赶紧扶住了他，说："不知前方是否有村庄，我们好去吃点饭，借宿一晚？"刘秀定了定神，隐约听得前边传来几声微弱的狗叫声，心中一喜，道："前边好像有个村庄，天助我也。"众人打起精神摸黑赶路，深一脚，浅一脚，走出约 3 里地，只见前方有隐隐约约的灯光，果然是一个村庄。

刘秀一行人来到一座篱笆小院前，叩击柴门。开门的是一位老汉，高挑个，背微驼，须发皆白，却精神健旺。刘秀口称"老人家"，慌忙上前施礼，说明来意。老汉道："早上喜鹊就在我家树上叫个不停，如今果然有贵客到来，快请，快请。"老汉将刘秀一行人让进屋里，借着灯光细细打量这些人。只见他们刀剑在身，个个气势不凡。尤其是刘秀，虽然衣服有几分破旧，但气宇轩昂，目光如炬，态度又谦恭和蔼，知道不是寻常之人，老汉忙叫老伴准备茶饭。

说起准备茶饭，老婆婆可发了愁。当时地方上连年大旱，再加上连年战乱，匪兵袭扰，家里哪里还有什么粮食啊！老婆婆在缸底刮来刮去，只凑够半升米，那可是老两口一冬天的口粮啊！

刘秀几人坐在屋子里小憩，昏昏然已有几分睡意，突然听到灶间传来沙沙的磨刀声，猛然惊醒，侧耳听得老两口的对话。

“别杀了，留下吧！”那是老婆婆的声音。

“不行，得杀！”老汉一边磨刀，一边应道。

“杀几个呢？”

“都杀掉。”

刘秀听到此不由勃然大怒，“噌”地站起来，手提钢刀“哐啷”一脚踢开房门，用刀直指老汉的心窝道：“我与你素无恩怨，不予茶饭也还罢了，为何生此歹意，要害我等？”

老汉闻言知道刘秀误会了，慌忙摆手说：“不是杀人，是要杀鸡款待几位。”

这杀鸡可摘了老婆婆的心，一家人的零用钱都还指望着这几只鸡呢。老婆婆一边煮鸡，一边暗自垂泪。刘秀拿出银钱，老汉执意不收，说：“贵人来我家中，乃是有缘。我备酒饭要招待的是朋友，朋友哪有付钱的道理呢？”刘秀推辞不过，只好作罢。一行人酒足饭饱，休息了一夜，第二天千恩万谢，辞别了两位老人，继续赶路。

一转眼，冬天到了，却说两位老人家中没有半粒粮食，只靠吃些干菜果腹。一天，老汉说：“缸中已无米，米缸还有何用，不如当了换个钱，也可吃顿饱饭。”说着，老汉就搬米缸，却感觉沉甸甸的，揭开盖子一看，其中竟有满满的一缸银子，不由惊诧得半晌说不出话来。据村中的老人们讲，这是老汉的善行感动了上天，玉帝派遣财神给老汉送来的银子。老汉并不贪心，而是仗义疏财，把银子散发给贫困的乡亲，帮大家熬过了灾荒。

老汉宁肯自己挨饿，也要舍饭救人，此等善行一时被传为佳话。几年过去了，刘秀当了皇帝。因感其对帝王的一片忠孝之心，当地群众遂将村名改为“王孝村”。后来，按照方位和姓氏，王孝村又被分为西王孝、中王孝、东王孝、李王孝4个村子。

云碧雾村的传说

武邑县东北有个小村庄，原来名叫云碧雾村，为什么叫“云碧雾”呢？说起来，这里还有一段故事呢。

相传更始二年春，邯郸的王郎为争夺河北地盘而追杀刘秀。一天，刘秀等人跑到武邑县东北的这个小村庄附近，眼看就要被王郎的兵马追上了，追兵的呐喊声已清晰可闻。刘秀的兵马一时苦于无处躲藏，又都累得人疲马乏，个个惊恐万状，纷纷叫苦不迭，只恨爹娘少生了两条腿。刘秀见状，也是叫天天不应，叫地地不灵，不由地长叹：“天欲灭我也，天欲召我归也！”随即黯然泪下。

正在此时，突然天地间起了茫茫雾气，而且越来越大，霎时笼罩了眼前的大地。王郎的兵马眼瞅着就要追上刘秀了，却被这大雾闹得突然不见了刘秀兵马的踪影，继续向前追吧，怕中了埋伏，不追吧，又不甘心，思来想去，不敢轻举妄动，只好暂且按兵不动，等待雾散天晴。

再说刘秀，见到如此天气，心中暗道：“真乃天助我也！”于是，他命令兵士聚在一起在大雾中慢慢潜行，并且由原来由南向北跑，改为向西跑，只跑出去几里路，就听不到王郎追兵的声音了。刘秀估计已把王郎的追兵甩掉，这才松了一口气。他回头看了看刚刚离去的村庄，仍然是大雾弥漫，像一张偌大的白幕碧帐，把天地遮得严严实实。

刘秀高兴地说："乱臣贼子，天地不容；吉人天相，自有神助。此地云碧雾相助我也。"于是，那个村庄也因之叫"云碧雾村"，后改名叫"光明村"。

刘只宁村的传说

西汉末年，王郎赶刘秀，刘秀带着一支人马拼命奔逃，来到一个村庄。刘秀见天色已晚，就想借宿过夜，可是连敲了几个人家的门，哪个也不敢开。刘秀想在街上过夜，村民也不让，任凭怎么说也不行，因为他们怕王郎的兵马赶来知道留宿了刘秀而被杀头。刘秀叹了一口气说："这村人真执拗。"于是，他们就在村外树林里过了一夜。因这个村姓刘的人家居多，故因此得名"刘执拗"，后来根据谐音演变为"刘只宁"。1961年，该村被分成两个村，按村庄位置分别叫"前刘只宁村""后刘只宁村"。

护驾林村的传说

武邑县西北有个原名叫"护驾林"的村子。传说西汉更始二年，王郎追赶刘秀。一天，刘秀率军正在行进，忽有探马来报，说王郎的军队已从背后追过来了。刘秀闻报，回头一看，只见远处烟尘滚滚，越来越近，王郎的追兵真的快到了。

刘秀正在思索退敌之计时，前方的树林中忽冲出一队人马，刘秀大吃一惊，心想这下完了。但是，为首的将领跃马向前，在马上对刘秀深施一礼，朗声道："刘将军来临，有失远迎，还请恕罪。"

原来这支人马是铜马军的一部分。铜马军得知刘秀贤能，将来必成大业，早愿归顺刘秀。他们探知刘秀路经此地，特在此等候。刘秀对这支人马亦早有耳闻，遂还礼道：“同是义军兄弟，免礼！后面王郎军已经追来，还望贵军协助共同退敌。”铜马军的将领将自己的退敌想法对刘秀说了一遍，刘秀闻言大喜，称赞道：“好计！”铜马军的将领领着刘秀及其部分随从向前先行，留下一小部分兵卒沿小路向西南方向边走边扔下少量刀枪，剩下的两家人马合兵一处埋伏在树林中，等着王郎军队的到来。

不多时，王郎军队的先锋部队来到了林边，四面伏兵一拥而上，将其团团围住。王郎的先锋部队一阵大乱，慌忙突围，士卒死伤大部，先锋官负伤而逃。等王郎带大队人马赶到这里把林子包围时，林中早无动静。王郎想冲进去，又恐有埋伏。他在外面待了好长时间，才派人进林中搜索，结果林中空无一人，但是向树林西南方沿小路望去，见有人影晃动。王郎以为刘秀向西南方逃跑，遂领兵追击而去。这时，刘秀已歇在了树林东南边不远的村子里。后来，为纪念刘秀林中脱险，此片树林被封为“护驾林”，该村借此取名“护驾林村”，1967 年改称“新林村”。

怀甫村的传说

武邑县城北有一个前怀甫村，还有一个后怀甫村，这两个村原是一个村，叫“前怀甫”。为啥叫“前怀甫”呢？说来与王郎赶刘秀有关。

话说一天下午，刘秀率部甩掉追兵，来到武邑城北，准备宿营，还想借机到附近村庄了解一下民情。刘秀一边走，一边看，见到因为战事频繁，加上王郎对百姓横征暴敛，使得民无生计，穷困潦倒，苦不堪言，再回顾一路所见百姓弃田落荒、饥寒交迫、遗骨路旁、抛尸荒野的惨景，不由得泪水夺眶而出。刘秀对着村里的老百姓说："王郎小厮乘莽之孽，乱我天下，害我百姓，罪不可恕。待我有朝一日平定叛逆，定将此贼碎尸万段，以慰天下百姓。"

刘秀治军严明，对百姓秋毫无犯，因而大得人心，得到百姓的拥护。刘秀离去后，人们才得知说这番话的竟是抱志遇险的皇室后裔，十分感慨，便将此话广为传颂。后来，刘秀当了皇帝，当地人为纪念他曾来过这里，在刘秀宿营的地方修了一座庙宇，取名"怀甫庙"，意为怀念贵人。

明朝永乐年间，山西洪洞县移民迁居到此，在该庙前建村，借庙名取名"前怀甫村"。后来，前怀甫村的一部分居民迁居村北另立一村，依坐落位置，叫"后怀甫村"。

枣杭村的传说

话说刘秀的兵马被王郎的大军追赶，一路奔逃，人困马乏，遂决定在王家村休整一天。天近中午，刚要传兵士点火做饭，忽然探马急急忙忙来到刘秀面前禀报："在西北方约 5 里处发现王郎的兵马正向我们这边赶来，请速速定夺。"

刘秀一听，猛然一惊，但随即镇静下来，风趣地说："好哇，他们来了，咱们走。"他当即命令火速起程，向南奔去。当时正值盛夏，烈日当空，刘秀的兵马走出不长一段路程就汗流浃背、气喘吁吁了，再加上腹内饥渴，气力难支。刘秀见此情景，对左右部下说："天气这样炎热，又是长途行军，对我军不利，敌追我走，不如暂时躲一下。"

众将领都同意他的意见。说话间，刘秀的兵马已越过一个村庄。

只见村南有一片枣树林，枝繁叶茂，浓荫蔽天。大树下还有一丛丛的小枣树，真是天然的屏障。

刘秀望着这片枣树林，计上心来，一面命令大部分兵马绕道进入枣树林，一面精选一小股强悍的兵马继续前进，虚张声势，引王郎的大队人马远离枣树林。

王郎的兵马追到这个村的村南时，突然不见了刘秀兵马的踪影。为首的将领察看了一下地形，断定刘秀的兵马在枣树林中躲藏，正要派人进枣树林搜查，又转念一想："我在明处，敌在暗处，万一中了敌人的埋伏，可吃罪不起。"这时，他忽见不远处有一队兵马奔逃，荡起滚滚烟尘，一时也看不清到底有多少人，随即改变了进入枣树林的想法，下令急速向尘土飞扬处追去。

刘秀的这一小股人马见敌军上了钩，又有青纱帐做掩护，便一边诱敌，一边奔跑，一直把敌军引出老远，这才一溜烟似的隐进了青纱帐，待敌兵远去才转回到会合地点。

刘秀躲藏在枣树林里，见王郎的兵马被引诱远去，长长地松了一口气，笑着说："敌军果中我计也。"左右部下也都敬佩他的多谋善断。

刘秀做了皇帝后，这个村的人们因当年这片枣树林曾救过皇帝，遂将村名改为"护驾枣行"，后演化为"枣杭"，也就是如今清凉店镇的前后枣杭村。

逍遥村的传说

在武邑县东北部，古时候有个村庄叫"逍遥村"，传说其村名起源于西汉末年。那时候，刘秀被王郎追赶，经常连夜奔跑，不得安歇。有一天，经过几个昼夜的奔逃，刘秀在云碧雾村甩掉了王郎的追兵。

又行了一段路，他望见前面村庄附近有一座砖窑，走近了一看，砖窑似城堡，正是兵马歇息的好地方。刘秀这时疲倦至极，见部下也个个疲惫不堪，于是就传令在砖窑处宿营。

刘秀走到砖窑近前察看，见窑内砖已出净，空荡无物，但窑温尚存。当时正值暮春，寒意犹存，正好在里面避风歇息。于是，刘秀把马拴在窑外的大树旁，进得窑来，不管三七二十一，和衣而卧，倒头就睡。睡着睡着，不觉进入了梦乡，刘秀梦见自己打败了王郎，当上了皇帝，龙袍加身，群臣拥戴，三呼万岁；后宫美女如云，夕夕相伴；每餐山珍海味，美不可言。一觉醒来，已是东方破晓时分。刘秀打了个哈欠，伸了伸胳膊，回忆着梦中的情景，风趣地说：“此地真乃逍遥之地也。”

后来，此话不知怎么就传到了当地百姓的耳中。刘秀当了皇帝以后，当地百姓认为这是皇上赐封的“逍遥之地”，便将此窑附近的村子取名为“逍遥村”。清朝乾隆年间，一部分人迁往村西居住，取名“西逍遥村”，原来的村庄就叫“东逍遥村了”。

消村的传说

武邑县西北的龙治河的南北两岸有前后两个消村，这两个消村名字的由来要从西汉末年说起。

话说西汉末年一个初冬的夜间，北风呼啸，寒气逼人，刘秀等人被王郎的兵马追赶，急急奔走了一夜。天将黎明时，他们来到武邑县的龙治河边，被十几米宽的河水挡住了去路。河上既无桥梁，也无渡船，只结了一层冰，也不知冻得结不结实，能不能禁得住人踩马踏。

刘秀催马向前来到河边，心中有些惊慌。前有河道拦路，后有追兵赶来，怎么办呢？往回折转吧，怕追兵拦截；改变方向吧，又怕摸不清道路，中了敌军的埋伏；派士兵砍伐木料临时搭桥吧，又怕时间来不及。刘秀一边观察河边的情况，一边苦苦思索，决定让几个士兵先踏冰试渡。河面冻得很结实，试渡成功了。刘秀甭提多高兴了，连忙让士兵们分批抢渡龙治河。

刘秀等人过河不久，太阳从东方露出脸来，狂风停止了吼叫，气温已不像黎明时那样寒冷，加上大队人马的踩踏，冰层开始消减。待王郎的兵马追到河边时，已无法再渡，只好停在岸边，另做打算。这样，刘秀暂时甩掉了王郎的追兵。

后来，刘秀做了皇帝，为纪念他在此地渡河逃难一事，传旨将马家村改名为“冰消村”，后演化为“消村”。如今，龙治河南北两岸的两个消村按坐落位置分别叫“前消村”“后消村”。

董务村的传说

西汉末年初冬的一天，刘秀的军队被王郎的兵马沿途追赶，一路奔波，途经一个村庄，已是疲惫不堪。眼看王郎的追兵就要赶到，村子周围一马平川，既无树林，也无沟渠，没有任何藏身之处。刘秀急得如热锅上的蚂蚁，不禁仰天长叹：“此番休矣！”说来也是吉人自有天助，刘秀话音刚落，周围天色突变，骤起大雾，顷刻间把大地万物罩了个严严实实。王郎的兵马追到此处，只见大雾茫茫，弥天漫野，不敢贸然前进，只得停止追击，待大雾散去再做部署。而刘秀的军队则以大雾为掩护，顺利地转移逃走了。

事后，为纪念此事，此处一个董姓居多的村庄取名为“董家雾村”。随着时间的推移，人世变迁，李姓人在该村越来越多，便更名为

"李董雾村"，后演变为"李董务村"。附近还有两个村庄，依照"李董雾村"的叫法，冠以姓氏，分别叫魏董雾村、高董雾村，后演变为魏董务村、高董务村。

六、冀州区[①]

刘秀建国与冀州

王莽新朝末年，天下连岁蝗灾，寇盗蜂起。刘秀起兵之后，接受了更始帝刘玄的领导，经过昆阳之战，声誉日隆。不久，王莽被诛，更始帝迁都洛阳，"乃遣光武以破虏将军行大司马事。（更始元年）十月，持节北渡黄河，镇慰州郡"。当时，四方势力割据，又有农民军、地方武装"铜马、大彤、高湖、重连、铁胫、大抢、尤来、上江、青犊、五校、檀乡、五幡、五楼、富平、获索等数百万人，所在寇掠"。冀州时受侵扰，局势十分严峻。刘秀来到河北后，争取到一些郡县的支持。然而不久，王郎被已故赵缪王之子刘林等人立为天子，定都邯郸，河北的郡国纷纷归附，唯独信都太守任光不降。

信都郡地处今河北省衡水市冀州区一带，郡守名叫任光，字伯卿，南阳宛人，是刘秀的同乡，云台二十八将之一。年轻时，他率众投奔刘秀的哥哥刘缜，参加了昆阳之战。汉更始帝刘玄杀了刘缜后，让任光到河北做信都太守。

王郎自立为天子后，河北郡国多归顺了王郎，唯有任光杀了王郎的使者，弃尸于市，等候大司马刘秀的到来。任光正在着急等候刘秀

① 冀州区：位于衡水市区南偏西，西汉末为信都郡之地，郡治今冀州旧城。刘秀镇抚河北时，这里是他崛起的转折点，对建立东汉王朝、光武中兴具有重要意义。

消息的时候，探马来报："下博城发现一队人马，可能是大司马一行。"任光马上命令打开城门，跨马出城到下博迎接刘秀。

和成郡的郡守邳彤听到消息，也赶到信都郡，与刘秀、任光等人共同商议下一步的对策。参与商议的人，大多数主张派信都郡的兵力护送刘秀回长安，邳彤却主张刘秀应该留下来讨伐王郎。刘秀随即决定留在信都郡，并且以信都郡为根据地，招募了4000人的军队，刘植、耿纯等率部归附，实力大增，军队达到数万人。刘秀从信都郡起兵，开启了反攻王郎、收复黄河以北地区的大业。更始二年五月，刘秀攻破邯郸城，诛杀了王郎，平定了河北。

逍遥村的来历

冀州的逍遥村，西汉时原叫小尧村。刘秀镇慰河北州郡期间，被王郎追杀，到处躲避。一天，天色已晚，刘秀带人来到信都（今冀州区）一带，总算暂时摆脱了王郎的追兵。可是，将士们个个筋疲力尽，人困马乏。刘秀望见前面有一个小村，便下令到村中驻扎。村边有一座真武庙，刘秀便将大庙临时当作了大营。由于过度疲劳，又暂时甩掉了王郎的追兵，刘秀松了一口气，和衣躺在临时搭的铺上睡着了。朦胧中，他看见一座很大的宫殿，雄伟壮丽，金碧辉煌。进去一看，各殿都陈设有奇珍异宝，宫人、侍女翩翩起舞。他自己身穿龙袍，头戴皇冠，在太监、宫女的簇拥下，缓步登上了皇位，文武百官都来朝贺。退朝后，他乘辇到各处游玩。每到一处，百姓便齐呼万岁。就这样，刘秀飘飘然做了一夜皇帝梦。忽然，一阵凉风把他吹醒，睁眼一看，天已大亮了，便起身来到庙外，只见村中已有百姓下地干活了。他便问村民这是什么村，村民答是小尧村。由于"小尧"和"逍遥"

二字谐音，勾起了刘秀对一夜皇帝梦的回味。“真是逍遥自在。”他不觉脱口说了出来，“逍遥！逍遥！逍遥自在呀！”

刘秀称帝后，小尧村百姓回忆刘秀路过此地时说的话，遂将小尧村改成了“逍遥村”，村名一直沿用至今。

吉会台村

相传，吉会台村原叫鸡鸣台村，源自刘秀走国。西汉末年，王郎追刘秀，刘秀走到这个村，正值拂晓鸡鸣，而且这个村地高如台，于是人们就把这个村叫“鸡鸣台村”，后来改为“吉会台村”。

千顷洼的传说

传说王郎赶刘秀时，刘秀跑到冀州千顷洼（今衡水湖）一带，人疲马乏，又饥又渴，实在跑不动了，就在一片树林里休息。刘秀抬头一看，树上有桑葚，于是摘下吃了起来。吃了桑葚，管渴又管饿，刘秀精神大振，气力倍增。之后，刘秀在树林里睡着了。这片千顷洼，芦苇丛生，即便被砍掉，几天时间就能又长到一人多高。因此，一夜之间，芦苇就把刘秀藏身的树林遮得严严实实。王郎的兵马来到这里，一看这漫无边际的芦苇茂密得没有插脚之处，便判断刘秀不敢逃进洼里，于是转到别处追杀刘秀去了。刘秀在千顷洼住了一夜，躲过了一劫。

刘秀与芦苇叶

相传当年王莽与刘秀争夺汉朝皇位，王莽欲将刘秀置于死地。大战多年，刘秀曾一度落荒逃命，奔波于燕赵一带。王莽赶刘秀的故事在河北流传甚广。

据说当年刘秀被王莽追赶，人困马乏，人不得食，马不得草。一天晚上，他骑马来到西野庄头村附近，当时野庄头还是一个非常荒凉的去处，野草丛生，芦苇遍地。刘秀见追兵未到，想喘息一下，于是下的马来，进入芦苇丛中倒下休息。由于多日激战，盔甲不整，衣服破烂，身边的芦苇叶不时透过破烂的衣服刺扎他的皮肤。尤其是风一吹来，芦苇叶四处摇摆，更是刺挠得他不能休息。

他一边休息，一边用手指去揪掐刺他的芦苇叶，好容易睡了一会儿，就又打马前行。刘秀指甲掐捏的芦苇叶从此就留下了深深的印记。一直到今天，地里长出的芦苇叶子都有明显的掐痕，这可能就是九五之尊皇帝的尊严吧。

野菜吐噜酸的一点红

据说当年刘秀被王莽追得走投无路，一头钻进西野庄头村的枣林，不想手指被枣刺扎破，随手一甩鲜血外溅，有一滴血正好落在野菜吐噜酸上。本来吐噜酸的花骨朵是紫粉色，因此瞬间变成了红色。自此以后，这种被刘秀的血染红的吐噜酸繁殖的后代就均成了红的花骨朵，开着小红花，而其他的吐噜酸依然开着紫粉色花。说来奇怪，当年人们以野菜充饥，凡是开红花的口感好，开紫花的口感差。人们猜测这是皇帝留给饥饿子民的美味佳肴。当人们挖野菜时，发现远处一点红便会立即跑上前，争相采摘，想比别人早一点得到皇帝的恩惠。

拱 边 垅

当年刘秀与王莽激战，刘秀一度战败，游荡于河北一带。一日晚，人困马乏，饥肠辘辘，他下马躺在地上休息。由于多日激战，身体实在吃不消，竟然睡了过去。谁知正在他酣睡之际，身下一阵拱动，把他拱醒了。刘秀随手一摸，原来是一只喇蛄。他气愤地想："我想歇息一会儿，你却将我拱醒。"他顺手将喇蛄的头扭下。这时他听到了远处追兵的马蹄声，一下子心中明白了，这是喇蛄向自己报警，心中感激万分，马上掰了一个圪针，把喇咕头与身子接好，自己马上逃走了。现在人们捉住喇蛄，将头扭下来就会发现喇蛄的头与身子是用一个形似葛针的东西连接着。

刘秀当上皇帝后，想起喇蛄的救命之恩就派人宣旨，允许喇蛄在庄稼地里拱边垅，不知是宣旨的人说错了，还是喇蛄听错了，把"拱边垅"弄成了"遍地拱"。如今，喇蛄在地里四处乱拱，影响庄稼生长，大家都说是刘秀的错。

七、枣强县[①]

唐林村的故事

枣强县城东南 17. 5 千米处的唐林村，原名藏王林。传说西汉末年，刘玄建立更始政权，王郎在邯郸自立为帝。刘玄任命刘秀为河北

---

① 枣强县：位于衡水市南端，西汉初置枣强县，属清河郡；今辖境的东南部、南部、中部、北部、东北部为广川县，属信都郡。

招抚使，镇抚河北诸郡县。刘秀来到河北后，被王郎追杀，因寡不敌众，落荒而逃。王郎军一路追杀，刘秀慌不择路逃到一片树林里，只见三棵参天大树各有几人合抱之粗，其中一棵大桑树有一个大洞，刘秀躲入树洞中逃过一劫。

刘秀从树洞里钻出来，孤孤单单，饥寒交迫，再加上受了伤，处境极其艰难，幸好被住在树林边的一位老汉收留。老汉有一女，名姣娘，悉心照顾受伤的刘秀，做饭也是想着法地变换花样，但主要还是以烙菜盒子为主。在姣娘的悉心照顾下，刘秀伤势见好，而他的部下们也已来到此地找到他，劝说他以大业为重，重整兵马。此时已是大年三十，过了今夜，刘秀就要走了。姣娘百感交集，无心做饭，本来要烙的一个菜盒子，却被她误放入了烧开水的锅中，待她回过神来，菜盒子已被煮熟。姣娘将菜盒子捞出后本想扔掉，但又觉得可惜，于是想自己把它吃掉算了。当咬第一口时，她发现味道不一般，很是好吃，于是将剩下的菜盒子包好后放入锅中煮熟，拿给刘秀吃。刘秀吃了，赞不绝口。吃过饭后，刘秀与老汉父女告别。

后来，刘秀取得天下建立东汉。他想起自己当年在枣强的遭遇，于是下旨封当年躲藏的桑树为王，结果大臣误对着旁边的大椿树读了圣旨，椿树成了树王，气死了旁边的老桑树。大臣寻遍树林也没找不到老汉和他的闺女姣娘，只好回去交旨，把封树一事回报了刘秀。刘秀听后大惊，知道大臣搞错了，于是又派一大臣重新宣封，并且对椿树降罪，但此时老桑树已被气死了，不能封王了。一旁的大杨树见椿树被降罪，一个劲地鼓掌，树叶哗哗地响。从此以后，盖房时，椿树只能做椽子，杨树做了大梁，桑树气死后在这里绝了迹，而这片大树林从此也被叫作“藏王林”。刘秀对姣娘念念不忘，命后宫在过年时做他吃过的姣娘所做的食物，由于是守岁那天子时所吃，而且是姣娘所创，故取名“姣子”，后由做过太守的医圣张仲景带到民间，改为“饺子”。

沧海桑田，又不知过了多少年，到这片树林附近住的人越来越多，人们以熬糖为业，家家户户做糖，远近闻名，于是这个村庄又有了一个新的名字“糖林”，后来简化写作“唐林”。

藏王林的另一个传说

刘秀走国，这天来到一片树林里，累得实在走不动了，想坐下歇歇，但一坐下就顺势躺倒睡着了。

王郎为捉到刘秀，带着人马四处奔走。这天，王郎来到枣强县城，听说有个人向东南方急跑，就赶紧追了过去，逐村打听，却误了时辰，半夜才赶到刘秀睡觉的那片树林。

刘秀睡得正香甜，忽然觉得脸上有东西在爬，手里有东西在拱。他警觉地一下子坐了起来，看了看，拱他手的是一只老鼠，在他脸上的是一只大蝼蛄。他还没来得及多想，忽然听到林外有人喊马叫的声音，于是一轱辘爬起来就往村里跑去。他跑到一个没有院墙的老大爷家，叫开屋门躲了起来。那一队追兵来到树林边上，为首的头目说：“把这片树林围住搜查。”话音刚落，一只蝼蛄冲他飞来，撞在了他的左眼上。他一扑，没扑住，蝼蛄又朝他的右眼撞了一下，蝼蛄身上带的土把他的两眼迷住了。他正揉眼的时候，胯下的马一尥蹶子，把他摔了下来，腿都被摔折了。原来是那只老鼠爬到马腿上狠狠地咬了一口，马痛得尥起蹶子来。当头的摔伤了，士兵们只到树林里胡乱看了看，然后就灰溜溜地走了。

刘秀对老人道明自己的身份，老人因前些年被王莽新朝的苛捐杂税逼得没法活，所以不但没赶他走，反留他住了好几天。刘秀走时，老人还赠给他衣裳和干粮。

后来，刘秀做了皇帝，为了报答老人，就把他接到都城颐养天年。这个村因为村外的树林藏过刘秀，故改名“藏王林村”。

第四章　石家庄市

石家庄市是河北省的省会，该辖区在汉代分属常山、巨鹿两郡，在古代是兵家必争之地。所辖正定县，古称真定，历史上曾与北京、保定并称“北方三雄镇”，系国家历史文化名城。西汉末年，刘秀巡抚河北，曾在该辖区内巡视。他在真定通过政治联姻获得真定王刘杨的支持，壮大了自己的力量，并且从此发起了消灭王郎的军事行动。其足迹所至，留下了众多文化遗迹和传说。石家庄辖区内的新华区、长安区、藁城区、栾城区、井陉矿区、鹿泉区、正定县、井陉县、赵县、高邑县、无极县、赞皇县、平山县、灵寿县、行唐县、深泽县、辛集市、元氏县、赵县、晋州等20个市、县、区在民间广泛流传着“刘秀走国”的故事。本章共辑录了该区域内84个有关刘秀的民间故事。

一、行唐县[①]

“后土皇帝”张生香

相传，洪崖山“后土皇帝”（俗称老奶奶）的凡体是河北省行唐县上方村人，姓张，名生香，其“后土皇帝庙”始建于东汉初年。

张生香是一个年轻貌美的女子，父母双亡，家中兄妹四人相依度

① 行唐县：位于石家庄市辖区的北部边界，秦代设县，西汉初属恒山郡，文帝时改恒山为常山，为常山郡属县。

日。由于世道艰难，三位兄长看破红尘，相继出家修道去了，家中只剩下生香一人凄苦悲凉地生活着。她想，与其这样苦熬岁月，不如像哥哥们一样，找一个山清水秀的地方去修行。她下定决心后就沐浴焚香，虔心拜祷，封门上锁，辞别乡亲出家去了。

她一直向北行去，风餐露宿，日夜兼程。一天，一片大海拦住了她的去路。她正发愁无法过海时，突然从水里射出一道红光，直冲上界南天门。这红光原是在海上巡逻的千里眼发出的，他发现了张生香，赶忙回到天宫向玉皇禀报。玉皇派太白金星拨开云雾察看，原来是玉皇的小妹（生香乃玉皇投胎人间的妹妹），就报知玉皇，领旨下界，化为一个渔翁，驾起一叶小舟，把生香渡到彼岸，送到洪崖山的丹霞洞修行。

生香历尽千辛万苦终于到了洪崖山。正当她寻找丹霞洞时，忽见一个樵夫在山上砍柴，便上前问路。樵夫指明路径后便化作轻风而去，生香这才知道是神仙点化，便望空拜谢。她进到洞中，三光护体，紫雾照身，昼夜打坐，炼丹修真。过了好长一段时间，玉皇忽然想起了御妹，便问太白金星："御妹在下界修行多长时间了？"金星掐指一算说："已历 40 天了。"玉皇说："上界 40 天就是下界的 40 年，快把她接上天来吧！"于是，张生香被接到上界脱凡成了神仙。成仙后，生香仍往来于天宫与人间。她在上界安居无极宫，其乐无穷，下界来则分管人间生儿育女、养花种草。

相传，西汉末年，王莽篡位，汉室后裔刘秀决心推翻王莽政权，光复汉业。当时，刘秀来河北安抚诸郡县，废除王莽苛政。王莽狗急跳墙到处追赶刘秀，刘秀节节败退，一直退到洪崖山脚下，王莽仍穷追不舍。张生香奉旨下界，来到人间，化作一个老妇人。刘秀在走投无路的情况下，被老妇人用障眼法将刘秀救下。刘秀称帝后，立即派大臣刘志国来洪崖山寻找救命的老妇人。刘志国在山上找了好久，不见那老妇人。正在焦急时，忽见深山峡谷中有一采药老人，他急忙上前询问。原来这采药老人正是千釜山庙中道士刘若夷，他说张生香已脱凡体成神了。刘志国回朝禀告光武帝，刘秀这才明白自己的救命恩人竟是神女。他立即敕封洪崖山为凤凰山，封张生香为“承天效法后土皇帝”，俗称“后土皇帝”或“后土娘娘”[①]，并且敕修庙观（在今易县北山），纪念生香。如今，该庙仍然香火不断，每年农历三月十五日，众多香客上山朝拜“后土皇帝”。同时，汉代将其列入皇朝祀典，为历代帝王所沿袭。

二、灵寿县[②]

改“打鱼庄”为“同下村”

同下村在灵寿县十分出名。同下村村名的由来，传说不尽相同。其中一个有意义的传说要追溯到2000年前的西汉时期。相传，该村当时的村名叫“打鱼庄”，村里只有七八户人家，常年靠打鱼为生。汉室外戚王莽叛乱，夺取了西汉皇位，皇族后裔刘秀为恢复刘氏江山，同王莽展开了殊死决战。由于寡不敌众，刘秀被王莽军队打得溃不成军。公元22年的冬天，王莽追击刘秀至滹沱河北岸。北风呼啸，河水冰凉，前有大河拦路，后有王莽追军，怎么办呢？刘秀下令强渡。士兵们怕冷，几次下水又后退上岸。见到这种情况，刘秀下令：“全军将官

① 女神“后土皇帝”主要由道教所供奉，师祖为“玉皇大帝”；而“观音菩萨”主要由佛教所供奉，师祖为“西天如来佛”。她们都是主管人间生育之神，所以为民间所热捧，所有民间俗称为“老母庙”“奶奶庙”之类的庙会都非常热闹。

② 灵寿县：位于石家庄市辖区西北部，西汉置县，属常山郡，治所在今故城附近。

一律不准骑马搭船，与士兵一同下水渡河。”刘秀第一个下马跳入水中，当王莽军队赶到时，刘秀军队已经顺利过河。后来，刘秀几经周折，保存和壮大了力量。公元23年，刘秀直捣长安，杀死王莽，于公元25年建立了东汉。后来，打鱼庄的人们为纪念刘秀身先士卒的精神，改“打鱼庄”为“同下村”。

马空蹄儿

王莽赶刘秀时，刘秀的兵将被冲散，他只身来到陵山脚下，上山无路，前后没村，近处只有一个老农套着马耕地。眼看追兵快追上来了，刘秀跟耕地人说：“王莽的兵追来了，救救我吧！”老农问：“你是谁？”刘秀说：“我是刘秀。”

老农四下瞅瞅，没一处隐身的地方。刘秀说：“我躺在犁沟里，你耕过去，用土把我埋住吧。”老农一想，也只能这样了，就赶着牲口深深地耕了一犁，让刘秀躺在犁沟里，又耕了一遭，把刘秀埋住了。老农怕王莽的军队过来踩着刘秀，就把犁停在那里，却有一只马蹄踏在了刘秀的身上。刘秀说：“马空蹄儿。”马儿赶紧将那只蹄子提了起来。此后，马一站着休息便提起一只蹄子。

寒号鸟、蝼蛄

老农把刘秀埋在犁沟里，山半腰有只鸟看到刘秀躲在那里，就叫唤起来：“犁沟里！犁沟里！”刘秀想，这坏东西想告密，便自言自语地说：“今后我若当了皇帝，没你的粮食吃，让你白天垒窝，晚上拆了，夏天长毛，冬天脱光。”这种鸟后来人们就叫它“寒号鸟”，到现在此鸟还十分常见，不吃粮食，吃柏灵枝，白天垒窝，夜晚就拆了，夏天长一身毛，冬天脱个精光，常住在石崖缝里。

刘秀躺在犁沟里，土埋住了头，憋得够呛。忽然，他觉得能呼吸到新鲜空气，原来是一个虫子爬到他的脸上，拱开压在他脸上的土。王莽的军队从这里走后，刘秀从犁沟里爬了起来。他把仍然趴在他脸上的虫子扯了个两截儿。小虫儿在地上吱吱叫，好像在向他诉委屈。刘秀一细想，要不是这个虫儿给自己钻了个洞，或许自己早就憋死了。他赶紧掐了一截白草棍儿，把虫儿断成两截的身体接在了一起。刘秀见虫子走路仍不方便，就说："跑也行，飞也行，凫水也行，钻地也行，随你的便吧。"从此，蝼蛄就成了现在的样子，细细的腰，能飞，能跑，能凫水，能钻地。

牛 耕 地

王莽的军队没找着刘秀，就把耕地的老农抓走了。刘秀从犁沟里爬出来，刚要继续往前走，王莽的军队又围着山转回来了，山上有一头野牛被轰下山来，一直跑到刘秀跟前。刘秀想："马跑得快，我骑上这马走，叫人家用牛耕地吧。这牛比马的力气还大哩!"说着，他把马具卸下来，套在牛身上，骑上马向北走了。从此以后，人们大多用牛耕地了。而且，人们把北边的那座山叫"马山"，把南边的那座山叫"牛山"。这两座山就在鹿泉与灵寿的交界处。

忽 冻 村

刘秀骑马来到滹沱河岸边，只见浪花滚滚，水流湍急，河面上既无桥又无船，怎么过河呢？他望向身后，远处尘土飞扬，追兵眼看就要到了。他坐在马背上，望天大呼："苍天呀，苍天！莫非我刘秀就该命绝于此吗？您若能让河水结冻，那该多好啊！"

话音刚落，突然刮起一阵冷风，刚刚入秋的天气突然变得像到了腊月一样，冻得人们浑身直抖。不一会儿，河面上就结了一层厚厚的冰。刘秀赶紧打马上前，试了试，能经得住人，就率领部下迅速过了河。追兵刚到河边，结冻的河水忽然又化了，他们眼看着对岸的刘秀骑马扬长而去却毫无办法。因为这河忽然结冻，靠河北岸的村子从此就叫"忽冻村"了。后来，人们为了纪念这段往事，在忽冻村口立了一块石碑，上写"光武帝过河处"几个大字。新中国成立初期，这块石碑还在。

倾　井　村

刘秀过了滹沱河，往北走了一阵子，来到一个村庄。他骑着的那匹马"咴儿，咴儿"地叫起来，说什么也不肯走了。这马一定是渴了，正好看见村口有一口井，他走到近前，先把马拴在一棵树上，然后走到井旁低头一瞅，井水好深呀，可身上没带绳索，又没有水桶，怎么办呢？突然，他想若把这口井搬倒，水不就流出来吗？说着，他挽了挽袖子，两臂搂住井口，一用劲儿，喊了一声"倒!"，井果然斜向一边，井里的水流了出来，马伸着脖子喝了个饱。这个村子和近处的几个村子由此得名"倾井村"。

狗 台 村

刘秀饮马后，骑马照直往北走，过了灵寿城，天色就慢慢黑了下来。他不敢进城歇宿，于是骑马向西北小路上行去。又走了十几里，他来到一个小庄子边，见庄子西头的一家牲口棚空着，就偷偷把马牵了进去，不敢惊动这家人。庄子边就是松阳河，河里长满了芦苇，刘秀钻进芦苇丛中，躲了起来，不久就因劳累过度而昏睡过去。

王莽的军队赶到这里，没看见刘秀，只看到了茂盛的芦苇，猜到刘秀可能躲在芦苇丛中。可是，在芦苇丛里找人不好找，于是他们就放了一把火，若刘秀在里边，就将他活活烧死。熊熊的大火在刘秀藏身之处周边燃烧着，眼看其性命难保。突然，不知从哪里跑来一只大黄狗，它跳到小河沟里沾了满身水，然后跑到刘秀身旁，围着刘秀打滚儿，之后再跳到河沟沾水，再围着刘秀打滚……大黄狗一趟又一趟，折腾了半天才把刘秀周围的芦苇濡湿，大火烧不过来了，刘秀因此保住了命，这条狗却累死了。

刘秀一觉醒来，看到身前情景，明白了是怎么回事，心想："狗通人性，它为了救我，舍去了自己的生命。"刘秀非常感动，把大黄狗抱到一个土圪垯上，用手刨了个坑，把狗埋了。此后，附近的村庄就被叫作"狗台村"。而今，在狗台南岭上还可以看到一个大土台，据说那就是刘秀给大黄狗修的墓。

护驾疃村

刘秀埋了救命的黄狗，心里仍觉痛惜。这时，天色已渐渐发亮，他知道王莽的追兵还在附近转悠，不敢久留，就悄悄到农户的牲口棚里牵出马来，翻身上马，向北行去。

刚走了几里路，眼前出现一片芦苇丛。突然，从芦苇丛里冲出一队人马，向刘秀迎面奔驰而来。此时，刘秀又饥又饿，根本没有力气打仗。他心惊胆战，刚要拨马而逃，一员大将飞马来到刘秀跟前，大声说道："冯异前来护驾。"

刘秀一听是自己的大将，定下神来，说："先在这里歇息一会儿吧。"他们边歇息边说着被王莽军队打散后的事。后来，这里出现了一个村子，叫"护驾疃"村。

滚龙沟村

刘秀与被敌军打散的手下会合后，继续往北逃，逃累了就下马歇息。正在歇息时，南边路上传来"咴儿，咴儿"的马叫声，刘秀知道是王莽的军队追过来了，他马上吩咐大家快快上马向西奔逃。

刘秀刚逃到平山地界，王莽的追兵就赶了上来，两军展开了殊死搏斗。几名兵将护着刘秀快马往西跑，跑着跑着，前边出现一条山沟，半山坡里长满了酸枣树，树枝上长满了圪针。刘秀想："不能让王莽的兵捉住呀！"他跳下马来，试着往下走，谁知一脚踩空，滚下了山崖。王莽的追兵见刘秀滚下山崖，认为他肯定摔死了，就不再追赶了。

刘秀并没摔死。他滚到半山坡，被酸枣树挡住了。因为刘秀在这里滚下沟得救，这条沟便被称为"滚龙沟"。后来，这里出现了两个村庄，南边的叫"南滚龙沟"村，北边的叫"北滚龙沟"村。据说，在滚龙沟坡上长着的酸枣树圪针都是倒曲着，因为刘秀滚下山崖时，圪针怕扎着刘秀，自个弯了腰。有的说，这些圪针怕刘秀摔死，弯曲着勾挂住刘秀的衣裳，救了刘秀。直到现在，滚龙沟的圪针还是倒曲生长着的。

错挂金牌

刘秀滚下山崖得救后，顺着山坡一瘸一拐地往前走。他已两天没吃东西了，但是因为被王莽的军队追得紧，只顾逃命，一时没有觉着饿。这时，他见没了追兵，就靠在山坡上的一棵树旁，想先歇息一会儿。刚坐下，他一抬头，有个东西掉在了他的嘴里，一嚼，挺甜。再往树上一看，树上结着很多紫红紫红的小果子。他想，莫非就是这小果子掉到了自己的嘴里？于是，他边摘边吃，吃了个饱。临走时，他对着这棵树说："你救了我，我不忘你的恩情，若得了帝位，定给你挂金牌，封你为树王。"

后来，刘秀称帝后，封赏功臣时想起了那棵树，便派大臣去封赏。但是，他不知树名，只向大臣说了树的样子，结的什么样的果子。大臣带着金牌来到刘秀说的地方，问当地人："老乡，你们知道长大叶子、结小红紫果儿的是什么树吗?"但是，无人知晓。大臣为了回去好交差，就给路旁一棵长大叶子的椿树挂上了金牌。此后，椿树成了树王，每年能结很多牌儿，俗称椿树牌儿。

原来长大叶子、结小紫红果子的是桑树，小紫红果子便是桑葚。桑树见大臣把金牌给了椿树，气得鼓起了肚子。杨树站得高，看得远，拍手笑了起来。

缺 莽 菜

传说，刘秀吃了葚子，有了些力气，继续跑啊跑，天黑时跑到一个老婆婆家。老婆婆刚蒸熟一锅高粱面窝头，她对刘秀说：“兵荒马乱的，庄稼都被糟蹋了，也没别的可吃，就凑合吃点高粱面窝头吧。”刘秀几天来只吃了一些葚子，早饿得不行了，便赶忙吃了一个。“好香啊！好香！”他一连吃了几个窝头，这才缓过劲来。为了感谢老婆婆，刘秀认老婆婆当了干娘。

刘秀登基后，天天山珍海味，吃腻了，突然想起当年的高粱面窝头，就下旨让一个御厨做。可是，御厨做出的高粱面窝头怎么也不及当年的好吃，还拉嗓子，气得他又命另一个御厨做。

另一个御厨使出浑身解数蒸了锅窝头，刘秀一吃，还是很拉嗓子。这样，一连换了好几个御厨，都没能做出当年的味道来。一个大臣出主意道：“陛下，何不请老夫人再给您做一回与当年一模一样的高粱面窝头？”刘秀大喜，忙派人接来了干娘。谁知那老婆婆颤巍巍地叹道：“唉，陛下，我也做不出当年的味道啦！”

刘秀问：“这是为何？”

“因为缺道菜。”

“什么菜？”

“莽菜。”

刘秀一听，愣住了，不解地问：“什么是莽菜？”

老婆婆说：“莽菜就是王莽啊。当年王莽追杀你，你又饥又渴，常言说，饿了糠如蜜，饱了蜜不甜！”

刘秀恍然大悟。

三、平山县[1]

支锅石与黑牛山

从平山县唐家沟沿着文都河向北走约 1 千米，在河的正中央耸立着一块大石头，如同文都河的一座影壁，这就是《平山县志》上记载的支锅石。

这块古石，下面有四条腿支撑，中间为锅形，四面都刻满了密密麻麻的字。年长日久，风吹雨淋，字迹已不清晰，刻字的时间更难考证。唯独南面正中央“中流砥柱”四个大字还非常清楚。

支锅石的西面紧连着一座东西走向的大山。这座山原是一座银山，叫银牛山。山的东头有一个银洞口，有一个叫王难熬的穷小伙在山上打柴，发现了这个洞口，挖了一口袋银子。没钱花了，他就在晚上夜深人静时再去挖一口袋。可是，天长日久，这个秘密被一个狠心的财主发现了，霸占了这个银洞口。他守在这里三天三夜，发动了家里的所有长工、仆人挖银子，不知道装了多少袋子。财主甚至连觉也不睡了，一个劲地催促着长工们挖。这时候，他想查看一下银子的成色，没料到打开口袋一看，里边全是石块。一气之下，他把银洞口堵住了。从此，洞口与山连成了一体，白色的银山变成了黑色的石头山。

西汉末年，天下大乱，刘秀被王莽的追兵赶到留命沟，吃了一些桑葚才保住了性命。他声东击西翻过东山，甩掉了王莽的追兵。当骑马走到支锅石旁时，他见到这个怪石立在河中，下面有几条腿支撑，

---

① 平山县：位于河北省西部太行山区、石家庄市辖区的西北部边界，与山西省接壤。西汉置蒲吾县，属常山郡。

四面刻满了字，就定了定神，念了起来。念着念着，只听得“嘣！嘣！嘣！”的响声不断。当念到最后一个字时，银牛山就要爆炸了。可是，最后这个字把他难住了，就要炸开的银山又稳定下来。刘秀无奈，只好催马离开。他走到下庄村时，人困马乏，洗了个澡，睡了个觉（至今那里还有其洗澡、睡觉的浴池、石床、石枕），脑子也清醒了。他又仔细琢磨这最后一个字，突然如梦初醒，立即拨马而回，到支锅石前一看，四面石壁上的字全变了，没有一个字能认得出来。刘秀扫兴而去，银牛山也就没有炸开，银子还沉睡在几百米深的地底下，后人因此把银牛山改称“黑牛山”了。

温泉镇的传说

东汉时，有一次，刘秀打了败仗，单枪匹马闯入了太行山，长途奔波使他又累又渴。刘秀忽然发现不远处有个村子，立刻高兴起来。他见到一个小伙子，问有没有水，小伙子说有水，并且指给他在一丛青草间正汩汩地往外流水的一眼小泉。刘秀翻身下马，刚捧起水要喝，忽然激灵灵打了个冷战。他突然意识到自己奔跑时流汗太多，如今被冷风一吹，很有得病的危险，况且肚中空空，怎敢喝冷水？他又想起自己连连打败仗，心里很恼火。他牵着马，继续向南走。走了不远，又见着一个村落，一个老头正俯在一堆乱石间喝水，刘秀的渴劲又上来了，瞪起眼问老头：“是冷泉，还是温泉？”老头抬头，心想：“当然是冷泉了。”可一看刘秀立马横刀的凶相，暗想：“看来若说冷泉，他非叫我白刀子进、红刀子出不可。我不妨先骗了他，等他喝水时，我再脚底抹油溜掉。”老头边向后退，边说：“啊，这是温泉，是热乎乎的水。”刘秀走过去，捧起水来，那水真就热乎乎的，一团团热气升了起来。刘秀一口气喝了个饱。抬头看时，老头不知什么时候已跑得只剩下个影子。刘秀高兴地追着老头大喊："温泉，是温泉呐!"从此之后，北边那个小村便被叫作"冷泉村"，南边的村子就被叫"温泉村"了。

卸甲河避王郎

刘秀一路逃亡，为了躲避王郎的追赶，大路不敢走，见城不能入，在入冬时节逃到了正定、鹿泉一带的滹沱河边，准备渡河北上，却因一时找不到船而无法渡河，只好冒着寒风在野外过夜。第二天，他早早来到河边，惊喜地发现水势汹涌的滹沱河竟然在一夜之间结了厚厚的冰，能走人过马了。刘秀刚刚踩冰过河上岸，王郎的追兵就赶到了，也开始踩着冰面过河。刘秀惊魂未定，突然数声巨响震耳，河面上的冰层开始爆裂，正在过河的追兵乱哄哄地掉进了河里，喂了鱼虾，而没有来得及过河的追兵被阻在了对岸。

滹沱河脱险后，刘秀接受部下的建议，躲进深山静待时机成熟后再与王郎周旋。他顾不上找僻静村落补充粮饷，就沿着滹沱河不分昼夜地赶往平山。辗转数十天，他们到达深山里的一个大山沟（也就是现在的卸甲河沟），粮草没有了，只好继续向沟里走，希望能找到一个村庄补充粮草。他们走到晌午，仍然寻不见人家，大家疲惫不堪，饥渴难耐。

山沟里虽然有河，但已到了寒冬腊月，河面结了厚厚的冰，无法凿开取水，他们只好忍着饥渴继续前行。又走出半个多时辰后，只见前边水汽弥漫，原来是河水在此汇集成一个深水潭，潭水非但不冻，还冒着热气。早已又饥又渴的刘秀等人，顾不了许多，争相奔到水潭边喝了个饱。之后，他们一个个纷纷脱了盔、卸了甲，或坐或卧地睡在了河边。

这一路上辗转逃亡，却总能逢凶化吉、遇难呈祥，是因为有人暗中相助。刘秀取水解渴的水潭叫蛟龙潭，是此地河中龙王的府邸。刘秀初到河北时，观音菩萨告诉龙王，人间天子将到此避难，要早做准备，迎候护驾。于是，龙王跃出水潭，隐了身形，行云上百里，在滹沱河畔扯起了一夜寒风，冰冻滹沱河助刘秀脱险，又一直暗中跟随保护。龙王见刘秀一行人无处取水，就吐出龙珠，融化了蛟龙潭，供他们取水解渴。后人根据龙王救刘秀的传说曾做了这样一首打油诗：

一夜朔风渡君王，顷刻断冰阻王郎。

百里滹沱知何故？吐脯龙君解困忙。

因刘秀在此卸甲休息，龙王相助融冰取水，后人就把这条河唤作“卸甲河”。卸甲河是滹沱河上游的一条重要支流，沿河各村均建有菩萨庙、龙王庙。本地人尊称菩萨为奶奶，故菩萨庙也称奶奶庙。拦道石村的奶奶庙和龙王庙保存较好，特点显著，分居卸甲河两岸，是清代建筑，各有三间房，塑有龙王、奶奶及侍者塑像。

错封柿树为王

刘秀在平山一带逃难，见手下实在走不动了，自己也就靠在一棵大树下休息，心里却着急——粮草用完了，深山里无人，如何补给？这样下去，即使不被王郎活捉，也会活活饿死……

这时，从远处飞来几只喜鹊，落在树上，叽叽喳喳地打断了他的思绪。刘秀扬手轰赶，喜鹊们却在树枝上叫得更欢了。一会儿，乏劲儿上来，眼皮子开始打架了，刘秀靠在树上睡着了。这些喜鹊本是菩萨幻化，刘秀自然不知。刘秀睡着了，喜鹊不叫了，都守在树上，等他休息一会儿后又开始叫，并且啄起树上挂着的被风干的黑色果子来。果子被啄，落了下来，掉到刘秀的头上、身上。刘秀被惊醒了，发现满怀红枣大小的黑果子。他随手拿起一颗，见上面有喜鹊的啄印，心想喜鹊能吃，人自然也可以吃，就放在嘴里嚼。果子肉厚核小，味道甜美，刘秀马上来了精神。沟里挂满果子的大树随处可见，原来此树名为黑枣，熟后可经冬不落。刘秀错以为是经冬风干的未成熟的小柿子，就招呼随从分头摘来解饥。

等刘秀当了皇帝敕封天下时，因为当时错把黑枣认成了柿子，就把柿树封为树王。平山方言中“柿、是”不分，就把“柿树封王”的旨意错传成了“是树成王”。如今拦道石旁植被繁茂，果木满山，尤其盛产柿子、黑枣、核桃等。当然，刘秀不知菩萨化身喜鹊的事，也就没封喜鹊，不过在拦道石一带流传着“喜鹊叫，好事到”的民谚，把喜鹊视为吉祥鸟，这里也有刘秀的因素。

拦道石遇猛虎

喝了水，吃了果子，天已将晚，天色阴沉，好像风雪要来，刘秀赶紧整装出发。十几里路走下来，刘秀盘算着，要是再找不到人家，真要困死在这荒山了。突然，他的坐骑后仰而立，打了个立桩（平山方言）。刘秀正在想事，猝不及防，摔下马来。幸亏是摔在了河滩沙地上，他没有受伤，随从赶紧把他扶了起来。刘秀向远处望去，隐约见一只老虎远远地卧在前边，一动不动地拦住去路。都说虎怕人多，刘秀等人人数不少，大家壮着胆子虚张声势地走过去想看个究竟。到了近前一看，不过是一块巨石接山连水地横在山涧里。石身上点点凸起，就像虎、豹身上的花纹一样，加上天色映衬，远看确实像一只大老虎。

前方石虎拦路，后方又有追兵，正进退不得时，身后突然传来几声狗叫。刘秀回头一看，身后不远处站着互相搀扶的一男一女正看着他们。随从把这对男女引来询问，二人说此沟在石虎后另分出一个小山谷，有入口且十分隐蔽。他们一家为了躲避战乱，来到这里，在沟内石虎后的谷中安了家。他们今天出来打猎，正准备回家，不知道是“破虏将军”来了，二人说可带他们进入谷中暂避风雪。

原来菩萨知道刘秀天黑前不会找到地方休养补给，就与龙王一起化身为猎户夫妇前来救助，把自己的坐骑金犼变成横卧山涧的石虎，拦住刘秀，主要是为了挡住王郎的追兵，好让刘秀在谷中安心休整。后人来石虎后的小谷中定居，根据石虎拦刘秀、阻王郎的故事，取拦住邪恶、永保安康之意，为村子取名为“拦道石村”。

猎户腊八送粥

刘秀随猎户夫妇绕过一座山梁，穿过密林，进入谷中，在一个足能容下十数人的山洞安顿好。这时，天上下起了大雪，漫山遍野一片白茫茫。猎户夫妇告诉刘秀，他们在谷中多年垦荒，有些存粮，足够吃到来年，雪后正是狩猎良机，可以放心休养。

不一会儿，猎户夫妇送来热气腾腾的菜饭。菜饭是用杂豆配以野枣、核桃等熬成的粥和腌兽肉、烧野菜。刘秀顾不上客气，一口气吃完，连称好吃。因猎户送粥正是腊月初八左右，刘秀统一天下后，自皇宫到民间，每年腊八喝粥的习俗开始流行。此风俗一直流传至今，只是用料因地而异。在拦道石一带喝杂豆（粮）粥的传统更是被人们保留至今，当地人用山泉水将玉米、麦、杂豆配核桃、大枣等熬粥，味浓粥醇，营养丰富，特别适合老幼病人，所以拦道石村里的长寿老人特别多。如今，拦道石的山泉水、杂豆（粮）粥、腌猪肉、烧野菜成了招待客人的特色美食。

九转万福迷阵

刘秀在山谷中度过了一夜，次日大雪封山，猎户带刘秀等到谷中闲游。此谷四面环山，有石虎连山接水堵在谷口，谷底密林中另有隐蔽小路可通谷外谢家河沟。谷内幽深，时而开阔，时而促狭，犹如倒置的葫芦。谷底清泉汇涌成溪，谷中土地肥沃，果林遍野。刘秀心里暗暗赞叹，这个山谷可真是一个绝好的隐世之处啊！

正行走间，猎犬突然狂吠。只见开阔处藤条结成网阵，一头野猪向网内食饵扑去，既吃不到，又冲不出来，被困在了网中。猎户说等它累瘫了，就可以擒住杀了吃肉。

刘秀少时游学长安，博学多才，听了猎户的一番话后，认真思考良久，连声喊妙。原来他通过这个狩猎的方法参透了用兵虚实之道：虚张声势、广织迷阵、避实击虚、投饵诱敌、疲而歼之。

取印信，天下安

刘秀在山谷中休养已有些时日，转眼冰雪即将融化。刘秀与部将商议，此处虽无追兵之险，但供给有限，不宜久留，应早作打算，另寻他处。其间，刘秀受龙王化身的猎户的启发，找到了对付王郎的计策。刘秀揭穿王郎算卦先生的真实身份，暴露他欺世盗名的行为，联合有识之士，合而击之，达到孤立和消灭王郎的目的。

由于一路上刘秀只顾躲避王郎追兵，印信竟不知什么时候弄丢了，无法传信天下，刘秀烦恼不已。一天，猎户夫妇无意中说起，在后山密林中发现了一块大石头，石中包有碧玉，很是奇特。刘秀立即派人将碧玉取出，制成印鉴，加盖檄文，派人出山招抚河北诸国之军，揭穿、孤立王郎，并且散布消息说长安更始皇帝派百万大军前来支援刘秀，从而使王郎远忧近患，不知真假，不敢妄动，如网中困兽，只能坐以待毙。

与此同时，刘秀迎娶了真定太守的外甥女、藁城姑娘郭圣通，以联姻方式赢得了真定一带（也就是现在的石家庄及邢台的一部分地区）地方势力的支持。刘秀以此为根据地，不断壮大势力，轻松地逐个平定或兼并了河北各部，结束了百国割据的局面。

后人根据刘秀在拦道石的故事曾赋诗一首：

昔日仓皇避王郎，深山养兵计议长。
印信即出安天下，自此人间无虎狼。

拦道石封石王

春暖花开，时机成熟，刘秀出山走了。菩萨和龙王化回身形，来到石虎前。菩萨念动咒语，挥起拂尘，随着一声巨响，收回金犼。石虎化回金犼时，带落山体四块巨石，其中两块依山崖而立，另外两块卧在谢家河边天子滩上。

刘秀逐步打好根基，在滹沱河下游的高邑筑坛祭天称帝。他感念当年救助自己的猎户夫妇，派人带着厚礼前来拜谢，发现石虎早已不在，变成了四块山石，山石间可通车马，直达葫芦谷，谷中当年其藏身的洞穴、取水泉溪、取印巨石均在，唯独不见猎户夫妇的踪影。刘秀只得派人把当年取玉治印的巨石敕封为“天下石王”，在葫芦谷前石虎处修建寺庙，纪念猎户夫妇。

时间一长，拦道石旁逐渐有人陆续定居，他们将刘秀受惊落马的河滩叫作“天子滩”，将刘秀藏身休养的葫芦谷取名为“藏龙谷”，将其取水的山泉为“龙饮泉”，将刘秀敕封的石王称为“取印石”，将谷底一个酷似佛身的山头叫作佛山。因为天子滩上四块山石形状特别，再加上和尚、道士常年在庙里唱经参拜，人们分别将其命名为“和尚石”“道士石”“鸡石”“狗石”，寓意村内善福永续、鸡犬升平。人们利用龙饮泉水，在藏龙谷中开田耕种，广植果木，在天子滩上开田种稻，成就了深山中少有的林果鱼米之乡。后来，随着佛、道教义的影响，一庙分成了佛、道两庙，分供观音菩萨、龙王，享受世代供奉。菩萨保佑子孙繁衍，龙王呵护百姓风调雨顺，正应了当年菩萨和龙王护佑刘秀一事。

四、正定县①

宿村与酒村

正定县南楼庄乡有两个宿村。奇怪的是，写成“宿村”，却念作

① 正定县：古称常山、真定，位于石家庄市北部。秦改东垣邑为东垣县，汉高祖十一年（前196年）改东垣县为真定县，属真定国。东汉建武十二年（37年）废真定国，属常山国。据《后汉书》记载，刘秀在真定通过政治联姻收降真定王刘杨的十几万军队，为消灭邯郸的王郎奠定了基础。

“酒村”，为什么呢？据说这与刘秀有关。

西汉末年，农民起义军杀了篡位的王莽后，刘秀被汉更始皇帝刘玄派到河北安抚州县。刘秀走到河北北部的蓟州城时，遭到在邯郸称帝的王郎的追杀。刘秀在蓟州城脱险后一路南逃，不知跑了多久，人困马乏。王郎得到刘秀南逃的消息，便派兵前来堵截，刘秀只得抛弃战马，藏在老磁河边的一片树林之中。

王郎的追兵将树林围住，一步步往中间进逼。正在危急之时，刘秀忽然见到一个红脸大汉正在砍柴，急忙上前恳求大汉救命。那大汉得知刘秀是汉景帝之后，不敢怠慢，立即让他躺在砍下的树枝间，用绳子捆好，背在身上向林外走去。大汉回到家中时，天色已晚，他把刘秀安置在了家中。

第二天，大汉特地买来烧酒招待刘秀。其间，刘秀问：“此是何村？”大汉说：“本村都是新迁来的卖柴户，尚无村名，请您赐一个村名吧。”刘秀要来纸笔，顾不得细想，因为刚在此住过一宿，就顺手写了“宿村”二字。谁知那大汉不识字，就问刘秀：“你写的村名是什么？”刘秀微微一笑，说：“村名与我们今天之事有关。”大汉还要再问，忽然听得杀声震天，王郎的兵马又追了过来，刘秀急忙告别大汉，向东南逃奔。

事后，大汉仔细端详刘秀所写的“宿村”二字，不知念什么。他忽然想到自己与刘秀一起喝酒，心想刘秀写的一定是“酒村”。他拿着这两个二字逢人便说：“汉景帝后代给咱们起了村名叫酒村。”村里都是砍柴的人，没有一个识字的，也都跟着把“宿”念成了“酒”。直到现在，人们仍然写“宿村”念“酒村”。

两个王家庄

刘秀在宿村与大汉分手后，沿着老磁河茂密的树林一直向东南方跑去。由于他在暗处，王郎的军队在明处，他东奔西躲，总算逃了一条性命。

黄昏时分，刘秀来到一个地方，那里有一棵老桑树，树下有几户人家。他正要投宿，忽然四周又响起了锣声，里面还夹杂着嘶哑的喊声：“抓住刘秀，悬赏黄金万两。”

眼看王郎的军队来到跟前，刘秀急中生智，蹭、蹭、蹭地爬上了身边那棵枝稠叶茂的老桑树。

王郎的军队追到跟前，不见了刘秀的踪影，只得乱喊乱叫了一通，然后向别的地方搜寻去了。刘秀吓得出了一身冷汗，这时方才定下心来，却觉得肚里饥饿，口渴难忍，两眼发黑，一不小心脚下一滑，差点掉了下来。他赶紧用手抱住了一根树枝。树枝一摇晃，落下几颗紫黑色的桑葚儿，正好掉在他的嘴边。他用舌头一舔，甜滋滋的，稍带点酸，很能振作精神。他将桑葚儿摘下，一把一把地吃了起来。桑葚儿既解饥，又解渴，胜过美味佳肴。

后来，刘秀打了胜仗，当了皇帝。他没有忘掉老桑树的救命之恩，便派人带了金色项链封老桑树为“树中之王”，封树下村庄为“王家庄”。

谁知派去封王的大臣是个糊涂人，他来到正定城北，见到一树，树粗 2 米多，枝繁叶茂，树下确有一个小村庄，便把金项链挂在了这棵树上，并且向村民宣旨，将村庄赐名为“王家庄”。

那被封的树原来是一棵臭椿树，而树下的村庄至今仍叫王家庄。

救过刘秀性命的老桑树白白被椿树夺了功劳，整天长吁短叹，把肚子都气崩了。从此以后，这里的桑树长大后，光滑的树皮总要崩开一个个大口子。老桑树下那个村庄里的人没有得到皇帝的赐封，愤愤不平，便将自己所在村庄也叫“王家庄”。从此，正定城北有了两个王家庄。

滹沱河畔太平庄

滹沱河悠悠流淌了几千年，哺育了一代又一代燕赵儿女。现在的滹沱河两岸郁郁葱葱，风光无限，已成为市民游玩赏景的好去处。在这里，曾经发生了很多故事。

正定古城南有个小村，名叫太平庄。这个村庄坐落在滹沱河的北岸，距河仅百米。正定民间有一首歌谣说：“东门里面大佛寺，东门外面接官厅。南门里面阳和楼，南门外面麦饭亭。西门里面石鸡叫，西门外面万人坑。北门里面韩信洞，北门外面出石青。”这首歌谣里的“南门外面麦饭亭”说的就是关于刘秀的故事。

刘秀做皇帝之前，曾多次遭到叛军的追剿。在与叛军周旋期间，他与将士们一起风餐露宿，食不果腹，吃尽了苦头，受尽了磨难。在逃亡来到太平庄时，他已筋疲力尽，饥饿不堪。将士们看在眼里，疼在心上，于是就到村口的粥铺为他讨要了一碗粥喝。刘秀喝完粥后顿觉神清气爽，但迫于情势紧急，顾不上休息，又带领将士们继续逃亡。

可是，刚走出没多远，就被一条宽阔的大河挡住了去路。河水滔滔，水深浪急，周围既无桥梁，也无舟船，这可如何是好？后面的追兵即刻就到，如果渡不过河，性命就危在旦夕。刘秀不由地长叹一声：“难道天要亡我？”

说时迟，那时快，就在刘秀绝望之际，将士们忽见河面上瞬间结起了厚厚的冰，他们立刻踏冰而过。刚刚过了河，追兵就赶到了岸边。忽然，大河瞬间冰化河开，滔滔的河水阻断了叛军的追剿，刘秀和他的将士们才得以脱险。

刘秀当了皇帝后，便把渡河前的村庄赐名为“太平庄”，把渡河后的村庄赐名为“凌透”（原属正定，今属石家庄），这两个村庄的名字一直被人们沿用至今。

后来，刘秀想起了逃亡时在太平庄吃过的那碗农家饭，于是便命御厨给他做一碗同样的粥饭。可是，他只记得那饭又圆又扁，香甜可口，却不记得那饭叫什么名字。御厨做不出来，便派人去查访。查访后才得知，那是正定一带把大麦仁碾压后做成的麦仁饭。刘秀为了感恩，又派人在太平庄修建了一个亭子，名叫“麦饭亭”。

正定城南的“麦饭亭”

2016年5月15日，正定县为传承历史文化，打造正定全新的地标型历史文化展示载体，为滹沱河两岸景区增加文化内涵，举行了“刘秀渡河处”“麦饭亭”两处人文景观的落成典礼。这两处人文景观是根据历史记载和传说兴建的，位于正定县城东南方滹沱河畔的太平庄村。

五、无极县[①]

总吴道和汉王城

人们把无极县高陵村的吴道庙称为全国总吴道。吴道庙本来是传说中主管阴间鬼差的庙宇，怎么成了全国总吴道了呢？

西汉末年，王莽篡位，天下大乱，起义称王的人很多。当时，绿林军大将刘秀奉命来到河北一带招兵买马，筹集粮草，就驻扎在了无极县的石家庄村附近。可是，邯郸地方有一个算命先生王郎，早已起兵，在河北称帝。王郎怕刘秀夺去他的地盘，就发兵四处捉拿刘秀。

刘秀的兵马正在石家庄村驻扎，被王郎的大军围困住了。经过一场激战，刘秀好不容易突出重围，来到高陵村，而王郎的兵马又追杀上来了。这时，刘秀军队兵困马乏，哪还有力量抵挡？正在这万分危急的关头，突然从东边奔来一位黑脸大汉，手使一条镔铁大棍，杀气腾腾，上前也不答话，照直朝王郎军杀去。黑脸大汉忽然杀出，王郎一怔，眨眼之间，被黑脸大汉扫落马下。部下慌忙救起王郎，再顾不上追杀刘秀，掉头逃命去了。那黑脸大汉也不追赶，收起铁棍往回走。

① 无极县：位于石家庄市辖区东北部，南临滹沱河，西汉时为毋极、苦陉两县之地，属中山国。

这时，刘秀想上前拜谢恩人，可是黑大汉早走远了。刘秀急忙追赶，追到高陵村的吴道庙前时，黑大汉转眼不见了。刘秀带人四下寻找，庙里庙外找了个遍，也没有找到。刘秀猛然看到庙里供奉的吴道君浑身上下热汗直流，方才醒悟，心说："原来是神君救我，日后若能成就大业，定当厚报此恩。"

后来，刘秀当了皇帝，封高陵村的吴道为全国总吴道，同时把他屯兵驻扎的石家庄村称为"汉王城"。

六、深泽县①

水 冻 村

传说西汉末年，河北的王郎乘乱自立为天子。后来，刘秀奉更始帝刘玄之命，前来河北安抚郡县。但是，王郎率兵到处抓刘秀，逼得刘秀东奔西躲。刘秀到河北后，曾先后七次渡过滹沱河。

这一日，刘秀来到深泽县境内。忽然，王郎的追兵追杀过来，刘秀急忙率军直奔深泽县城东的滹沱河逃去。不料，滹沱河冰开雪化，水流湍急，既无桥，又无船，不能通过。刘秀便躲藏在岸边的千家寨村内，手持宝剑戳地，对天长叹："苍天呀，苍天！莫非我刘秀当真走到了绝路！"正在这时，大将王霸来报，说滹沱河冰坚可渡。其实这只是一句宽心话，因为王霸奉命查寻渡口时，只见水流湍急，浪花飞溅，为了按抚军心，他故意向刘秀谎报说"冰坚可渡"。刘秀却信以为真，仰面哈哈大笑说："天无绝人之路，我刘秀绝处逢生也！"不料，刘秀

① 深泽县：地处位于石家庄市辖区东部，与衡水市安平县相邻。西汉置县，后改为南深泽，属涿郡。

兵马到达渡口时，河水竟然结冰了。原来就在这天夜里，天气突变，气温骤降，已化开的冰面又聚到了一起，十分坚硬。刘秀的兵马踏冰而过，转危为安。刘秀回首对着千家寨的方向高兴地说：“滹沱河渡口，水冻结冰，救我一命也!”后来，唐人胡曾为此写有一诗：

光武经营业未兴，王郎兵革暂凭陵。

须知后汉功臣力，不及滹沱一片冰。

小直要村、大直要村和高庙村的来历

小直要村、大直要村和高庙村，这三个村的名字和西汉末年王郎赶刘秀有关。公元23年，刘秀与王郎在河北大战，在躲避王郎的追兵时，他路过这三个村。当战事稍有缓和的时候，就是可以在马上稍微直腰赶路的时候，刘秀恰好经过一个村，于是人们就把这个村命名为“小直腰村”。当战事更加缓和之后，也就是可以挺直腰赶路的时候，刘秀经过的这个村就叫“大直腰村”。“要”与“腰”同音，以后这两个村就被叫成了“小直要村”和“大直要村”。但是，当战争非常紧张的时候，刘秀在马上就难以直腰了，所以此时他经过的村就叫作“难直腰”，后来被叫成了“南直要村”。但是，这个村的后人觉得这个名字实在不好听，又因为这个村有一座高大的天齐庙（又称女娲庙），所以村民就把“南直要村”改为现在的“高庙村”了。

七、辛集市[①]

甜水井村

西汉末年，王莽新朝被推翻后，汉更始帝刘玄继位，刘秀被封为破虏将军，到河北安抚州郡。王郎在邯郸自立为帝，率军追杀刘秀。

刘秀势单力薄，不得不在常山郡（今石家庄）一带、滹沱河两岸东躲西藏。当来到一个小村庄时，刘秀口渴难耐，看见村内有人在井旁提水，慌忙下马喝了个够。刘秀喝了甜甜的井水后精神百倍，但追兵就在后面，他不能逗留，于是继续向前跑。

后来，当地人就把这个村子叫“甜水井村”了。

东谢村、西谢村、马庄村的来历

刘秀离开甜水井村，向西奔逃。他路过了两个村落，因为远离追兵，村民们都热情地招待了刘秀。临别时，乡亲们送刘秀到村西口，刘秀千恩万谢，然后继续西逃。从此，热情招待过刘秀人马的两个村庄，东边的被叫作“东谢村”，西边的被叫作“西谢村”。

刘秀一行人跑累了，又到了一个村庄。他们停下来休息，把马拴在一个桩子上。后来，这个村发展起来，人越来越多，因刘秀在这里拴过马，人们就把这个村叫“马庄”。

① 辛集市：河北省直管市，位于石家庄市辖区东部边界，东、北、南三面与衡水市相连。辖境在汉代为贯县，属巨鹿郡。

倾 井 村

辛集市西南的木兵乡有一个倾井村，因该村原来有一口倾斜的水井而得名。据说这口倾斜的水井原来也与其他水井一样是直立的。西汉末年，王莽篡位，刘秀被追杀，经过这里把井扳倒了。

后来，刘秀依靠农民起义军的力量，经过艰苦的战斗，平息了王莽的叛乱，重整汉室江山，建立了东汉政权。那口井被刘秀封为圣井，村名也改为“倾井”了。

八、晋州市①

平乡村的由来

晋州东南23千米处有三个村庄，分别是东平乡、西平乡和北平乡。这三个村原来是一个村，古时候叫听响村。

传说，西汉末年，一天傍晚，刘秀被王郎的兵马追赶，身骑白马在雪地里奔逃。当他来到听响村边时，想进村躲避追兵，却不知道村中的情况，不敢贸然进村。正是这时，一个身背粪筐、手握粪叉的老汉来到街口。刘秀在马上急问：“老伯！村里可有官兵？”

老汉抬头一看，见刘秀骑大马，手握长枪，不是常人，说话却不讲礼数，心中有点不高兴，于是拉长了脸故意打岔说：“你骑在马上

① 晋州市：地处石家庄市辖区的东部，东临辛集市。辖区在西汉末年为下曲阳县，王莽时设和成郡，下曲阳是和成郡治所。公元24年，刘秀从蓟城南逃至信都郡，得到了信都太守任光、和成太守邳彤的支持，这是刘秀平定河北的重要转折点。

高，我站在地上低，你说的什么？我听不清啊。”

刘秀听老汉这么说，又看到老汉的脸色不好，立刻意识到自己在马上问话失了礼。可是，想到后边有追兵，他仍在马上双手抱拳施礼，说：“后边有人追赶，在下事急，不敢下马，失礼了，请老伯谅解。我想进村躲避，不知村中情况如何？”

老人见刘秀心急火燎地施礼道歉，确实在急难之中，就立刻转变了态度，说：“是老汉错怪你了，壮士勿忧，村中无官兵，全是老百姓，走，先到我家去躲躲。”

刘秀在街口与老汉说话的工夫，追兵到了。那些追兵在远处看到街口站着两人，把老汉手中的粪叉看成了手握兵器，又看到有骑在马上、手握钢枪的人，不知道虚实，不敢贸然前进，于是拉弓搭箭，冲街口乱射一通。

王郎的兵马射出的箭是种带响声的叫“飞鸣镝”的箭。刘秀是军人，一听响声就知道追兵到了，急忙催马逃走了。

老汉听到响声，不知道这是带响的箭，忙对刘秀说：“听响！”说着，他抬头一看，刘秀早跑得没影了。从此，这里的人便把“听响”叫成了村名。明朝弘治年间，这里村名改为“平乡”。新中国成立后，在农业合作化时期，平乡又分为今天的“东平乡”“西平乡”和“北平乡”三个村。

马坊头的由来

晋州城东南18千米处的马坊头，原名叫马疯头。这是怎么回事呢？

传说，西汉末年，刘秀被王郎的兵马追赶，奔逃到傍晚，遭遇大风，天昏地暗，路途难辨，只得下马四处张望。只见前边黑洞洞的像个村庄，眼前是片芦苇地，刘秀想：“这马一天没吃草料啦，让它吃点芦苇草吧！”于是，他撒开牵马缰绳，自己也蹲在地上，啃吃士兵从前边村中讨来的干粮。

刘秀吃着干粮，眼看着那匹马，心想：“这马真是通人性的宝马呀！紧急时，它还给我报警，好马啊！”想到这里，他拿着干粮要去喂马。这时，那马忽然摇头摆尾，前腿跳，后腿踢，像疯了似的不住地摇头。刘秀匆忙牵住马，说：“怎么了？”这时，那马又冲来的方向一声嘶叫。冲那个方向一看，是追兵无声无息地追来了，刘秀赶紧翻身上马逃走了。因此，这个村就被叫成了“马疯头村”，后来改成“马坊头村”，一直沿用至今。

西张口的由来

晋州城东南 21 千米处的西张口村，原名叫西张岔口，起源于汉代。

传说，西汉末年，有一天，刘秀被王郎的兵马追得逃了一天，傍晚来到今西张口村边。刘秀又饥又渴，但担心村中有捉拿他的告示，便下马坐在道边的井台上休息。卫兵看出了刘秀的心思，说：“将军，您在此等候，我去村中找些吃的！”说罢，卫兵就向村中走去。

在井台上休息时，刘秀被在田间劳作的百姓看到了。他们见刘秀不似平常人，怕露面招惹是非，便隐蔽在禾田中，暗中观察刘秀的举动。

卫兵进村后，到农家讨要了点干粮和饮水，便急忙返回。他来到刘秀跟前，刚想说话，刘秀的战马忽然朝西四腿岔开，昂头张口长鸣。

刘秀看到白马惊叫，知道大事不好，侧耳一听，远处有马嘶声，估计是追兵来了，立刻飞身上马，向西北方向逃去，一口气跑出十几里路。

后来，刘秀做了皇帝，那几位隐蔽在庄稼地里的村民兴高采烈地讲起刘秀在道旁井台上休息时马儿惊叫时的情景，为纪念此事，村里人就将村名改成“西张岔口”，后来简化为“西张口”。

冻河头

冻河头位于晋州城东 12 千米处，村名起源于汉代，同汉光武帝在此踏冰过河有关。

据《晋县志》记载，西汉时，晋州名下曲阳，王莽篡政后，改下曲阳为和成郡。据《后汉书》记载，和成郡太守名叫邳彤。

更始元年，刘秀奉旨镇抚河北。当时在邯郸有个算卦的叫王郎，他冒充汉成帝之子刘子舆，自立为王，控制着河北。他听说刘秀来到河北，生怕刘秀揭穿他的老底，于是想趁刘秀初到河北势单力孤，一举灭掉刘秀。

刘秀来到河北后，因兵马不多，不敢贸然采取军事行动，只是先联络摸底。当他了解到和成郡太守邳彤对王郎的身份存有疑虑时，便到和成郡与邳彤联络。此后，他又去了蓟州，找到族兄广阳王刘接。

来到蓟州驿站后，派出的探马回报说，城内盘查严格，张贴着捉拿他的告示，刘秀知道大事不好。但是，他胆大心细，不慌不忙走进驿站，冒充王郎的人，骗了一顿吃喝后就急忙往南逃走了。

原来刘接贪图升官发财，不讲同族手足之情，正想捉拿刘秀去请赏。他听手下人描述的驿站里那人的长相和来去匆匆的表现，断定此人就是刘秀，遂立刻派兵追赶刘秀。

刘秀南下，走小路，绕开城镇，经过一天的奔逃，傍晚时来到今晋州地面的冻河头。他们不敢进城，想在冻河头先休息一会儿。当得知村前有条河时，他便派副将去查看水情，找过河的船只。

副将来到河边，见河不宽，有船就可以渡过，无船找向导也可以蹚水过河，心中有了底。这时，他们已经奔跑了一天，肚中饥饿，身体疲劳，副将想这是和成郡辖地，比较安全，可在这里休息一晚。为了安慰刘秀，稳定军心，副将说："河水结冻，可以随时过河，主公可以安心休息！"

刘秀逃得很累了，也想痛快地休息休息，于是便决定在冻河头休整一夜。

这天晚上，附近村的赵怀根和赵外生两个赌徒去冻河头耍钱，进村后听说刘秀住在这里，二人一合计，不玩了，去城里通风报信去了。

太守邳彤见了赵怀根二人，大吃一惊。他想到刘秀不进城可能是后有追兵，过河有困难，遂立刻决定去冻河头明捉暗保，放走刘秀。于是，他带领人马，让赵怀根二人带路向冻河头赶去，伺机杀死这两个坏蛋。

这时已是10月，晚上刮起了大风，天气异常寒冷。黎明前，刘秀被冻醒了。就在这时，探马报说北边来了追兵。

刘秀一听情况紧急，立即向南逃去。那位查看水情的副将急忙找来约好的向导，准备蹚水过河。当来到河边时，河面结了厚厚的一层冰，他们便踏冰过了河。这时那位副将想，一夜的大风掩盖了自己的谎言，真是天在救刘秀啊！

刘秀刚过了河，刘接派来的追兵就到了，这时邳彤的救兵也到了。邳彤听说刘秀才走，估计走得不远，怕刘接的兵马去追，当场先杀了赵怀根和赵外生二人。为保刘秀平安，他故意将追兵当成刘秀的兵马，便同追兵打了起来，一直打到天亮，等互相看清了，才假装说是误会，结束了战斗。这时，邳肜又心生一计，说蓟州军追赶了一夜都劳累了，请他们休息一会儿，由和成郡的人马去追杀刘秀。蓟州的兵马见邳肜这么说，心中自然喜欢，便不去追了。而邳肜却趁机护送着刘秀去冀州找太守任光去了。

因为刘秀经过这里时，河水一夜冻结，这个村便被叫成了“冻河头村”，村名一直沿用至今。

南、北小吾和中作

晋州城南 9 千米处有南、北小吾和中作三个村，其村名都起源于汉代。

传说，西汉末年，刘秀尚未称帝时，在今晋州地面被王郎的兵马追赶得四处奔逃。一天傍晚，刘秀来到如今的南小吾，又饥又渴又累，想找个地方休息。可是，他担心客店中人多嘴杂，容易暴露身份，所以不敢去住店。于是，他想到百姓家去借宿。没想到，去了几户人家，都不敢收留他。原来那些百姓见刘秀衣着不俗，又骑着高头大马，不是平常行路之人，怕给自己带来不测，因此都婉言拒绝了他。

刘秀在这里找不到住处，又往东走到中作村。他四下一观望，见是一个只有几十户人家的小村，来了追兵不便躲藏，便越过中作来到如今的北小吾。北小吾村的村民见刘秀神色不好，眼下兵荒马乱的，怕留住生人，惹来祸事，也都婉言拒绝了刘秀。

刘秀在北小吾也找不到住处，天又黑了，怎么办呢？刘秀想，再往北走，恐怕离县城近了会遇上王郎的追兵，那往哪里去呢？想来想去，他心中产生了一个新的念头。他想官兵忽视小村，那里也许是个安全的借宿之处，于是拨马而回，又向中作而去。

刘秀来到中作村，刚走到一家门口，忽然座下马儿“咴儿，咴儿”叫了两声。正在这时，这家的主人来到大门口要插门，听到马的叫声，出来一看，见一位将军骑在大马之上。没等主人说话，刘秀在马上施礼，说：“我是个遇难之人，恳请老伯留宿一夜，不知可否？”

这家主人姓郭，为人正派，爱做善事，外号郭善人。他听了刘秀的话，想到天黑了，行路之人有了难处，应当救助，便“嘿嘿”一笑，说：“将军若不嫌茅舍简陋，就请进吧！”

郭善人把刘秀领到家中，给他弄了些吃的。刘秀有了住处，心中轻松了，边吃边说：“今晚我找投宿处，南边村的人小（小视）吾，北边村的人也小吾，唯有中间村佐助我也！以后我若有出头之日，定当厚报！”

郭善人听了刘秀的话，急忙说：“见人有难，行善相助，是做人的本分。我留你住宿，是做善事，不图什么报答，请将军不要挂在心上！”

后来，刘秀登基做了皇帝，曾差人到中作看望郭善人。这三个村此后分别被叫成了“南小吾村”“北小吾村”“中作村”，村名一直沿用至今。

南位家口、北位家口的传说

晋州城南 24 千米处有两个村，南边的叫南魏家口，北边的叫北魏家口。这两个村原来是一个村，名叫“为嘴村”。

传说刘秀未称帝时，在今晋州一带被王郎的兵马追赶得四处奔逃。有一天，刘秀骑马跑到今司马村时，所骑的战马因过度疲劳倒地而亡，司（死）马村因此而得名。刘秀觉得这匹马与他驰骋战场有功，不忍心再吃它的肉，便叫兵卒将马埋葬了，并且告诫当地百姓不准挖出死马吃肉。

刘秀走后，当地人不敢去挖军家的死马。当时，附近魏家口村的人不知道刘秀下了“不准挖死马”的命令，趁夜把死马挖出，运回吃了肉。附近小尚村的人听说埋了死马，也去挖，只是去得晚了，没有挖到，有点伤心。从此，这个村就被称为“小伤心”，后来逐渐演化成“小尚村”。

后来，刘秀又辗转来到司马村，听说有人把马挖出拉走吃了，十分生气，便来到魏家口追查此事。那些饥饿的百姓见马的主人来追查此事，不但不回避，还当场直说：“饿得受不了，见有死马，埋了可惜，吃了能救命，就大着胆子吃了！”

刘秀看到那些面黄肌瘦、衣衫破烂的饥民很可怜，叹了口气，说：“饥民为嘴，为嘴啊！”说罢，他扬鞭骑马而去。从此，这个村就被叫成了“为嘴村”。

明代，由于“燕王扫北”，这个村中死亡、外逃的人很多，只魏姓几户人家尚有人在，便将村名改为“魏家口”。永乐年间，这里又迁来几户人家，规模逐步扩大，便分成了南、北两个魏家口村。1945年，村民将“魏”省写为“位”，村名就变成了“位家口村”，一直沿用至今。

侯城的由来

距离晋州城东北9.5千米处，有个侯城村。侯城村本来是安乡县的县城，刘秀当了皇帝后废掉了安乡县，改称侯城。

传说，刘秀未称帝时，在河北被王郎的兵马追得四处奔逃。有一天，刘秀带领人逃了一天，傍黑时来到安乡县。他觉得“安乡”这个地名好，兴许是自己可以安然休息的地方，于是想在这里休息，却又不知道城内有无王郎的兵马，也不知道县官是什么人。如果不进城，天这么晚了，人困马乏，怎么过夜呀？正在左右为难之时，刘秀身边的副将看出了刘秀的心思，说：“司马（刘秀当时的官职），派人扮作王郎的人去城内打探一下情况如何？”

刘秀听了副将的话，心中忽然一亮，想了个计策，说：“我们都可以装扮成王郎的兵马进城过夜！”说罢，他立刻派出了探马。

探马进城探知城内没有王郎的兵马后，回来禀报，刘秀随即带领兵马浩浩荡荡地进了安乡城。

城内县官听说是王郎的兵马，照料得十分周到。刘秀的兵马吃饱了，喝足了，便安然地去休息了。夜半三更时，忽然从和成郡来了位传令兵，说有急事要见将军。刘秀接待了传令兵，看了送来的信，大吃一惊。原来安乡县令在接待刘秀时，看到他的相貌与告示上要捉拿的人十分相似，起了疑心，便急忙派人到和成郡报给了太守邳彤。邳彤明保王郎，暗中是刘秀的人，他接到县令的报告后，怕刘秀有危险，一边拘留了送信的人，一边派人给刘秀送信。刘秀得知真情后，立即到县衙将县令擒住斩首，然后逃离了县城。

后来，刘秀做了皇帝，想到安乡县并不安宁，便下旨将这个县废了。因为安乡县从前是个侯国，当时有坚固的城墙，便改称“侯城”。

桃园的由来

以前，晋州城南、今桃园一带产一种大宝桃。这种桃长熟后，表皮淡黄，粉红尖，桃肉鲜嫩，吃时不用削皮，用手指掐破皮，几下便能把皮撕光，放在口中不用细嚼，就化为芳香可口的甜汁。如果不去皮，掐个小口，用嘴吸，便能吸尽甜汁。传说，这种桃来自天宫王母娘娘的蟠桃会。传说有位种桃的老汉，每年在桃将熟时，便去桃园看守。去时带上一壶酒，到天晚时，便自斟自饮。后来，每到他饮酒时，就走来一位白胡白鬓的老人讨要酒喝。看桃园的老汉心地善良，好交友，又大方，每次对来蹭酒喝的老人总是笑脸相迎，诚心敬酒，一连三年，始终如一。但是，每次提到白胡子老人的身世，老人总是说："以后我会告诉你！"每当桃熟了，老汉让白胡子老人吃桃时，老人也总是说："这桃我不吃！"

这一年，老汉的桃又熟了，又去看守桃园。一天晚上，老汉拿出酒壶正等那位白胡子老人。金光一闪，老人来到了跟前。看守桃园的老汉先是一惊，定神一看，原来是那位老人到了。他边斟酒，边说请老人喝酒。白胡子老人也不落座，摆摆手，说："今日不喝酒，我白喝了你三年的酒，好酒暖心，好心有好报，我不吃你的桃，是因为你的桃又硬又不甜。我这里有个桃核，是我上辈祖先赴蟠桃会时带回的，我大哥有一个，带去了山东肥城，我二哥那个送给了东北深州的朋友，我把自己这个送给你。你常问我的身世，今天我便告诉你。我是千年修炼的狐仙，就此告辞。"说罢，金光一闪，老人不见了。

看桃老人得了这个仙桃核后，便种出了大蜜桃。到他的第三代孙时，这里便形成了大片宝桃林。

西汉末年，看桃老人的第三代孙也成了老汉，依然经管桃林。这一年，桃又熟了，老汉的子孙去看守桃园。有一天，尚未称帝的刘秀在河北被王郎的兵马追杀，东奔西逃，逃到了这片桃园。他们人困马乏，饥渴交加。刘秀一阵眼黑，便从马上摔了下来，不能动了。看桃人看到刘秀不像歹人，便摘了几个蜜桃给刘秀吃了。

刘秀吃了蜜桃，立刻觉得精神振奋。他闻到了扑鼻的桃香，四下一看，见树上挂满了大蜜桃，想到自己吃了这树上的大桃立刻就有了精神，不由地赞叹："好一处桃园!"刘秀刚说完这句话，便听到远处传来人喊马叫，追兵又来了，他立刻飞身上马，扬鞭打马而去。

由于这里的桃品种好，人们纷纷慕名而来，在这里安家落户，这里逐渐有了村庄。人们借当年刘秀"好一片桃园"的御言，将这里起名为"桃园村"，后来演变成了"桃元村"，一直沿用至今。

留箭棒营

晋州城南 27 千米处的营里村，原名留箭棒营，这个村名起源于汉代。

话说西汉末年，王莽追赶刘秀。有一天，刘秀奔逃了一天，天黑时来到今营里附近的树林中。他看到后边没有追兵，便下马休息。又饥又渴又累的刘秀，躺在地上刚入梦乡，忽然被"嚓嚓"的声音惊醒。刘秀睁眼一看，月光下有一只小白兔蹲在眼前。刘秀想，逮住这只小兔正好充饥。于是，他张弓搭箭，"嗖"地向小白兔射去。没想到小白兔中了箭却没死，还带着箭逃跑了。刘秀在后边急忙追赶，追到一座破庙前，小兔进了庙，刘秀追进庙里，小白兔一晃不见了踪影，刘秀却在一尊石佛的身上发现了自己射出的箭。刘秀看后觉得这事有点奇怪，正纳闷时，听到远处人喊马叫声越来越近了，原来王郎的追兵赶来了。这时，刘秀才恍然大悟，原来这小白兔是石佛显圣，目的是搭救他。他急忙找到白马，飞身上马扬鞭逃走了。

刘秀做了皇帝，人们为了纪念刘秀在此逃生，便把村名叫成了

"留箭棒营"。后来，村名演变成了"营里村"。人们为那座寺庙起名"白卯寺"。由于多种原因，白卯寺已荡然无存，而那尊石佛至今尚在营里村。

九、藁城区[①]

马丘的来历

汉朝时候，王莽跟刘秀打仗，刘秀战败，王莽追着要活捉刘秀。刘秀边跑边打，一直退到今藁城区境内的一个小村边上。刘秀孤零零一个人，战马也累死在了村边。刘秀看到跟随自己多年的战马死了，伤心地说："战马呀，自你和我在一起，没过上一天安稳的日子，不是东征就是西战，现在竟累死在这里了。"刘秀哭了多时，擦干眼泪，抓起一把土撒在战马身上，就算把马掩埋了。他站起来，又继续向前奔逃。

后来，刘秀做了皇帝，想起那匹累死的战马，就把掩埋战马处的那个村子改叫马丘村。

王莽沟的来历

汉平帝驾崩后，王莽想把刘秀杀了，自己登基称帝，这就有了王莽赶刘秀的故事。

这一天，刘秀累得挺不住了，身子一挨地就睡着了。这时，王莽

① 藁城区：原藁城县，地处石家庄市东部。汉高祖五年（前 202 年）辖境置九门县，属常山郡。王莽时期称久门县。

的追兵由远到近，眼看就追到跟前了。这时从荆棘丛中跑出来一只蝼蛄，它用俩夹子使劲地夹刘秀，刘秀一下子疼醒了。他一睁眼，见王莽带着人马到了跟前，也顾不上看是谁夹了他，赶紧翻身上马，抡鞭紧抽，一气跑远了。

再说王莽老远就看见刘秀躺在地上，心中很是欢喜。等离近了，他举枪就投，就在枪头落地的当儿，刘秀迅速躲开，骑马逃走了。王莽没有投着刘秀，拾起枪来猛追，枪尖在地上拉了一道深深的沟，后来人们就把这条沟叫作“王莽沟”。

皇后园的来历

传说“皇后园”这个村名是汉光武帝刘秀起的。

那时候，刘秀跟王莽打仗，被王莽打败了，剩下他一个人没命地逃跑，王莽在后头紧追。刘秀跑到一个叫黄花院的村头，看见一个女人坐在门口纳鞋底，就跪下来说：“大嫂救救我吧，后头有贼人追杀我。”

女人看了看刘秀，见他五官端正，不像个歹人，就指指门旁的一个鸡笼子，要他躲进去。女人把围裙一铺，坐到鸡笼上，把刘秀遮了个严严实实。

王莽赶过来，女人吓得直哆嗦。刘秀怕王莽看出端倪，就在笼子里伸手轻轻划了一下女人的屁股，女人立即振作起来。王莽跑到跟前问看见一个年轻男人跑过去没有，女人沉着地往前一指，说：“刚刚过去不远，快追吧。”

待王莽走远后，刘秀从鸡笼里钻了出来，谢过女人后转身跑了。后来，刘秀做了皇帝，想起这个女人的救命之恩，就派人带了好些金银去看他。来人赶到黄花园村里一打听，那女人在刘秀走后，想到自己被一个陌生男子摸了屁股，自觉颜面尽失，第二天就含羞自尽了。刘秀听说女人为自己而死，就在她的坟上立了座石碑，追封她为皇后，把黄花园村改名为“皇后园村”。

梅花公主与梅花村

相传，西汉末年，王莽篡逆，天下大乱，各地山头林立，自称王侯，时局混乱。刘玄自称西汉皇室后人，在洛阳建都称帝。同为皇室后人的刘秀，也在驻地聚众起兵，一举击破王莽精锐兵团。在获胜的队伍回城的时候，沿街遇到好多乡民逃难。这一年，29 岁的刘秀气宇轩昂，精明强干，胸怀大志。在逃难的人群中，他看到一位姑娘低头哭泣，可怜极了，面前还躺着一位只有残喘之气的老伯。刘秀立即下马，走上去询问情况，得知这位姑娘叫阴丽华，是刘秀的同乡。他们本来想离乡逃难，不想父亲半途中染上重病，奄奄一息，无钱医治，不知如何是好。刘秀细细打量，这位姑娘虽然衣着粗朴，气质却素雅如兰。姑娘被他这么一瞧，两腮飞红，面庞越发清丽娇艳。刘秀意识到自己的失态后，马上回过神来，立即安排兵士将老伯抬回营帐救治。此事让姑娘感激不尽，她又慕刘秀英才，芳心暗许。自古美女爱英雄，英雄恋美人，两人情投意合，心心相印，终于结为秦晋之好。那一年，阴丽华 19 岁。

后来，刘秀奉皇帝刘玄之命，到河北招兵买马，驻军宋子县城（梅花村东南 7 千米处有宋城村，村南 500 米处尚残存宋子县城遗址，今属赵县）。在那里，他听说一个名叫王郎的人在邯郸称帝，力量很强大，并且听说已下令悬赏捉拿自己。夜里，刘秀对月饮酒，思忖着眼下的局势。摆在他面前的有三条路，一是向王郎投降，二是向洛阳的刘玄求救兵，三是自己另立山头。此时不管投靠谁，都会惹来杀身之祸。既然如此，何不孤注一掷？他选择了第三条路。

为扩充自己的军事力量，他与当时拥有10余万军队的真定王刘杨结盟。刘杨也是皇室后裔，在河北可谓举足轻重。当时刘杨正准备与王郎联盟，刘秀十分谦逊地来到刘杨府中，声称早就仰慕刘杨的气度和才华，希望能与刘杨一起大展宏图。他一再登门拜访，诚恳的态度感动了刘杨。刘杨见刘秀人品敦厚、气宇不凡，不仅答应了结盟之事，还将姐姐的女儿郭圣通许配给了刘秀。从此，刘秀一路征战，抢占封地，所向披靡，终于成就了自己的霸王基业，建立了东汉王朝。

新政权还不十分稳固，立后之事就让刘秀头疼不已。他爱阴丽华的美丽贤淑，可又惧怕郭圣通娘家刘杨的势力。阴丽华冰雪聪明，将此事看在眼里，就主动对刘秀说：“立郭氏为皇后吧，她有儿子，我没有。”阴丽华的宽容让刘秀对其爱之更深。刘秀不得已立郭氏为皇后。在以后的几年里，刘秀转战南北，总是将阴丽华带在身边，而将郭圣通留在宫里。

几年后，阴丽华生下了第一个儿子，太子之争使阴丽华向郭皇后发起了攻击。仗着皇帝的宠爱，她暗地里结交朝中重臣，形成了庞大的权势网络。

郭氏为人耿直，又有刘杨作后盾，所以认为自己的地位不可动摇。她经常冷嘲热讽阴氏的狐媚，对刘秀专宠阴氏极为不满。郭氏的言语，刘秀早有耳闻，他心里自然不悦，对郭氏更是一天天的疏远。恰在此时，朝中有人上奏，说刘杨有谋反之举，刘秀正愁无计除去势力强大的刘杨，借此奏报，立即发兵抄了刘杨的家，废了他的爵位，并且以此为由，废掉了郭皇后，立阴丽华为皇后。郭氏无颜住宫中，便请求出宫，得到了皇上的准许。后来，她在郁郁寡欢中死去。一年后，郭氏所生的儿子的太子之位被废，改封为郡王。

郭氏的离世，让刘秀多少有些内疚。接下来的几年，郭氏所生的其他几个儿子也都被封了王。刘秀还厚待郭氏兄弟。郭氏的父母相继病逝，刘秀都赶去送葬，厚葬于郭氏家乡（现在的梅花村）。郭氏所生的女儿名刘礼，小名梅花，人称梅花公主。梅花公主长得清丽可人，温婉贤德。可能是出于对郭氏的愧疚，刘秀对梅花公主疼爱有加。当梅花公主到了婚嫁年龄，刘秀经过反复考虑后，将梅花公主许配给了郭氏弟弟郭况的儿子郭璜，并且为郭璜加官封爵，这使郭氏家族感恩戴德，立誓要力保刘氏江山永固。

婚后，梅花公主相夫教子，非常贤惠。她经常接济婆家宗族中的贫弱之人，以及婆家家乡的村民，深得公婆的喜爱和家人的拥戴。一直到梅花公主去世，婆家村庄里的人无一不称颂梅花公主的德行，村民还将村名改为“梅花村”。

角中的来历

传说，刘秀未登基前被一个叫王郎的对手追赶得四处躲避。一天，刘秀被王郎的追兵发现了，在藁城南面的荒地里，在一人高的蒿草丛的掩映下，拼命奔跑。后面的王郎骑着高头大马，挥动着手里的长矛，看着前面那个人影，拍马追去。刘秀跑累了，一屁股瘫坐在地上。他看到自己跑肿的双脚，无奈而又焦灼地说：“脚肿呀！脚肿！难道这就是我刘秀的葬身之地?”因为刘秀坐在地上俯身看自己的脚，掩住了脸，王郎只顾向前追赶，没有仔细察看，刘秀躲过了一劫。后来，人们根据这个传说，把在这里建的村子唤作“脚肿”，随着叫法的不断转变，后人改成了“角中”。

柳林井的来历

刘秀从角中村跑出来以后，马蹄声及王郎高喊捉拿刘秀的声音越来越近。刘秀自言自语道：“要是这会有匹马该有多好呀！”话音刚落，只听得一声马嘶从前方不远处传来。刘秀赶紧一拐一瘸地走过去，原来是一座小寺庙，庙前拴着一匹马。由于天已黑，刘秀看不见庙门上写着什么名字。刘秀摸着马，不由地喜出望外。临走前，刘秀在庙前向门躬身拜谢，并且许诺：“我若成事，一定把这匹马完好无损地送回来。”

刘秀打马向前一路狂奔，不知跑了多远，一直跑到天明，直跑得人困马乏。刘秀来到一个村子，想找水喝。他放眼四顾，附近虽有一眼井，可是没有打水的水桶怎么喝呀？冥冥之中有一个声音在他耳畔响起：“你不会用你的长枪把井撬倒啊！”顿悟的刘秀马上觉得这样做不可能，可他无计可施，只好去尝试。只见刘秀把长枪插进井腰，气吞丹田，使劲撬。奇迹出现了，只见井口慢慢倾斜，水流出来了！刘秀惊喜地赶紧大口大口地喝起水来，井水那叫一个甜。由于这口井在一棵弯脖子柳树下面，后来人们在这里建立了一个村子，村名就叫“柳林井”。

司马村的来历

刘秀在柳林井用井水洗了洗身子，也给马洗了身，才离开去找自己的队伍。他打马飞奔，突然，马一下子卧倒在地，把刘秀摔得够呛。

当满面尘土的刘秀站起来时，看到马的身子渐渐萎缩，不一会儿，活生生的马变成了泥马。原来是菩萨把庙里的那匹泥马度化成活马帮助刘秀逃过一难。人们根据这个传说，把当地的村子叫“死马”，后人觉得不雅，便美化成“司马”。

好固的来历

在司马村，刘秀骑的马变成了泥马，他只好一瘸一拐地步行逃命。此时，王郎的追赶声又从后面传来，他再也没有可以借助逃命的工具了。刘秀忍着剧疼，向前方趔趄着走去，一直走到再也站不起来了。“好苦呀！好苦!”刘秀对天长叹。后人根据这个传说把这里的村子叫“好苦”。同样，村民感到“好苦”不好听，便改叫“好固”。

马邱的来历

后来，刘秀终于找到了自己的队伍。他率领部下历经苦战，终于打败了自己的对手王郎。刘秀想起自己在角中村一个小庙里许下的誓言，就找了一匹近乎一模一样的马给寺庙送去。孰料刘秀的人马走在半途，发现那匹马病倒了，还没有送到目的地，就死掉了。刘秀不得已将这匹马在当地掩埋。这样，一个偌大的马丘出现了。后来，迁到这里定居的村民根据这个故事，将村名唤为“马丘”，也就是现在藁城的马邱村。

十、长安区①

冰消凌透救刘秀

石家庄市长安区西的兆通镇凌透村，是一个有着悠久历史文化的古村。唐代一位名叫胡曾的诗人写过一首名为《渡滹沱河》的诗：

光武经营业未兴，王郎兵革暂凭陵。
须知后汉功臣力，不及滹沱一片冰。

诗中所说的“光武”，是指东汉开国皇帝刘秀。

西汉末年，王莽篡位。作为汉室后裔的刘秀，不甘刘姓政权落入他人之手，起兵反抗王莽。他拥护自己的族兄刘玄即位，改元更始，恢复汉朝。

刘玄攻打长安诛杀王莽之后，任命刘秀为大司马，巡行河北。刘秀到邯郸时，遇到了一个卜卦的人名叫王郎，他诈称汉成帝的私生子，自立为帝。王郎利用“百姓思汉”的心理，拥兵自重，传檄河北各郡县，围剿刘秀。刘秀一路逃命，寻找立足之地。他在河北奔波两年，留下了许多足迹和传说，凌透村的村名就源于其中。

话说刘秀不敌王郎，被追兵赶到滹沱河南岸，刘秀命大将王霸亲自去察看水势。王霸恐怕军心动乱，谎称河水结冰。等刘秀督军赶到时，河水真的结了冰，大军踏冰而过。王郎追兵赶到时，冰消凌透，

① 长安区：位于石家庄市区东北部，是省会主城区，省、市政府等党政机关所在地，汉代分属石邑县、真定国，属常山郡，曾为正定、获鹿两县辖地。

奔腾的河水阻挡了王郎的军队。

十一、新华区[1]

落凌村的传说

相传，西汉末年，皇族后裔刘秀参加了征讨王莽的队伍。一年初春，刘秀与王莽打仗，结果被打得七零八落。刘秀只身匹马落荒而逃，后面追兵紧紧追赶，撵得刘秀没有地方藏身。他骑马逃到大河乡落凌村北的滹沱河岸时，心里暗暗叫苦，只见白茫茫的滹沱河横在眼前，后面追兵摇旗呐喊随时就到。刘秀仰天长叹，祷告苍天，忽然一阵寒风刮来，战马一阵嘶叫，白茫茫的河水立刻冻成了冰凌。刘秀滚下马鞍，一不做，二不休，用刀子冲着马的屁股狠狠地扎了一刀，马疼得打了个挺，嘶叫着顺着河岸向西跑去，鲜血一点点掉在了地上。刘秀深一脚、浅一脚跑到河边，又连滚带爬地踏着冰凌过了河。他刚到彼岸，河里的冰凌很快化成了河水。这就是关于大河乡落凌村的传说。

蝼蛄救命

刘秀踏着冰过了滹沱河不久，追兵的马蹄声就传来了，他慌忙爬到耕过的犁沟里，又用手把两边的土扒过来盖在自己身上。他刚藏好，追兵就到了河岸。追兵四处查找，不见刘秀的踪影，只见河水很急很深，猜想刘秀不敢过河。正不知向哪里追赶时，一个士兵发现地上有

---

① 新华区：位于石家庄市区西北部，西汉末年属常山郡石邑县。

血迹，追兵一窝蜂似地顺着血迹向西追去。

刘秀趴在地里连大气都不敢出。这时，一只蝼蛄从他头上的土里钻出来，刘秀急得咬牙切齿，心想："这该死的蝼蛄，你钻出去，不就把我暴露了吗？追兵走后，咱再算账。"追兵走远了，刘秀从地里爬了出来，拍拍身上的土，忽见那蝼蛄正要往土里钻，刘秀一把逮住蝼蛄，两手用力一拽，把蝼蛄的头和身子分成了两截，随手扔在地上。忽然，刘秀又急忙把蝼蛄捡起来，从身边的荆棘丛里掰下一个圪针，把蝼蛄的头和身子连接起来。不知怎的，蝼蛄复活了。

可是，刘秀既然把蝼蛄弄死，又为什么要把他救活呢？原来刘秀忽然茅塞顿开，如果蝼蛄不给自己打洞，他就会闷死在土里。蝼蛄非但不是仇人，反而是救命恩人。

刘秀和陈村的传说

刘秀奔波了数天，总算摆脱了追兵，心里轻松了，但疲劳和饥饿让他实在难受。他的肚子咕噜、咕噜地直叫，身子乏得像散了架。他咬着牙坚持向前走，当走到陈村村北时，只觉头昏眼黑，心慌脚软，一头栽倒在地。

不知过了多久，刘秀醒来，发现自己躺在一间屋子里。一位白发苍苍的老奶奶走进来见刘秀醒转，便对他说："我们娘俩讨饭回来，路上看见了你，要不把你救回来，你早就被野狗撕着吃了。你是哪里人？怎么弄成这样子了？"老奶奶拿来用糠和荠菜做的饼子，对刘秀说："穷人家里没有什么好吃的，快吃点东西。"就这样，刘秀在老奶奶家躲避了几天。他见老人心地善良，便将实情告诉了她，还认了老奶奶为干娘。后来，刘秀辞别老奶奶，回到洛阳，经过几年的征战，终于推翻了王莽政权，建立了东汉。

刘秀做了皇帝后，没有忘记救他脱难的义母，就派人到陈村接义母到洛阳享福。可是义母已经去世，他为纪念义母，在避难的房子处给义母修了庙，立了碑，这就是陈村的奶奶庙。刘秀给村子起名为“存身”，因年深日久，村民把“存身”叫成了“陈村”。

十二、栾城区①

刘秀藏处起土岗

在栾城，提起卧龙岗，上岁数的老人几乎都知道。这个卧龙岗的龙头就在乏马村北。

传说当年王莽赶刘秀的时候，刘秀被追得人困马乏。当他跑到乏马村北的时候，实在走不动了，看看后边尘土又起，追兵紧逼，情况万分危急。正当他走投无路的时候，忽见一个农夫正在耕地，就央求农夫救他一命。

农夫看看四周，已是场光地净，极目远望，一片光秃秃的田野，毫无遮拦。农夫正在为难之际，看到深翻的垄沟，就说：“现在已是秋后，高庄稼都收割了，没处隐藏。这样吧，我用力耕一犁，你就躺在犁沟里。我再深翻一犁，用土把你的身子遮住。”刘秀眼看追兵即将赶到，别无办法，只好照办。正好农夫的家人来给农夫送饭，农夫就让家人把刘秀的马牵到家里。

王莽的追兵急急赶来，明明看见刘秀冲着这个方向跑，可就是找

① 栾城区：位于石家庄市东南，辖区西汉时置关县，东汉改置栾城县，属常山郡。

不到人影，于是就问农夫。农夫用手向前一指，追兵随即沿着他指的方向追去。直到追兵走得看不见影儿了，老农才把刘秀叫出来，并且把家人送来的饭让刘秀饱饱地吃了一顿。

说也怪，就在刘秀躺过的地方，忽然弯弯曲曲凸起了一条像龙形的土岗。这条岗迤逦伸向东南，到了龙化才隐形不见了。刘秀称帝之后，这里就被称为卧龙岗。

实际上，这条卧龙岗是当年治河的一条防水堤。关于刘秀身形化成土岗一事，自然是人们的传说。此外，在村里的十字路口曾有一个大功庙，立有功德碑，这个庙就是刘秀为了感谢乏马村农夫的搭救之恩而修建的，这块碑也是刘秀为那位农夫所立。

作为历史上的一个重要标志物，卧龙岗给栾城带来的不仅仅是传说，还有古老的文化。在栾城，不仅有乏马、岗头、龙化等地，在卧龙岗的起点，也就是乏马村的村北，还一直建有龙王庙，在县城还曾经有龙岗书院，培育了很多学子。

十三、鹿泉区[①]

落凌村的来历

西汉末年，王莽篡权，天下大乱。刘邦的九世孙刘秀在南阳起兵。王莽最不放心的就是刘秀，他亲自带了兵马追杀刘秀，刘秀被撵得到处逃命。

一天，刘秀带领人马来到今鹿泉区的一个村子，被一条大河挡住

① 鹿泉区：原获鹿县，位于石家庄市西部，汉代为常山郡石邑县辖区。

了去路。这条河名叫滹沱河，水流湍急，波涛滚滚。这可叫刘秀发了愁，他对天长叹：“老天爷啊老天爷，俺刘家的后代就这么完了吗？老天爷啊老天爷，你快把这河水冻了吧！”说也奇怪，他话音刚落，寒风骤起，天一下子冷得让人受不了，滹沱河水说冻就冻，冻了个结结实实。刘秀高兴了，扬鞭催马带领手下踏着冰凌过了河。说时迟，那时快，王莽的人马浩浩荡荡地赶来了。王莽大老远在马上喊：“刘秀，你别走，今天就是你的忌日。”刘秀听了很是害怕，嘴里叫着：“天呀，落凌吧！”只听咔嚓一声巨响，整个河的冰面化开了，滹沱河又变得波涛滚滚。王莽下得马来，气得乱跺脚，眼看着刘秀跑得没了踪影。后来，人们把刘秀过河处附近的村子叫“落凌村”，之后又分成了东落凌、西落凌、南落凌、北落凌4个村。

南龙贵村的来历

刘秀向着西北方向逃跑，来到了石邑县，就是后来的获鹿县、今天的鹿泉区。刘秀心想，这回把王莽的追兵甩远了。他正想喘口气，休息一下，王莽的追兵又抄近道追杀过来。刘秀只得再逃，一直逃到洨河边上，躲进了一个村庄。在这个小村庄里，他遇到了一个老妇人。刘秀向老妇人求救，老妇人见刘秀眉清目秀，不像个坏人，便让他藏到自己家的面柜里。王莽的军队把村子团团围住，一户户搜查。当查到老妇人这里时，只见老妇人沉着冷静，不慌不忙，和王莽装聋作哑。王莽的士兵搜不到刘秀，便撤走了。这样，刘秀在面柜里躲过了一场大难。

后来，刘秀当上了皇帝，村里的老百姓想起当年刘秀藏在面柜里的情形，就把村名改为“难龙柜”，后经多年演变，成了现在的“南龙贵”。

十四、井陉矿区[①]

磨难沟的由来

相传，汉光武帝刘秀 18 岁时逃离京城，开始了流亡生涯。在流亡中，他结识了许多英雄豪杰和贤能志士，也受尽了磨难。

有一天，刘秀被追兵追得无路可走，就逃到了北凤山的南大沟里。谁知这条沟是一个死胡同，两边高崖耸立，前面有大山截路，这下可把刘秀急坏了。这时，他发现沟里有一个老人赶着牛在耕地，刘秀就跑上前去，跪在老人面前求救说：“老人家，救救我吧。”

“你是谁？为什么叫我救你？”老人用惊奇的目光上下打量着面前的这个年轻人。

“我叫刘秀，是汉平帝的儿子，被王莽的追兵追杀到这里。”刘秀哭着答道。

老人朝沟口方向望去，只见那里尘土飞扬，喊杀声不断，一队人马正向沟里冲来。老人一下子明白了这个年轻人的处境。可是，穷山旷野的，往哪里藏身呢？老人也感到无奈。他四周看看，实在没有藏身之处，便低头看了一眼面前的土地，心想：“我深犁一下土地，弄出一个犁沟，让他躺进去吧。”刘秀躺到犁沟里，老人用土把他盖了个严严实实。之后，老人便像什么事都没有发生一样，继续赶着牛耕起地来。

追兵赶到近前，不见了刘秀，便大声喝道：“老头，可见一个年轻人跑到此处？”老人摇摇头，继续耕地。追兵四处搜查，不见刘秀的影

① 井陉矿区：位于石家庄市西部盆地，是“井陉”之名的发祥地之一。战国时期为中山国属地，汉属常山郡。

子，又怕在此处耽误时间太久，让刘秀跑了，便向别处找去了。

“真是苍天保佑。”老人见官兵走远了，长出了一口气，赶紧把刘秀刨了出来，看见刘秀好好的，便高兴地说：“谢天谢地，总算你命大。”可他转念一想，觉得很蹊跷，便问刘秀：“你不觉得憋得慌吗?”

刘秀说：“怎么不憋得慌？憋得我都喘不过气来了。在这节骨眼上，我觉得嘴边有虫子在动，一股新鲜的空气扑鼻而来，就不那么憋得慌了。一定是那个虫子打了个孔救了我。”

老人欣慰地说：“年轻人，你大难不死，必有后福。”

刘秀感激地说：“老大爷，您是我的救命恩人，我今生今世不会忘记您的恩情。”说着，他跪下给老人磕了三个响头。

老人赶忙上前把刘秀搀了起来。

刘秀起来后问老人：“这是什么地方?”

老人说：“人们都叫这地方‘南沟’。”

“难沟?”刘秀惊讶地寻思，“怪不得在此有一劫难，原来是难沟。”刘秀将南字误听为难了。

后来，人们为了纪念刘秀在此避难，将此沟叫作“磨难沟”。

十五、井陉县①

双 凤 桥

穆王筑台狩猎的陉山旁有一个小寨村，这里两山相对，中间一条古道，是井陉通往平山的一个关口，村南有两座十分相似的石桥，老

① 井陉县：位于石家庄市辖区西部，秦代置县，西汉末属常山郡。这里地势险要，是历代兵家必争之地。

百姓叫它们“双凤桥”。

相传，西汉时候，王莽夺了皇位，把汉平帝杀死了。为了斩草除根，他继续追杀刘秀。当时刘秀才12岁，为躲避王莽，到处逃命。王莽紧追不放，刘秀逃到哪儿，他就追到哪儿。

一天，刘秀逃到了井陉，但他根本没有想到，王莽的部将裴通已经带领人马抄近路提前到了这里。裴通派人打听清楚刘秀要路过小寨，就埋伏在石桥下面，准备活捉刘秀。

就在这天晚上，刘秀的保驾官贾辅做了一个很奇怪的梦，梦中有人喊：“保主过桥，多加小心。”贾辅醒后就把这个梦告诉了刘秀并加强了防备。贾辅决定，只要遇桥，绕道而行。

第二天，贾辅保着刘秀翻山越岭来到了小寨村口。他抬头一看，心中一个劲地叫苦，原来这里两山相对，像刀切开的一样，中间只有一座小桥相通。贾辅没办法，只好安排刘秀等人在离桥不远的地方暂等，他自己跨马提枪，冲到桥边打探情况。没想到，他刚到桥头就被裴通的暗箭射下马来，死了。裴通见贾辅已死，就老虎扑食一样扑向刘秀，刘秀眼看就要被活捉了。突然，裴通眼前出现万道金光，只见一条金龙在刘秀身上缠绕。他扭头一看，两个艳丽无比、英气逼人的女将正雄赳赳、气昂昂地把守在桥头，两人头顶有两只凤凰在盘旋。裴通一见真龙出现、双凤现身，慌忙跳下马来，跪在地上，向刘秀请罪，决心弃暗投明，辅佐刘秀。刘秀当即封裴通为护国将军，并且提笔在桥边石崖上写了三个大字——“双凤桥”。

头泉村的传说

相传，刘秀走国，带领部下路过井陉。一天，他们走到一处荒野，正值中午，火辣辣的日头烤得他们口干舌燥。将士们浑身大汗，刘秀也渴得舌头直舔上下嘴唇。他左看看，右看看，想找个村庄或一片树林，歇息一下。可是这里光秃秃的，除了石头、土块儿，啥也没有。刘秀座下的枣红马真不愧为皇家御马，不饥不渴，精精神神，奔跑的速度始终不减。刘秀看看被落远的随从，只得停马等他们。好大的一会儿工夫，将士们才喘着气地跟了上来。

将士们哀求刘秀："将军，歇会儿吧，我们实在走不动了。"说着，有人已经坐在了地上，大部分人敞开了衣裳。刘秀很同情他们，但若不走，这个山坳里不透风，更是炎热。他为难了，不知如何是好，坐在马上干着急。这时，他座下的枣红马哗哗地尿起了尿，随从中有好几个人赶紧拿出水罐去接。马尿得太少了，只有两三个人接了一些。他们把马尿罐靠在嘴边，还不等别人去抢，一仰头就咕嘟咕嘟喝了下去。刘秀看了，眼圈微微发红，不禁用沙哑哑的嗓音自语道："天呀，莫非要渴死我们！"

他刚说完，只见座下的枣红马在原地转了一个大圈。刚站定，就听圈内地下咕咕直响，一会儿，一块土地蹦开了，一股碗口粗的泉水从地下冒了出来。这可把大家乐坏了，都争着舀水给刘秀喝。刘秀下了马，接过一碗水，送到了马的嘴边，边摸着马头，边说："喝吧，你救我有功，回去定会好好赏你。"

大家喝饱了，又吃了些干粮，然后顺着山坳继续前行。

这股泉后来被人称为"马跑泉"。人们还在山边建了一座寺院，起名"光武寺"，纪念刘秀给此一泉。这个寺后来改称"永泉寺"。因为有了泉水，人们便从四面八方搬到此处定居，把村子取名为"永泉村"，也就是现在的头泉村。

米 汤 崖

听老一辈人讲，米汤崖村的石崖救过刘秀的命。石崖上原本流下来的是米汤，后来刘秀一句话说错，米汤变成了水。

王莽篡位，斩杀汉室后裔，唯独不见了刘秀。王莽叫人一算，知道刘秀藏在柴御医家，就亲自带着御林军夜入御医家，但没有搜到刘秀。

刘秀此时已经逃出京城。出了京城，年幼的刘秀不知道该往哪儿走，急得坐在路边大哭起来。此时，忽听得马蹄响，只见一位将军金盔银甲跃马挺枪而来。将军到了刘秀跟前，翻身下马。他见刘秀生得天庭饱满、地阁方圆、眉清目秀，知道不是寻常人家的子弟，忙问他姓氏，为何在此啼哭。刘秀一五一十地告诉了他。将军听罢，想到王莽出万两黄金捉拿刘秀，心说何不发这笔横财，就要哄刘秀跟他走。刘秀见他不怀好意，硬是不跟他走。折腾了一阵，将军火起，抡起长枪朝刘秀扎去。忽然，他眼前红光一闪，一条龙腾空而起，刘秀的真魂出现，吓得将军哎呀一声扑倒在地。他回头一看，刘秀好端端地站在那儿。他忙向刘秀磕头求饶，告诉刘秀王莽已把他的画像命人张贴到各处，正在通缉他。说着，他把自己的马送给了刘秀。

一晃几个月过去了，刘秀东家一口饭、西家一碗汤地沿路乞讨，宿的是荒郊野外、街头破庙，吃尽了苦头，好不容易来到了河北井陉，王莽的追兵也紧跟着追到了井陉。

这一天，刘秀骑着马过了红岩石梁，到了阎王鼻子山的一个小石崖下。他一路颠簸，几天水米未进，早饿得前心贴后心，渴得嗓子眼直冒烟，一步三摇晃。他听了听后边没有追兵的动静，才下马坐到地上，说："若有水喝，该多好呀！"话音刚落，只见山崖上流出一股乳白色的水，他接住喝了几口，吧咂着嘴，觉得味道很好，正要再喝，马儿已经仰起脖子用嘴接着喝了。刘秀心想，就让马先喝吧。他这一让不要紧，只见马儿"咴儿"一声，震得刘秀耳朵直嗡嗡。它四蹄一蹬，跑得不见了影子。刘秀正着急，忽听有人说："快喝。"刘秀忙用嘴接着喝，味道果然与平常的水不一样。他情不自禁地说："米汤味，米汤味。"他正念叨，水忽然没了，只听山崩地裂一声响，抬头一看，山头上坐着位菩萨，自己的马被压在她的莲花座下。

菩萨指着刘秀说："马儿偷喝了天上的琼浆玉液，应当得到惩罚。而你没有口福，这辈子只能打江山，成不了神仙。"说完，菩萨飘然而去。

后来，刘秀喝水的山崖就被老百姓叫成了米汤崖，并且成了附近村庄的名字。菩萨站的地方在山崖上，此崖便被叫作菩萨崖。菩萨崖后的村子叫冶西，附近的八里沟是马身子烂后变的，马头变成了一座山，就是小作北边的马头山。马鞍子掉到了焦家垴村后，至今还扣在东垴半坡上。

台头村的来历

台头村，原名庄平村，是秦始皇修建长城的时候逃难的民夫的居住地。这里群山环绕，中间平坦，如一个大面盆。这里的土地都是黑土地，土壤肥沃。村名原来叫庄平，后来刘秀路过这里，改叫台头村。

当年，刘秀遭到王莽追杀，逃到晋州时身染重病，腹痛难忍，身心疲惫到了极点。眼看夜幕降临，四野漆黑一片，他召集随从满面惆怅地说："恢复我大汉江山，看来今生难矣！"

荒郊野外，众将领无计可施，扼腕叹息，唯有邳彤走到刘秀面前说：“不可长他人志气，灭自己威风。您乃天子下凡，肯定很快就能渡过难关。”

刘秀叹息：“哪里有我避难之处，此劫难逃啊！”

邳彤说：“置六寨，得秀山，必东山再起。”

刘秀强撑起身体，急忙问邳彤此话怎讲。邳彤说他早年行医采药曾到过太行第六寨，那里是龙脉之首，地势险要，可退可守，历来是兵家必争之地。刘秀听罢，遂命令将士趁着夜色急速行军来到井陉。

进入井陉后，刘秀整顿人马，声东击西，兵分三路。一路在百岭千道湾打游击，一路在甘陶河南岸一山沟（称王莽沟）与王莽决战，一路由刘秀亲率渡过绵河转向西行。刘秀渡河之处的村庄被叫作“帝渡村”，后来演变为“地都村”，在娘子关下面。刘秀过河来到地都村，这里山川秀美，谷涧流水潺潺。

脱险的刘秀心情大悦，遇见一路人便问：“此是何地？”

路人答：“涧底沟。”

邳彤笑着说：“涧底沟，见底沟，恭喜您，磨难已过。”

刘秀率军在此修整，邳彤让士兵采马齿苋和野蒜混合捣成糊糊，让刘秀服下，腹痛很快得到缓解。刘秀精神焕发，见此处山清水秀、奇峰异树，遂感叹道：“此山奇哉，甚妙。”

邳彤说：“此处正是我们寻找的月牙、黄龙、神潭三秀山，您立身之处乃山脉之龙首，龙体居龙头，天意昭然。”果然，刘秀此后时来运转。

庄平村从此就改称为“抬头村”，后改为“台头村”。刘秀军队宿营的地方被称为“营房”，刘秀住过的山洞叫“黄龙洞”。

刘秀渡河留下帝渡

地都是井陉西部一个小山村，西邻娘子关，是河北通往山西的门户。村里的宣传栏和地标上所写的村名都是“地都”二字，但在一家饭店门前，霓虹灯却闪烁着两个大字——“帝渡”。“帝渡”是地都的原名，据说来自有关刘秀渡河的一段传说。

在村中问起村名的故事，无论老幼，都知道刘秀渡河这个典故。

传说西汉末年，刘秀与王莽大战。为了躲避王莽的追击，也为了收拢河北一带的义军，刘秀到河北寻找立足之地。王莽一直紧紧追击刘秀，刘秀晨夜不敢入城邑，舍食道傍，后在井陉仙台山附近的一个山洞里躲了一阵，然后来到现在的地都村。

当时，绵河水大浪高，阻断了刘秀的去路。眼瞅着后面的追兵将至，危急关头，对岸忽然漂来一叶扁舟，刘秀大喜过望，搭载小船顺利渡了河。

为了感念村民的救命之恩，刘秀给这个村子赐名为“帝渡”，后来演变成了“地都”。

仙台山上的千年古树和鹿刨泉

仙台山的山梁上有一块平展的青石板，石板缝里长出一棵粗大的桦树。虽然年长日久，树皮枯裂，干生空洞，但桦树枝叶繁茂，每至深秋，经霜的树叶变红，远远望去犹如一团火焰在燃烧，所以当地人称此树为“色树”，这个山梁也被称为“色树岩”。色树北约百米处有一眼山泉，清澈见底，甘甜可口。令人惊奇的是，这眼山泉位于千米高的山梁上，无论多旱，一年四季都水流不断。这就是人们称道的仙台山一怪——青石板上长桦树，千米山头不干泉。

当地人将这眼山泉称为“鹿刨泉”，将古桦树称为“拴马树”。这一泉一树的名字里蕴含着一个有关王莽赶刘秀的故事。

传说，西汉末年，连年大旱，民不聊生，燕赵大地群雄割据。在一次与王莽的战斗中，刘秀兵败，王莽紧紧追赶。刘秀一口气逃到了高高的色树岩山梁上，数天水米未进，人困马乏。他长长地舒了一口气，马儿也放慢了蹄子。当马慢悠悠地走上一片光滑的石板路时，突然蹄子一滑，差点跌倒，吓得刘秀出了一身冷汗，险些从马背上跌下来。刘秀看到战马汗流浃背、四蹄不稳，众将士步履维艰，便跳下马来，将马拴在一棵碗口粗的桦树上，自己就地躺在大石板上休息。说也怪，此时此地风和日丽，桦树的叶子却簌簌地在马前落个不停。马贪婪地吃了起来，还不时地抬头看看主人，仿佛乞求主人让它吃个饱再起程。战马吃饱了肚子，对着桦树长长地嘶叫了一声。刘秀想：“此时并非秋季，桦树为何落叶喂马？难道是苍天有意赐我成就帝业？”想到此，刘秀觉得饥渴难忍，跪在地上，双手合十，对天祈祷：“若苍天怜我，请赐一山泉，以解舌燥之苦。”说话间，从东北树林深处奔出一只梅花小鹿，欢快地跑到离刘秀不远的地方，蓦地驻足，神秘地朝刘秀点点头，又抬起前蹄在地上“哒哒哒”刨了几下。顿时，一股清泉奇妙地从地下涌了出来，刘秀高兴地牵马向山泉走去。小鹿对刘秀“呦呦”地叫了几声，又钻进密林去了。

刘秀喝足水，饮好马，对天拜道：“谢苍天保佑，日后我若登基称帝，当封此树长生不死，封此泉永不干涸。”

后来，刘秀真的当了皇帝，所以那棵长在青石板缝里的桦树就受封为长生不死的神树，至今顶风傲霜，亭亭玉立，枝繁叶茂。那“鹿刨泉”也就成了永不干涸的神泉，无论下多大的雨，泉水都不外溢；无论多么干旱，泉水总是满满的。

仙台山的酸枣葛针和流音泉

传说，刘秀在鹿刨泉饮完马，正要前行，忽然自密林深处刮来一阵狂风，传出一种奇怪的声音。刘秀的马先是一惊，接着竖起耳朵要脱缰而去。刘秀慌忙勒缰，就势跳上马背，策马飞奔。山林间的小路本就崎岖难行，况且这时的刘秀惊恐万分，慌不择路，竟跑进了酸枣丛中。刘秀两腿夹紧马肚，两手死死地勒紧马缰绳，顾不得保护自己的脸。酸枣葛针在他的脸上、手上划出了很多血痕，有的甚至扎进肉里，疼得刘秀大呼：“刺儿朝上长，刺儿朝上长。”说来也怪，刘秀喊声刚落，那些葛针立刻就弯曲朝上了，让刘秀顺顺当当地穿过了酸枣丛。从此以后，红岩寺山梁上的酸枣葛针就乖乖地朝上长了。

刘秀率领将士冲出酸枣丛后，被困在仙台山的一条沟里，几次突围都以失败告终。一天晚上，刘秀独坐帐中，闷闷不语，连日的征战使他很快进入了梦乡。他梦见汉高祖刘邦身披战袍，手执利剑，从云霄中乘马急驰而至。汉高祖高唱着《大风歌》，跃马扬鞭向王莽追去。王莽望汉旗飘扬，军威浩荡，吓得丢盔弃甲而逃。刘秀士气大振，纵马追击……当刘秀醒来，才知是南柯一梦。他再侧耳细听，梦中那昂扬顿挫的大风歌声仍在耳畔回响。他走出大帐，顺着声音走去，原来是山壁上一股清泉发出的“叮咚，叮咚，哗啦，哗啦”的声音，颇像大风歌声。他情绪高昂，精神抖擞，不禁仰天高呼：“先祖显灵，天助我也！”

第二天，刘秀带领人马顺利地突出重围。从此，“流音泉”的故事被广为流传。

仙台山上蜘蛛结网的刘秀洞

刘秀被王莽追赶，躲进仙台山下的小寺沟。这里山谷深邃，林木茂密，常有虎豹出没。刘秀见一座高山横亘于眼前，挡住了去路，心里十分着急。他仔细一看，见草丛中有一条蜿蜒小路，于是急忙下马，顺小路徒步而行。正行走间，身后烟尘滚滚，王莽的追兵急急地赶来了。刘秀觉得难以脱险，想找一藏身之地避避。可是向前看，绝壁千丈，群山环抱，哪有匿身之处？刘秀叹道："天灭我也。"他索性命将士统统弃马，爬上山崖，但仍听得阵阵喊杀声。刘秀顿足，举头向苍天呼喊："王莽横行怒九州，如今亡吾天灭刘。疾呼苍天神灵在，化险为夷救刘秀。"

刘秀喊罢，想寻短见，便以头碰壁，咚咚作响。可是，霎那间，石壁如同帷幕一般徐徐拉开，一石洞豁然出现于刘秀眼前。刘秀大喜，朝天拜曰："谢苍天保佑。"一行人随即躲入洞中。此时，王莽的追兵愈来愈近，刘秀等人在洞内宁声屏息，十分害怕。在此危难之时，忽见洞口处爬来几只大蜘蛛，抽丝结网，快若穿梭，不多时将洞口结得严严实实，而后转眼不见。

王莽领兵追进山来，四下寻找，不见刘秀的踪影。正不知所措时，突然发现一个山洞，便命士兵进洞搜查。此时忽然有一对山鸽从洞中破网飞出，王莽身边的一名大将奏道："我主且慢，眼见刘秀进山不足半个时辰，而这洞口蛛网密罗，绝非一日之功，鸽子能破网，人若进洞哪能不破网，蛛网岂能完好无损？我主不必在此延误时间，以免让刘秀逃之夭夭。"王莽听了点头称是，遂命将士牵马徒步攀山而上。他们费了九牛二虎之力爬上仙台山，天色已黑了下来，回头再望，大山林立，悬崖绝壁，令人头晕目眩，人不敢立，马不能行，稍稍一动就会摔下山崖，将士们叫苦连天。王莽无奈，只好趺趺撞撞地回到山下。

刘秀在山洞中藏身，化险为夷。他重整旗鼓，借助各地农民起义军的势力壮大自己的力量，灭了王莽，夺得天下。他避难的山洞后就被人们称为“刘秀洞”。

仙台山的不干泉

刘秀一行避过王莽的追杀，顺着仙台山小寺沟向外走。因数日只靠马齿苋解饥，水米不沾唇，许多士兵的嘴唇都裂开了口子，沁出血来，若再喝不到水，就会有生命危险。

夜幕徐徐降临，一轮明月冉冉升起。刘秀抬头看看星空，凝神望望明月，心里稍觉安慰。看着看着，月亮忽然动了，大家很奇怪，不禁迈开双脚跟着月亮走。不多时，月亮将他们领到一块空地上。他们正在纳闷，月亮突然晃了三晃，之后“嗖”地一下陨落到山沟里。大家顺着一道耀眼的强光望去，只见沟底一棵大树旁被月亮砸出一个水塘来，月亮沉入了水底，那水清悠悠地荡着波纹。将士们击掌惊呼道：“月亮掉进水池啦！”

此时，一个谋士站出来道：“勿大惊小怪，吾主得天助，洪福齐天也！”

刘秀听罢，忙跪地拜道：“谢苍天保佑，若刘秀来日得天下，定励精图治，保国泰民安。”

随后，一行人急行，团团围在池边痛饮起来。泉水像蜜汁一样甘甜，大家喝了，又解饥又解渴，精神振奋，长久的惊慌、疲劳、饥渴等统统被一扫而光。刘秀感激地对着池塘道：“此泉乃救命泉，若日后有幸，封尔永不干涸。”从此，这泉水年年涌流，从来没有枯竭过，人们称之为“不干泉”并镌碑永志。可惜的是，此碑后来被毁，但基座至今残存。经化验，该泉含有多种微量元素，长期饮用可延年益寿，去除病痛。现今，为了开发此泉水，村民将其改名为“刘秀泉”。

仙台山的乘凉树

刘秀被王莽追赶，困于仙台山。时值酷暑盛夏，赤日炎炎，将士们露宿野地，白天暑热难耐，挥汗不止；晚上蚊虫叮咬，不能成眠；再加上粮饷不济，一连数日，将士们把眼睛熬得通红，饿得浑身乏力。刘秀看在眼里，急在心中。一天，他走出营帐，来到一个山坡上察看地形，设法突围。刚上山，他就感到筋疲力尽，见近处有一颗柏树，树荫如盖，遂坐在柏树下歇息。他刚坐定，忽然一股浓郁的清香扑鼻而来，沁人肺腑。刘秀顿感清爽，体力很快恢复了。回到营帐，他兴奋地对部下说：“在柏树下乘凉，清新爽快，不多时就能恢复体力。”从此，这颗柏树被人称作“乘凉树”。如今，周边有许多人会专程来此嗅嗅这颗古柏的清香。

据说有一年，这棵树被人用两口袋小米买去。他们把锯条架在树上，刚拉了几下，突然狂风大作，飞沙走石，弥天遮日，顷刻间电闪雷鸣，下起了瓢泼大雨，砍树人吓得来不及收拾工具就跑回了家。

第二天，雨过天晴，人们看到这颗柏树被大风刮得扭了几道弯，可昨日锯过的痕迹已经荡然无存。村里人觉得此树不凡，便在树下盖了一座小庙，将柏树命名为“刘秀柏”。至今，这颗双人合抱的古柏仍然苍翠茂盛，香气袭人。

十六、元氏县[①]

有水不进张掖村

元氏县张掖村的地势远看是个坑，其四周村庄的地势都比它高。从古到今，每年发大水，四处地势高的村庄被洪水淹没，地势低洼的张掖村却平安无事。张掖村为什么滴水不进呢？

相传，西汉末年，王莽怕刘秀继位，就想把刘秀杀掉。刘秀听到消息跑了，王莽带人四处追杀。当刘秀逃到张掖村口时，手下探路的人报："前面是张掖村，大水漫街，要过去必须划船。"刘秀不耐烦地说："有水不进村。"意思是说，既然村中有水，我们就不进村了，绕村过去。哪想到，他是未来的真龙天子，说的话是金口玉言，这句话被水神误解了，水神一听，心想："唉，天子都说有水不进村，如果大水不从村外绕道而过，那不是抗旨吗？"水神立即下了命令，大水哗哗地退出了村子，从村外流过去了。刘秀见此情景，觉得很奇怪，但他急着逃命，也没有多想，只是打马而过。而水神自从听了"有水不进村"这句话，至今再也没有让大水漫灌过张掖村。

万年村的来历

据说王莽赶刘秀的时候，到元氏县万年村追上了刘秀。刘秀一见不好，就想找个地方躲藏。这时候，庄稼还没长起来，他就骑着马往

① 元氏县：位于石家庄市南偏西，西汉初置元氏县，王莽时称井关亭，刘秀走国的时候为常山郡属县。

村里跑，不想村里几乎家家户户都关了门。刘秀转来转去，见村边有一家庭院没修大门，就赶马跑了进去。他进了院子就往屋里跑，一进屋，见有个十七八岁的姑娘站在屋里。

这姑娘名叫阴丽华，跟哥哥阴四道逃荒到了这里。她哥哥会烧砖，这里的一个财主就把她兄妹俩收留了。哥哥阴四道在离村几里远的地方为财主烧窑。这天，阴丽华见天快黑了哥哥还没有回来，有点放心不下，正想去看看，不想刘秀闯进来了。阴丽华见跟前站着一个陌生人，这人又慌慌张张地，她怕得不行。刘秀见状，心里也不是滋味。你想，这屋里只有一个姑娘，天又快黑了，他一个陌生男子不打招呼就闯进人家屋里，实在不像话。正在这时，阴四道回来了，他见此情景，十分不高兴。刘秀赶紧把自己怎么到了这里说了一遍，接着就求阴四道救他。阴四道听后，赶紧找了个地方把刘秀藏了起来。

王莽的追兵赶到村里，找了半天没找到刘秀，就驻扎在了这里。刘秀不敢离开此地，就在阴丽华家躲起来了。阴四道觉得刘秀闯进妹妹屋里，这几天又躲在自己家里，这事传出去会让人笑话，就想把妹妹许配给刘秀。刘秀见阴丽华说话、干活利落稳当，又是自己的救命恩人，就答应了。俩人很快成了亲。之后，刘秀一直等到追兵退去才离开此地。

时间不长，阴四道也成了家。他为了烧窑方便，就带着全家住到了砖窑附近。慢慢地，这里就成了一个小村，人们叫它“窑村”。时间一长，这村名被传来传去，传成了“聊村”。

刘秀登基后，把阴丽华接到皇宫里。第二年，渔阳太守彭宠造反。第三年，涿郡太守张丰也反了。刘秀亲自带兵攻打他们。阴丽华知道刘秀会从万年村经过，就想回家看看，所以央求刘秀带着自己出了征。此时，阴丽华已经身怀六甲，走到半路，即将临盆，刘秀只好派人在万年村北修了一座梳妆楼，阴丽华在此楼上生了个儿子，后被立为太子。因为太子是在这个村里出生的，所以村子就被叫作刘庄。此后，刘庄被后人改为“万年村”。

十七、赵县[①]

王莽沟的传说

赵县的汪洋沟又名王莽沟，传说是王莽赶刘秀时形成的。

话说王莽赶刘秀，自北向南穿过赵县。刘秀逃跑，轻车简从，人马较少，而王莽带领的是大队人马。王莽的队伍赶了一天，人困马乏地进入了赵县。此时本该埋锅造饭休息，但王莽听说刘秀就在前面不远，便命将士不顾饥渴困乏继续追赶。将士们无奈，只得耷拉着脑袋、拖着枪杆子继续追赶。王莽的人马众多，队伍过后，枪杆子竟然在地上拉出了一条深沟。此时正巧下起了大雨，田野的雨水汇入沟内，淹死了不少王莽的士卒，而且没有赶上刘秀。这条沟后来就被称为“王莽沟”。

停住头的传说

在赵县县城东南有一个小村庄，叫停住头。相传，这个村从前不叫这个名字，叫杨家窑。为什么改了名呢？

相传西汉末年，刘秀被王莽追赶，整天东藏西躲。这天傍晚，刘

① 赵县：地处石家庄市辖区的南部边界，南与邢台市宁津县相邻。今辖境在西汉时包含常山郡平棘县、巨鹿郡宋子县，王莽时宋子县称宜子。

秀在赵县一带被追得又困又乏，好不容易才摆脱了追兵，肚子饿得咕咕直叫。刘秀见前边有个村庄，不由心里一喜，急忙向前赶去。

刚进村，迎面走来一个满头白发的老太太，刘秀连忙施礼问："老妈妈，这是什么村庄?"

老人打量了一下刘秀，回答："这是杨家窑。这位客官是……"

刘秀说："我是来投奔亲友的，走错了路才来到这里。我又饥又渴，想讨些吃的东西。"

老太太看到刘秀那可怜的样子，就说："随我来吧。"

到了老太太家里，她拿出两块干粮和几块红薯给刘秀吃。刘秀狼吞虎咽地吃完了，问："不知老妈妈家里还有什么人?"

老太太眼圈一红，流出了眼泪，忙用手擦了擦说："儿子被王莽抓去当兵，生死不明。儿媳妇改了嫁，就剩下我这个老婆子，天天盼着儿子回来。"

刘秀听了，心里一阵难过，想："日后，我灭了王莽，一定让天下的百姓过上太平日子。"

后来，刘秀当了皇帝，想起杨家窑的老太太，就派人去寻找，没想到老太太早已离开人世。因为刘秀在杨家窑住过，这个村就改名为"停住头"。直到今天，该村还流传着这样一个顺口溜：

停住车辇光武帝，驻足留步生千古。
头前避闻金鸡嚎，村中净听御马鸣。

望汉云台

赵县县城曾有个望汉云台，是东汉初期的古迹。当时，赵县境内有一个宋子国，出了一位豪杰叫耿纯。西汉末年，王莽篡政，天下大乱。刘秀巡视河北，处境十分艰难。耿纯带领家族 2000 余人投奔刘秀，烧毁了自己的家园，以示义无反顾。刘秀建立东汉王朝后，耿纯因功封侯。相传耿纯筑高台以望光武，可见君臣之情深。1937 年 10 月 7 日，日寇轰炸县城，古台被毁坏。20 世纪 60 年代，古台被彻底拆除。

赵州龙凤碑

刘秀平定河北后从蓟城南返，途中众将劝其称帝，均被其拒绝。行至平棘（今赵县南）时，耿纯劝刘秀，说众将追随刘秀“其计固望其攀龙鳞，附凤翼，以成其所志耳”（见《后汉书·光武帝纪第一》）。

刘秀称帝后，耿纯被封为“高阳侯”，后改封“东光侯”。耿纯告老回乡后，在平棘筑起一座“望汉台”。明代赵州刺史蔡懋昭将唐代著名书法家虞世南的墨迹“攀龙鳞，附凤翼”刻碑立于望汉台的洞券门两侧，以颂扬“高阳忠荩凌云上，光武神威渡水来”之功绩。后来，此碑移竖柏林寺中。“文革”时，二碑被砸，龙碑的“龙”字和凤碑的“附凤”二字损坏严重。今赵县文物部门将二碑复原，现存于赵州桥公园。

贤门楼的来历

赵县城东 15 千米处有个村庄叫贤门楼，这个村名的来历还有一段故事哩。

相传，西汉末年，刘秀被王莽追赶，在冀中平原一带来回兜圈子。

这一天，刘秀单枪匹马被王莽大军追杀，没地方躲藏。刘秀跑到赵县城东，人困马乏，见前面有一座高大的门楼，急忙下马走了进去，关好大门躲藏起来。这时候，王莽的大军赶到了，刘秀的心提了起来。他隔着门缝向外面张望，见王莽的大军没有在此停驻，而是一直向前赶去，这才松了一口气。

刘秀此时又饥又渴，想找个地方吃点东西。他低头一看，见脚下摆着一大碗热腾腾的饭菜，没有多想，捧起大碗狼吞虎咽地吃了起来。

刘秀把饭菜吃完，肚子饱了，身上有了力气。刘秀担心追兵再回来追杀，不敢在这里久留，牵上马，出了门。他回头看了一眼门楼，十分感激地说："贤门楼，贤门楼，这真是一个贤门楼啊!"他觉得是这个门楼救了他的命，发誓永远不会忘记这个地方。

后来，刘秀灭了王莽，当了皇帝，这附近的村子就改名为"贤门楼村"，一直沿用至今。

赵州梨与刘秀

很久以前，赵县大安村一带的老百姓患上了咳病，用了各种办法都治不好，许多人相继死去。于是，王母娘娘受玉皇大帝之托，来到人间给老百姓治病。她化成一位老妇人，拿着一棵树苗来到这里，指导人们把树苗栽上，告诉人们第二年吃这棵树上结的果子就可以治好咳病。第二年，人们吃了这棵树上结的果子，咳病果然好了。后来，人们纷纷从这棵树上剪枝插栽，长成的树上结出的果子都能治咳嗽，从此这片土地上的人们再也不受咳病的折磨了。人们觉得这种树对百姓有利，就叫它"利树"。仓颉造字时，因它是果木，就在"利"字下加了一个"木"字，这种树从此就被叫作"梨树"，树上结的果子就叫

“梨”。

在赵州梨的传说中，这种果子还被奉为“神梨”“御梨”。西汉末年，刘秀被王莽追赶，从宋子县（今赵县宋城）逃到平棘（今赵县）的范庄，咳病复发，倒在梨园旁边，被两位老人用半碗梨汁救醒。刘秀不禁赞叹：“真是神梨啊!”等他登上皇位，范庄一带的梨就被称作“神梨”了。魏文帝尝过“常山好梨”后，赞不绝口，平棘的梨园从此挂上了“御果园”的牌子。

十八、高邑县[①]

凤仙桥

凤仙桥位于高邑县东驿头村西南。据说，很早很早以前，凤仙桥本有72个孔，像一道长虹一样架在河上。后来，由于王莽、刘秀在此大战，桥被毁坏了。

那天，刘秀被王莽追赶，一路不停，刚跑到凤仙桥边，就被追上了。一场血战就在桥边的麦地里展开了。战后，王莽只剩下大将裴同，刘秀只剩下大将贾福。贾福很机灵，他想：“要是凭真本事，恐怕要败在裴同手下，不如先躲了。”于是，他同刘秀商量，一起藏在了另一头的桥孔底下。

王莽见血泊中没有刘秀的尸首，知道刘秀又死里逃生，就命裴同搜查。裴同找了好半天，也没寻见刘秀的影子。王莽奸诈地说：“乱找

① 高邑县：又名凤城，位于石家庄市南部边界，与邢台市柏乡县接壤，西汉时为房子县和鄗县之地，属常山郡。王莽称帝后，改鄗为禾成亭。东汉建武元年，刘秀在鄗县称帝，改鄗县为高邑县，废柏乡侯国入高邑。高邑县今有刘秀公园，内有千秋台遗址。

什么！你看尘土已静，几里外都能看得清楚，刘秀还能飞上天去？还不快给我毁桥搜查。”裴同遵命，立即拆桥搜查刘秀。拆了一孔没有，又拆了第二孔……一直拆到第 71 个孔的时候，还不见刘秀的踪影。他正在纳闷，忽听背后“嗖”地飞来一刀，扭身一看，原来是贾福，二人马上劈劈啪啪地战了起来。贾福一时没防住，被裴同一枪刺进腹部。由于流血过多，贾福渐渐招架不住，眼看就要死于裴同枪下了。这时，天宫中的凤凰大仙（贾福的真身）忽觉身上疼痛难忍，知道有人在毁坏自己的化身，就来到桥的上空，把嘴里含着的一个宝葫芦掷落在桥面上，放出了一团灿烂的金光，把裴同照得头晕眼花。

贾福见裴同这般，赶紧上去攥住他的胳膊，举起刀来，厉声喝道：“贼寇，你保刘秀还是保王莽？”

裴同吓得要死，连忙说：“只要大将军饶我不死，我愿永保刘秀。”裴同从此归顺了刘秀，并且建议刘秀尽快除掉王莽。

刘秀当然迫不及待，他问裴同：“莽贼现在何处？”

“在对岸。”说完，他们飞快赶去，王莽却不见了，原来他早溜走了。

从那以后，尘土填平了宽阔明净的河流，美丽的凤仙桥被折腾得只剩下一个孔。而今，桥面上还留着战马的足迹和枪挑的痕迹。那个葫芦坑，据说就是凤凰大仙掷落宝葫芦时砸下的。

古城墙与古城村

高邑县古城村西有道残破的古城墙，据上年岁的人说，那里是天兵天将营造皇宫的遗址，古城村的名字就是根据古城墙而来的。

传说，西汉末年，刘秀在高邑称帝之后，天帝遣下 10 万天兵天将，一夜之间要帮助刘秀建造起豪华的宫城。神仙们选定了城址，就在夜深人静时动起工来。

村里有个老汉，经常背着筐子在这一带拾粪。这天夜里，他一觉醒来，背着筐子出去转悠。走到村边，忽见前边灯火辉煌，好像千军万马在修筑城墙。

老汉心想："深更半夜，哪来这么多的兵马？"他继续往前走，看到抬土的、打夯的都是些红发蓝眼、龇牙咧嘴的怪物，这可把老汉吓坏了。老汉想，这准是遇上鬼了。他想到"鬼怕鸡叫"的传说，于是憋住气，学着大公鸡"咯，咯，咯"地叫了起来，只见前方灯火俱灭，人马消失，不一会儿就没有了动静。

天亮以后，这里留下了一道没修完的古城墙。后来，人们在这古城墙边聚居成村，村名就叫"古城村"。

赵村疙瘩

刘秀跟王莽打了几天仗，边战边退。这天，他跑到赵村村边，人困马乏，眼看就要被王莽追上了。正在危急时候，突然觉得鞋里扎得慌，他不得不停下来，脱下鞋子，把鞋倒了一倒。这一倒，鞋里的尘土落了地，呼啦一下子堆成了一座小山疙瘩，把王莽的追兵给挡住了。

王莽追到近前一看，一座土山挡住了去路，心想："真怪，怎么平地里长出了一座山？"他只好沿着山根儿往西追去，刘秀趁这工夫早跑远了。

后来，人们都说这是个神疙瘩，是神仙有意救刘秀的命，在暗中帮的忙。

拖枪河的传说

高邑城北 2. 5 千米处有一条没有沙石的小河，叫泥河，传说是王莽赶刘秀时留下的，人们俗称它“拖枪河”。

那时，刘秀在柏乡一带被王莽追得人困马乏。一天晚上，刘秀在野外歇脚，一躺下就睡着了。忽然一阵叫喊声把他惊醒，原来是王莽的兵马追杀上来了。刘秀一时心急，赶紧上马，拖着一杆长枪往西北方向跑。不知跑了多远，回头一看，身后出现了一道深深的大沟，沟里全是湿漉漉的黄泥浆，把王莽的兵马给阻在了后面。

刘秀一口气跑到一个村庄的西边才停了下来。他长长地呼了一口气，把长枪往上一提，朝地上一戳，招呼随从在这里休息一会儿。可不大工夫，探马来报：“王莽又追来了。”刘秀赶紧命令士卒往北跑。待他把枪提起时，只见插枪的那个窟窿冒出了一股清泉，泉水越冒越猛，越流越大，顺着大土沟往东滔滔而去。王莽的队伍正顺着沟行军，忽然大水涌来，搞得他们狼狈不堪、寸步难行。等他们爬出泥沟，刘秀早已跑得无影无踪了。那个枪头扎出的泉眼，水势很旺，一年四季长流不衰，灌溉着泥河两岸的万顷田地，年年都能获得好收成。这一带的人口越来越多，生产的粮食也越来越多，逐渐成为粮食集散地，出现了好多名叫“粮庄”的村子，如西粮庄、王粮庄、石粮庄、东粮庄等，只不过后来把“粮”改成了“良”。刘秀军队驻扎的那个村庄以他的御林军为名，改叫“御林村”，后来慢慢演变成“榆林村”。

狗刨泉

高邑县西南有一片水草旺盛的洼地，当中有一股清澈的泉水，一年四季，长流不断。后来这里连年干旱，泉水也就干涸了，只剩下一片湿地。但是，你若口干舌燥，找不到水，就到这里挖一个50厘米的坑，等上一小会儿，坑里就会浸出清凉甘甜的水，让你喝个够。这片地方奇怪得很，挖一个坑，等一会儿才有清水出现。不管挖多深，总也挖不到泉眼。所以，人们都说这里的水只供解渴。这就是远近闻名的“狗刨泉”。

传说西汉末年，刘秀被王莽赶到这里，三天三夜水米未进，人困马乏，口干舌燥。忽见前面有一个村庄，刘秀就进村找水。刚进村口，看见前面有个人在井口提水，刘秀上前求水解渴。

那人一看刘秀狼狈不堪，便说：“这井水苦，不能喝，你到前面找吧！”

刘秀说：“请问前面哪有甜水井？”

那人不耐烦地说：“我们村没有甜水井，都是苦的、涩的！”说着，他挑起水桶扬长而去。刘秀怕追兵赶来，不敢久留，只得匆匆策马出村。

刘秀向东走了不远，实在走不动了，暗自叹道：“我为何这般不走运，连口冷水也讨不着！明明人家挑水喝，却说是苦水。唉！”正在无奈之时，忽然前面跑来一条狗，在一块洼地上用前爪刨个不停。不一会儿，这狗看看刘秀，点点头扬长而去。刘秀觉得奇怪，拉着马到狗刨的地方一看，真是喜出望外，原来那里出现了一坑清水。刘秀不顾一切地趴下喝了个够，顿觉神清气爽。他感慨万分地说：“这个狗刨泉真是救命泉啊!”他回头望望经过的村庄说：“村里的井水是苦的、涩的，这里的水为什么这么甜呢？我将来若做了皇帝，就封这泉水为‘狗刨泉’，永远流甜水。”从此，“狗刨泉”得了名，清澈的泉水长年不断。

石人指路

刘秀被王莽紧紧追赶，跑得又困又乏，天黑以后迷了路，便想找人问问去柏乡怎么走。正在这时，他忽然看见前边不远的地方有一个人影在走动。刘秀想赶上前去问路，可是他走得快，那人影走得也快，他走得慢，那人影走得也慢，总是离他那么远。刘秀问：“去柏乡怎么走?”那人影一声不吭。刘秀心想，这一定是什么鬼怪!

这时，忽然远处传来鸡叫声，那个人影停住不动了，刘秀赶到了他的近前。人影忽然把胳膊一举，刘秀以为他要害自己，就抡起大刀狠狠地劈了下去，只听“当啷”一声，冒起一溜火星儿。刘秀上前一看，原来是个石头人，被他一刀劈成了两半。这时天亮了，他看清了石人手指的方向，正是柏乡。

2005 年，在距光武帝即位处不远的柏乡县十五里铺村（以前叫光武庙村），曾经出土过一尊半身石人像。根据考古工作者的推断，这尊石人来自不远处的西汉鄗侯刘舟的墓区，而且极有可能是郦道元《水经注》中所指的光武庙中两尊“石翁仲”之一，也就是《刘秀斩石人》故事的“主人公”。

千秋台和千年柏

高邑县花园村南有一个土疙瘩，传说是刘秀当年在高邑登基时垒成的土台，人们叫它千秋台。千秋台上有一棵柏树，叫“铁柏灵”，意思是说这棵树永远不长，永远那么粗、那么高。这就是传说中的“千年柏”。

传说，东汉时，刘秀被王莽追赶了好久，好不容易才脱出重围，来到高邑。那时天气正热，刘秀想坐下来歇歇，周围只有一棵柏树。刘秀坐在柏树下，靠着柏树睡着了。醒来以后，他说：“柏树真好，应该冬夏常青，永远不老。”后来，这棵柏树果然四季常青，不怕严寒，只是“永远不老”成了“永远不长”。

刘秀睡醒后，心想：“我被王莽追赶了好些日子，片刻不得安生，就今天舒服，能好好歇会儿。这地方一定吉利，就在这里登基吧。于是，他派兵在此修筑了“千秋台”。

高邑县刘秀公园千秋台遗址

据史料记载，公元25年，刘秀在此筑台登基称帝，欲开创千秋霸业，所以将高台叫作“千秋台”。千秋台是汉光武帝刘秀在鄗（高邑古称）称帝祭天的告天坛，是建立东汉王朝的直接证物。东汉元和三年（86年），汉章帝曾下诏命高邑县令重修千秋台，还建了光武庙，立了圭头碑。

高邑县为传承历史文化，纪念汉光武帝刘秀，于2012年10月建造了占地16.8万平方米的刘秀公园。公园以城南1000米的花园村村南刘秀登基台遗址为中心修建而成，遗址最大限度地保持了历史原貌，为省级重点保护文物。2018年，刘秀公园被认定为河北省五星级公园。

十九、赞皇县[①]

五马山传说之一

西汉末年，王莽夺了汉室江山，欲把汉室后裔斩尽杀绝。刘秀死里逃生，被当朝宰相舍命救出。王莽得知后，就派人追杀刘秀。

刘秀带着4个随从向北逃去，一路上忍饥挨饿，来到一座山前，眼前一黑，昏倒了。恍惚间，他见自己站在一个老人面前。老人对他说：“刘秀，你坐的石头下面是一眼龙泉，喝了能长生不老。”刘秀推开石头向下挖去，一股泉水喷了出来。刘秀一下子醒了过来，原来是南柯一梦。他睁开眼，回想着梦里的事，就让随从把旁边的石头搬开，下面果然是一个泉眼。他们很高兴地喝了个饱，刘秀随口说：“真是龙

① 赞皇县：位于石家庄市南部边界，南与邢台市的临城县毗邻，西汉末为房子县之地，属常山郡。房子也被写作防子。

泉。”正在这时，山下传来了马蹄声，原来是追兵到了。

刘秀等人急忙你搀我、我扶他地向前跑去，到底是两条腿不如四条腿快，一会儿，追兵就赶上来了。正在这当口，前面走来了一个老人，赶着五匹马。刘秀等人冲到近前，见老人有点面熟，好像梦里遇见的那个老人，但顾不得多想，招呼一声，各自骑上一匹马，打马向前跑去，边跑边喊：“这位老伯，日后我定当重报。”说完，便跑得没了影儿。老人微微一笑，隐身不见了。

后来，刘秀做了皇帝，想起这段往事，就选了五匹好马，赶到这座山找寻老人，却没有找到。这时，天上飘下来一块绸布，刘秀拿起来一看，上写：“昔日救你把命生，此乃山神把善行。愿君此坐金銮殿，一要清来二要忠。”刘秀看完，忙对天磕头，谢山神救命之恩。这时，那五匹马长嘶一声，就地打了个滚，变成了五匹石马，这座山从此就叫五马山了。

五马山传说之二

传说王莽得知刘秀在河北镇抚诸郡，怒发冲冠，亲自率领军队缉拿刘秀。刘秀被工莽追得狼狈不堪，只剩下五个人骑着五匹马，逃到到五马山下。此时，刘秀等人已几天没吃没喝，战马更是没喂草料，没有饮水，五匹战马相继累死。刘秀等人又饥又渴，慌不择路，爬上了五马山，远远望见尘土飞扬，王莽的追兵又至，把五马山围得像铁桶一般。刘秀上天无路，入地无门，站在山顶仰天长叹：“难道上天要灭我刘秀不成?”

突然，天空中飘来一片祥云，从祥云上下来五匹骏马。刘秀等人大喜过望，骑上骏马，腾空而去，王莽的追兵眼看着刘秀被天马救走，无可奈何，只得退兵。

刘秀等人被天马救走以后，落到了真定。刘秀从真定起家，队伍逐渐发展壮大，终于打败了王莽，做了东汉第一任皇帝。他为了感谢天马的救命之恩，命人根据记忆中天马的模样在五马山东侧的山坳里雕了五匹石马，以示纪念。后来，此山就被叫作“五马山”。

五马山传说之三

西汉末年，王莽篡位，天下豪杰揭竿而起。刘秀是汉室后裔，揭竿而起，反抗王莽。王莽当然不会坐视不理，他派大将率领重兵围剿刘秀，刘秀寡不敌众，只得逃跑，王莽军队紧追不舍。

当刘秀跑到赞皇县境内时，只剩下他和几个随从了。此时，人困马乏，实在跑不动了。刘秀仰天长叹：“我刘秀壮志未酬，先要埋骨在这荒山野岭之中了。”话音未落，一位须发皆白的老人走了过来，对着他深鞠一躬，说：“老夫在这里已等候多时了。”老人牵出了五匹白马，刘秀与众手下顾不得多问，骑上白马，一溜烟地逃远了。

此后，刘秀顺风顺水，登基做了皇帝。他三番五次派人到赞皇寻找赠马的老人，却都没有找到。无奈之下，他派人依照白马的样子，用石头刻了五匹石马，放在老人赠马的山中。后来，这座山就被人称作五马山。

说来也怪，自从石马被放入山中，山下的麦苗总被啃食。有几户农人在晚上守着麦田，只看到几匹白马结伴在麦田里撒欢，啃食麦苗。其中一个胆大的农人用刀砍了马一下，几匹马惊得撒开蹄子一溜烟跑进了山里。天明之后，有人进山，发现五匹石马中有一匹马的头不见了。从此以后，山下的麦苗再也没被啃食。

第五章　邢台市

邢台市位于河北省南部，汉代冀州的巨鹿郡、清河郡均在邢台辖区。刘秀平定河北期间，消灭王郎政权及众多农民起义军的军事行动大多与此地有关。其中，收服铜马军为刘秀在河北称帝奠定了基础。辖区的邢台县、临城县、任县、隆尧县、柏乡县、宁晋县、巨鹿县、新河县、广宗县、威县、清河县、南宫市等地都流传着刘秀走国的传说。本章共辑录了39个本辖区流传的关于刘秀的故事。

一、宁晋县[1]

云　台　寺

云台寺又名云台庵，位于宁晋县城南柏房村南，由汉光武帝刘秀奠基，到现在有近两千年的历史。

说到云台寺，这里流传着关于汉光武帝刘秀的传奇故事。公元24年，刘秀来到此处，为了观星拜天完成统一天下的大业，奠基了这座云台。刘秀先后平定了更始、陇、蜀等诸多割据政权，使自王莽新朝末年以来纷争战乱长达20余年的中原大地再次归于一统。天下安定

① 宁晋县：位于邢台市东北部，汉高祖十一年（前196年），今辖境置杨氏县和廮陶县，均属巨鹿郡。王莽始建国元年（9年），改杨氏为功陆。东汉建武元年，巨鹿郡并入广平国，郡治廮陶。

后，刘秀推行“偃武修文”的国策，发展生产、大兴儒学，从而奠定了东汉王朝近两百年的基业。当时，刘秀为了统一天下，在云台寺筑台，做法事，观星宿。

宁晋县云台寺

刘秀通过拜天神、日神，使将士们树立刀枪不入的信念，鼓舞士气，以达到早日实现其统一天下称帝的目的。因此，修建云台是他在河北实现其军事、政治目标的重大举措。刘秀精通风水学问，他看到在安上村的西边有一座云台如山，云台前面是一条东西走向的大河，东边是一片湖泊，真是一处难得的风水宝地。于是，公元 24 年春，他在安上村安营扎寨，发动了数万军民在村西对云台进行了奠基。

一层台的高度是 1 丈 1 尺（约 3. 67 米），即 110 寸，110 是个极限概念，表示最高。总的高度为 3 丈 3 尺（11 米），云台之高，似耸入云端，因此得名云台。云台建好后，将士们得到了天神的赐福和保佑，刘秀很快平息了各大豪强和农民起义军的武装势力。公元 25 年，刘秀在鄗称帝，鄗与云台东西只隔 10 多千米，有一条大河相通，还有一条大道相连。云台前的这条大道就是汉军练兵习武的场所，刘家道由此而得名。

公元25年11月，刘秀从河北回到洛阳建都。人们认为这是天神赐给他的福气，云台很快因此而闻名，来自四面八方到云台上烧香求神的人成千上万，“云台安”由此而得名，意为云台上的神仙保佑你一生平安。佛教最早传入中国是在汉明帝年间，在隋开皇年间（581—600年），云台安上建立了寺庙“云台庵”，住上了僧人。武则天统治时期是中国佛教史上的黄金时期，云台庵里的僧人逐渐增多，庵堂也多次被重修和扩建。慢慢地，云台庵的声誉取代了云台安，安上村也被庵上村所取代。

随着历史的发展，云台庵成了周边方圆百里人们求神拜佛的圣地。从云台安到云台庵，经历了500年的历史变迁。其间，传说唐太宗李世民曾到云台庵拜佛、避难，唐玄奘曾到云台庵访学、修炼。云台庵至今已有1400余年的历史，后来云台禅师圆寂，云台庵也被叫作“云台寺”。

云台寺护法堂的由来

宁晋县云台寺传为光武帝刘秀敕建，金顶黄瓦，阶设螭陛，为皇家寺庙所独有。庙内有护法堂，供奉着相传为刘秀指路的老仙。

相传，公元24年，刘秀被王郎部众追杀，夜间逃亡时在宁晋一带迷了路，仓皇之中竟现白须老人为其指路。他和将士们相信这是老仙指点，遂果断沿老人指的路走下去，结果躲过追兵，不但保全了性命，还发展壮大起来，直至成就帝业。刘秀称帝后，为报老仙之恩，派人于云台修建老仙庙，虔诚供奉。后来，老仙成为云台庵一位护法神，供奉于庙中护法堂。

宁晋县云台寺护法堂

另有观音菩萨示现的民间传说。据说，当年战局僵持不下，刘秀在安上村小憩，梦中一名叫“彩云”的姑娘献上破敌良策，后果然攻克邯郸，大获全胜。刘秀称帝后，下旨遍寻彩云姑娘，却屡寻不见。一天晚上，刘秀梦到彩云姑娘说：“愿定居云台，研习佛法。”刘秀遂于云台之上建立云台庵。

司马与浩固

据司马村罗汉庙中的蛟龙碑和大钟刻文记载，西汉末年，刘秀与王莽在此地数次交战。刘秀累死了一匹战马，焦急上火，连说：“死马，死马……”之后，人们谈起此事，就将此地称为“死马”。久之，该村文人认为“死”字不吉利，便改名为“司马”。

刘秀战败，累死战马，带领残兵，向前奔走。一边走，他一边伤心，忍不住坐在地上号啕大哭。于是，人们将停留的村庄取名为“号哭”。后来，村民们嫌“号哭”二字不吉利，遂改为“浩固”，愿村内房屋坚如磐石。

换马店的来历

相传，当年刘秀计得堂阳（今新河县），又在司马村大破王郎 3 万大军，名声大震，很多地方势力纷纷来投靠刘秀。刘秀西行到昌城，昌城人刘植率领本族子弟和宾客 3000 多人开门迎接刘秀进城，刘秀拜刘植为骁骑将军。

巨鹿人耿纯率领本族子弟和宾客 2000 多人在本乡放了一把火，烧房毁屋，之后也投奔了刘秀。耿纯这支人马非常特别，有年老害病的，还有带着棺材来的。刘秀问他们为什么烧房毁屋？为什么有的人还带着棺材？耿纯说：“你孤孤单单地来到河北，没有金银财宝赏给人家，全仗着恩德收服人心。虽然我们全族人都来了，但我怕他们一碰到困难就想跑回家去，所以叫人烧了房屋，他们就绝不会回头了。年老有病的怕自己死在路上，所以把棺材也带来了。”刘秀听了，感叹耿纯义无反顾的决心，就拜耿纯为前将军。这一来，刘秀的队伍就发展到了五六万人。

刘秀带领兵马走到杨氏县（今宁晋县）西北时，驻扎在一个酒家附近。探马来报，说真定府的刘杨拥有 10 万兵马，要与王郎联合对付刘秀。刘秀命探马再探，随后命令大队人马扎营，谋划克敌制胜的策略。刘秀派刘植到真定府去见刘杨。过了几天，刘植回来了，先向刘秀道喜，又向他赔不是，弄得刘秀莫名其妙。刘植说：“真定王愿意归附，但他不放心，要把外甥女郭圣通嫁给您。如果成了亲戚，他就与您合兵一处。我已经替您答应了这门亲事。您看，这婚姻大事，我没跟您通气就替您决定了。”刘秀为了国家大局，亲自到真定府定亲，约定10日后由刘杨带10万大军送郭圣通过来，合兵攻打邯郸。

10日后，刘秀满营结彩迎接郭圣通完婚。谁知刘杨在此扎营后，郭圣通派人送来战书，要刘秀与她比武。如果刘秀赢了她的双刀，就可成亲；如果输了，就要刘秀甘心做刘杨的将军。刘秀叫来刘植，将战书递给他看。刘植看后对刘秀说：“战书并无恶意，郭小姐一是想试试您的武艺，二是婚姻大事自己也要做一部分主，不能全由长辈说了算。您只管前去，保准马到成功。”听了刘植的话，刘秀接受了郭圣通的挑战。

第二天，刘秀披挂上马来到营前，见郭圣通已经立马在操场上。郭圣通英姿飒爽，既有英雄气概，又具淑女娇容。郭圣通见刘秀一表人才，已是喜上心头。刘秀对郭圣通说：“请郭小姐放马过来。”郭圣通放马舞刀直奔刘秀，大战10余回合不分胜负。郭小姐为试刘秀的应变能力，虚晃一刀，拨转马头就走。刘秀催马追来，郭小姐摘弓搭箭，回身一箭正中马腿，战马跌倒，刘秀轻纵下马，稳立于地。郭圣通转过马头对刘秀一笑，说：“请将军换马再战。”这时，酒家掌柜听说刘秀的战马被射伤，就把自己养的一匹四蹄飞雪玉狮子马换给了刘秀。

刘秀重新上马再战郭圣通。这回，刘秀改变策略，战罢三个回合，左晃一枪，腾出右手，郭圣通乘势扑进，刘秀闪身轻舒手臂，一下将郭圣通拢过马来，携到怀里，得胜回营。当晚，两人秉烛成亲，刘秀与刘杨合兵一处，带领15万大军直攻邯郸。

刘秀起程时，酒家请刘秀题写店名，刘秀提笔写下“换马店”三个大字，“换马店”自此名声大振。刘秀是初二成亲，初七起兵，因此这里至今还保留着逢二遇七过大集的喜庆风俗。

关于换马店，还有另外一个版本的传说。传说西汉末年，王莽赶刘秀，刘秀跑啊跑啊，一气儿跑到了宁晋县一个村庄，把个能征惯战的白龙驹活活累死了。没办法，刘秀步行到了一家小店，换了一匹马。据说，司马村、换马店村就是由此得名的。

为纪念刘秀在此换马，后人在换马店村修建了光武庙。据康熙十八年《宁晋县志》记载，“汉光武庙，在县西北二十里换马店铺，郡志载宁晋南陈村”。据2012年8月出版的《宁晋县志》记载，“换马店，汉光武庙，清雍正八年（1730年）重修”。此光武庙是纪念刘秀走国的标志性历史建筑。

赵村“王八坑”

传说刘秀在换马店换马之后，继续向南跑。当他跑到赵村南口的大水坑时，那匹马前蹄一立，把刘秀颠下马来，正好摔在这个大水坑里。这水坑里住着个千年王八精，常到村里偷油喝，搅扰得人们不安生。这天，王八精偷油喝回来，正睡大觉，听见“咕咚”一声，睁眼一看，真龙天子掉进了水坑里。要是刘秀有个好歹，王八精可担当不起。它赶紧把身子一拱，将刘秀顶到了坑沿上。刘秀到了干地上，看见了王八精，想是王八把他弄到水里，二话没说，抽出宝剑，把王八脑袋削了下来。

刘秀在赵村杀死王八精，为村里老百姓除了一害。为了报答他，村里人建了个庙会。因为刘秀杀死王八精那天正好是四月初八，人们便把这一天定为赵村庙会日。

那王八精救了刘秀，刘秀不但不报恩，反把它杀了。因此，每到赵村庙会时，王八精就来捣乱，不是下雨，就是刮风，叫人们赶不成庙。时间长了，就留下了“赵村庙，王八坑，不是下雨就刮风”的顺口溜。

小昆虫的大作用

话说西汉末年，刘秀被派到河北镇抚诸郡，然后被王郎追杀。当他跑到今宁晋县境内时，人困马乏，体力不支。刘秀感觉把追兵甩开了，一阵困意袭来，决定找个地方休息一下。他下了马，走到一棵枣树旁，把马拴到枣树上，躺在枣树下睡着了。当他沉浸在甜美的睡梦中时，突然感觉有人在不停地推他。他瞬间惊醒，可是左看右看，周围根本没人。刘秀低头一看，原来是一只蝼蛄在他的胳膊下面还在继续拱他。刘秀火了，心想：“天亡我大汉，后面追兵让我昼不能食、夜不能寝地担惊受怕，你这么一只小畜生也不让我安生！”想到这里，刘秀一把抓起这只蝼蛄，一手抓头，一手抓身子，将它撅成了两段，扔在了地上。刘秀刚出完这口气，就听到了马蹄声和喊杀声。“不好！追兵到了！”刘秀赶紧牵上马躲进了旁边的小树林里。等追兵过去以后，刘秀虚惊一场，这才想起了刚才那只蝼蛄，心想：“原来刚才那个小家伙是在提醒我，让我逃命啊！”看着地上已经身首分家的蝼蛄，刘秀心里不禁一阵愧疚，蝼蛄救了自己的命，自己却要了它的命。突然，刘秀灵机一动，爬上了枣树，摘了一根枣针，拿起地上蝼蛄的身体和脑袋，用枣针一穿。说也奇怪，蝼蛄竟然又活了过来。刘秀把这个“救命恩人”放到地上，骑上马继续逃命去了。

后来，刘秀打败了王郎，做了皇帝。他分封功臣的时候，想起了当年那只救自己一命的蝼蛄，于是派了钦差带上旨意前去对蝼蛄进行封赏，允许它“田间地头拱三拱”，也就是每块地里允许它拱三下，相当于赏赐了它一个金饭碗。但是，因为路途太远，钦差到了目的地，记不太清刘秀的口谕了，于是就随口说了一句：“允许田间地头满地拱。”蝼蛄领了圣旨，开始随心所欲地满地乱拱，变成了害虫。

二、新河县①

刘秀堂阳首战告捷

西汉末年，更始帝派大司马刘秀到河北一带安抚州郡，适逢王郎在邯郸称帝，王郎悬赏 10 万户侯追杀刘秀。时任信都（冀州）太守的任光将 4000 多兵将交给刘秀调用。刘秀指挥部队在堂阳县与王郎军队打响了第一仗。他让士卒晚上带着火把围城奔跑，并且高声呐喊：“汉堂阳，快归降。”城内官兵见城外火把连天，不知多少人马，心惊胆战之际便打开城门归降。刘秀堂阳首战告捷。

光武台和神首村

光武台遗址位于新河县城西 4 千米的白神首村南侧。“神首”之名来源于光武帝刘秀的点将台。据《后汉书》记载，刘秀曾在任光屯（今新河县西小屯）、马武岗（今新河县张神首村）一带驻军，在此地筑台拜将，操练兵马。这个点将台被后人称为“光武台”。

元明时期，当地人在神首台修庙，名“光武庙”，后人视光武庙为

① 新河县：位于邢台市辖区东部边界，汉代为堂阳县，属巨鹿郡，曾置新市侯国。刘秀镇抚河北时，在这里建有点将台。

神首庙，将光武台改为神首台，附近村庄亦改为神首村。附近夏姓、王姓、付姓、白姓、张姓等村也改了名，分别叫夏神首村、王神首村、付神首村、白神首村、张神首村等。带“神首”二字的村庄共有 8 个。

车张砖的由来

西汉末年，刘秀被王郎赶进新河县一个村里，想找一户人家藏起来。但是，这时候人们都插上门睡了，刘秀敲不开门，可追兵已渐渐接近，眼看就要进村，情势非常急迫。正在这时，不知是何原因，他身边有一辆装满砖的大车“哗啦”一声，一车砖从车上张落下来，刘秀急忙钻到大车底下藏了起来。也算刘秀命大，追兵们进了村，挨门挨户地找，折腾了半夜也没见着个影，只好蔫头耷脑地撤走了。后来，刘秀当了皇帝，这个村儿就改名叫“车张砖”村了。

望腾的由来

相传，刘秀被王郎追杀到了一个村庄，人困马乏。他只顾仓皇逃命，慌里慌张地掉了马鞭子。那时候的马鞭子是藤子把的，也叫藤鞭。后来，刘秀打了胜仗，这个村的人把鞭子还给了刘秀，请刘秀给这个村起个名。刘秀接过鞭子想了想说：“既然我把鞭子忘在你们村里了，你们村就叫‘忘藤’吧!”后来，村名逐渐演变为“望腾村”。

护驾村的由来

在王郎追杀刘秀的故事中，最生动的当属护驾村的传说了。

有一次，王郎追刘秀追得很紧，刘秀正发愁没个藏身的地方，忽见前边有两个小伙子正在耕地，就急忙跑过去求他们救命。这两人让刘秀趴在犁沟里，用犁翻起土把刘秀埋住，只露着鼻子。埋好后，俩人就坐在牲口旁聊天儿。

不一会儿，王郎带着兵赶来了，见两个人在地里坐着，就问："你们看见一个人跑过去了吗?"

二人忙回答："看见了。"

王郎很高兴，急忙下马又问："是什么模样?"两人你一句、我一句地把刘秀的穿着打扮、个头模样说了个一清二楚。这时候，刘秀趴在土里可吓坏了，心想："莫非这两个小伙子想把我卖了，领个赏钱?"

他正想跳出来逃走，只听见王郎说："我找的正是这个人，他往哪里去啦?"

小伙子们抬手指了指前边的岔道，说："刚刚往西跑了。"王郎听后，骑上马往西边岔道追去。

追兵走后，刘秀从土里钻了出来，给二人作揖，问："二位小兄弟如何称呼?"

大的说："我叫耿纯。"

小的说："我叫耿彦。"

刘秀又问："你们住哪个村儿呀?"

老大说："就住在前边那个小村子里。"

刘秀看了看说："你们俩护驾有功，往后你们的村子就叫'护驾村’吧！”

后来，刘秀当了皇帝，这个村的人觉得很光荣，“护驾”这个名从此留传下来。刘秀没有忘了这兄弟俩的救命之恩，把二人封了官，后来成了刘秀手下有名的武将。

在新河还有耕夫救命的另一个传说。有一次，王郎的追兵眼看就要追到，刘秀见无藏身之地，只有一个老农套着马耕地，就赶过去喊：“我是刘秀，老乡救命！”老乡让刘秀躺倒在犁沟里，用新土掩埋，又把马赶到刘秀的身上。马怕伤着刘秀就抬起了右蹄，后来马在休息的时候就老是抬着右蹄了。追兵赶到后，一看无人，只有新犁的地和一个老农在休息，就用长矛往新犁的地里乱戳一气，没有想到马下面会藏着人。追兵折腾了半天没找到人就返回了，刘秀又一次得救了。

椿树误被封王

刘秀被追赶途中，在一棵树下休息。他仰面朝天躺着，呼呼入睡。当他醒来时，口渴肚饥，张了一下嘴，一个桑葚落入口中。“啊！这东西挺好吃呀！”刘秀睁眼一看，满树挂果，他惊喜地说：“天助我也。”于是，他上树摘下果子吃了个饱。刘秀感慨地说：“树啊，我要是当上了皇帝，一定封你为树中之王，给你挂牌。”

后来，刘秀登基，给桑树封王挂牌，命令大臣去找这棵桑树。大臣没找到桑树，就将牌子顺手给一棵椿树挂上了，所以椿树成了树王。桑树听说椿树得了牌子，一怒之下将肚子气破了，所以今天的桑树树干都是炸开的。椿树无功受禄，心虚不已，所以现在椿树的心都是空的。椿树挂的树荚，据说就是当时挂的牌。

【附件】

关于村名由来的两首诗

挽庄蛤蟆干鼓肚

刘秀路过一水坑，四周绿柳生凉风。
口渴难耐忙下马，饮水小憩挽庄坑。
柳下躺倒眼朦胧，正是解乏好光景。
忽闻蛙声咕呱叫，辗转反侧睡不成。
此坑蛤蟆真气人，只许张嘴不准鸣。
从此蛤蟆干鼓肚，千年万载不作声。

白穴口老井

刘秀逃命往南行，白穴村东有苦井。
骄阳似火渴难耐，搬井牛饮咕咚咚。
大赞好甜沙糖蜜，从此水甜涌不停。
只许人们将你吃，不许吃人丧性命。
话未落音追兵到，匆忙放下井未正。
千年老井不伤人，白穴斜井留美名！

三、柏乡县[1]

千 秋 亭

千秋亭位于鄗县南千秋亭五成陌，在今邢台市柏乡县固城店镇十五里铺村（旧名光武庙村）北 100 米处。公元 25 年，刘秀在此登基称帝，建立东汉政权。此处遗址呈边长 150 米的正方形。清康熙年间，康熙皇帝曾拨专款重修千秋亭。乾隆年间，柏乡知县郑镇刻立汉光武帝千秋亭碑，此碑今在柏乡牡丹园。因砖厂烧砖取土破坏严重，遗址仅存南部部分高台。

千秋亭碑

《后汉书·光武帝纪》记述了这段往事："光武于是命有司设坛场

① 柏乡县：位于邢台市北部，西汉竟宁元年（前 33 年）置柏乡侯国，属巨鹿郡。东汉初，刘秀在鄗县南千秋亭五城陌（柏乡县千秋亭）称帝，建立东汉。定都洛阳后，改鄗为高邑，废柏乡侯国入高邑县（治今柏乡县）。

于鄗南千秋亭五成陌。……六月己未，即皇帝位。燔燎告天，……禋于六宗，……望于群神……”公元25年，刘秀在鄗南千秋亭五成陌正式称帝。烟火缭绕，钟鼓齐鸣，刘秀在群臣朝拜之下，当上了皇帝，年号建武，后世称光武帝。这次祭祀活动达数月之久。

千秋亭为槐阳（柏乡县别称）八景之“光武遗踪”的一个景点，清代大臣魏裔介曾写诗赞曰：

当年跃马几英雄，转首驱除霸业空。
白水重生赤帝子，鄗南暂作未央宫。
翠华尚忆熊罴守，侍从唯余翁仲讧。
汉室园陵多灭没，千秋佳气此葱葱。

汉 牡 丹

相传，两汉之间，刘秀走国，王郎到处追杀刘秀。

一天，一位身穿战袍、风尘仆仆、汗流浃背的将军打马扬鞭直向北郝村而来。此时正是兵荒马乱的年月，村民们谁也不敢多事，都吓得赶紧关门闭户。将军下了马，一边擦汗，一边敲门，央求给碗水喝，找个地方躲避一下，哪怕有个破屋也好。有村民隔着门说：“这村一没井，二没庙，你快往村外跑吧。”将军无奈，长叹一声：“北郝村有一景，既没庙也没井，土地爷住在墙窟窿。”直到现在，这一带人家都是将土地爷供奉在迎门的墙窟窿里。

将军话音刚落，村外风尘滚滚，旌旗蔽日，战马嘶鸣，眼看追兵将至。将军深知处境危险，急忙打马扬鞭，向前跑去。在村头，他见一断墙寺院，就赶紧跳了进去。谁知“扑通”一声，将军摔倒在花下，不省人事。说也奇怪，这花“唰”地一下舒枝展叶，把将军遮盖得严严实实。追兵赶来，在寺内东寻西找，不见将军身影，又见一白马向前跑去，便一窝蜂地向前紧追。

过了个把时辰，昏迷中的将军被阵阵花香催醒。他睁眼一看，自己原来躺在花丛中，众花竞相开放，红似朝霞。他顿觉心旷神怡，饥渴之感顿消，精神抖擞，便挥剑在寺内的断墙上题诗一首，然后骑马而去。

众村民望见追兵走远，便三三两两地来到寺庙内看个究竟，只见墙上留诗曰：

萧王避难过荒庄，井庙俱无甚凄凉。
唯有牡丹花数株，忠心不改向君王。

读罢诗，村民们个个目瞪口呆，原来这奇花就是国色天香的牡丹，那位将军就是后来在柏乡鄗南千秋亭登基称帝的刘秀。因为这里的牡丹曾经救过刘秀的命，于是人们就称柏乡牡丹为汉牡丹了。

为了传承历史文化，柏乡县开发了柏乡牡丹园，园内有神花苑，今有汉牡丹数株，为此处独有品种。牡丹园成为邢台市新八景之一。

柏乡牡丹园原为弥陀古寺。传说刘秀走国时，为躲避王郎的追杀，逃到弥陀寺牡丹花下躲过一劫。后来，刘秀登基做了皇帝，为报牡丹救命之恩，重修了寺院，封牡丹为“牡丹仙子”，世称“汉牡丹”。自此，牡丹花颇有民族气节和神奇灵性。1937 年日寇入侵，将牡丹毁坏。此后，牡丹枯萎，数年不发。日寇投降后，牡丹又枯木逢春，枝繁叶茂，鲜花怒放。1976 年，毛泽东、周恩来、朱德相继逝世，牡丹开放三朵白花以示哀悼。在有关部门的经营下，这里已被开辟为 8. 8

万平方米的园地。园内有新落成的汉光武帝刘秀雕像。春季，满园鲜花盛开，姹紫嫣红，美不胜收，游人络绎不绝。

【附件】

汉光武帝刘秀敕封牡丹

柏乡有花名牡丹，原是花神落凡间。
侠骨丹心有气节，护国佑民万古传。
西汉末年天下乱，萧王持节河北间。
邯郸王郎追兵赶，危难之时进鄗南。
躲进北郝弥陀寺，牡丹花下把身掩。
转年千秋称帝王，敕封花神汉牡丹。

汉牡丹园神花苑壁画

神花苑石刻咏牡丹诗

王学仲

天香国色出邢台，光武种来今尚开。
元首举殇频吊孝，倭奴劫掠难为灾。
神花自有秋翁护，异卉端由春气培。
思肖兰根无托处，除非故土不容栽。

刘秀砍倒石人问柏乡

相传，刘秀率部躲避王郎的追兵，辗转走到鄗南（今柏乡固城店）地界。此时已是三月谷雨节气，这天后半夜，刘秀率众人走到鄗南五成陌（今十五里铺）时，突然天降大雾，原本漆黑难辨的道路更加分不清东西南北。他心中焦躁不安，正不知所措时，隐隐听见前方有人说话。刘秀拍马前往，瞧见对面模模糊糊有两个人影，就大声问道："请问对面来者，柏乡怎么走？"谁知连问数声，不见回答。这一来，原本心情就不佳的刘秀大怒，他提马向前，"呛啷"一声抽出宝剑，怒斥道："尔等无理，难道你们是石人吗？竟敢不回本王问话？"话到剑落，只听"当啷"一声，闪出一道火光，被斩之人断作两截，扑通倒在地上，刘秀冷不防被震得宝剑差点脱手。他心中大惊，慌忙下马点火细看，只见地上躺着一个被斩作两截的石人。在石人被齐齐斩断的肚腹之上，写着一行字："前行十五里见柏乡。"刘秀看罢，不禁自言自语地说："如今石人指路，莫非显灵乎？"随后紧跟上来的众人见了，齐声恭贺道："奇哉！石人显灵指路，足见天佑大王，汉室焉能不复。"

刘秀感叹不已，随口道："避祸南归过柏乡，夜遇浓雾辨路难。叱声求问相逢者，噤言无语似痴汉。怒而剑斩不语人，原是石翁灵应显。"

此石人最早见于北魏时期著录的《水经注》，其中记载："千秋亭有石坛，坛有圭头碑，其阴云'常山相狄道冯龙所造'，坛庙之东枕道有两石翁仲相对焉。"这里提到的石翁仲便是后来发现的石人之一。

汉牡丹园神花苑内断为两截的灵应石人

后人有感于石人指路的传说，遂立《灵应碑记》石碑于路侧。到了清朝，乾隆皇帝南行经过此地，留下"汉帝斩石人处"碑刻一通以纪念刘秀。

明清时期，这尊石人被当地人们视为神祇供奉，企盼消灾降福，被称为"灵应石"，今存于北郝村汉牡丹园神花苑。在当地还发现一通清代嘉庆年间立的石碑，上有《灵应石碑记》，记有"帝庙（指光武庙）由来已久，良以斩断石人乃古今稀奇之事。有疾者祈求疾病恒愈，抗旱求之而风调雨顺……"

这个村子原来叫王八城

传说西汉末年，王莽赶刘秀，刘秀跑啊跑啊，一气儿跑到冀中平原宁晋县的一个村庄，把个能征善战的宝马白龙驹活活累死了。

因为后有追兵，刘秀没办法，只好步行到了另一个村庄，换了一匹老百姓的普通马。

据说，刘秀死马的村庄以前叫“死马”，后来村民觉得不吉利，就改名叫“司马村”了，换马的那个村庄就叫“换马店”了。

刘秀换马之后，继续向南跑。当走到现在宁晋大北苏村东的大水坑时，那马前蹄一立，把刘秀颠下马来，正好摔在一个大水坑里。这水坑里住着个千年王八精。王八精一看，真龙天子掉进水坑里了，赶紧将刘秀顶到坑沿上。刘秀以为是它惊了自己的马，于是把它的脑袋削了下来。说来也怪，王八精的脑袋被削掉之后，并不落地，而是化为一道白光飞走了。

王八精的头跑了10千米，到了现在的柏乡县固城店村落了地，白光消失了。刘秀骑的马不听话，跟着白光跑，白光没了，马也不跑了。

正好，刘秀跑散的兵将也到了这里。刘秀突然想起昨晚梦见一个白胡子仙人，不停地对他说“王八头落宝地，王八头落宝地……”，于是就把杀王八精的事对大伙儿说了说。大伙儿都说：“这是好兆头，砍了王八精，就是杀了王莽贼。”

这件事被传开了，刘秀的军师邓禹说：“将军，称帝的时机到了。别看这个城小，却固若金汤，有帝城气势。此是天意！”在众人的劝说下，刘秀就在这里登了基。人们原来把这村叫王八城，后来觉得名字不好听，又改名叫“固城店村”。宁晋县大北苏村东口的大水坑边上，至今还有一个硕大的无头石龟。

四、南宫市[①]

晒衣村

南宫城南10里处有一片密密的村庄，村村都叫晒衣，有谢晒衣、刘晒衣、张晒衣、宋晒衣、郑晒衣、马晒衣，俗称“一溜子晒衣”，传说都与刘秀有关。

传说王莽死后，王匡、王凤等人拥立汉宗室远支亲属刘玄为帝，国号“汉”，年号“更始”。刘秀与哥哥刘缜属汉室贵族，在讨伐王莽时都立下了赫赫战功，因此对刘玄登基特别不满。刘缜曾几次公开与刘玄为难，结果被刘玄杀了。刘秀知道自己势单力薄，公开跳出来反对只能是以卵击石，自取灭亡，因此他忍气求全。皇帝刘玄任命刘秀为大司马，派其率兵到河北一带征战。刘秀接旨好不欢喜，率兵奔赴河北。

当时，河北形势异常复杂，贵族、官僚、地主力量非常强大。早在农民起义时，汉景帝的八世孙刘林将一个算卦的王郎拥立为帝，建都邯郸。王郎以汉成帝之子的名义到处张贴告示，通缉刘秀。汉武帝六世孙刘接在蓟州起兵响应，四处搜寻刘秀。

刘秀带兵到了河北，队伍长途跋涉，水土不服，士兵途中病倒很多，再加上初来乍到，地方割据势力围追堵截，死伤甚众，所剩兵士不过百来人。刘秀也因途中连连生病，身体十分虚弱。

这天，刘秀一行来到河北的一个小镇，离城老远，看见城门口一

① 南宫市：位于邢台市东北部，西汉初置县。据《后汉书》记载，刘秀从蓟城逃往信都时，曾在南宫避大风雨。

侧围拢着许多人。刘秀对部下说："诸位将士，前面不远即到城门，你们可原地歇息，待我前去探听消息，顺便弄点粮食来充饥。"说完，刘秀只身一人大步向城门方向奔去。走近一看，原来城墙上贴着一张告示，细看文字可把他吓坏了，原来是王郎通缉他，告示上还有他的画像，赏金千两。刘秀稳了稳神，继续壮胆细看。此时，人群中一个小孩指着刘秀说："这人跟画上的人真像。"众人一齐转头看向刘秀。护城兵一看，果然很像，就呼喊着追上前来。刘秀见势不妙，拼命向后跑。在树林里休息的士兵看到刘秀慌慌张张地跑来，知道大事不好，顾不得收拾地上的行装，拥着刘秀往树林里逃去。

刘秀等人拼命地跑，王郎军队紧追不舍。太阳慢慢落下山去，刘秀跑着跑着，一抬头，看见前面一个黑影，以为是王郎的追兵，就一刀砍下去，原来是棵被风刮断的柳树。刘秀吓得出了一身冷汗。他们继续跑啊跑啊，天空下起了大雨，前不着村，后不挨店，只好让大雨顺着身子向下淌。待他们跑出树林，天空发亮，雨也停了，再看刘秀身边只剩下大将冯异、黄禹了。三个人活像三只落汤鸡，狼狈极了。其实，王郎的追兵见天色已晚，天空乌云密布，又看不见刘秀的踪影，追了一会儿就收兵了。刘秀等人不知虚实，吓得淋着雨跑了一夜。

刘秀垂头丧气地说："二位兄弟，咱们要完了，天气这么冷，又好几天没吃东西了，冻也得把咱们冻死，饿也把咱们饿个死啊！"他又仰头对苍天长叹："老天爷，你睁睁眼，拉我刘秀一把吧！"说也奇怪，东方顿时升起一轮红日，前面出现了树林、村庄，刘秀高兴地叫起来："老天爷保佑我，看来我刘秀一定能成功。"他们三人来了精神，直奔前边小屋而去。

在小屋里安顿下来后，黄禹、冯异从村里找来了粮食、柴火，生火煮饭。刘秀脱下身上滴水的袍子拿到外面晾晒，自言自语地说："以后可不能忘记我刘秀在此晒衣之事啊!”

刘秀在河北招兵买马，很快发展到几万人。他杀王郎，叛刘玄，独树一帜，在柏乡登基做了皇帝。后来，在刘秀晾晒衣服的地方定居的人越来越多，按姓氏分别建庄，形成了现在的一溜子“晒衣村”。

刘秀与南宫麦饭

公元 23 年，刘玄做了皇帝，但黄河以北广大地区还控制在其他起义军的手里。于是，刘玄派刘秀前去收复。刘秀受刘玄委托，以朝廷的名义北渡黄河，镇抚河北各地。

刘秀这次出兵河北，没有带多少人马，只带着冯异、王霸、铫期、耿弇等几十员将领和数百名骑兵。他们渡过黄河，在各州郡县宣布了朝廷的法令，释放犯人，发放粮食，废除各种苛捐杂税，恢复汉代官吏名称。这些做法受到当地百姓的热烈欢迎。老百姓都争着向他们献酒献肉，表示支持。刘秀又招纳、团结了一些地方豪强代表人物，如在邺城接纳了邓禹，在邯郸会见了耿纯，在黄河以北产生了一定的影响。

然而，事情并不总是称心如意。在刘秀离开邯郸前往真定的时候，邯郸出了问题。邯郸城里住着一个算卦先生，名叫王郎，自称是汉成帝的儿子刘子舆。他招兵买马，不但占领了邯郸，赶跑了耿纯，还自立为帝。

王郎称帝后，颁发了许多文告，送到各地。文告写道：汉成帝的儿子是当今世上的真皇帝，各地官民应服从他的命令，如有反抗，格杀勿论。谁要是逮住刘秀，可得 10 万户侯的封赏。各地官吏大都信以为真，纷纷响应。河北大部分地区就这样轻而易举地被王郎控制了。

耿纯从邯郸跑出来，到真定把这件事一五一十地告诉了刘秀。刘秀听后，气得火冒三丈。他怎么也没有想到，自己辛辛苦苦收复的地方被王郎一句瞎话全夺走了，而且性命还攥在人家手里。今后怎么办呢？刘秀听取大将耿弇的建议，联合自己的老乡、渔阳太守（在今北京市密云区西南）彭宠。刘秀带着自己的队伍一连几天奔波在北方的大平原上，不分昼夜，马不停蹄，吃饭、睡觉都在路边，就是见到城镇也不敢进去。

十几天后，刘秀来到了南宫，天下起雨来，大家的衣服被淋湿了，裹在身上十分难受。他们瞧见路边有间空房子，就进去避雨。屋里有些脱了皮的麦子和一些木柴，屋角还有炉灶，灶台上放着许多碗、筷子和盘子。冯异和邓禹成了厨师，一个淘麦、刷锅，一个抱柴点火。两个人煮了一大锅麦粒饭。其他人脱下湿衣服，在灶边烘烤。一会儿，麦饭煮熟了。冯异先盛了一碗端给刘秀，然后大家陆续吃了起来。吃完饭，他们又休息了一阵儿才继续赶路。

没有走出多远，前边出现了岔路口，他们不知该往哪边走。正犹豫不决时，刘秀看见一位老农向他们走来，急忙下马拱手一拜，说："请问老丈，这条路通向哪里？"

老农指着一条路，说："从这儿向北走 80 里就是信都。"

刘秀又问："守城的人是谁？投降了邯郸没有？"

老农说："守城的是任光，还在为更始帝效命。"

刘秀听了，非常高兴，谢过老农，对大家说："向信都进发！"

到达信都后，刘秀受到了热烈的欢迎，开始重新组织军队。从此，他率领队伍攻城夺地，杀了邯郸的王郎，平定了河北。公元 25 年，刘秀登坛祭天称帝，取年号为建武。

大 风 亭

大风亭又名“麦饭亭”“驻跸亭”，原为南宫十景之冠，位于南宫市西郊，旧址在南宫市西丁街北旧城村内。

南宫市北旧城村大风亭遗址碑刻

据明嘉靖《南宫县志》记载，汉光武帝刘秀巡河北时，“闻王郎兵至，急渡滹沱至南宫，遇大风，引车于此亭避风，冯异抱薪，邓禹爇火，帝对灶燎衣，冯异进麦饭”，故后人以“大风亭”或“麦饭亭”名之。

明靖难之役后，燕王朱棣以一个藩王的兵力对抗大明王朝倾国之力，其艰难程度可想而知。明建文二年（1400 年），“战东昌（今聊城）不利，王易服突重围还北平”（出自《罪惟录·太宗文皇帝记》）。在“易服”败逃的路上，朱棣或许想起了避难南宫而终成帝业的汉光武，或许是出于历史的巧合，或许就如《重修大风亭记》所云“虽偏隅僻壤，皆有云气显护，昭人耳目”，于是“取道过南宫，暂止县西关王庙（大风亭北侧）”，承接圣灵瑞气，躲过了一劫，而且一年后便登基称帝。

知县胡延召于嘉靖二十五年（1546 年）到任后，得知曾有两朝皇帝在此驻跸，圣迹卓然，并且均遇难呈祥，很快成就帝业，深感神异，惊叹此地灵秀、祥瑞，随即请当朝监察御史南宫人刘濂书丹，刻立“大汉世祖皇帝驻跸碑”“大明成祖皇帝驻跸碑”两块，并且建了“驻跸亭”。清嘉庆二年（1797 年），知县丁履端再修“大风亭”，撰《重修大风亭记》并立碑，以“昭一时云龙之盛”（见光绪版《南宫县志·光武庙记》）。亭、碑建好后，慕名瞻仰、追昔揽圣者络绎不绝，在仁者见仁、智者见智的遐思和辩析中，更为“风亭麦饭”这一景观披上了一层神秘的色彩。现两亭已毁，但亭基尚存，并且存有石狮一对、碑三块，为县级重点文物保护单位。

大风亭为四角形方亭，翘檐斗拱，四面各有一块匾额，正面为“大风”，其他三面分别为“龙翔凤翥”“岐并微峰”“汉京圣迹”。亭北为“关王庙”，庙亭相连，松柏掩映，蔚为壮观。

五、巨鹿县[1]

巨鹿成就了刘秀的帝王梦

更始元年，刘秀以武信侯破虏将军行大司马事的身份，奉命北渡黄河，镇抚河北州郡。

铜马起义军活动在今河北、山东一带，中心就在今巨鹿县铜马镇，严重威胁着刘秀在河北的据点，成为他建立政权的一大障碍。所以，刘秀征发幽州 10 郡兵力，全力对付铜马军。

更始二年秋天，铜马军与刘秀在巨鹿首次交战，双方形成胶着态势。这时，刘秀的大将吴汉率幽州突骑南下，驻扎在清河郡清阳县，与刘秀军形成对铜马军的夹击之势。

---

① 巨鹿县：位于邢台市辖区中部，汉代置南䜌县，隋代改名巨鹿县。巨鹿地理位置优越，历来便是兵家必争之地。西汉末年的铜马军起义和南䜌之战就发生在巨鹿。

铜马军打算速战速决，扭转战局，于是首领东山荒秃、上淮况吩咐部下频频挑战，但刘秀拒不出战，而是悄悄出兵截断了铜马军的粮道。铜马军坚持了一个多月，终因军粮接济不上，乘夜撤出阵地。刘秀见有机可乘，率兵追杀。铜马军且战且退，当撤至馆陶时，刘秀率军赶到，铜马军被迫应战，损失惨重，渐渐力不能支。

在此紧要关头，高湖、重连两支起义军自东南前来接应，合兵一处，与刘秀军大战于蒲阳，但终因指挥失当，军心不齐，被刘秀各个击破，投降于刘秀的兵将达数十万人。为了有效地控制局面，刘秀封各路义军头领为列侯，让他们各回各队继续统兵，以表示对降兵降将的信任，所降义军也因此诚心归附刘秀。

至此，刘秀的势力迅速扩张，取得了统一全国的实力。为此，关西人都称他为“铜马帝”。巨鹿县铜马镇就是铜马军起义的中心点，该村现今尚有汉瓦残片湮没在荒野泥土之中，记录着历史的沧桑。

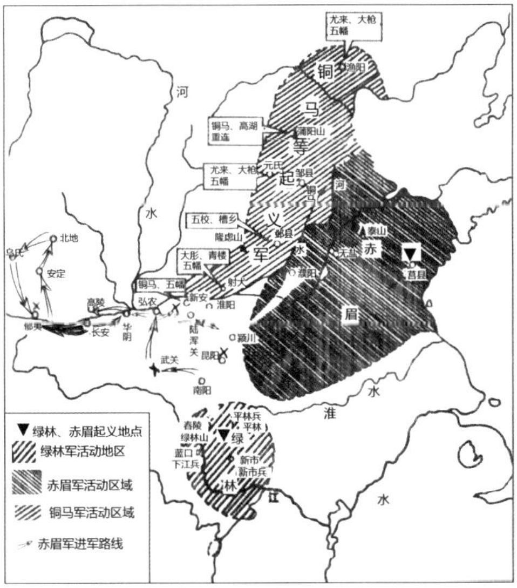

绿林、赤眉、铜马军起义图

南䜌之战

南䜌之战是刘秀消灭王郎的重要一战。

更始二年，刘秀率大军围攻巨鹿，邯郸的王郎派倪宏和刘奉率领数万大军增援巨鹿。刘秀一方面派人继续攻打巨鹿，另一方面亲率主力在南䜌阻击王郎的援军。

这年春天，南䜌之战打响了。刘秀令铫期率兵为先锋迎战。王郎军倪宏、刘奉的人多，气势极盛。铫期的部队顶不住对方骑兵的冲击，一排又一排的士兵被敌人杀死，伤亡惨重。此刻，铫期作为先锋率部在前面纵马突击。他舞动手中的方天画戟，带领手下的士卒奋力抵抗，拼死狙击。在激烈的混战中，铫期亲手格杀敌军 50 余人，锐不可当。然而，敌军势大，蜂拥而上，围住铫期一阵猛攻。铫期的额头受了伤，血流如注。铫期飞速撕下头巾，将伤口草草包扎，再次与敌军混战在一起。刘奉率领的前部损失惨重，渐渐不支。但是，倪宏有效地利用了兵力优势，迅速投入生力军对前队进行了轮换，不但没有发生混乱，反而成功地稳住了阵脚。接下来，倪宏以生力军对刘秀军发动反攻。刘秀率领的军队本来就很疲惫，此时被生力军猛攻，逐渐顶不住了。危急时刻，刘秀当机立断，下令后撤。刘秀虽然对新组建的部队练兵时间不长，但颇有纪律。倪宏挥军追击，攻陷了刘秀的辎重营。这时候，军纪的差异就体现了出来，面对巨额辎重，缺少训练的王郎军很难控制局面。刘秀终于抓住机会，在这一刻放出了自己的底牌——渔阳、上谷突骑。

渔阳、上谷突骑的战斗力不宜太过高估，他们人数少，不过 4000 人，面对训练有素的步兵方阵，骑兵实际上是无可奈何的。只有当敌人发生混乱时，才有可趁之机。刘秀令景丹等人率领4000名休养已久、精力充沛的突骑从阵后杀出，犹如猛虎一般直取敌军侧翼，横冲直撞杀入敌阵。王郎的军队正在争夺汉军的辎重，混乱之中遭到景丹率领的骑兵的突袭，被打得轰然崩溃。这时，王郎军的兵力优势反而成了劣势，被步骑夹攻挤压到狭小的空间中，死伤遍地。南䜌之战，刘秀大获全胜。

公鸡救驾

话说西汉末年王莽篡权，天下大乱，刘秀率起义军讨伐王莽。有一次，战斗失利，被王莽追杀，刘秀一路由南向北逃跑，王莽率军在后面紧追不舍。这一天，刘秀率兵来到巨鹿城，见天色已晚，便选择在城北休息。不久，王莽带兵也来到了巨鹿城，选择在城南驻扎。对刘秀来说，情况十分危急。由于刘秀是真命天子，在这紧要关头，玉帝派司辰官帮刘秀。司辰官命令城北的鸡比往常时候早叫一个时辰，让城南的鸡比平时晚叫一个时辰。这样，刘秀在鸡叫之后提前启程。过了两个时辰后，城南的鸡才开始鸣叫，这时王莽的兵马再追刘秀，已经赶不上了，刘秀因此逃过了一劫。巨鹿城城南的鸡叫晚一些，城北的鸡叫早一些，就是因此而来的。

刘酒务村的由来

巨鹿县城东南3000米处有一个村子名叫刘酒务，原来的村名叫刘稷谷，传说在西汉时期，造酒业非常发达，家家户户都能酿制米酒，酒味甜美，酒色米黄，又叫黄酒。

话说西汉末年，刘秀被王莽追捕，昼夜赶路，几天几夜没吃饭，没喝水，也睡不好觉。他又饥又渴，头晕眼花。这一日，刘秀走到刘稷谷村西沙岗上，累得从马上掉了下来，不省人事。这时，从村子里走出了一位老人，见有人从马上摔了下来，就赶紧把他救到自己的家里抢救。等刘秀醒来，互通了名姓，得知老人也姓刘。天下同姓是一家，老人见刘秀有些来历就更加亲热起来，置办了酒席，盛情款待刘秀。刘秀因为饥渴难耐，也不多谦让，就大口地吃喝起来。等酒过三巡、菜过三道后，刘秀觉得精神好了许多。他问老人这是什么地方、什么村庄、什么酒，老人一一做了详细的回答。老人说："这一带村子盛产稷谷，村民多姓刘，所以村子就叫刘稷谷。这些稷谷主要用来酿造米酒。喝了这种酒，冷能取暖，饿能充饥，还能调和百药医治百病，提神健身。"刘秀听了连连点头，他们越说越投机。不知不觉喝多了，刘秀倒头便睡，这一觉睡了三天三夜。刘秀睡醒之后，急忙坐了起来，用手摸了摸衣服，知道密诏还在衣服内缝着。那密诏里是军机大臣的名字，刘秀原本想逃出皇城与在京城之外的军机大臣商量大事，重整旗鼓，讨伐王莽，谁知醉酒，耽误了行程。他心中震惊，大叫一声不好，赶忙爬了起来，向主人道谢作别，骑上马向村外奔去。因为刘秀在此庄饮酒误事，后来为了纪念此事，就把刘稷谷改名为"刘酒务（误）"。时至今日，当地村民口头仍称该村为刘稷谷。

草迷杨庄的来历

传说，刘秀被王莽追得筋疲力尽，实在走不动了，就地躺在县城外草迷杨庄村东一棵枣树下睡着了。

刘秀睡得正香，一只大蝼蛄钻出地面，在刘秀身下把他拱醒了。刘秀惊坐起来，一气之下把蝼蛄掰成了两截。刘秀牵马正要走，突然看见远处尘土飞扬、人喊马嘶，是王莽的人马追来了。刘秀想："如果不是这只蝼蛄把我拱醒，岂不误了大事？真乃天助我也。"他看了看被他掰成两截的蝼蛄，不禁觉着可怜，就从枣树上掰下一根枣葛针，把蝼蛄头和身子连在了一起，说："谢谢你的救命之恩，拣着地方拱吧。"蝼蛄复活了，将刘秀的话错听成了"碱地里拱"，慢慢地爬走了。所以，现在蝼蛄的脖子又细又黑，像个枣葛针，碱地里的蝼蛄特别多。

还有的村传说，刘秀把断了的蝼蛄重新接好后说："谢谢你的救命之恩，若我能当了皇帝，就封你遍地拱三垄。"蝼蛄错听成了"遍地拱"。后来，刘秀做了皇帝，蝼蛄也就"遍地拱"了。那棵枣树从此就不再长葛针了，成了无针枣树。

刘秀把蝼蛄接好后，就躲避在附近的草丛之中。王莽的追兵赶到后，由于有草丛掩护，他们没有发现刘秀的踪影，刘秀躲过了一劫。后来，人们就把这个村子叫草迷庄。明朝永乐二年（1404 年），杨有洛一家从山西迁来定居在此处东面，取名杨家庄，后因两村相近，合并称为"草迷杨庄"。

六、隆尧县①

光泰岗的传说

据清代乾隆年间《顺德府志·古迹》记载："唐山城西六里有光泰

① 隆尧县：位于邢台市中部，西汉时东境置广阿县、象氏侯国和武陶侯国，属巨鹿郡；西境置柏人县，属赵国。东汉时，广阿县属冀州巨鹿郡，柏人县属冀州赵郡。

岗，汉光武破李育于此，有石镌‘光泰冈’三字。”这段引文讲述的是西汉更始二年（24 年），汉光武帝刘秀与王郎大将李育大战于光泰岗，李育退守柏人城（今隆尧县双碑乡境内），刘秀攻城不克，遂越过古道东进，拔广阿（今隆尧县旧城村）。

今柏人城遗址东有个土岗坡，当地人称光泰岗，也记作光泰冈，历经数千年的沧海桑田，如今只剩数米高的一堆黄土。但是，在光泰岗周围的村落，多年来一直流传着刘秀御封光泰岗的故事。

相传，当年光泰岗上一年四季常青，松树高大入云，竹子挺拔翠绿，树林中百鸟齐鸣，岗上有泉水上涌，小河向东流向干言村。刘秀逃难路过光泰岗，遇上下大雨，就到松树下避雨。由于树木茂密，没有淋湿衣裳，刘秀称帝后想起此事，御封光泰岗，岗上松树被封为“大夫松”，竹子为“君子竹”。

南 汪 店

隆尧县城西南 18 千米处有一个村庄叫南汪店，在西汉时期叫仁义庄。仁义庄的村头有个小店，店里的小姑娘曾经救过刘秀的命。后来，刘秀当了皇帝，为了不忘救命之恩，把村名改为“难忘店”，后来被人们慢慢就叫成南汪店了。仁义庄的乡亲为了纪念刘秀，在村西盖了汉光武帝庙。庙中立有塑像，刘秀端坐中央，文武臣子站立两旁，栩栩如生，气宇轩昂。该庙已有 2000 多年的历史了，直到现在仍被保存得十分完好。

传说西汉末年，王莽篡位当了皇帝，残害百姓，老百姓就编了这样一个民谣：“王莽丧天良，篡位当皇上，荒淫又无道，百姓遭了殃。”各地人们纷纷起来反抗，湖北枣阳起义军首领刘秀很受百姓拥戴。王莽听说他是汉室后裔，便把刘秀当作心腹大患，在全国张贴告示，悬赏捉拿刘秀，还派大将苏宪带领兵马到处追杀刘秀。

刘秀东躲西藏，经常在柏乡县、柏人县（位于隆尧县城西之亦城）、广阿县（位于隆尧县城东之旧城）等地活动。有一次，追兵在这一带追杀了他好几天，使他吃不上饭、睡不好觉，蓬头垢面，衣衫褴褛。当他走到仁义庄村口时，头晕眼黑，栽倒在路边，多亏有个小姑娘去村外砖窑给她爹送饭回来发现了他。小姑娘把刘秀扶了起来，问他得了什么病。刘秀有气无力地说："我没病，就是饿的。"小姑娘把刘秀搀扶到自家店中，从锅里拿出留给自己吃的两个秫豆面饼子，又盛了一碗麦仁汤，给刘秀吃。刘秀饥不择食，狼吞虎咽地吃了起来。他嚼着秫豆面饼子，喝着麦仁汤，觉得又脆又香又甜。刘秀吃饱以后，歇了歇脚，缓了缓劲儿，慢慢地有了精神。他对小姑娘说："姑娘，你救了我一命，以后我要是成了大事，一定报答你。"说完，他就离开了小店，向北边宣务山中走去。没隔多久，追兵就赶了过来，幸亏刘秀已经逃走。刘秀躲过一难，有惊无险，心里非常感激，常对人说："我刘秀大难不死，得人相救，终生难忘仁义庄村头小店。"从这时开始就有了"难忘店"这个名字。

后来，刘秀率军推翻了王莽政权，建立了东汉，做了皇帝。他平时吃什么都觉得不香，再也吃不出当年在仁义庄小店那顿饭的味道。他传旨御膳房，根据他的回忆要御厨做一碗白面疙瘩一道沟的汤，做两个一面蒸一面烙的秫豆面饼子。可是，多名御厨挖空心思也做不出皇帝说的那样的饭。无奈之下，刘秀派人到"难忘店"，把小姑娘父女二人请进京来，又做了一顿当年吃过的饭。大家一看，原来是把退了皮的麦籽（叫麦仁）在锅里煮，煮熟就成白面疙瘩一道沟了；把高粱和豆磨成的面（叫秫豆面）和好，用手拍成饼子贴在锅边，熟了以后就是一面蒸、一面烙的饼子了。侍者把做好饭端给刘秀，刘秀一看样子没变，可是吃起来的滋味大不相同。人们常说：“饥糠甜如蜜，饱腹蜜不甜。”刘秀位至九尊，天天金鼎玉食，当然吃不出那时逃难的味道了。

刘秀为了报答小姑娘的救命之恩，让她住在“报恩宫”，让她爹住在“养老宫”。可是，父女俩过不惯宫中的生活，非要回家不可。刘秀只好赠送了些银两，派人把他们父女二人送回了“难忘店”。后来，人们慢慢把“难忘店”叫成了“南汪店”。

距南汪店不远的重贤村，乃是因刘秀接纳贾复等人，有重视贤才的古风，才把村名叫作“崇贤村”。后经历代相传，音讹为“重贤”。另一村庄也是因为刘秀投戈息马、镇抚流离、安集人民，所以起名“景福村”。景福者，大福也。

蝼蛄救驾

西汉末年，王莽篡国，南阳粮商刘秀自称是汉高祖刘邦的九世孙，加入起义军，经过一番征战，最后做了东汉的开国皇帝。刘秀做皇帝前曾经逃难到河北一带，河北地域因此留下了大量关于刘秀走国的故事。

据说刘秀遭王莽的追捕，急匆匆过南汪店村地界时，有位农民正在耕地，他用犁翻浮土盖上了刘秀，使刘秀逃过了一难。当时，刘秀正被盖在一匹马的马蹄下面，马有灵性没有踩下蹄子，刘秀因此得活。

有一只蝼蛄怕他因埋入地下不能呼吸，在他鼻眼处向外钻了一个洞，可刘秀觉得落难之时连蝼蛄也欺负他，就把蝼蛄一扯两段。追兵走过之后，刘秀从土里拱出来，意识到蝼蛄是在救他，后悔之下，他用杜梨树的棘刺将断成两截的蝼蛄接在了一起，蝼蛄得以复活。所以，现在的蝼蛄有一个细腰，就是断成两截又接在一起的痕迹。刘秀做皇帝后，为报蝼蛄救命之恩，许蝼蛄可以遍行天下，结果今天到处都有蝼蛄。

马 跑 泉

西汉时候，南汪店村一带土地干旱，土地浇水困难。刘秀逃到这里的时候，正遇到百年不遇的大旱，全村只有一口井，刚刚够全村人吃马喂。

刘秀到了之后，拉着战马在村周围转悠。南汪店村北原有一条马河，已经断流，马河旁边的低洼处，长出了一片青草，刘秀把马牵到那里吃草。

马一边吃草，一边用马蹄刨土，刨着刨着，一股清泉喷涌而出，刘秀大喜过望，双手捧起泉水，一饮而尽。

刘秀非常高兴，到村子通知村民，村民非常高兴，就把这股泉水叫作“马刨泉”，后来逐渐叫成“马跑泉”。

白面疙瘩一道沟

刘秀走国时，曾经在柏人、广阿一带活动。有一次，刘秀与队伍走散，孤身一人来到一个叫作仁义乡的村口，为了躲避官兵的追杀，已经好几天吃不上饭、睡不好觉，筋疲力尽之下，一头栽倒在路边。多亏有个小姑娘给父亲送饭经过，看到后赶紧把刘秀扶起来，问他是不是病了，刘秀有气无力地说：“我没病，就是饿的。”

小姑娘把刘秀搀扶到家，从家里拿出两个秫豆面贴的饼子，又从锅里盛了一碗麦仁汤。饥肠辘辘的刘秀把饼子嚼在嘴里，感到又香又脆，麦仁汤喝到肚里，觉得甘甜可口。

吃了这顿饭，刘秀瞬间就有了精神。他心中百感交集，询问小姑娘："这是什么饭?"

小姑娘笑着回答："这叫作白面疙瘩一道沟，一面蒸一面烙。"

刘秀记住了这名字，对小姑娘说："姑娘，你救了我一命，以后我要是成了大事，一定报答你。"说完，他就离开了。

后来，刘秀建立东汉，想起了有救命之恩的小姑娘，还想吃那顿难忘的"白面疙瘩一道沟，一面蒸一面烙"，御厨听名字后犯了难，不知道应该怎么做。

刘秀想方设法，找到了这个小姑娘和他的父亲。一边追忆往事，感谢救命之恩，一边说起了"白面疙瘩一道沟，一面蒸一面烙"。

小姑娘听到这长长的名字以后，扑哧一声笑出来，说："麦仁煮熟了，上边都有一道沟；秫豆面贴的饼子，就是一面蒸一面烙。"

刘秀终于再次尝到了梦寐以求的饭菜，虽然味道已经今非昔比。刘秀念及旧情，想把姑娘和父亲接到京城居住，可是父女俩过不惯外地的生活，非要回家，刘秀只好赠送银两，派人把父女送回仁义乡。

为了表彰小姑娘的事迹，也为了感激曾经的救命之恩，刘秀御封村名为"难忘店"。随着时间的推移，刘秀御封的"难忘店"慢慢变为现在的"南汪店"。

村民为了纪念刘秀，还在村北修建了刘秀庙，香火常年兴旺。

七、临城县[1]

刘秀解渴羊泉口

临城县有个村叫羊泉口，相传村名与刘秀有关。

一天，刘秀带领人马来到该村村头。当时正值酷暑 7 月，刘秀等人由于连日奔波，一个个面无人色，干渴难忍。部将四处找水，怎奈找不到水井。众人正在着急时，忽然听到远处有追兵的声音，刘秀不禁长叹一声："我刘秀一心除暴君、扶社稷，可今天竟陷入这般绝境，真是愁煞我也。"话音刚落，只听"丁零丁零"一阵铜铃声，从村中跑出一只绵羊，通身雪白，遍体生光，脖子上挂着一串亮闪闪的铜铃。那羊径直跑到刘秀马前，"咕咚"跪倒，伸出两只前蹄在地上刨了几下，顿时喷出一股清泉，泉水晶莹透亮。众人开怀痛饮，顿觉精神抖擞，力量倍增。刘秀手捧泉水，哈哈大笑道："真乃天助我也，日后定封羊泉口！"从此，这个村便叫作"羊泉口"，那股羊刨泉至今长流不断。

保驾锅底山

传说，西汉末年，刘玄吩咐刘秀以大司马的身份，拿着符节，带领不多的人马前往河北安抚诸郡。刘秀每到一处，总要考查官吏，贤明的升了职，贪污的办了罪，并且废除了那些苛刻的法令，还大赦囚

① 临城县：位于邢台市辖区西北部，素有"七山二水一分田"之称。辖境汉代置房子县，属常山郡。

犯，让他们回家种地。刘秀的威望一天比一天高。后来，邯郸的王郎假称是汉成帝的儿子刘子舆，联合赵国的大富豪李育和张参招兵买马，拉起了一支强大的军队。刘秀兵少将寡，抵挡不住王郎的大军，被打得溃不成军，带领人马突出重围。刘秀慌不择路，一气跑到了房子县城南的一片河滩上。河滩上有一片树林，浓荫蔽日，地形复杂。王郎的大军追到沙滩上，知道刘秀钻进了树林，于是把这片树林围了个风雨不透、水泄不通。

刘秀众人进了树林，听到林外喊杀声震天，心中万分着急。突然，从一棵大树上跳下来一个20多岁的猎人。此人虽是村夫打扮，却相貌堂堂。猎人走上前问："你们为什么让官军追得跑到这儿？莫非是铜马皇帝到了？"刘秀见此人一脸正气，并无恶意，心想现在我们人生地不熟的，应该找一个向导，领我们出去。于是，他就把自己如何被王郎大军追赶，一路跑到这里，躲藏在树林的事说了一遍。猎人一听眼前这个人就是刘秀，赶紧跪倒在地磕头说道："小人已在此等候多时了。刚才小人鲁莽，多有冒犯，望您恕罪！"刘秀扶起猎人说："你怎么知道我从此经过？"猎人说："今天早上有一个白须飘飘的老者递给我一口宝锅并对我说：'铜马皇帝除暴安良，匡扶社稷，为的是让天下黎民百姓能过上好日子。可是，他今天有劫难，你一定要带上这口宝锅去帮助他。如果他们缺粮，可向宝锅要饭；如果遇到追兵逃不脱，可把宝锅翻过来扣在地上，宝锅自会挡住追兵去路。你快快去吧，否则他会大难临头。'说完，老人不见了。因此，我在此等候您的到来，真就把你们等来了。"

这时，刘秀众人正饿得不行，听说宝锅有饭，立即把宝锅放在地上，不一会儿，果然有了一锅热气腾腾的饭菜，将士们吃饱喝足了，力量倍增，精力充沛，军威大振。刘秀众人在猎人的带领下，东杀西挡冲出包围，来到青龙山脚下。只见山两边都是悬崖峭壁，中间是条能过一个人的羊肠小道，真是一夫当关、万夫莫开的险要之地。可是，王郎的骑兵紧紧追赶着，眼看就要追上了。在这万分危急时刻，猎人想起了白须老人的话，立即把宝锅扣在羊肠小道上。宝锅变得越来越大，挡住了王郎的大军。因为锅底光滑，王郎大军爬不上去，只好撤走。

当刘秀众人登上山坡最高的地方时，已是大汗淋漓、气喘吁吁了。他们环顾四周，发现这里的风景太优美了。只见这里四面环山，树林浓密，泉水叮咚，鸟语花香。锅底山高出其他山峰三四倍，给人以横空出世、直上云霄之感。那贴壁而生的苍劲古树、凌空而立的洒然小亭，还有依稀可见的盘山曲径，既烘托了大山鬼斧神工的巍峨气势，又显示了大山的瑰奇逶迤，好一派壮丽风光，真令人心旷神怡。

刘秀当了皇帝后，感念当年宝锅的救命之恩，特封此山为“保驾锅底山”。

白鸽井村的来历

关于白鸽井村村名的来历，有两个传说。

第一个传说是在秦朝末年，楚王项羽引兵追汉高祖刘邦，刘邦避难藏在井中，恰有双鸽集于井上。追兵们见井上落着两只鸽子，就没疑心，刘邦因此逃过了一劫。后来，这里建了高祖庙，井被取名为“白鸽井”，南北两个村的村名也被改成“白鸽井”了。

第二个传说是在西汉末年，王莽追杀刘秀，刘秀躲避不及，就跳到井里，井口上立刻有蜘蛛结网把井口封住。王莽赶来后，见有蜘蛛网，没有怀疑，继续前行。然后，井里飞出两只白鸽，一只飞往井北那个村，称“北白鸽井村”；另一只飞往井南那个村，称“南白鸽井村”。

八、任县[①]

罐子城的来历

任县，又叫罐子城。这个名字是怎么来的呢？

传说在西汉末年，刘秀与王莽作战时，因寡不敌众，他的军队被打得七零八散，刘秀被迫败逃，一连跑了六七天，真是人饿马累。当他走到任县城内月牙河边时，一阵头晕眼花，从马上摔了下来。

刘秀醒来以后，发现一位八九十岁的白发老婆婆正一勺一勺地喂他喝米粥，身边还放着一个罐子。他急忙坐起身来感激地说：“多亏您老人家救我一命。您是何人？”

老婆婆笑笑说：“重外甥来在姥姥家，不是姥姥，就是舅呗，还问个啥？”她瞅一眼刘秀，从怀里掏出两个锅饼子，说：“你大概饿坏了吧，来，连这也一起吃了，就顶事了。”

刘秀望着这位老婆婆，狼吞虎咽地吃完锅饼，又搬起罐子咕咚咕咚地喝起了米粥，觉着米粥那股香劲真胜过山珍海味。

他吃完饭以后，问老婆婆：“您姓什么？以后我要报答您。”

这位老婆婆不说姓名，只用手指了指旁边的一块大石头。刘秀会意地点了点头，上马走了。几年过去了，刘秀当了皇帝，专程来任县找老婆婆感谢她的救命之恩，但是没有找到。刘秀顺口吟道：

① 任县：位于邢台市辖区中部，西临邢台县。辖境西汉时置张县、广乡、任县，初属巨鹿郡，后属广平郡，东汉初年废张县、广乡入任县，属广平国。

石婆送饭罐子城，锅饼两个香米羹。

刘秀饱餐登王位，留作纪念传后生。

后来，任县修建城墙，县官按照刘秀这首诗的意思在月牙河边盖了座石婆庙，将任县城修筑得没有南门，东关、西关被人们称为罐子耳，八家庄为八股绳相系，再加上北边有个钉家庄，县城活像一只瓷罐子。所以，人们又把任县县城称为“罐子城”。

刘 秀 桥

任县城西的牛尾河上有一座石桥，人称“刘秀桥”。说起这座桥，有一段关于汉光武帝刘秀的传说。

相传有一年秋天，刘秀与王莽作战，刘秀的枣红大马被王莽的官兵用毒箭射死了。刘秀失去了战马，没法再战，只靠着两条腿拼命地跑啊跑啊，王莽的兵将趁机猛追。当跑到任县地界时，突然有一条牛尾河拦住了路。

刘秀站在河岸，左右看看，连座桥也没有，眼前河水滚滚、浪花翻卷，这可怎么过河呀？他急得抓耳挠腮，心焦火燎。就在这个时候，高粱地里一晃闪出个老婆婆。她满头白发，看上去有八九十岁，提着个竹篮子，见到刘秀就问：“后生，你在河岸上转个啥哩？”

刘秀急忙说：“大娘，那边王莽的兵马正在追赶我呀！过不去河，让他们逮住可就没命了！”

老婆婆说：“不用着急，我帮你过河。”

刘秀扑腾跪下说：“大娘，如您能帮我过河，我以后一定重重地报答您。”

“报啥恩呀，像我这样一个孤老婆子，没儿没女的。你若得志，记着在这牛尾河上修座桥就行啦。”

“一定修桥，一定修桥！”

只见这位老婆婆抽了一根高粱秫秸，向河上一扔，说：“后生，过河吧。”

刘秀看看这根高粱秫秸，埋怨地说：“大娘，后有追兵，怎么还开玩笑呀？”

“哪是玩笑，你就放心大胆地过吧！”

刘秀听老婆婆说得一本正经，万般无奈，只得硬着头皮过河。

谁想，一踏脚，那根高粱秫秸就忽悠悠变得又粗又长，活像一架独木桥，刘秀三蹦两蹿就过了牛尾河。当他回头要谢这位老婆婆时，老婆婆不见了。

后来，刘秀忙于南北转战，登基以后，把修桥的事忘了个一干二净。

一天夜里，刘秀忽然梦见那个老婆婆立在身边，笑眯眯地说：“后生，你许下的那座桥怎么还没修呀？”

刘秀大惊醒来，立时吩咐手下的钦差大臣到任县的牛尾河上修了一座石桥，百姓们将这座桥叫作“刘秀桥”。

九、威县[1]

寺庄王刚救驾

公元20年前后的一个春天，威县寺庄村的村民王刚赶着牲口在自

① 威县：位于邢台市东南部，西汉后期属广宗国；东汉置经县，属安平国；明初始称威县。

家的田地里耕地。他长鞭一甩，牲口拉着犁在地里跑得飞快。

这时，从村南面慌慌张张地跑过来一个人。他来到王刚面前，面带惧色地说："我身后有匪兵正在追赶，请救我一命。若能帮我躲过这次劫难，日后定报救命之恩。"

王刚一看此人蓬头垢面，衣服上满是灰尘，可是气质不凡，不像坏人，就起了恻隐之心。他眼看三四里地以外尘土飞扬、人欢马嘶，想必那就是追赶此人的匪兵。王刚要救此人，可是自己周围光秃秃的一片，把他藏在哪里呢？想带其回自己的家，显然来不及了。紧急之中，王刚说："只好委屈你一下了。"说着，他指点此人躺在犁过的地沟里，自己赶着牲口来回耕了几趟，耕起的土把这人遮盖起来。可是，王刚觉得盖得不够好，又停下牲口用手刨土盖在了这人身上，然后悠然自得地哼着小曲耕起地来。

一眨眼的工夫，追兵来到了王刚面前，带着威吓的口气问王刚："看到有个人来这里没有？"

王刚说："没看见。"

那伙人看了看，周围都是光秃秃的平地，根本没有可能藏人的地方，就没有继续多问，慌忙往寺庄的村北追去了。事情往往就是这样，越是在眼皮子底下，越看不到；也可以说，越是危险的地方，越安全。

此人躲过了这次灾难，不敢多停留，王刚便把自己准备的一点干粮给了他。此人问清了这是什么地方和王刚的名字以后，匆忙谢过王刚离开了。这人便是后来的汉光武帝刘秀。

公元25年，刘秀做了皇帝，想起了在威县寺庄自己被王莽追杀时救自己的王刚，于是派人到威县寺庄寻找王刚。

王刚救人，他自己根本没有放在心上，还是过着往常的日子。这一天，王刚正在家里吃饭，突然来了几个穿官服的人，说有人邀请他到京城去。王刚不知怎么回事，很是害怕。那些人和颜悦色地说是皇上邀请王刚的，还说当年王刚在耕地时救下的那个人就是当今的皇上。来人还拿出了圣旨，王刚这才缓过神来赶紧叩头谢恩。

王刚见到皇帝刘秀，看到刘秀已不是当年的模样，甚是威风。通过交谈，刘秀知道王刚不认字，这可让他犯了难。

刘秀问：“你想在皇宫里做什么呢？”

王刚回答：“我本来就是不认字的一介草民，您看着我能干点啥就安排我干啥好了，我不怕卖力气，能赏给我一碗饭吃就行。”

刘秀想了想，说：“那你就给我掀帘子吧，文武百官见我时，不通过你，谁也甭想见到我，你就是卷帘大将了。”王刚急忙跪下谢皇上的恩典，从此开始在御前做事。

王刚每天都能见到皇上和文武百官，这是很多人期望得到的差事。王刚忠于职守，达官贵人也很尊重他。王刚常常想，在自己力所能及的时候，一定要帮助需要帮助的人。他万万没有想到，自己不经意的一次帮忙竟然得到了这样的善待，否则就不会有今天文武百官对自己的尊敬，更没有轻松悠闲的日子可过。人在任何时候都要做善事，做善事，终有善报。

这一天晚饭前，刘秀很有雅兴，来到了王刚的寝室，御膳房也送来几个菜肴和御酒。王刚受宠若惊，恭敬地聆听着皇上的金口玉言，像小孩子聆听长辈的教诲一样。刘秀看着心里就乐，王刚真是个老实厚道的人啊！

他对王刚开玩笑地说：“你这几年做卷帘大将可舒心？你囊中的钱是不是也该鼓起来了？”

听到此话，王刚急忙跪下说：“我本是一个种地的农夫，皇上封我官，已是高抬我了。我吃着皇上的俸禄，很是满足，不敢有私心。”

刘秀拉起王刚说：“这不是在文武百官面前，不必多礼。”说完，刘秀哈哈大笑，笑得王刚很不自在。

刘秀走后，秉性耿直的王刚越想越委屈，心想自己对皇上忠心耿耿，没收过任何人的贿赂，皇上还是怀疑自己中饱私囊。一次，王刚趁出宫办事的机会，溜出了京城，徒步回到了自己的老家威县寺庄。

刘秀知道王刚回到了威县老家，心想本来自己在和他开玩笑，没想到王刚却认起真来，于是就让人去请王刚，可是王刚说什么也不回皇宫了。刘秀得知王刚不回来了，就赏赐给王刚一大笔银子，王刚却把这笔银子送到了威县县衙。威县当时的县令按照皇上的意思，在王刚百年之后给他修了一座大墓。据现在寺庄东街 70 岁的老人李灿力说，寺庄村东的地里有一个很大的坟墓，他小时候经常去那里玩。

十、广宗县①

洗 马 潭

广宗县城北 4000 米处的老漳河东岸，有一个村庄叫洗马村，村里有一处历史文化遗址——“洗马潭”，传说曾是汉光武帝刘秀当年洗马的地方。

据该村庙碑记载，明朝以前，今洗马村北有 5 个洗马村，分别为施洗马村、张洗马村、崔洗马村、董洗马村和刘洗马村。明朝初期，在燕王扫碑的战乱中，村里人全部被“红虫”（燕王朱棣的军队头戴红头巾）吃掉了，5 个洗马村成为废墟。现在洗马村村北的地里到处有

① 广宗县：位于邢台市辖区东南部，西汉时为堂阳县地，属巨鹿郡。东汉分堂阳置经县，属信都郡。

数不尽的碗碟瓷片和碎砖烂瓦，也曾有村民在刨树深挖时发现有形似灶台、土炕的遗迹，想必就是当年那 5 个洗马村的遗址。明朝永乐二年，先后有李、郭等姓氏人群从山西洪洞迁来，使这里逐渐成为比较大的村庄，沿用先前洗马村的村名至今。

传说更始元年，新朝灭亡，刘玄入主长安，派刘秀行大司马事北渡黄河，镇慰河北州郡。路上，刘秀的挚交邓禹杖策北渡，追赶上刘秀，劝刘秀“延揽英雄，务悦民心，立高祖之业，救万民之命”。邓禹的话正合刘秀的心意。刘秀到河北后不久，盘踞在邯郸的王郎发兵追杀刘秀至洗马村附近。刘秀急中生智，催动战马钻入沙窝树林中与敌人兜圈子。战马扬起沙尘，遮天蔽日，使王郎的兵马迷失了方向。刘秀借机命一小队人马向北驰去，王郎的军队见状北追，自己则带主力躲进沙窝林中，从而得到喘息的机会。待追兵远去，刘秀等人才从树林里出来，人马周身积满了沙尘，只好来到今洗马村的壕沟里洗马。

公元 25 年，刘秀与更始帝刘玄公开决裂，在河北鄗南千秋亭登基称帝。登基以后，刘秀封这个村的濠沟为“洗马潭”，此村从此更名为“洗马村”。

十一、清河县①

前孙东村的河水清澈透明

相传新莽末年，刘秀在长垣县、封丘县交界一带“速冻”大河渡河后，来到前孙东村。将士们疲惫不堪，饥渴难耐。刘秀骑的骡子气

① 清河县：在邢台市辖区的最东端，东靠京杭大运河，北依黄河故道清凉江，西汉时为厝县、信城县、青阳县和武城侯国之地，属清河郡。清河郡治在青阳县。

喘吁吁，嘴里直冒白沫。刘秀向前张望，隐约可见一条小河，便带领将士们向那条河走去。刘秀牵着骡子来到小河边，却见河水浑浊不堪，骡子退避不饮。刘秀心急如焚，仰天长叹："若天不灭我，河水就变清吧！"话音刚落，一阵风从水面拂过，原本浑浊不堪的河水瞬间清澈见底，众人见状无不称奇。骡子饮过河中水，立刻精神抖擞，驮着刘秀顺利躲过王郎的追赶。从那以后，这条河被当地人称作清河。

十二、邢台县①

刘秀在卧龙岗挖井

2017年1月，邢台市民魏继考在承包的岗坡清淤时，发现一口井，同时还出土了陶罐、井圈，经邢台文物管理处工作人员鉴定，该井为汉代建造。井圈直径1.1米，井深4米，水深3米，井底有3个大拇指粗的泉眼，水流不止，清澈碧绿。这块岗坡在当地名叫卧龙岗，附近流传着汉光武帝刘秀在卧龙岗挖井的传说。

邢台县历史上曾被称为龙岗县，因境内有龙岗而得名。据《元和郡县志》记载，"石井岗，在县西北七里，岗上有井，大如车轮，石勒时大旱，佛图澄于岗掘一死龙，长尺余，渍之以水，良久乃苏，雨遂大降，乃名"。

关于这口古井的挖掘年代，历代《邢台县志》均载为"光武营军所造"。这口井是否为刘秀所挖，目前还缺乏考古依据。如今邢台境内水资源严重匮乏，水位很深。此井位于高岗上且水位不深，可说是一

① 邢台县：原名龙岗县，与邢台市同城。辖境西汉设襄国县，属赵国。

个奇迹。

马　厂　沟

邢台县西黄村镇有两个以“马厂”命名的村子。传说在西汉末年，刘秀在方山驻军，将养马厂设在方山后面的河谷中，后来有人在养马厂定居形成村落，故名马厂村。河谷的东侧也新建了一个村庄，也叫马厂村。为了区别两个马厂村，前者称前马厂村，后者称后马厂村。现在的方山顶上还有刘秀驻军的“方山寨”的遗迹。刘秀养马的河谷被称为马厂沟。从前，从马厂顺马厂沟到后马厂村步行需要 1 个多小时，骑马不会超过半小时。沟内终年溪水不断，两边山坡遍布草原，夏有阴凉，冬避寒风，确实是个藏兵、练兵、养马的好地方。

第六章　邯郸市

邯郸位于河北省南部，为省辖市，有河北省南大门之称。战国时，邯郸为赵国的国都。辖区秦置邯郸郡，汉代分属魏郡、赵国。西汉更始年间，王郎假冒汉成帝私生子，串通当地豪强起兵造反，自立为帝，定都邯郸，是刘秀镇抚河北时遭遇的最大威胁。辖区内的邯山区、复兴区、永年区、肥乡县、临漳县、成安县、涉县、磁县、曲周县等，以王郎追杀刘秀的史实为原型，流传着许多刘秀走国的故事。本章辑录了 17 个关于刘秀的传说。

一、曲周县①

马　保　村

马保村位于曲周县城东南方 10 多千米处，传说以前叫“马饱村”，名字是汉光武帝刘秀所起。

公元 23 年深秋，在直周（曲周）与王莽作战时，刘秀率一路人马迷失了方向。他们人饥马饿，疲惫不堪，来到了县城东南部一个无名的小村。村子里只有十几户人家，院门个个紧闭，街上连个行人都没有。刘秀挨家挨户敲了半天门，没有应声。刘秀仰天长叹：“难道上天

① 曲周县：位于邯郸市东北部。汉武帝建元四年（前 137 年）置曲周县，属广平国。新莽时改曲周为直周，东汉复名曲周，属巨鹿郡。

要灭我刘秀不成!”当得知刘秀的身份时，村民纷纷打开院门，拿出草料，给刘秀的战马吃，还给刘秀端上了香甜的小米粥。此时，村民们请刘秀给村子起名。刘秀看着吃饱的战马个个引颈长嘶，精神抖擞，便说：“就叫马饱村吧。”

二、永年区[①]

借马庄的传说

有一年冬天，刘秀带着几名手下从邯郸侥幸逃出，向北狂奔，王郎的追兵在后紧追不舍。当时天色已晚，北风凛冽，大雪飞扬，刘秀等人身上无衣，腹中无食。快到滏阳河边时，刘秀骑的一匹瘦马累死在路旁，他跌坐在地上。随即，他命一名侍者到前边探路。侍者前行不远，便来到了滏阳河边，河面虽不宽，但绝对过不去。河中水流湍急，波翻浪涌。侍者左瞧右看，没有过河的船只。侍者心想，这下可完了，后有王郎的追兵，前有河水阻拦，不让王郎杀死，也得被河水淹死。他急忙跑回去向刘秀报告，话到嘴边却改成了“河水结冰，有路可通”。

侍者想等众人先到了河边再说，反正都是个死，走一步，再说下一步。不料刘秀来到河边时，河水竟然真的结了一层厚冰，侍者惊奇得说不出话来。刘秀一行过河后，河水又化开了，正好把王郎的追兵挡在了对岸。

刘秀死里逃生，哪里还敢停留，当下拼命向北跑。他心里清楚，

① 永年区：位于邯郸市区北部，辖区汉代分属广平国、赵国，为曲梁、广年、易阳三县之地。新莽时期改广平国为“桓亭”，改曲梁为直梁。东汉时属巨鹿郡。

一条小河能挡住追兵一时，决不会挡住永远，王郎的追兵很快就会追来，像他这般凭两条腿走路，无论如何也跑不过四条腿的马。

终于，他们跑到了滏阳河北岸的菊花庄，刘秀累得再也抬不起脚来了。他想，倘有马匹代步多好。他这里刚一想，猛然见一位老人牵着一匹膘肥体壮的健马出现在他的面前，说是奉命给他准备的，已在此等了他三天。

刘秀一见马，两眼一亮，精神为之一振。他久经沙场，南征北战，见过无数战马，像这样雄壮的宝马却是第一次见到，虽在暗夜中，仍可看出该马红得似一团火，周身上下无不显示着神勇。刘秀当下双足一跃便上了马背，那马咴儿、咴儿地长嘶，展开四蹄，如离弦之箭，向北疾驰而去。

刘秀登基做了皇帝后，专程来到菊花庄。他到关帝庙上香时，偶然发现关帝座下赤兔马与自己在村中所借宝马一模一样，这才恍然大悟，原来是关老爷救了他一命。为纪念这段往事，人们便将菊花庄改名为“借马庄”。

三、肥乡区[①]

仓堡的传说

听老人们说，肥乡县仓堡以前叫藏王堡。西汉灭亡后，刘秀被许多敌兵追赶，走投无路。眼看就要被敌兵追上了，刘秀吓得出了一身

---

① 肥乡区：原肥乡县，位于邯郸市中部偏东，古称肥邑，西汉域内置列人县、即裴侯国、邯沟侯国。列人县属广平国，即裴侯国、邯沟侯国属魏郡。新莽时，列人改列治，即裴改即是。东汉废即是、邯沟两个侯国，列治复名列人。建武十三年（37年）改属巨鹿郡，建安十七年（212年）复属魏郡。

冷汗。他左看右看，想找一个能藏身的地方。正在这时，突然眼前一亮，前面有一间破草房。刘秀急忙下马往破草房跑。破草房里布满了蜘蛛网，为了逃命，刘秀只得一头钻进一个较大的蜘蛛网内。说来也怪，他钻进蜘蛛网以后，几只蜘蛛马上又把网织得严严实实，一点也看不出破绽。后面的追兵看不见刘秀，四处寻找。他们看到破草房门上的蜘蛛网密布，没有破损的痕迹，断定刘秀不在这里，就继续往前追赶了。追兵走后，刘秀从蜘蛛网内钻出来，得救了。因为刘秀曾在这里藏身，人们就把此地称为“藏王堡”。后来时间久了，人们把“藏王堡”叫成了“仓堡”。

四、从台区①

马榜泉的传说

邯郸黄粱梦西边二里路有个王李庄，王李庄村南有个马榜泉。这个泉看起来像个小井，青石砌起，泉水盈满，溢波外流，水流成溪。溪上有小桥一拱，桥边有绿树数株，在水中投下倒影。旁边还有古庙民舍相衬，清新可喜，颇有江南小桥流水之致。泉水清甜可口，饮之欲醉。周围村民不辞百里之苦，但愿一饮为快。那过往客人有幸路遇甘泉，一尝泉水，疲劳顿消，浑身清爽。

这泉为什么叫马榜泉呢？它可是来历非凡。

相传，西汉末年的一个夏天，王莽赶刘秀赶到这里。王莽骑着一匹白马在后面追赶，刘秀骑着一匹红马在前边逃跑。刘秀的马跑起来

① 从台区：位于邯郸市城区北部偏东，汉属赵国。东汉末废赵国，属魏郡邯郸县。

龙腾虎跃，好似一团流火，王莽的马怎么能赶得上呢？但是，刘秀的马也有个弱点：它跑起来既然像一团飞火，浑身火热，那么它消耗的水量也大，加上那时炎阳烤着大地，热风呼呼地刮着，它必须不断喝水才行。可是，刘秀正在被王莽追赶，人生地不熟，去哪儿给它找水喝呢？再说，刘秀当时才是个十几岁的孩子，他是泥菩萨过江——自身难保，哪还顾得上马呢？刘秀早就饿得肚子咕咕叫，幸亏他在永年曹庄拔了一个蔓菁吃，才支持到现在（曹庄有蔓菁坡，相传是刘秀拔蔓菁的地方）。这时，刘秀对马说："你驮着我快跑吧，咱摆脱了王莽的追赶，我给你找一大缸水喝。"

马浑身冒热气，鼻子喘着粗气说："不行呀，渴得要命，再没有水喝，我就要渴死了！"

正在这时，王莽追上来了。刘秀急忙对马说："再忍耐一会儿，快跑！"那马仰头翘尾，飞跑而去。

不一会儿，马驮着刘秀来到王李庄村南，渴得再也跑不动了，对刘秀说："快给我找水喝吧，不然，我肚里要起火了！"

刘秀急得团团转，他对马说："我去哪儿给你弄水呢，你不知道就地刨个泉吗？"

那马暗想："天呀，这里是石板地，我怎么能刨得出水呢？"它的前蹄在地上一榜，马蹄下那片硬地忽然揉动起来。那马又刨一蹄，地面忽然裂开一条大缝，一股清泉喷涌出来。

那马高兴极了，低下头来，咕咚咕咚喝起来。还没有喝几口，王莽又追到了村边，它顾不上喝水，又驮着刘秀飞跑逃命去了。

这马跑过时，路上立刻腾起滚滚烟浪，王莽的马钻进烟灰中，睁不开眼，刘秀才得活命。刘秀走后，村民把这个泉用石头砌起来，给它起名叫"马榜泉"。

新中国成立后，马榜泉的水还往外流。到 1958 年，水位下降了。“文化大革命”开始后，泉水干枯了，人们用石板将泉盖上了。因泉水枯竭，流溪已不复存在，石桥也荡然无存，原来建在那里的奶奶庙也被拆了，只有这个故事还在继续流传。

搬倒井的传说

刘秀离开王李庄，往南跑了五里路，来到大官庄村。这时，刘秀的马又渴得支持不住了。

幸好，这个村当街有一眼水井，水深三丈六。可是水面离地面还有三尺深，马站在井边，对水嘶嘶直叫，就是够不着水喝。那时，村中百姓害怕王莽，逃散一空，想借桶打水也没处借。

刘秀对马说：“咱快些跑吧，到邯郸再找水喝。”

丛台区官后村扳倒井遗址

马说："不行呀，我肚里发热，如火烧一般，再不喝水，毛就要脱落，那时倒在地上可就糟啦。"那马说着，绕井台正转三圈，倒转三圈，还是无法喝到井水。

刘秀对马说："你在井台稍等一下。"说着，他离开井台，想找个池塘饮马。可东找西找，连个小水洼也找不到，他只得又回到井边。

这时，王莽又追到村边了，已经能听到追兵的喊杀声。

刘秀急得如热锅上的蚂蚁，他对马说："你不要在那儿傻站着啦，你不会把井搬倒吗?"话音刚落，那井忽然摇晃起来，水在井里激荡，哗哗直响，水花飞出井口。马用前蹄一搬，水井一下被搬倒，水从井口哗哗流出来，马立刻喝了个够。

马刚喝完水，王莽的追兵已进了北门。刘秀扬鞭催马，直奔邯郸城跑去。

从此，这个井被称为"搬倒井"。井水日夜奔流，一直流了两千年，直到中华人民共和国成立，井里的水还在朝外溢流。井水甜美无比，远乡近邻，不断有人跑来品尝井水，还传说井水能被当作灵药，除治百病。

搬倒井在大官庄供销社门前，直径约有五尺，自下而上，全用红石砌成，井口呈八角形，用"八块零一塞"条石镶砌，精致美观。可惜近年来水位下降，水面已离井口一丈余深，不复当年光景。但是，搬倒井的故事还在流传，不断有外地人来看这口井。

五、复兴区[①]

王郎村的由来

邯郸市复兴区的王郎村原名许友村。西汉末期，许友村有个庄户人家生了个独生子叫王昌，又叫王郎。他 5 岁上私塾，聪明好学，常受到先生的夸奖。8 岁时，父母不幸双亡。10 岁时，随舅舅走南闯北做生意，常接触社会上三教九流，江湖义气极浓。成年后，刀、箭、拳、棒无不娴熟，精通相面算命。舅舅死后，王郎独自闯荡江湖，结交四方豪杰，为人仗义疏财。几年后，黄河南北及辽东一带跑江湖的、占地盘的都知道了王郎的大名。时值王莽篡位，诸侯不服，纷纷起兵讨伐。各地豪杰趁机起事，一时狼烟四起，天下大乱，称王称帝者不计其数。更始元年十月，王郎诈称自己是汉成帝的儿子刘子舆（子舆早死），在豪强地主的支持下，起兵反对绿林军拥立的皇帝刘玄，发展成黄河以北声势最大的军事集团。同年十二月，王郎在邯郸称帝，很快拥有了幽冀两州大部，“赵国以北，辽东以西，皆从风而靡”，邯郸一时成为王郎政权的政治中心。此时，刘秀受刘玄委派渡黄河北上发展势力。刘秀是南阳人，以“恢复高祖之业”为目的，参加了绿林军。昆阳一战，他打败王莽的 40 万大军，被任命为破虏大将军。他以大司马的身份镇抚河北，讨伐王郎。他率部在邯郸与王郎交战，结果惨败，仓皇逃往信都。后来，刘秀得到信都太守任光、昌成人刘植等的支持，又取得了渔阳太守彭宠、上谷（今河北省怀来县）太守耿况等人的援

① 复兴区：位于邯郸市城区西部，汉代属赵国。

助，重整旗鼓，于王郎称帝的第二年（24年）进攻邯郸，连续攻打20多天，终于攻破邯郸，杀死了王郎。刘秀做了皇帝后，为王郎修了座庙（在今邯郸市酱菜厂内），把许友村改名为“王郎村”，现为王郎社区。

邯郸市复兴区王郎城古城墙遗址

王郎的传说①

王郎，原名王昌，西汉末年邯郸许友村人。5岁进私塾，聪颖好学。8岁，父母亡故。10岁，随其舅父行商，走南闯北，广交民间三教九流人物。及长，学就一身武艺，精通占卜之术。

由于王昌走南闯北，行走江湖，又行侠仗义，名声很快传遍河北、山东等地，人们都知道王昌，称之为豪杰之士。

① 邯郸市复兴区人民西路南侧王郎社区中段有王郎城文化墙，以浮雕的形式讲述王郎的传说故事。本文来自文化墙，略有改动。

后来，王郎经过一座古道观，拜一老道为师，文韬武略，无所不学，历时三载，师父病笃，临终对王郎说："现王莽弄权，定将篡位，天下必乱，你要尽早还乡，伺机而起，拯救乡亲于水火。"王郎泣葬师父后，回到邯郸。

不久，王莽篡汉，诸侯举兵讨伐，王郎与结义兄弟刘林、裴同合谋起事。王郎诈称自己是汉成帝之子刘子舆，以"保境安民"号令天下。

邯郸市复兴区人民路刘秀与王郎文化浮雕墙

王郎的力量迅速发展，势力遍及中国北方，并且四处收纳可归之民，给予柴米，世人皆称其为王郎子，各地闻之皆归邯郸。

王郎的崛起令正在河北扩充势力的大将军刘秀震惊。渴望恢复汉朝天下的刘秀，视王郎为心腹大患，遂率重兵进攻邯郸。

岂料王郎有备，暗抄汉军后路，前后夹击，汉军溃败，刘秀反而被困。刘林献计，以和谈为名邀刘秀赴宴，席间劝降，不降则杀。王郎以为如此不义，刘林便私下与裴同商议行事。

刘秀见信，知道必然凶多吉少，忧心忡忡。军师邓禹出谋，将计就计，寻机脱身。只是担心裴同力大艺高，须从河南调来老将贾堡方可匹敌，乃请刘秀回书王郎，将会期后延10日。

宴会当日，刘秀遣心腹探明帐篷附近并无伏兵，账内只有王郎君臣三人在座，便携贾堡及邓禹前往赴宴。邓禹不但袖藏短剑，临行前还做了接应部署。

双方坐定，酒足饭饱后，裴同便给了刘秀一杯毒酒，被贾堡识破，两人拳脚相加。刘林拿起匕首向刘秀刺来，被贾堡拿短剑掩护，两人拼死厮杀。而王郎与刘秀两人坦然若定，邓禹见状不敢恋战，便招呼刘秀和贾堡逃走。

刘秀三人飞快逃脱险境，不料王郎追兵掩杀过来，幸好汉军前来接应，不过很快汉军便不敌而溃败，贾堡让邓禹护卫刘秀先逃，自己则横刀立马，阻拦裴同追杀刘秀，两人大战三百回合。

裴同渐渐不支，贾堡手下留情，用刀背击打裴同肩膀，裴同败走。贾堡一边追击裴同，一边劝说裴同归降刘秀。裴同趁转入树林之际，下马刺杀贾堡，一枪刺入贾堡腋下。

裴同逃走，贾堡继续追击，一边捂着流出的肠子，一边劝说裴同投降，渐渐体力不支，大喊一声，坠落马下。

此时，刘秀率外地增援大军赶来，卷土杀回。裴同跪在贾堡尸旁，投降了刘秀。贾堡身亡之处，后世称为“流贾肠”，日久成村落，谐音为“刘家场”，其地如今已成为丛台广场的一部分。

随着刘秀援军日益增多及裴同投汉，王郎被困孤城，陷入绝境，刘秀怜惜王郎是个豪杰，让裴同修书与王郎，传呼己意，王郎若降，不失王侯之位。书毕，裴同用箭射入王郎城内。

王郎动心，但属下劝说城内粮草充足，外有援兵，于是王郎拒降，准备固守待援。

刘秀招降无果，遂令攻城，王郎率部全力抵抗，多次打退汉军进攻，战斗进入相持阶段。未久，刘秀不断得到增援，而王郎属下出现内奸，他们里应外合，王郎城被攻破。

汉军入城后，四处搜寻王郎与刘林而不得。邓禹对刘秀道："此事须问裴将军。"裴同无奈说道："筑城时，北城墙底部留有暗道，可通鸡毛山。"刘秀忙让邓禹到鸡毛山传令，要生擒王郎。

大军还未出，鸡毛山守将来报，王郎已被杀，裴同闻讯喊了一声"大哥"便昏倒在地。刘秀命以王侯身份厚葬王郎，因其密葬，其墓无考。

刘秀称帝后，命在王郎城内建王郎祠，当地人称"老爷庙"，官民同拜，香火不断。许友村今已改名为"王郎村"，因年代久远，原有祠庙明代时已被毁。

六、邯山区[①]

藏　龙　观

邯郸城东 8000 米处有个西留庄村，村边有个藏龙观，坐北朝南，分前后两院，呈"吕"字形。前院三间，后院五间，雕梁画栋，青砖碧瓦，古雅幽静。观虽不大，但远近闻名。原来王莽赶刘秀时，这个观里藏过刘秀，所以叫藏龙观。

刘邦在位时，封他的儿子如意为赵王，驻守邯郸。如意的宫室温明殿就在邯郸北郊于庄村西。不久，如意被吕后召回京城击杀，留下

① 邯山区：位于邯郸市城区的南部偏东，由原邯郸市郊区一部、邯郸县一部、磁县一部组成。汉代为赵国邯郸县、魏郡梁期县之地。

了温明殿。后来，王莽赶刘秀赶到邯郸时，刘秀在邯郸把温明殿当作指挥部同王莽激战。

在一个春天的黎明，刘秀的温明殿被王莽攻破。王莽进殿搜捕刘秀，连屋顶、炕洞、帷后、桌下也不放过。后来有人向王莽报告，刘秀已出城逃跑，王莽就带领兵士急忙出城追捕刘秀。

原来在王莽要攻进温明殿时，刘秀怕手下人出卖他，就偷偷离开温明殿出了城。逃走时，他一没有骑马，二没有坐轿，徒步孤身逃跑。在逃出东门时，天已经大亮。

王莽追到东门，打听刘秀往哪儿去了。有人向东一指，王莽就飞马追去了。刘秀要想逃脱是很困难的，因为刘秀是王莽的外孙，王莽从小就对他很熟识，刘秀想化妆逃跑，瞒不过王莽。

外祖父为什么要追杀外孙呢？原来王莽想夺取刘氏江山，广招天下美女为义女。他把义女嫁给文武大臣和皇帝，以此掌握朝政。刘秀的父亲平帝就是他的女婿。他杀了平帝，篡夺了皇位，因怕刘秀同他争夺江山，所以要斩草除根，杀害刘秀。刘秀逃跑，他就追赶，这时已追到邯郸城东。

当刘秀出城跑到西留庄村边时，王莽在马上已认出了他，心想："你今天可逃不脱了！"于是，他快马加鞭追赶刘秀。刘秀只凭两条腿跑，怎么能跑得掉呢？他回头一看，王莽飞马挥刀快要追上他了，心想："我今天难活命了，刘家江山也完了！"正在绝望之际，他忽然发现路边有一个小观，心想："何不到观里藏身。"他紧跑几步，走进了观门。

观里的道士一见闯进来一位年轻公子，大吃一惊。刘秀立马上前说："我是当今的皇子刘秀，被太师王莽追赶到此，请把我藏起来吧。我若脱险，定会报答贵观。"道士见刘秀气宇不凡，便把他藏在了神桌后。

再说王莽，他正盯着刘秀追赶，一只蚊子忽然飞进了他的眼里，他急忙用手揉眼睛。就在这一刹那，刘秀躲进了观里，王莽睁开眼时，已不见了刘秀的踪影。王莽心想："刘秀一定是跑到观里去了。"于是，他立刻催马追到观门前。

他来到观门口一看，整个门口被蜘蛛网网住了，网上满是尘土，还丝丝缕缕挂着细草末儿、蚊蝇残缺的翅膀。原来刘秀一进观门，从门缝、墙角就跑出一群蜘蛛，纵横穿梭，吐丝结网，转眼工夫就在观门上织成了网帘，好似根本无人进去过一样。

王莽一见观门上有蜘蛛网，心想："怪呀？刘秀明明往这边跑，却没有进观，那他往哪儿去了？"他断定刘秀没有进观，就跨上马朝前方追去了。

王莽走后，观里道士给了刘秀几个馒头，刘秀出观逃命去了。

后来，刘秀当了皇帝，为报答蜘蛛的救命之恩，封蜘蛛为"鸟不吃"之虫。所以，直到现在，鸟儿不吃蜘蛛。

在古代，皇帝被称作"真龙天子"，因这个小观藏过皇帝刘秀，后人就把它扩建为大观，改名"藏龙观"。

七、涉县①

蟒 嶂 山

西汉末年，王莽篡位以后，一心要斩草除根，杀死刘秀。刘秀只身逃出京都，跑到南阳的时候，路经井店西山，王莽带兵穷追不舍。

---

① 涉县：位于邯郸市西部边界，西汉置县，东汉初年改涉县为涉侯国，属魏郡。

当时，刘秀骑马想翻过井店西山，不慎人和马一起滚到了沟底。王莽在后边看得清楚，就命人到沟底捡拾刘秀的尸骨。刘秀掉下沟时，传说有一团又一团的白云、黑云托住了他。那白云、黑云又绵又软，实际上是一个小羊倌正巧赶着一群黑、白羊在沟坡上吃草，刘秀正好跌进了羊群里。担心有人下沟底来捉他，刘秀猛一滚，滚到了一只公羊的身下，羊群一受惊就聚团，正好把刘秀藏了个严严实实。

追兵到了羊群前，见刘秀的马已经摔死在这里，刘秀却活不见人，死不见尸，于是就去问羊倌。放羊的孩子说没有看见。追兵却认定刘秀就在羊群里，搜来搜去。可是，羊不通人性，见了生人更加害怕，也更加聚团。追兵不管三七二十一，抡起长枪短剑，冲着羊群乱杀乱砍。死羊积成肉堆，几只活羊还是聚成一团，追兵还是找不到刘秀。王莽怕刘秀从山崖石缝里逃掉，于是领着人马向前追去。

刘秀藏身的那只公羊的头也被砍掉了。放羊的孩子被吓傻了，他真没看到刘秀，这时见刘秀从死羊堆里钻了出来，猛地放声大哭起来：“羊啊！羊啊！我咋向主家交代啊！”

刘秀看小孩子哭得可怜，就把砍成两截或几段的羊对合起来，骗小孩说：“哭啥哭啊，对起来一会儿就复活了！”

说来也怪，被刘秀对接起来的一只只羊竟耳朵一扇、四蹄一蹬、摇摇尾巴梢，当真活了。只是因为对合得慌张，不少羊的头、身对合错了，有的羊是白头黑身，有的羊是黑头白身，也有些羊毛色不纯，那是被追兵砍杀后，血和泥染脏身体留下的痕迹。

刘秀正暗自庆幸虎口逃生，背后忽有一阵沙沙声逼近。他只当王莽使了个回马枪，回过头来却见水桶粗的一条大蟒正摇头摆尾地向他追来。刘秀挥剑迎上去，把大蟒斩成了两段。大蟒变成一股白气升到空中，大喊：“我摇头摆尾来接驾，为何杀我？”

刘秀知道误杀了大蟒，但又不想偿命，而是想到了繁华地段再溜之大吉。于是赶紧像当年刘邦一样向大蟒赔罪说：“山高路险难偿命，溜平地时把命还！”

没想到，刘秀坐天下后，再不提为大蟒偿命的事。大蟒灵魂不灭，一直怀恨在心，但也毫无办法。历代井店的老百姓不忘这件事，把西山庙郊村头的山叫“蟒嶂山”，把山沟叫“蟒嶂沟”。

腊月初八喂麻雀

刘秀那天从蟒嶂沟徒步跑到庙郊村口时，又听得马蹄声渐近，正觉无奈，面前出现了一道土岭，土岭边有一座1米来高的小庙，一群麻雀站在庙顶上向他急呼：“救，救，救！”

刘秀不敢迟疑，赶紧上前躲到庙旁，见庙前长着一棵不成形的大酸枣红圪针树，急忙伸手去拨，那酸枣树好像触电一样，晃动起来，满树尖尖的圪针一个个地低下了头，针尖个个朝了下。刘秀扒着一股酸枣枝还未用劲儿，酸枣树就自动躲闪，亮出了庙门。刘秀还没有推动庙门，两扇门呼啦啦地也自动开了，小庙也顿时变得高大起来。刘秀生怕王莽追兵赶来，便一个箭步迈了进去，跪在地上向山神老爷磕头作揖求救，却不知蜘蛛织网已经急速把庙门封住了。

后边的追兵到来，看到庙门上的蜘蛛网没破，就没有进庙搜查，而是直接往前追去。刘秀就这样躲藏在庙内避过一劫。

刘秀称帝后，认为有神灵暗中保佑他，于是就为小庙重塑金身，这就是庙郊村现在的那座庙。为了报答麻雀的救命之恩，刘秀让全国的黎民百姓在每年腊月初八做豆米汤，在最缺食时候喂麻雀。这个习俗在涉县流传至今。

错怪野雀

当刘秀跑到台村村后的凤凰山下时，口渴难耐，恰巧石头窝里清凌凌盛了半坑水，刘秀一头扑下去就要猛喝。忽然，从树枝上飞下来一只老野雀（喜鹊），扑棱棱把清水搅成了浑汤。

刘秀急得手指老野雀大骂："你这畜生也来害我！日后我若当了皇帝，定叫你三伏天不得喝水，三九天不得进窝！"

其实，野雀是一片好心，怕刘秀喝得太急太猛，凉水炸坏了肠胃，于是故意把水弄浑，让刘秀喘口气再喝。刘秀错怪了老野雀，以后也没有给老野雀平反。所以，直到现在，三伏天正热时，老野雀都不喝水，脖子上的羽毛都热掉了，苦苦哀叫；数九寒天不能进窝，有的活活冻死在野地里。

封树王

刘秀摆脱了王莽的追兵，徒步逃到了下庄村的草鸡坪。他走得又饥又渴，就在山边一个桑树下躺倒歇着。一阵风吹来，树上落下来一个桑葚，掉进刘秀的嘴里，甜滋滋的很解渴。刘秀翻身起来，风吹着树上的桑葚一直往下落。他就一边捡，一边往嘴里塞，饱吃了一顿。他不知道自己吃的是桑葚，只知道树上结着紫红色的果子，也不知道树名。当了皇帝后，他想起在下庄村的事，为了报答解渴之恩，就派官员给"满树红"的树披彩挂牌，封为树王。

官员来到下庄，正是秋末，桑葚落光了，柿叶正红，官员们就要封柿树为王。柿树无功不受禄，可它跟桑树不和，故意推说救驾解渴的是椿树。于是，官员给椿树挂了彩带，封了树王。椿树高兴得一蹦老高，逢崖跳崖，逢堰跳堰。

这可把石榴树乐坏了，因为石榴树知道底细，但它又不敢明笑，就把脸扭到一边。沟里的杨树听到岸上锣鼓喧天，就探头上来张望。椒树本来树身很高大，因见错封了椿树，它气得一下子跌倒，再也站不起来了。桑树气得直骂柿树黑心。梨树很同情桑树，但它性子腼腆，什么也讲不出口来。

直到现在，椿树还是那样高兴，虽是假树王，但每年最先开花，一直长得比别的树快，崖崖畔畔到处都能扎根成长，而且“椿姑姑”一年要红三遍。石榴树总是扭着劲长。沟底杨树老爱把头往上伸。椒树再也长不高了。柿树全是黑心木。桑树身上常常流着泪水，并且再也不跟说假话的柿树长在一处了。梨树为桑树难过，在每年春天都开一树白花。

椿树被误封为树王之后，兴高采烈，掩饰不住内心的狂喜，颐指气使，傲慢不可一世。这一切被空中的老野雀看在眼里，怒在心头。原本椿树树冠是尖尖的，老野雀蹬了一脚椿树的树尖。至此，椿树的树冠变平了。

八、磁县①

天宝寨

西汉末年，王莽篡位，刘秀被追杀。在逃跑的路上，刘秀损兵折

① 磁县：古称磁州，位于邯郸市南部偏西与河南省交界处。辖区汉代为梁期县之地，属魏郡。

将，士气不振，河北起兵时的数万人马，这时仅剩下不足万人。刘秀兵败南下，来到磁县西部山区花驼村，人困马乏，就在天宝寨扎营休息。

天宝寨的地势十分险恶，高数十米，四面悬崖峭壁，只有一条陡峭的小路通到山寨，是一个易守难攻的好地方。刘秀上了寨子，看地势有利，本想休整几日再渡过漳河。谁想，第二天一早，王莽竟带着大军包围了天宝寨，当天就向天宝寨发起了进攻。在克城攻寨方面，王莽的大军很有经验。他们先是放火烧山，之后万箭齐发，然后数万人马开始攻寨。可是，一连数日，大军不但不能攻入寨子，还死伤惨重。

王莽看硬攻不成，就下令死困。这寨子如此偏僻，山上没水没粮，只要死死围住，就可不攻自破。刘秀在寨子上坚守数日，所带粮草已经耗尽，饮水无源，陷入困境。近万人马，饥饿难耐，军心不定，刘秀急得团团转。

这时有人来报，在寨子上发现一个山洞，洞中有粮有水。刘秀一听，立刻和众将前去查看。这洞不大，粮食和饮水存放了不少，要供应近万人马却是杯水车薪，难撑一日。到了这个地步，只能过一时，算一时，走了一步，再说一步。刘秀命将士把洞里的粮食和水运出来分发，不想这洞里的粮草和饮水怎么运也不见少。刘秀仰天连声大呼："天不灭我，天不灭我！"这时，寨子下的王莽很纳闷，屈指一算，山上无粮无水，刘秀早该死了，可山上的人马却一个个活得好好的。不过，他深信再困刘秀七七四十九天，量他撑不住！

一晃50多天过去了，刘秀依然粮草充足，人马无一损伤。这时，王莽所带粮草已经耗尽，将士们饥肠辘辘，东倒西歪，最后不得不鸣金收兵。刘秀见王莽收兵，趁夜率兵南下渡过了漳河。后来，刘秀得了天下，传旨将此寨改名为“天宝寨”。当年那个救刘秀大军的山洞被保存得十分完好，人们都叫它“纺花洞”。

北 贾 璧

贾璧，对于这个地名，很多人会感到好奇。其实，关于这个地名，还有个历史故事呢！

相传，刘秀走南阳时路过这里，看见一座石碑，走近细看，碑面无字。刘秀说：“原来是座假碑。”明朝洪武年间，这里形成了村落。根据这个传说，村民取“假碑”的谐音，将村子叫作“贾璧”。

漳峡山洞流红水

漳河三峡景区在磁县西部的白土镇，是漳河流经太行山形成的峡谷，自东向西分别为吴家峡、皇岩峡、马鞍峡，全长 20 千米。河水时而湍流飞泻，时而清澈见底，卵石粒粒可数。鱼虾成群，水草丰盛，群山挺拔俊秀，山间白云缭绕，刘秀岩、神牛峰、天然溶洞等点缀其间。在皇岩峡高耸入云的山腰处有一个山洞，常年往外流红水，人称箭眼。其名源于民间传说。传说王莽追刘秀时，刘秀被山神保护，王莽用箭射中刘秀，这里的红水就是刘秀伤口流出的血水。

九、成安县[①]

向阳村村名的来历

据说，汉朝时就有了下阳村，当地流传着一个白马将军救刘秀的故事。

西汉末年，王莽篡位坐了天下，刘秀起兵讨伐王莽。一次，他被王莽的将领苏贤打败，孤身一人骑一匹骡子仓皇逃至下阳村附近的一片瓜园处。此时，追兵将至，而前边不远处有滏阳河挡路，周围都是低矮的庄稼地，并无躲藏之处，形势十分危急。刘秀跑到此地看瓜的老人面前，请求道："老人家，后面追兵将到，请救我一救吧！"

看瓜老人见刘秀一副惊魂落魄的样子，两眼急速地扫了一下周围，指着那片浓郁青翠的黄瓜架说："快把你的骡子和枪顺到黄瓜架内。"

"那我呢？"刘秀问。

"有办法。"老头把刘秀拉到水井边，说："这井的半腰有一个洞，你快下去钻进去。"

老人刚刚把刘秀卸下去，苏贤领兵就到了。苏贤吼问刘秀的下落，老人向西一指，说往那边跑了。苏贤瞅见那片黄瓜架，怕刘秀藏在里面，一摆手说："搜！"老人急了，举起一把铁锨，嚷道："黄瓜地也能藏人吗？分明是糟蹋我的黄瓜。"老人这一闹，竟把士兵给镇住了，都不敢靠前。苏贤心想："他说的也是，菜地怎能藏下刘秀，不要在这儿

① 成安县：位于邯郸市中南部偏东，汉代为斥丘县，属魏郡。王莽新朝时，改斥丘县为利丘县。

耽误时间。”于是，他下令：“不要跟老家伙一般见识，走!”他们一阵风似的向西追去。

后来，刘秀做了皇帝，感念看瓜老人的救命之恩，封他为“白马将军”，那眼井被称为“救驾井”。直到解放初期，白马将军坟还在，救驾井犹存。20 世纪 60 年代大搞平整土地，坟被削平了，井也被填没了。

十、临漳县①

马武与骡子

王莽篡权后，刘秀被迫走南阳。到达南阳后，刘秀广纳贤良，大肆招兵买马，从南阳一路打到邯郸，于公元 24 年被更始帝封为萧王。公元 25 年在鄗县称帝后，刘秀封了 30 员大将，其中与临漳有关的是大将马武。据说马武是山西洪洞县人，死后葬在今天的临漳县田马武村。

当初刘秀被王莽的官兵追杀，一路奔逃，人和战马又累又渴。当跑到山西太原境内时，实在跑不动了，在一村庄外发现路旁有眼水井，战马站在井边嘶鸣。刘秀看了看四周，没有打水的用具，不由自言自语地说：“这井要能扳倒该多好。”说也奇怪，转瞬间，井已倾斜，清凉的井水溢到了地面上，刘秀和马喝了个痛快。

此后，在王莽官兵的围追堵截下，战马受伤，刘秀不得不丢弃战马。这一日，他逃到洪洞县境内，只见一个粗壮汉子背着一杆铁枪，

① 临漳县：位于河北省南部边界，古时称“邺”。邺城是刘秀出抚河北的第一站。在平定河北期间，刘秀曾在邺城消灭了刘玄派来监视他的谢躬的部队。

牵一头怀驹的骡子正在赶路，此人正是马武。刘秀急忙追上去说：“大哥，我被王莽的凶兵追杀，实在跑不动了，能否把你的骡子让我骑走，以后必当重谢。”

马武说：“我是本县人，孤身一人，愿追随将军。骡子怀着驹子，将军要多加小心，别让它跑掉了驹子。”

刘秀情急之下说：“这骡子是不会生驹子的。”那头骡子竖起耳朵看着刘秀，肚子也不如刚才那么大了。马武见状很吃惊。

说话间，刘秀骑上骡子，留下信物便与马武道别，那头骡子也一阵风似的跑了起来。

后来，刘秀逃到南阳，马武凭借信物投奔刘秀，成了一员猛将。马武带兵从南阳一路杀向王莽的大本营，攻无不克，战无不胜。但是，每到寒露前后，马武的军队总是不能打胜仗。传说马武是一只马蜂精转世，寒露前是马蜂类昆虫最弱的时候，因此马武在这一时期很难打胜仗。公元24年深秋，马武的军队一路全胜打到了河南滑县。滑县的守备组织士兵，坚守20多天。寒露前，马武的军队又发动了大进攻，但仍不能攻克，反而有被包围的危险。马武急忙向大将邓晨求救，这才解了滑县之围。马武不再攻打滑县，绕向攻打安阳。在大将耿弇、邓晨等的帮助下，攻下了安阳。在以后的战役中，马武均是与其他大将如彭宠、耿弇、邓晨等联合作战才得以获胜。公元25年，刘秀在鄗（今河北柏乡）南即位，马武因种种原因弃戎归田，到邺县以东的一个村落定居，安享晚年。马武死后，人们为了纪念他，将村子改名为“马武村”。后因村里田姓居多，故又改名为“田马武村”。

中编

典籍中的光武帝

东汉光武帝刘秀是中国封建社会历代帝王中极具独特性的君主。他虽有皇室血脉，却长于民间，深刻了解民情和百姓疾苦。他虽在河南南阳一带长大并兴兵推翻王莽政权，河北却是他奠定帝业的龙兴之地。他以柔道治理国家，以民生为本，提倡儒家文化，为东汉崇儒开创了良好的局面。历代典籍对他的评价很高，认为他是中国历代帝王中的佼佼者。历代史家、学者和文人骚客留下了很多关于刘秀的评述和诗篇。

本编以刘秀在河北为重点，收录了《东观汉记》《后汉书》和《资治通鉴》中部分关于刘秀生平事迹的记载，收入了部分地方文献关于刘秀的文化遗迹的记载、与刘秀有关的部分成语故事及历代歌咏刘秀的诗歌，以期勾勒出刘秀这个重要历史人物相对真实、完整的形象。

阎立本的《历代帝王图——刘秀》

第一章　生逢乱世　崭露头角

刘秀生于西汉政权没落的年代。他少年丧父，虽身具皇室血脉，却不得不依附叔父生活，在民间长大。所幸的是，在叔父的支持下，他接受了良好的教育。刘秀青少年时期的这段特殊经历使他养成了深沉谨慎而不乏刚勇坚毅的鲜明个性，形成了务实的作风和成熟的思想，这些使他在推翻王莽政权的起义大军中脱颖而出。

一、生有祥瑞，少年老成

刘秀有显赫的家世，他是汉高祖刘邦的九世孙。据《后汉书·光武帝纪》记载，“世祖光武皇帝讳秀，字文叔，南阳[1]蔡阳[2]人，高祖九世之孙也，出自景帝生长沙[3]定王发。发生舂陵节侯买，买生郁林[4]太守外，外生巨鹿[5]都尉回，回生南顿[6]令钦，钦生光武。”

汉高祖刘邦的皇家血脉九代递传，爵位和官职渐次削减。刘秀的父亲刘钦只当了县令，虽然依旧可称作帝室之胄，但是已经没落了。到刘秀这一代时，已经与普通人没有多大差别了。

刘秀生于建平元年（前6年）十二月初六夜晚。按史书记载，刘

---

① 南阳：秦设郡，辖今河南熊耳山以南、湖北大洪山以北地区，东汉时辖37县，治宛城，即今南阳市。

② 蔡阳：东汉南阳郡属县，辖约今湖北枣阳市西南部。治所在今古城村附近。

③ 长沙：西汉长沙国，治所在临湘，今属湖南长沙市。

④ 郁林：东汉交州刺史部属郡，治所在布山，即今广西贵港市城南附近。

⑤ 巨鹿：西汉冀州属郡，治所在巨鹿。巨鹿城遗址在今河北平乡县平乡村。

⑥ 南顿：春秋时为顿国，西汉置县，隶属汝南郡，治所在今河南项城县南顿镇。

秀生有祥瑞，甚至他的名字也与此有关。据《东观汉记》记载，“皇考初为济阳[1]令，济阳有武帝行过宫，常封闭。帝将生，皇考以令舍下湿，开宫后殿居之。建平元年十二月甲子夜上生时，有赤光，室中尽明。皇考异之，使卜者王长卜之。长曰：‘此善事，不可言。’是岁嘉禾生，一茎九穗，大于凡禾，县界大丰熟，因名上曰‘秀’。是岁凤凰来集济阳，故宫皆画凤凰。圣瑞萌兆，始形于此。”刘秀的父亲时任济阳县令，济阳县城有汉武帝的行宫，刘秀就出生在行宫的后殿。他降生时，殿内红光明如白昼。那年，济阳县长出了一茎九穗的嘉禾，全县大丰收，于是给其取名为“秀”。刘秀出生之前，还有凤凰在济阳县城聚集的祥瑞。

古时候，人们对自然界中的特殊现象缺乏相应的科学知识，往往将其归于上天的神秘预兆。对于历史上的重要人物，史籍往往记载各种瑞兆。事实上，这些祥瑞或是巧合，或是后人的传说附会。《后汉书·光武帝纪》把上述关于刘秀出生的祥瑞放在文末的议论中，并且发出“其王者受命，信有符乎”这样的疑问。而《资治通鉴》则没有选入上述内容。这些显示了史书的作者对这些荒诞不经传说的态度。

汉平帝元始三年（3 年），刘秀的父亲刘钦在南顿县令任上去世。此时，刘秀年仅 9 岁，一家人衣食无着，只好投奔刘秀的叔父刘良。寄居叔父家时，刘秀受到了相对良好的教育。据《东观汉记》记载，“（刘秀）随其叔父在萧[2]，入小学，后之长安[3]，受《尚书》于中大夫庐江[4]许子威。……大义略举，因学世事。朝政每下，必先闻知，具为同舍解说。高才好学，然亦喜游侠、斗鸡、走马，具知闾里奸邪、

① 济阳：汉代兖州陈留郡属县，故址在今河南省兰考县东北。
② 萧：汉代沛郡属县，今安徽萧县。
③ 长安：西汉国都，今陕西西安市。
④ 庐江：汉庐江郡，治所在今安徽合肥市庐江县西南。

吏治得失。”在叔父刘良的支持下，刘秀在王莽天凤年间（14—19 年）去长安求学。他在长安砥砺学问之余，喜欢评说时政，还很了解民间的生活，俨然是个全面发展的人才。

刘秀有一定的经济头脑，还有务实肯干的品质。《东观汉记》载有刘秀勤工俭学的故事，原文是“资用乏，与同舍生韩子合钱买驴，令从者僦，以给诸公费”。“僦”就是租赁。他和同宿舍韩姓太学生合伙买了一头驴出租挣钱，补贴求学费用。

根据《后汉书·光武帝纪》记载，王莽末年，“诸家宾客多为小盗。光武避吏新野①，因卖谷于宛②”。刘秀的姐姐嫁到新野县，刘秀因为受到某个案件的牵连，为躲避官吏的缉拿跑到了新野县。其间，他还不忘去宛城贩卖粮食。

刘秀在家乡的表现更是一副扎实肯干的样子。《东观汉记》记载刘秀“勤于稼穑。兄伯升好侠，非笑上事田作”。他勤于耕种的表现常常受到哥哥的讥笑。但是，他务实的作风取得了不错的收获。据《东观汉记》记载，王莽末年，“时南阳旱饿，而上田独收”。

二、舂陵起兵，依附绿林

王莽代汉建立新朝后，推行不切实际的改革，法令繁苛，赋税沉重，吏治败坏，民不聊生，各地的饥民纷纷起义，绿林军是其中势力较大的一支。据《资治通鉴·王莽下》记载，王莽天凤四年（17 年）八月，荆州闹饥荒，饥民聚众起义：“（秋八月……）荆州③饥馑，民众入野泽，掘凫茈而食之，更相侵夺。新市④人王匡、王凤为平理诤

① 新野：汉南阳郡属县，今河南南阳市新野县。
② 宛：汉南阳郡属县，宛城是南阳郡治所，今为河南南阳市宛城区。
③ 荆州：汉荆州辖约今湖南、湖北两省之地，治所在汉寿，今湖南汉寿县北。
④ 新市：今湖北京山市新市镇。

讼，遂推为渠帅，众数百人。……藏于绿林山中，……”饥民去沼泽地挖掘野荸荠为食，但因僧多粥少，未免发生争执，新市人王匡、王凤经常为饥民调解矛盾，因而被推举为首领起兵造反，啸聚绿林山，故称绿林军。

就在各地饥民起义的同时，刘秀也开始了他的行动。

刘秀生活的那个年代流行谶纬之说，也就是用河图、洛书中的某些符号和言辞来预测天命。据《后汉书·光武帝纪》记载，刘秀曾和姐夫一起去拜访一个名叫蔡少公的擅长图谶的人，他曾有“刘秀当为天子”的预言。人们认为这个预言指的是当时担任国师的那个刘秀。刘秀开玩笑地说：“你们怎么知道这个刘秀不是我呢?”

宛县人李通、李轶兄弟就借用符命的说辞来游说刘秀起兵造反。《东观汉记》记载了李通、李轶兄弟游说刘秀的过程：“宛大姓李伯玉从弟轶数遣客求上，上欲避之。先是时伯玉同母兄公孙臣为医，伯升请呼难，伯升杀之。上恐其怨，故避之。使来者言，李氏欲相见款诚无他意，上乃见之，怀刀自备，入见。固始侯兄弟为上言：‘天下扰乱饥饿，下江兵盛，南阳豪右云扰。’因具言谶文事：‘刘氏当复起，李氏为辅。’上殊不意，独内念李氏富厚，父为宗卿师，语言谲诡，殊非次第。尝疾毒诸家子，数犯法令，李氏家富厚，何为如是，不然诺其言。”李通字伯玉，后来被刘秀封为固始侯。其父在京城长安担任宗卿师。李家在宛县是很有势力的大户。因为刘秀的哥哥刘缜杀了李通的同母弟公孙臣（《后汉书》作“申屠臣”），李通、李轶兄弟要求见面时，刘秀不敢去。后来刘秀去见李氏兄弟时，还暗藏刀具戒备。对李氏兄弟的游说，刘秀没有当真。他认为李家虽然有势力，但是为人豪横，名声不好，做不成什么事。而且，他们的游说之词怪诞不可信，所以没有答应。那么，后来为什么答应了呢？据《东观汉记》记载：

“诸李遂与南阳府掾史张顺等连谋。上深念良久，天变已成，遂市兵弩、绛衣、赤帻。”李氏兄弟又联合了南阳府的掾史张顺游说刘秀。刘秀反复斟酌很久，考虑到天下大乱的局势已经形成，就答应起事。于是，刘秀购买武器和绛衣、赤帻。绛衣是深红色的上衣，赤帻是红头巾，二者是汉代带兵将军的装束。

王莽地皇三年（22年）十一月，刘秀带人回到老家春陵。此时，他的哥哥刘缜已经在征召人马起兵，但是家乡子弟并不认同刘缜。据《后汉书·光武帝纪》记载，“诸家子弟恐惧，皆亡逃自匿，曰‘伯升杀我’。及见光武绛衣大冠，皆惊曰‘谨厚者亦复为之’，乃稍自安。”显然，刘缜在家乡子弟中的号召力不如刘秀。史书虽然没有记载，但是我们可以想象在刘缜带领春陵子弟起兵的过程中，刘秀肯定做了大量的动员工作。

刘秀兄弟春陵起兵之初势力单薄，军资匮乏，刘秀骑着一头牛就走上了造反的战场。直到攻陷新野县，他才有了战马。据《后汉书·光武帝纪》记载，“光武初骑牛，杀新野尉乃得马。进屠唐子乡①，又杀湖阳②尉。军中分财物不均，众恚恨，欲反攻诸刘。光武敛宗人所得物，悉以与之，众乃悦。进拔棘阳③……”起义军刚刚攻陷唐子乡和湖阳县，作为统帅的刘缜在分配战利品时出现偏差，引起了将士们的愤恨，差点酿成兵变。在这危急关头，刘秀的表现可圈可点。他动员刘氏宗族把财物拿出来分给将士们，帮助刘缜度过了危机，同时也提升了自己的影响力。

起义队伍在攻占棘阳县后，在小长安聚④这个地方被甄阜、梁丘

---

① 唐子乡：汉属南阳郡湖阳县，今湖北省枣阳市太平镇。

② 湖阳：汉南阳郡属县，约今河南唐河县南部和湖北枣阳市北部，故治在今唐河县湖阳镇。

③ 棘阳：汉南阳郡属县，故治在今河南省新野县前高庙乡张楼村。

④ 小长安聚：汉属南阳郡淯阳县，今河南省南阳市宛城区瓦店镇。

赐率领的平叛部队击溃，刘縯率部退守棘阳。据《资治通鉴·王莽下》记载，“元及三女皆死，縯弟仲及宗从死者数十人”。这次战斗失利，刘秀的姐姐刘元和 3 个女儿被杀，二哥刘仲战死，刘氏宗族几十人死亡，损失可谓惨重。

新市、平林①两支绿林军见刘縯被打败，打算率部逃走。刘縯此时充分认识到自己势单力薄，当务之急是与其他义军联合起来。恰在此时，下江的绿林军 5000 多人到达附近的宜秋聚②，刘縯、刘秀和李通便去游说这支队伍。《资治通鉴·王莽下》详细记载了这次游说的始末：“……縯即与秀及李通俱造其壁曰：‘愿见下江一贤将，议大事。’众推王常。縯见常，说以合从之利，……遂与常深相结而去。”刘縯、刘秀和李通去这支绿林军驻地拜访，游说合兵。这支队伍的将领王常又说服了其他绿林军将领，“即引兵与汉军、新市、平林合。于是诸部齐心同力，锐气益壮”。这次整合，壮大了义军的力量，统一了领导，为之后击败王莽创造了条件。

王莽地皇四年（23 年）正月，刘縯率领绿林军在沘水③之西击败了甄阜、梁丘赐率领的平叛大军，又在淯阳④击溃了严尤、陈茂的大军，进军围困南阳郡的首府宛城。

同年二月，绿林军在沘水之滨拥立刘秀的族兄刘玄为皇帝，建元更始。《资治通鉴·淮阳王》记载了刘玄被拥立为帝的过程：“南阳豪杰及王常等皆欲立刘縯；而新市、平林将帅乐放纵，惮縯威明，贪玄懦弱，先共定策立之，然后召縯示其议。”尽管刘縯威望高、功劳大，但是绿林军的将领们出于私利，不愿意被刘縯约束，所以他们私下商

---

① 新市：今湖北京山市新市镇。平林：今湖北安陆市北。
② 宜秋：汉代南阳郡湖阳县宜秋聚，在今河南省唐河县东南。
③ 沘水：今南阳市境内唐河。
④ 淯阳：汉南阳郡属县，今河南南阳市宛城区瓦店镇、西英庄镇一带。

定把懦弱的刘玄推上了帝位。

三、昆阳之战，声名大振

刘玄登基后，刘秀被任命为太常偏将军。他和绿林军各部很快攻下了昆阳、定陵、郾[①]三个县。更始元年五月，王莽派大司徒王寻、大司空王邑率军平叛。据《后汉书·志·天文》记载，“莽使司徒王寻、司空王邑将诸郡兵，号曰百万众，已至者四十二万人。”王莽大军号称百万，实际虽无百万之众，但是最少有 42 万人。

众将见王莽大军声势浩大，形势不妙，纷纷退入昆阳。

对于能否在昆阳抗击王莽的大军，众将很悲观。《后汉书·光武帝纪》记载众将领“皆惶怖，忧念妻孥，欲散归诸城”。唯独刘秀劝大家同心协力，共抗强敌。他说：“今兵谷既少，而外寇强大，并力御之，功庶可立；如欲分散，势无俱全。且宛城未拔，不能相救，昆阳即破，一日之间，诸部亦灭矣。今不同心胆共举功名，反欲守妻子财物邪?”对于此时的形势，刘秀认识得很清楚。如果大家合力抗敌，或许能成功，一旦分兵，援兵又来不了，昆阳守不住，起义军各部就会被逐一消灭。他问了一个颇有激将意味的问题：“你们不想同心同德谋大事，反而要去守着妻儿财产吗?”

刘秀这一问，众将都很生气。据《后汉书·光武帝纪》记载，“诸将怒曰：‘刘将军何敢如是！’光武笑而起”。清初学者王夫之在《读通鉴论》中这样评价“光武笑而起”：“光武心喻其吉凶，而难以晓譬于群劣，则固慨慷以争、痛哭以求必听之时也。乃微笑而起，俟其请而弗迫与之言，万一诸将不再问而遽焉骇散，能弗与之俱糜烂乎?”王夫

① 昆阳、定陵、郾：汉豫州颍川郡属县。昆阳，今河南平顶山市叶县昆阳镇。定陵，今河南漯河市舞阳县北舞渡镇。郾县，今河南漯河市郾城区西南。

之觉得，刘秀就这么“笑而起”冒了很大的风险，万一众将不再向他问计，而是逃跑了，刘秀岂不是也和这些人一起被王莽大军消灭了？他觉得光武帝刘秀是个勇者，是个面对生死存亡而不失其风度的“大有为者”。王夫之对此还写道：“勇者，非气矜也，泊然于生死存亡而不失其度者也。光武之笑起而不与诸将争前却，大有为者之过人远也，尤在此矣。”刘秀是个不张扬的人，他考虑事情比较周全，行事谨慎。据《东观汉记》评价，刘秀“仁智明达，多权略”。《东观汉记》也记载了当时刘秀的处境：“诸将素轻帝。”在众将领眼里，刘秀并没有什么分量。他和撤到昆阳的各位将领如王凤、王常等相比，恐怕资历和威望都不足以令众人折服。但是，诸将听懂了他的话，那就是团结起来还有获胜的可能，分散逃亡必死无疑。当众人气愤时，刘秀没有继续试图劝服众人，恐怕也是明智的选择，他需要静待时机。所以，刘秀的“一笑而起”恰恰显示了他的处理危机的冷静态度。刘秀的主张还是有人支持的，据《东观汉记》记载，“唯王常是帝计”。

刘秀等待的时机很快就来了。侦察兵报告，王莽大军已经兵临城下，众将不得已请刘秀去决策。据《后汉书·光武帝纪》记载：“……光武复为图画成败。诸将忧迫，皆曰‘诺’。时城中唯有八九千人，光武乃使成国上公王凤、廷尉大将军王常留守，夜自与骠骑大将军宗佻、五威将军李轶等十三骑出城南门，于外收兵。”在危急时刻，众将拿不出什么好办法，只好听从了刘秀的安排。刘秀让王凤、王常固守昆阳城，自己带着骑兵乘着夜色冲出昆阳城，寻求援兵去了。

刘秀刚刚冲出昆阳城，王寻、王邑率领的王莽大军就将昆阳城围困起来。昆阳城虽然不大，但是很坚固，有利于坚守，所以王寻、王邑没能速战速决，这为刘秀争取了时间。

刘秀率兵召集郾县和定陵县的守军。他费了一番口舌总算把人马聚在一处。据《后汉书·光武帝纪》记载，“既至郾、定陵，悉发诸营兵。而诸将贪惜财货，欲分留守之。光武曰：‘今若破敌，珍宝万倍，大功可成；如为所败，首领无余，何财物之有！’众乃从。”据《东观汉记》记载，“时汉兵在定陵、郾者闻二公兵盛，皆怖。上历说其意，为陈大命，请为前行诸部坚阵。”郾县、定陵县的守军之所以不愿意去昆阳，原因有二。一是被王莽大军的声势吓坏了，二是舍不得既得利益。刘秀用生死存亡的道理说服了他们，随即率军驰援昆阳。《东观汉记》记载了刘秀驰援昆阳的部署：“（刘秀）请为前行诸部坚阵。上将步骑千余，前去大军四五里。”刘秀“请为前行”的部署，是经过深思熟虑的。他召集起来的这支援军临时接受自己的指挥，颇有点乌合之众的意味，这支队伍的士气是个问题。对此，刘秀显然有清醒的认识。如果他不能冲锋在前，恐怕稍遇挫折，这支援军就做鸟兽散了。从刘秀率领的这支先锋队仅千人判断，这支援军规模不大，以寡击众、主动出击是唯一的选择。

刘秀身先士卒，连续打了几个胜仗。据《东观汉记》记载，“二公遣步骑数千合战，上奔之，斩首数十级。诸部将喜曰：‘刘将军平生见小敌怯，今见大敌勇，甚可怪也。’上复进，二公兵却，诸部共乘之，斩首数百千级，连胜。”刘秀平时给人以不太勇敢的印象，而此时他以身犯险，拼命冲杀，这也是在敌众我寡的形势下鼓舞士气可行的办法。他还故意散布宛城已经攻克、大军即将来援的假消息，据《后汉书·光武帝纪》记载，“时伯升拔宛已三日，而光武尚未知，乃伪使持书报城中，云‘宛下兵到’，而阳堕其书。寻、邑得之，不喜。诸将既经累捷，胆气益壮，无不一当百。”刘秀此时并不知道刘縯已攻克宛城。他派人去城里报信，故意将军书丢落在城外，让王寻得到军书，这既能打击敌人的斗志，也能提振己方士气。

更始元年六月，刘秀对王莽大军发起了决胜一击。据《后汉书·光武帝纪》记载，“光武乃与敢死者三千人，从城西水上冲其中坚，寻、邑阵乱，乘锐崩之，遂杀王寻。城中亦鼓噪而出，中外合势，震呼动天地，莽兵大溃，走者相腾践，奔殪百余里间。”刘秀深谙“擒贼先擒王”的道理，他率领3000敢死队攻击王莽大军的中军，杀死主帅王寻，王莽大军瞬间便崩溃了。刘秀在危急时刻，凭借过人的智慧和勇略，力挽狂澜，击溃王莽几十万大军，堪称战争史上的奇迹。

从现存史料客观地审视这场战争，王莽大军的主帅王寻昏聩无能，也是导致其大败的重要原因之一。王寻的部将严尤曾两次提出建议，均被王寻否决。《后汉书·光武帝纪》记载王寻率军到达昆阳时，严尤建议：“昆阳城小而坚，今假号者在宛，亟进大兵，彼必奔走；宛败，昆阳自服。”严尤认为昆阳易守难攻，而叛军的首脑在围攻宛城，宛城是重点。所以，他建议大军先击溃围困宛城的绿林军，昆阳就不在话下了。王寻没有抓住战略重点，几十万大军停滞在了昆阳城前。据《资治通鉴·淮阳王》记载，在围攻昆阳的战斗中，严尤又建议：“《兵法》：‘围城为之阙’，宜使得逸出以怖宛下。”围攻昆阳宜速战速决，以击溃敌人为上策。严尤的建议又一次被否决。

在决战时刻，王寻的部署也值得深思。据《资治通鉴·淮阳王》记载，“寻、邑易之，自将万余人行阵，敕诸营皆按部毋得动，独迎与汉兵战，不利，大军不敢擅相救。寻、邑阵乱，汉兵乘锐崩之，遂杀王寻。”王寻作为几十万大军的统帅，亲率万余人迎敌。副手王邑没有坐镇大营指挥，也和王寻一起横刀跃马去迎战。其结果是王莽军的指挥核心初战就被摧毁了，其溃败也就不难理解了。

昆阳大捷，刘秀名扬海内。清代王夫之在《读通鉴论》中这样评论这次战役的影响：“昆阳之战，光武威震天下，王业之兴肇此矣。”

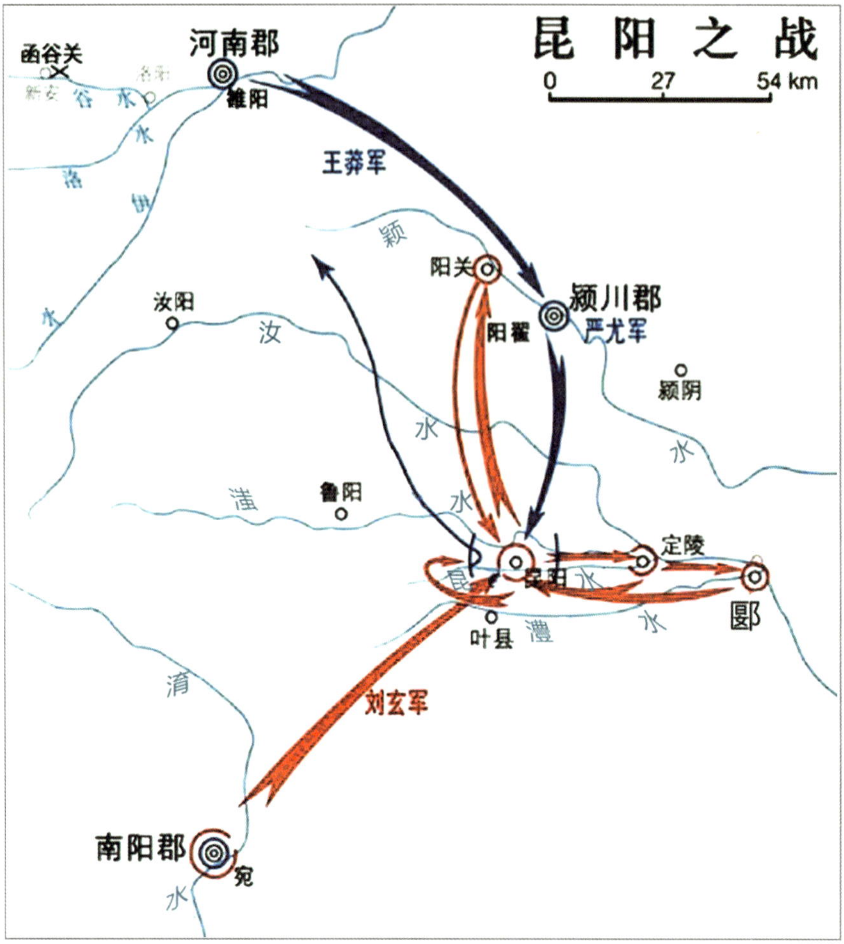

昆阳之战

四、长兄遇害，韬光养晦

刘縯以汉室宗室的身份自舂陵起兵后，先后打垮了王莽的两支平叛大军，又攻克了南阳郡的首府宛城，威名日盛。《后汉书·宗室四王三侯列传》记载了绿林军攻打新野县城时的一件事："圣公既即位，拜伯升为大司徒，……平林后部攻新野，不能下。新野宰登城言曰：'得司徒刘公一信，愿先下。’及伯升军至，即开城门降。”新野县令非刘縯不降，说明刘縯的影响力超过了绿林军的多数将领。而且从后者的立场看来，刘縯迟早会威胁到他们的既得利益。昆阳大捷后，刘氏兄弟的影响力更是达到了空前的地步，自然遭到了绿林军将领的嫉恨，必欲除之而后快。正如《资治通鉴·淮阳王》所载，“新市、平林诸将以刘縯兄弟威名益盛，阴劝更始除之。秀谓縯曰：‘事欲不善。’縯笑曰：‘常如是耳。’”绿林军诸将劝刘玄除掉刘縯和刘秀。刘秀敏锐地察觉到了危险，刘縯却没把刘秀的警告当回事。《后汉书·宗室四王三侯列传》还记载了针对刘縯的一次“鸿门宴”：“更始君臣不自安，遂共谋诛伯升，乃大会诸将，以成其计。更始取伯升宝剑视之，绣衣御史申屠建随献玉玦，更始竟不能发。及罢会，伯升舅樊宏谓伯升曰：‘昔鸿门之会，范增举玦以示项羽。今建此意，得无不善乎?’伯升笑而不应。”在这次大会上，刘縯的舅舅樊宏看出绿林军诸将的意图，会后特意拿鸿门宴的典故提醒刘縯，刘縯依然没有认真对待。紧接着，发生了刘縯的部将刘稷抗命事件，这成为刘縯被杀的导火索。如《后汉书·宗室四王三侯列传》所载，“伯升部将宗人刘稷，数陷阵溃围，勇冠三军。时将兵击鲁阳[1]，闻更始立，怒曰：‘本起兵图大事者，伯升兄弟也，今更始何为者邪?’更始君臣闻而心忌之，以稷为抗威将军，稷不肯拜。更始乃与诸将陈兵数千人，先收稷，将诛之，伯升固争。李轶、朱鲔因劝更始并执伯升，即日害之。”不久之前，绿林军拥立平庸的刘玄为帝，而南阳众豪强所拥护的刘縯却遭冷遇，这引起了他们强烈的不满。刘稷是刘縯的部将，勇冠三军。他公开藐视刘玄，因拒绝刘玄的任命而被捕。刘縯去找刘玄据理力争，这给更始君

① 鲁阳：汉代南阳郡属县，今河南平顶山市鲁山县。

臣创造了杀他的机会。刘縯之死对刘秀来说是一次非常严重的危机。

刘秀此时在攻打颍川郡。噩耗传来后，他审时度势，并没有马上与刘玄君臣公开决裂，而是决定用韬光养晦的办法渡过危机。《后汉书·光武帝纪》记载了刘秀的应对措施："光武自父城①驰诣宛②谢。司徒官属迎吊光武，光武难交私语，深引过而已。未尝自伐昆阳之功，又不敢为伯升服丧，饮食言笑如平常。"刘秀采取了三个措施，最大限度地消除了更始帝君臣对他的疑虑。首先，刘秀从父城急忙赶到宛城谢罪，向更始帝刘玄表明自己的态度。其次，在司徒府的下属官员来吊唁时，他不和这些人私下交谈，并且重申自己的过错。再次，他不给刘縯服丧，饮食谈笑与平时无异。

刘秀对于哥哥刘縯的死是否真的无动于衷呢？当然不是。《东观汉记》记载了一些细节："更始害齐武王，光武饮食语笑如平常，独居辄不御酒肉，坐卧枕席有涕泣处。"这里的"齐武王"是刘秀后来追封刘縯的爵位。刘秀在人前言笑如常，在人后却极其悲伤。

《后汉书·冯岑贾列传》记载刘縯被害后，刘秀的部下冯异单独来见刘秀，叩头请求宽解哀情，"光武止之曰：'卿勿妄言'"。对自己信任的部下，刘秀嘱咐他出去别乱说，由此可见刘秀此时战战兢兢、如履薄冰的心境。

刘秀的措施奏效了。《后汉书·光武帝纪》记载更始帝刘玄"以是惭，拜光武为破虏大将军，封武信侯"。

① 父城：汉代颍川郡属县，故址在今河南省平顶山市宝丰县李庄乡古城村。

② 宛：当时更始帝刘玄驻地宛城，南阳郡首府，今河南南阳市宛城区。

第二章　崛起河北　奠定帝业

刘秀的哥哥刘縯盛名罹难，刘秀在危险的形势下示人以弱，韬光养晦，成功避免了绿林军将领的进一步迫害。王莽政权的垮台给他创造了脱离樊笼的良机，他在绿林军将领的一致反对声中以大司马的身份巡抚河北。他采取积极的措施收复民心，招揽人才，艰难崛起。刘秀在巡行河北时，王郎在邯郸称帝并悬赏通缉刘秀，这给刘秀的河北之行带来了巨大的危险。他从蓟城开始南逃，一路躲避王郎军队的追杀，直到信都才站稳了脚跟。刘秀巡行河北之旅以信都起兵为转折点，逐步壮大力量，争取到了真定王刘杨的支持，消灭了邯郸王郎政权及以铜马军为代表的河北众多农民起义军，统一河北，称帝鄗城。河北成为他平定天下的重要根据地。

一、出抚河北，频遭困厄

更始元年九月，京城长安附近的豪杰起兵攻入皇宫，诛灭王莽，天下一下子陷入无主的境况，形势对更始帝刘玄来说极为有利。他们向全国各地派出使者安抚各州郡守将，意图一统天下，而能否收服黄河以北的州郡尤其重要。刘玄打算从刘氏宗室中选派一人担此重任，刘秀冲出樊笼的机会终于来了。

大司徒刘赐建议派刘秀去，朱鲔等绿林军将领怕对自己不利，坚决反对，双方为此争论不休，更始帝刘玄拿不定主意。此时，刘秀是否在坐等结果呢？当然不是。据《后汉书·冯岑贾列传》记载，“更始数欲遣光武徇河北，诸将皆以为不可。是时左丞相曹竟子诩为尚书，父子用事，异劝光武厚结纳之。及度河北，诩有力焉。”刘秀采取了积极有效的措施。他采纳冯异的意见，“厚结纳”掌握实权的曹竟父子，得到了他们的支持。其中，曹竟的儿子曹诩起到了重要作用。

同年十月，在绿林军将领们一致反对的声音中，刘秀以大司马的身份名正言顺地持节北渡黄河，开始了他奠定帝业的河北之行。

刘秀带着哪些人镇抚黄河以北各州郡呢？除了从舂陵一直跟随他的部下之外，还有两位重量级人物，一个是冯异，一个是邓禹。

冯异是父城人，他熟读《左氏春秋》《孙子兵法》，是刘秀昆阳之战结束后在父城延揽的人才。据《后汉书·冯岑贾列传》记载，“汉兵起，异以郡掾监五县，与父城长苗萌共城守，为王莽拒汉。光武略地颍川，攻父城不下，屯兵巾车乡。异间出行属县，为汉兵所执。时异从兄孝及同郡丁綝、吕晏并从光武，因共荐异，得召见。异曰：‘异一夫之用，不足为强弱。有老母在城中，愿归据五城，以效功报德。’”刘秀攻打父城时，冯异担任颍川郡掾（太守的下属官吏），和苗萌一起驻守父城。有一次，他秘密出行，巡视属下五县，被刘秀所部抓获，在同乡的劝说和推荐下，归顺了刘秀。《后汉书·冯岑贾列传》的记载很能说明冯异的行事特点：“光武南还宛，更始诸将攻父城者前后十余辈，异坚守不下；及光武为司隶校尉，道经父城，异等即开门奉牛酒迎。”刘秀回宛城期间，绿林军十几个将领先后攻打父城，冯异一直坚守不降。等刘秀被任命为司隶校尉去洛阳途经父城时，冯异大开城门迎接刘秀，这充分显示了冯异此时对形势的判断。

如果说刘秀和冯异是双向选择的结果，邓禹投奔刘秀就是不折不扣的“良臣择主而事”。据《后汉书·邓寇列传》记载，“邓禹字仲华，南阳新野人也。年十三，能诵诗，受业长安。时光武亦游学京师，禹年虽幼，而见光武知非常人，遂相亲附。数年归家。及汉兵起，更始立，豪杰多荐举禹，禹不肯从。及闻光武安集河北，即杖策北渡，追及于邺①。光武见之甚欢，谓曰：'我得专封拜，生远来，宁欲仕乎？'禹曰：'不愿也。'光武曰：'即如是，何欲为？'禹曰：'但愿明公威德加于四海，禹得效其尺寸，垂功名于竹帛耳。'光武笑……"邓禹和刘秀既是南阳同乡，也是游学长安时的旧相识。邓禹不肯接受刘玄的征召，他听说刘秀被派抚河北，就赶去投效。邓禹表态愿追随刘秀建功立业，名垂青史。这让刘秀非常高兴。

冯异和邓禹为刘秀成就帝业做出了巨大贡献。此次巡行河北，两个人都提出了自己的建议。据《资治通鉴·淮阳王》记载，邓禹给刘秀出的主意是"为今之计，莫如延揽英雄，务悦民心，立高祖之业"，这是战略层面的建议。冯异的建议是"更始政乱，百姓无所依戴。夫人久饥渴，易为充饱。今公专命方面，宜分遣官属徇行郡县"，这是具体措施。二人都表明了辅佐刘秀成就帝业的意愿。

刘秀渡过黄河以后，从南向北依次巡视安抚各郡县。关于刘秀巡视各地的细节，《后汉书》仅有两处记载。一处在《后汉书·光武帝纪》，记载了刘秀亲自处理的政务："所到部县，辄见二千石、长吏、三老、官属，下至佐史，考察黜陟，如州牧行部事。辄平遣囚徒，除王莽苛政，复汉官名。吏人喜悦，争持牛酒迎劳"。刘秀每到一处，就召见各级官员谈话。上至郡太守和各属县的长官，下至各郡县衙门的属官佐史、负责教化的郡县三老，他都一一召见考查，根据实际情况予以任免升降，就像州牧巡查下属州县一样。他在巡行中革除王莽弊

① 邺：汉代魏郡属县，辖境大部在今河北临漳县境内。邺城为春秋时期齐桓公所建，后为曹魏、后赵、冉魏、前燕、东魏、北齐六朝都城，遗址在今河北临漳县县城西南香菜营乡邺镇村、习文乡一带。

政，释放囚犯，恢复西汉时的官名，稳定人心。这些措施得到了民众的欢迎。另一处在《后汉书·冯岑贾列传》中，记载了刘秀派随行官吏到属县去巡视的安排：“至邯郸[①]，遣异与铫期乘传抚循属县，录囚徒，存鳏寡，亡命自诣者除其罪，阴条二千石长吏同心及不附者上之。”刘秀到邯郸后，驻扎在郡治所在地邯郸城。他派冯异和铫期乘坐驿馆的公车到所属各县巡视。他们在各县重新审查囚犯的罪状，慰问鳏寡孤独。对逃亡的人，只要来自首，就免除他们所犯的罪。此外，对俸禄为二千石的地方官吏，他们还将真心归顺的和不肯亲附的人暗中整理了一个名单。

《后汉书》中记载了刘秀巡视过的地名从南到北依次是鄴城、邯郸、真定、信都、下曲阳、卢奴、蓟城。刘秀一路北行，一些有识之士纷纷加入刘秀的阵营。刘秀的同乡邓禹在鄴城追上了刘秀，颍川郡的傅俊带领十几个人北渡黄河赶来邯郸相投。时任骑都尉的宋子县[②]人耿纯在邯郸拜谒刘秀，一见倾心。据《后汉书·任李万邳刘耿列传》记载，“会世祖渡河至邯郸，纯即谒见，世祖深接之。纯退，见官属将兵法度不与他将同，遂求自结纳，献马及缣帛数百匹。世祖北至中山[③]，留纯邯郸。”刘秀北行赶赴中山国时，把耿纯留在了邯郸。唐代李贤在《后汉书·任李万邳刘耿列传》的注释中加入了《东观汉记》记载的一段内容：“王郎举尊号，欲收纯，纯持节与从吏夜逃出城，驻节道中，诏取行者车马，得数十，驰归宋子，与从兄欣、宿、植俱诣上所在卢奴[④]，言王郎反状。”王郎造反时要逮捕留守邯郸的耿纯，耿

① 邯郸：西汉后期为冀州邯郸郡，其治所战国时为赵国都城，遗址在今河北邯郸市西南赵王城公园。

② 宋子县：西汉末为巨鹿郡属县，治所在今河北赵县宋子东北宋城村。

③ 中山：汉代中山国，治所在今定州。

④ 卢奴：汉代中山国属县，治所是中山国国都，今河北定州市。

纯拿着符节逃出邯郸，中途又骗到几十辆车，跑到老家宋子县，之后去卢奴向刘秀汇报王郎造反的情况。

就在此时，上谷郡太守耿况的儿子耿弇来卢奴相投。耿弇原计划带队去长安朝见更始帝刘玄，走到中途时，随从们和耿弇产生了分歧。据《后汉书·耿弇列传》记载，“……及至宋子，会王郎诈称成帝子子舆，起兵邯郸。弇从吏孙仓、卫包于道共谋曰：‘刘子舆成帝正统，舍此不归，远行安之?’……遂亡降王郎。弇道闻光武在卢奴，乃驰北上谒，……”王郎诈称汉成帝的儿子称帝，其蛊惑力还是相当强的。耿弇到达宋子县时，他的两个部下认为，既然汉成帝的儿子在邯郸称帝了，何必舍近求远呢?于是，他们撇下耿弇，投靠王郎去了。耿弇听说此时刘秀在卢奴巡视，急忙赶来求见。据《后汉书·耿弇列传》记载，“弇因说护军祐，求归发兵，以定邯郸。光武笑曰：‘小儿曹乃有大意哉!’因数召见加恩慰。弇因从光武北至蓟[①]。”耿弇当时仅仅 21 岁。他请求返回上谷，召集军队平定邯郸。刘秀多次和耿弇交谈，觉得耿弇是个胸怀大志的年轻人，就让随自己一起去蓟城巡视。

早在刘秀巡视邯郸时，原赵缪王的儿子刘林就来拜见刘秀。据《后汉书·光武帝纪》记载，“（刘秀）进至邯郸，故赵缪王子林说光武曰：‘赤眉今在河东，但决水灌之，百万之众可使为鱼。’光武不答，去之真定[②]。”刘林建议刘秀扒开黄河，水淹驻扎在河东的赤眉军。黄河一旦决口，生灵涂炭，百姓遭殃，这绝对不是个好主意，也和刘秀的既定方针相去甚远。刘秀没有理睬刘林。

① 蓟：西汉燕国、广阳国属县，东汉广阳郡属县，其治所先后为燕国、广阳国国都和东汉广阳郡治所，在今北京市宣武区广安门一带。

② 真定：汉初恒山郡属县，后属真定国，治所在今河北石家庄市古城村。

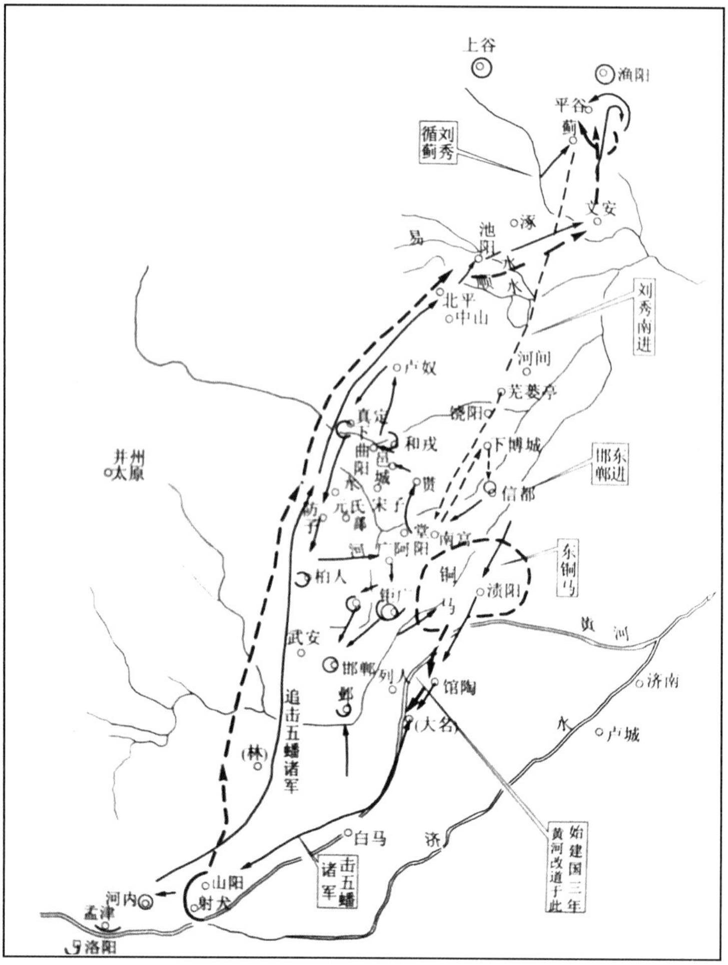

刘秀略定河北路线图

刘林去见刘秀，其本意应是为了得到刘秀的任用，不想碰了个钉子。于是，他谋划造反。据《后汉书·光武帝纪》记载，“林于是乃诈以卜者王郎为成帝子子舆，十二月，立郎为天子，都邯郸，遂遣使者降下郡国。二年正月，光武以王郎新盛，乃北徇蓟。王郎移檄购光武十万户，……”更始元年十二月，刘林找到算卦的王郎，让王郎诈称汉成帝的儿子刘子舆。他们一伙人召集人马，攻入邯郸，拥立王郎为帝，并且派出使者招降河北各郡县，还以封给十万户的奖赏捉拿刘秀。

刘秀在蓟城巡视时，得到王郎悬赏捉拿的警讯。传闻王郎大兵即将开到，众人都想南归，只有耿弇劝刘秀北上。据《资治通鉴·淮阳王》记载，“耿弇曰：‘今兵从南方来，不可南行。渔阳太守彭宠，公之邑人；上谷太守，即弇父也。发此两郡，控弦万骑，邯郸不足虑也。’”王郎捉拿刘秀的大军从南边来，耿弇建议刘秀先北行去上谷、渔阳，征召两郡兵马，然后南归平叛。从当时的情况和后来的结果看，这个建议是可行的。但是，此时蓟城突然大乱，耿弇这个建议没能付诸实施。《后汉书·铫期传》记载了蓟城当时的混乱情况：“时王郎檄书到蓟，蓟中起兵应朗。光武趋驾出，百姓聚观，喧呼满道，遮路不得行，期骑马奋戟，瞋目大呼左右曰‘跸’，众皆披靡。”王郎的檄文到了蓟城，蓟城起兵响应王郎，形势危急，刘秀急忙从驿馆驾车出逃。大街上到处都是看热闹的老百姓，铫期骑马挥舞着大戟，一路高呼“回避”，冲开一条道路。《资治通鉴·淮阳王》这样记载：“会故广阳王子接起兵蓟中以应郎，城内扰乱，言邯郸使者方到，二千石以下皆出迎。于是秀趋驾而出，至南城门，门已闭；攻之，得出。遂晨夜南驰，……”这次骚乱的起因是前广阳王的儿子刘接在蓟城起兵响应王郎。刘秀一行人仓促出逃，攻破南门，星夜南归。在此，刘秀和耿弇失散。

刘秀南归之途很是狼狈。据《资治通鉴·淮阳王》记载，“不敢入城邑，舍食道傍。至芜蒌亭①，时天寒烈，冯异上豆粥。至饶阳②，官属皆乏食。秀乃自称邯郸使者，入传舍，传吏方进食，从者饥，争夺之。传吏疑其伪，乃椎鼓数十通，绐言‘邯郸将军至’，官属皆失色。

① 芜蒌亭：遗址在今河北饶阳县东草芦村西北 500 米。
② 饶阳：今河北衡水市饶阳县，故治在今县治东北。

秀升车欲驰，既而惧不免，徐还坐，曰：‘请邯郸将军入。’久，乃驾去。”南行途中，他们不敢进入沿途郡县城内，就在道旁宿营做饭。他们走到芜蒌亭时还有点粥喝，到达饶阳县城时，断了粮。刘秀一行就假称王郎的使者进入驿馆吃饭，饿极了的随从们的表现让驿馆的人起了疑心。驿吏击鼓骗他们说邯郸将军到了，大家都吓坏了，刘秀坐上车要跑，但是担心跑不成，反而被抓，觉得还不如见机行事，于是带领大家饱餐一顿，驿吏这个谎言也不攻自破了。

《后汉书·光武帝纪》还记载了刘秀一行人从饶阳南门离开的情况：“传中人遥语门者闭之。门长曰：‘天下讵可知，而闭长者乎?’遂得南出。”驿吏大喊，让看守饶阳城门的军吏关上大门，捉拿刘秀一行人。守城门的军吏认为此时天下大乱，天下形势还不明朗，不宜阻拦刘秀一行人。

刘秀一行匆匆离开饶阳县城，到了滹沱河[①]边，欲渡河而去。据《后汉书·铫期王霸祭遵列传》记载，“光武即南驰至下曲阳[②]。传闻王郎兵在后，从者皆恐。至滹沱河，候吏还白河水流澌，无船，不可济。秀使王霸往视之。霸恐惊众，欲且前，阻水，还即诡曰：‘冰坚可度。’官属皆喜。……比至河，河冰亦合，乃令王霸护渡，未毕数骑而冰解。”刘秀离开饶阳，走到下曲阳境内，传言王郎的军队在后面追赶，大家非常紧张。到滹沱河时，探路的侦察兵回来报告说河水还在哗哗地流淌，如果没船，就无法渡河。刘秀派王霸去察看，王霸担心众人恐慌，就谎称河水冻结了，可以渡河。等大家到了河边时，河水刚好冻结。于是，刘秀踏冰而过。刚刚过了河，河冰就裂开了。

渡过滹沱河后，刘秀一行到达原南宫县境内。《资治通鉴·淮阳

① 汉代滹沱河在饶阳县城之南，今之滹沱河在城北。
② 下曲阳：王莽时期和成郡属县，治所约今河北晋州市古城村附近。

王》记载刘秀等人“至南宫[1]，遇大风雨，秀引车入道傍空舍，冯异抱薪，邓禹爇火，秀对灶燎衣，冯异复进麦饭。进至下博[2]城西，惶惑不知所之。”众人在南宫遇到大风雨，在道旁空房里避雨，烤干衣服。他们吃了一顿麦饭后，又从南宫境内走到了下博县城之西。

从地理方位看，《资治通鉴》里的这段记载似乎很不合理。南宫在下博城南 50 多千米处，刘秀从北向南逃，按理没有中途折返的道理。

《后汉书》中有三处记载了刘秀南逃至信都[3]的所经之地。《后汉书·铫期王霸祭遵列传》的记载是蓟城、下曲阳、滹沱河、信都，《后汉书·冯岑贾列传》的记载是蓟城、饶阳芜蒌亭、原南宫县、“复渡滹沱河”、信都。《后汉书·光武帝纪》的记载是蓟城、饶阳、滹沱河、下博、信都。司马光等人在编纂《资治通鉴·淮阳王》中的这一节时，应该是综合了上述的相关内容。

唐代李贤在注释《后汉书·冯岑贾列传》时，对《后汉书》中的相关记载颇多疑惑。他在注释中说：“光武纪云，渡滹沱河，至下博城西，……是自北而南。此传先言至南宫，后言渡滹沱河，南宫在滹沱河南百有余里，又似自南而北。纪传两文全相乖背。迹其地理，纪是传非。诸家之书并然，亦未详其故。”李贤认为，《后汉书·光武帝纪》中说刘秀渡过滹沱河后到下博县，然后到信都，这是从北向南走。《后汉书·冯岑贾列传》中说先到南宫，后渡河，而南宫在滹沱河南 50 多千米处，这是从南向北走。他根据地理方位判断《后汉书·冯岑贾列传》的记载是有问题的。但是，他也搞不清为什么各家史书都如此记载。

---

① 南宫：汉信都郡属县，约今河北邢台南宫市。
② 下博：汉信都郡属县，治所约在今河北深州东南下博镇附近。
③ 信都：汉代信都郡属县和郡治所在地，约今河北衡水冀州市。

从现代人的视角推测，刘秀南逃时并没有既定的目的地。他们遇到郡县城池都绕道而走，为了躲避王郎军队的围追堵截，途中自然难免迂回往复。刘秀南逃时似乎曾反复渡过滹沱河，最终才到达信都。《后汉书》中相互矛盾的记载不存在孰是孰非的问题，而应是其编纂者在不同章节的侧重点不同造成的。将这些侧重点综合在一起并不能勾勒出刘秀南逃时完整的活动轨迹。那么，所有疑惑似乎都可以豁然而解了。

且不管史书中的是是非非，有一点毫无疑问，正是在下博县城西，刘秀一行看到了一线生机。《后汉书·光武帝纪》记载："有白衣老父在道旁，指曰：'努力！信都郡为长安守，去此八十里。'"在这人心惶惶的时刻，突然来了一位白衣老人指点刘秀去信都，这有了一定程度的传奇色彩。唐代李贤在注释《后汉书》时说："老父盖神人也，今下博县西犹有祠堂。"大约刘秀登基后派人找过这位白衣老人，因为没有找到，便认为他是神仙，于是修了祠堂祭祀他。

二、信都起兵，诛灭王郎

更始二年春正月，刘秀到达信都，结束了他的南逃之旅。信都是刘秀武力平定河北的起点，对刘秀的河北之行来说，是一个具有里程碑意义的转折点。

早在一个多月前，王郎在邯郸称帝，其势力发展得非常迅速。《后汉书·任李万邳刘耿列传》中记述了当时的形势："会王郎兵起，使其将徇地，所到县莫不奉迎，唯和成①、信都坚守不下。"王郎向各郡县派出使者，所到之处，人们纷纷归降王郎，只有信都、和成两郡守将

① 和成：王莽时期分巨鹿郡置和成郡，治所在今河北晋州市西鼓城村附近。

坚守不降。据《后汉书·任李万邳刘耿列传》记载，“更始至洛阳，以光为信都太守。及王郎起，郡国皆降之，光独不肯，遂与都尉李忠、令万修、功曹阮况、五官掾郭唐等同心固守。廷掾持王郎檄诣府白光，光斩之于市，以徇百姓，发精兵四千人城守。……光等孤城独守，恐不能全，闻世祖至，大喜，吏民皆称万岁，实时开门，与李忠、万修率官属迎谒”。任光杀了拿着王郎的文书来劝降的廷掾，和下属一起坚守信都这座孤城。鉴于周围各郡县都是王郎的势力，他心里不免恐慌。刘秀一来，信都就有了主心骨，任光等人自然非常高兴。

和成郡又是什么情况呢？《后汉书·任李万邳刘耿列传》这样描述：“彤初为王莽和成卒正。世祖徇河北，至下曲阳，彤举城降，复以为太守，留止数日。……彤闻世祖从蓟还，失军，欲至信都，乃先使五官掾张万、督邮尹绥，选精骑二千余匹，缘路迎世祖军。”邳彤是王莽时期的和成卒正。之前，刘秀巡视到和成郡时，收降了邳彤。他在和成郡的治所下曲阳与邳彤相处数日，任命邳彤为和成太守。此时，邳彤得到刘秀来信都的消息，就派属下带2000名精骑，在途中迎接。

当年昆阳之战时，任光追随刘秀，二人曾并肩作战。邳彤是刘秀巡视河北时收降并重用的将领。所以，刘秀能得到二郡的支持有其必然性。刘秀的到来使信都与和成二郡整合起来，为其在信都的武力崛起奠定了基础。

刘秀在信都城得到了邳彤、任光的力挺，总算有了一小块根据地。但是，即便二郡合兵，力量也依然很弱，形势仍不乐观。刘秀和任光、邳彤等人在信都为此充分商讨，确定战略决策。有人建议刘秀西还长安，还没等刘秀表态，邳彤首先反对。《资治通鉴·淮阳王》载有邳彤的言论：“吏民歌吟思汉久矣，故更始举尊号而天下响应，三辅清宫除道以迎之。今卜者王郎，假名因势，驱集乌合之众，遂振燕、赵之地，无有根本之固。明公奋二郡之兵以讨之，何患不克！今释此而归，岂徒空失河北，必更惊动三辅，堕损威重，非计之得者也。若明公无复征伐之意，则虽信都之兵，犹难会也。何者？明公既西，则邯郸势成，民不肯捐父母、背成主而千里送公，其离散亡逃可必也！”邳彤反对刘秀西还长安有两个理由。其一，天下思汉，王郎假借名号，是逆潮流而动。他召集起来的人马是乌合之众，不堪一击。而刘秀平叛名正言顺，所以王郎必败。其二，刘秀如果在这个关键时刻逃跑，就会失去河北的民心，王郎的势力一旦扩大，刘秀恐怕很难全身而逃。

刘秀千辛万苦才脱离刘玄君臣的势力范围出巡河北，断然没有回去的道理。所以，即便邳彤不反对，刘秀也不会选择西归，他也有自己的计划。《资治通鉴·淮阳王》记载刘秀“以二郡兵弱，欲入城头子路、力子都军中”。当时在河北，城头子路拥兵 20 多万，力子都也有七八万人，势力很大。所以，刘秀打算去投靠这两个人。实际上，这和刘縯当初依附绿林军如出一辙，并不是什么好办法。对此，任光坚决反对。《后汉书·任李万邳刘耿列传》记载了二人的对话：“世祖入传舍，谓光曰：‘伯卿。今势力虚弱，欲俱入城头子路、力子都兵中，何如邪？’光曰：‘不可。’世祖曰：‘卿兵少，何如？’光曰：‘可募发奔命，出攻傍县，若不降者，恣听掠之。人贪财物，则兵可招而致也。’世祖从之。”汉代制度，在太平之时，各郡国举荐剽悍善战的猛士，享受国家俸禄，一旦国家有难，就召集这些人效力，奔赴险难，这些人被称为“奔命兵”。任光主张不投靠别人，自己壮大力量。他建议召集奔命兵去收服附近州县的办法可行，但是纵兵抢掠的主意有些残忍。

刘秀采纳了邳彤和任光的建议，从附近各县征兆到 4000 名精兵，以任光为左大将军、李忠为右大将军、邳彤为后大将军，向各郡县发出檄文，称“大司马刘公将城头子路、力子都兵百万众从东方来，击诸反虏”（引文见《资治通鉴·淮阳王》）。他亲率大军攻城略地，拉开了消灭王郎集团的序幕。

刘秀每到一处就征召该处的“奔命兵”，当地民众纷纷响应。他在这一时期的军事行动可谓势如破竹。据《资治通鉴·淮阳王》记载，“秀投暮入堂阳①界，多张骑火，弥满泽中，堂阳即降。又击贳县②，降之”。刘秀首先进攻的是堂阳县，一番虚张声势之后，堂阳县守军就投降了。据《后汉书·任李万邳刘耿列传》记载，“堂阳已反属王郎，彤使张万、尹绥先晓譬吏民，世祖夜至，即开门出迎”。“多张骑火”的是邳彤的部下张万、尹绥率领的那支部队。随后，刘秀又降服了贳县。据《后汉书·任李万邳刘耿列传》记载，“纯与从昆弟欣、宿、植共率宗族宾客二千余人，老病者皆载木自随，奉迎于育③。拜纯为前将军，……，使与纯居前，降宋子④，从攻下曲阳及中山。是时郡国多降邯郸者，纯恐宗家怀异心，乃使欣、宿归烧其庐舍”。引文中的“育”应为“贳”。在贳县境内，耿纯率领宗族宾客2000余人迎接刘秀。耿纯为坚定宗族的决心，派两个弟弟将宗族在老家的房子都烧了，这样大家就没有退路了。耿纯被任命为前将军，率部跟随刘秀收降宋子县，又随军进攻下曲阳、中山一带，攻下中山国的国都卢奴。

刘秀随即率军进军巨鹿，此时刘植来投效。据《后汉书·任李万邳刘耿列传》记载，“刘植字伯先，巨鹿昌城⑤人也。王郎起，植与弟喜、从兄歆率宗族宾客，聚兵数千人据昌城。闻世祖从蓟还，乃开门

① 堂阳：汉巨鹿郡属县，约今河北邢台市新河县，治所在今新河县城关。
② 貰县：汉巨鹿郡属县，故治在今河北辛集市南智丘镇大、小车城村一带。
③ 育：唐李贤注释《后汉书》认为两汉时期没有育县，育县应为貰县。
④ 宋子：汉真定国属县，故治在今河北赵县宋城村东南。
⑤ 昌城：汉昌成县，先属巨鹿郡，后属信都郡，今河北衡水市阜城县。

迎世祖，……”巨鹿郡昌城人刘植率宗族宾客等数千人占据昌城，刘秀大军一到，他即刻大开城门迎接。

此时，常山太守邓晨闻讯也赶来相会。据《后汉书·李王邓来列传》记载，“更始北都洛阳，以晨为常山太守。会王郎反，光武自蓟走信都，晨亦间行会于巨鹿下，自请从击邯郸。光武曰：‘伟卿以一身从我，不如以一郡为我北道主人。’乃遣晨归郡”。邓晨本是更始帝刘玄任命的常山太守。他听说刘秀举兵的消息，偷偷来见刘秀，请求跟随大军进攻王郎。刘秀派他回常山郡，让他带着常山郡一起归降。

此外，刘秀家乡的豪杰如马成、贾复、陈俊等闻讯也都先后赶到河北加入刘秀的大军。

王郎称帝时，原真定王刘杨凭借其在河北真定一带的影响力，很快拉起一支十几万人的队伍，归顺了王郎政权。数任真定王在真定一带经营100多年，刘杨此时又拥兵十几万人，自然是一股不可小觑的势力，劝降刘杨对刘秀来说意义重大。据《后汉书·任李万邳刘耿列传》记载，“世祖遣植说扬，扬乃降。世祖因留真定，纳郭后，后即扬之甥也，故以此结之。乃与扬及诸将置酒郭氏漆里舍，扬击筑为欢，因得进兵拔邯郸，从平河北”。刘秀派刘植去劝降刘杨，“扬乃降”。真实的劝降过程未必这么简单，但是史书对此没有更具体的记载，后世自然无从得知。刘秀娶了刘杨的外甥女郭圣通，通过联姻的方式巩固他和刘杨的联盟。刘秀在真定漆里郭氏的家里和刘杨及诸将宴饮。席间，刘杨还亲自奏乐助兴。

刘杨的归降使刘秀的实力大为增强，具备了向邯郸的王郎大举进攻的军事实力。

在刘秀不断壮大势力的时候，刘秀的随行家童犯法被祭遵杀了。《资治通鉴·淮阳王》记载：“秀舍中儿犯法，军市令颍川祭遵格杀之，秀怒，命收遵。主簿陈副谏曰：‘明公常欲众军整齐，今遵奉法不避，是教令所行也。’乃贳之，以为刺奸将军，谓诸将曰：‘当备祭遵！吾舍中儿犯法尚杀之，必不私诸卿也。’”刘秀得知家童被杀起初很愤怒，要惩罚祭遵。主簿陈副认为祭遵执法毫不回避，有利于整饬军队纪律。刘秀听从了陈副的劝告，任命祭遵当了专门整顿风纪的刺奸将军，并且以自己不袒护家童为例告诫诸将。这件事看似不大，但是对刘秀打造一支纪律严明的军队来说非常重要。

刘秀劝降真定王刘杨后，率军向王郎大举进攻。据《资治通鉴·淮阳王》记载，“进击元氏、防子①，皆下之。至鄗②，击斩王郎将李恽。至柏人③，复破郎将李育，育还保城，攻之不下。……或说大司马秀以守柏人不如定巨鹿，秀乃引兵东北拔广阿④”。刘秀很顺利地攻下了元氏县、防子县、鄗县，杀了王郎的将军李恽，又在柏人县境内打败了王郎的大将李育。李育坚守柏人城，刘秀久攻不下。于是，部下建议转攻巨鹿郡。刘秀于是进军巨鹿，攻下广阿县。

在进攻巨鹿时，信都出事了。据《后汉书·任李万邳刘耿列传》记载，“进围巨鹿，未下，王郎遣将攻信都，信都大姓马宠等开城内之，收太守宗广及忠母妻，而令亲属招降忠。时宠弟从忠为校尉，忠实时召见，责数以背恩反城，因格杀之。……会更始遣将攻破信都，忠家属得全。世祖因使忠还，行太守事，收郡中大姓附邯郸者，诛杀数百人”。王郎的军队和信都大姓马宠里应外合拿下了信都，逮捕了信都太守宗光、李忠的母亲和妻子，并且派人招降李忠，遭到李忠的拒绝。所幸刘玄派来的部队收复了信都，刘秀把李忠派回信都，诛杀反

① 元氏、防子为汉常山郡属县。元氏即今河北石家庄市元氏县，防子县在今高邑县境内。
② 鄗：汉常山郡属县，今分属河北石家庄市高邑县、邢台市柏乡县。
③ 柏人：汉赵国属县，故治约今河北省邢台市隆尧县西南双碑乡亦城村。
④ 广阿：汉巨鹿郡属县，治所在今河北邢台市隆尧县东。

叛者数百人，信都的局面得以稳定。

就在刘秀进军巨鹿时，在蓟城和刘秀失散的耿弇也在积极行动。耿弇说服父亲耿况联合渔阳郡，出兵帮助刘秀平灭王郎。《资治通鉴·淮阳王》记载了两郡联合的过程："蓟中之乱，耿弇与刘秀相失，北走昌平，就其父况，因说况击邯郸。时王郎遣将徇渔阳、上谷，急发其兵，北州疑惑，多欲从之。上谷功曹寇恂、门下掾闵业说况曰：'邯郸拔起，难可信向。大司马，刘伯升母弟，尊贤下士，可以归之。'况曰：'邯郸方盛，力不能独拒，如何?'对曰：'今上谷完实，控弦万骑，可以详择去就。恂请东约渔阳，齐心合众，邯郸不足图也!'况然之，遣恂东约彭宠，欲各发突骑二千匹、步兵千人诣大司马秀。"耿弇在蓟城的骚乱中和刘秀失散后，北上到昌平去劝说他的父亲发兵进攻王郎，而此时王郎派人来渔阳郡和上谷郡征召兵马。耿况的下属寇恂、闵业认为邯郸的王郎不可信，建议耿况归顺刘秀。寇恂自告奋勇去渔阳郡联合渔阳太守彭宠共同起兵。

彭宠那边情况怎样呢？据《资治通鉴·淮阳王》记载，"安乐令吴汉、护军盖延、狐奴令王梁亦劝宠从秀，宠以为然；而官属皆欲附王郎，宠不能夺。汉出止外亭，遇一儒生，召而食之，问以所闻。生言：'大司马刘公，所过为郡县所称；邯郸举尊号者，实非刘氏。'汉大喜，即诈为秀书，移檄渔阳，使生赍以诣宠，令具以所闻说之。会寇恂至，宠乃发步骑三千人，以吴汉行长史，与盖延、王梁将之，南攻蓟，杀王郎大将赵闳"。盖延、吴汉、王梁都劝彭宠归顺刘秀，但是彭宠的部下想归顺王郎。正在彭宠拿不定主意的时候，吴汉从一个儒生那里获悉王郎的真实情况，于是假造刘秀的檄文，让那个儒生拿着檄文一起去说服了彭宠。恰在此时，寇恂也率兵到了渔阳，于是二郡精兵合兵南下出击，进攻王郎。

上谷和渔阳地处边塞，驻守的精兵有“突骑”的美称，这是一支不可小觑的队伍。《后汉书·耿弇传》记载了这支队伍南下的战绩：“弇与景丹、寇恂及渔阳兵合军而南，所过击斩王郎大将、九卿、校尉以下四百余级，得印绶百二十五，节二，斩首三万级，定涿郡、中山、巨鹿、清河、河间①凡二十二县。”这支精兵在寇恂、景丹、耿弇的率领下，一路南下，势如破竹，先后打下涿郡、中山、巨鹿、清河、河间等郡国沿途的22个县。一路上，他们斩杀王郎的大将、九卿、校尉等各级军吏400多人，缴获印绶125套，杀了30000人。

上谷、渔阳来的这支精兵在广阿县和刘秀率领的大军会师。据《资治通鉴·淮阳王》记载，“城下初传言二郡兵为邯郸来，众皆恐。刘秀自登西城楼勒兵问之；耿弇拜于城下，即召入，具言发兵状。秀乃悉召景丹等入，笑曰：‘邯郸将帅数言我发渔阳、上谷兵，吾聊应言‘我亦发之’，何意二郡良为吾来！方与士大夫共此功名耳。’乃以景丹、寇恂、耿弇、盖延、吴汉、王梁皆为偏将军，使还领其兵，加耿况、彭宠大将军；封况、宠、丹、延皆为列侯”。耿弇、吴汉等率北境精兵来会合是个意外的惊喜，获悉上谷和渔阳两郡发兵的情况后，刘秀对他们大加封赏。

北境精兵的战斗力不可小视，刘秀很快就见识了北境“突骑”的厉害。

就在刘秀亲率大军围攻巨鹿时，王郎派倪宏、刘奉率数万人乌来救，刘秀率军在南䜌县②迎击，但是仗打得不顺利。于是，景丹等人率领“突骑”出击，王郎的大军大败。《资治通鉴·淮阳王》记载了刘

① 涿郡、中山国、巨鹿郡、清河郡、河间国都是汉代冀州属郡国，约今河北省中、北部一带。

② 南䜌县：汉代冀州巨鹿郡属县，故治在今河北巨鹿县北5千米夏旧城。

秀对“突骑”的赞扬：“吾闻突骑天下精兵，今见其战，乐可言邪。”但是，在王郎大将王饶的坚守下，刘秀攻打巨鹿一个多月，毫无进展。总这么僵持着不是办法，《资治通鉴·淮阳王》记载了耿纯的建议：“耿纯言于秀曰：‘久守巨鹿，士众疲弊；不如及大兵精锐，进攻邯郸，若王郎已诛，巨鹿不战自服矣。’秀从之。夏，四月，留将军邓满守巨鹿；进军邯郸，连战，破之。”耿纯建议，既然巨鹿打不下来，干脆放弃巨鹿，大军主力直取邯郸，擒贼先擒王，拿下了邯郸，巨鹿就不战而降了。刘秀采纳了耿纯的建议。更始二年夏四月，刘秀让邓满率部攻巨鹿，他亲率大军进攻邯郸，连续击溃王郎的军队。王郎招架不住，就请求投降。据《资治通鉴·淮阳王》记载，“郎乃使其谏大夫杜威请降。威雅称郎实成帝遗体，秀曰：‘设使成帝复生，天下不可得，况诈子舆者乎！’威请求万户侯，秀曰：‘顾得全身可矣！’威怒而去”。王郎派杜威来和刘秀谈投降的条件，想封个万户侯，刘秀没同意。他这样做也是有所考虑的。王郎冒充汉成帝的儿子，如果接受王郎投降，就意味着承认了王郎的假冒身份，这会严重破坏封建伦理。最重要的是，刘秀已经很清楚在大军压境的形势下，王郎覆灭指日可待。

《资治通鉴·淮阳王》记载了战事的结果：“秀急攻之，二十余日。五月，甲辰，郎少傅李立开门内汉兵，遂拔邯郸。郎夜亡走，王霸追斩之。”更始二年五月，刘秀诛灭王郎。在打扫战场时，刘秀搜到数千封刘秀的部下和王郎往来的信件。刘秀处理这些信件的手段非常高明。《资治通鉴·淮阳王》记载：“秀收郎文书，得吏民与郎交关谤毁者数千章；秀不省，会诸将军烧之，曰：‘令反侧子自安！’”刘秀没有翻阅这些信件，而是一把火烧了，用以打消那些曾经脚踩两只船的人逃走或反叛的心思。

三、收服铜马，鄗城称帝

刘秀诛灭王郎以后，更始帝君臣谋夺河北的战果。《资治通鉴·淮阳王》记载了刘玄君臣的策略："更始遣使立秀为萧王，悉令罢兵，与诸将有功者诣行在所。遣苗曾为幽州牧，韦顺为上谷太守，蔡充为渔阳太守，并北之部。""行在"，指皇帝所在之地，即刘玄所在的都城长安。刘玄君臣的如意算盘有三个要点：一是把刘秀远远地封在徐州萧县为萧王，让他离开河北。二是解除刘秀及下属中有功将领的兵权，去都城长安报到。三是派心腹将领接收幽州及其属郡。他们想把刘秀等人调到长安，一网打尽。

刘秀心知肚明，处理此事极其谨慎，即便对力挺自己的爱将也怀有戒心。耿弇单独去找刘秀，说更始帝刘玄必败，劝说刘秀召集兵马反抗刘玄。《资治通鉴·淮阳王》记载刘秀的第一个反应是"卿失言，我斩卿"。但是，当他看到耿弇确实是死心塌地忠于自己后，接受了耿弇的建议。《资治通鉴·淮阳王》记载了二人的对话和刘秀的决断："弇曰：'大王哀厚弇如父子，故敢披赤心。'萧王曰：'我戏卿耳，何以言之？'弇曰：'百姓患苦王莽，复思刘氏，闻汉兵起，莫不欢喜，如去虎口得归慈母。今更始为天子，而诸将擅命于山东，贵戚纵横于都内，虏掠自恣，元元叩心，更思莽朝，是以知其必败也。公功名已著，以义征伐，天下可传檄而定也，天下至重，公可自取，毋令他姓得之！'萧王乃辞以河北未平，不就征，始贰于更始。"耿弇能判断更始帝刘玄成不了大事，刘秀未尝不能。也许刘秀一直在等某个有影响的部下给他挑明这件事，好有个托词。这样，刘秀借口河北还没有安定，拒绝了更始帝调他回长安的命令。

既然决定与刘玄决裂，清除刘玄的势力就摆上了议事日程。

此时在河北还流窜着铜马、大彤、尤来等武装势力，刘秀决心先消灭这几部分势力。于是，他任命吴汉、耿弇为大将军，拿符节召集幽州各郡精兵。从吴汉和耿弇的行动看，显然临行之前，刘秀交代过要除掉刘玄派来的心腹。据《资治通鉴·淮阳王》记载，“萧王欲击之，乃拜吴汉、耿弇俱为大将军，持节北发幽州十郡突骑。苗曾闻之，阴敕诸郡不得应调。吴汉将二十骑先驰至无终①，曾出迎于路，汉即收曾，斩之。耿弇到上谷，亦收韦顺、蔡充，斩之。北州震骇，于是悉发其兵”。吴汉和耿弇到了北方各郡，一见面就诛杀了刘玄派来的苗曾、韦顺、蔡充三个大吏，显然是预先安排好的。这样，刘秀很顺利地召集了幽州各郡的精兵。

而在邯郸之南的邺城还卧着刘玄派来的“一只老虎”，这个人就是谢躬。据《资治通鉴·淮阳王》记载，“初，谢躬与萧王共灭王郎，数与萧王违戾，常欲袭萧王，畏其兵强而止；虽俱在邯郸，遂分城而处，然萧王有以慰安之。躬勤于吏职，萧王常称之曰：‘谢尚书，真吏也！’故不自疑。其妻知之，常戒之曰：‘君与刘公积不相能，而信其虚谈，终受制矣！’躬不纳。既而躬率其兵数万还屯于邺。及萧王南击青犊，使躬邀击尤来于隆虑山，躬兵大败。萧王因躬在外，使吴汉与刺奸大将军岑彭袭据邺城。躬不知，轻骑还邺，汉等收斩之，其众悉降”。谢躬受刘玄派遣攻打邯郸。在平灭王郎期间，谢躬多次和刘秀闹矛盾。刘玄交给他的任务之一就是监视并伺机除掉刘秀，他来到邯郸就摆出一副与刘秀不合作的样子。在平定铜马军后，刘秀趁谢躬兵败之机派吴汉和岑彭攻下邺城，除掉了谢躬。

更始二年秋，刘秀亲率大军北上消灭流窜在河北的号称“铜马军”

① 无终：汉幽州右北平郡属县，今河北玉田县。

的起义军。据《资治通鉴·淮阳王》记载，“秋，萧王击铜马于鄡[1]，吴汉将突骑来会清阳[2]，士马甚盛，……铜马食尽，夜遁，萧王追击于馆陶[3]，大破之。受降未尽，而高湖、重连从东南来，与铜马余众合。萧王复与大战于蒲阳，悉破降之，……”刘秀大军在鄡县与铜马军对峙，吴汉率领河北北境的精兵到达清阳与刘秀夹击铜马军。铜马军粮草告罄，趁夜色逃走。刘秀率军追击，在馆陶击溃铜马军。此时，高湖、重连两支农民起义军来和铜马军余部合兵，刘秀在蒲阳[4]又将其击溃并“悉迫降之”。

铜马军在刘秀强大的攻势下屡战屡败，只好投降。为避免降而复叛，刘秀做了妥善的安排。《资治通鉴·淮阳王》记载了刘秀的策略：“封其渠帅为列侯。诸将未能信贼，降者亦不自安。王知其意，敕令降者各归营勒兵，自乘轻骑按行部阵。降者更相语曰：‘萧王推赤心置人腹中，安得不投死乎！’由是皆服。悉以降人分配诸将，众遂数十万。”刘秀首先给予投降的将领较高的待遇，把他们都封为列侯。其次是安定军心，投降部队各归各营后，他轻骑视察各部队。这不但显示了刘秀的魄力，还彰显了一个好领导的形象。刘秀最重要的手段是将投降的部队打乱建制，分散到自己掌握的各支队伍中，这也为后世解决降而复叛这一古老问题提供了可资借鉴的案例。

刘秀收服铜马军后，势力大大扩张，军队总人数一下子就扩充到了几十万人。这就意味着刘秀的部队大多数是铜马军的降卒，这也是刘秀有“铜马帝”之称的缘由。

---

① 鄡：汉巨鹿郡属县，故治在今河北辛集市新城镇附近。

② 清阳：西汉清河郡属县，郡治所在地，故治在今邢台市清河县城关。

③ 馆陶：汉魏郡属县，故治在今河北馆陶县南馆陶镇，一说在今山东冠县境内。

④ 蒲阳：今保定市顺平县蒲阳镇。

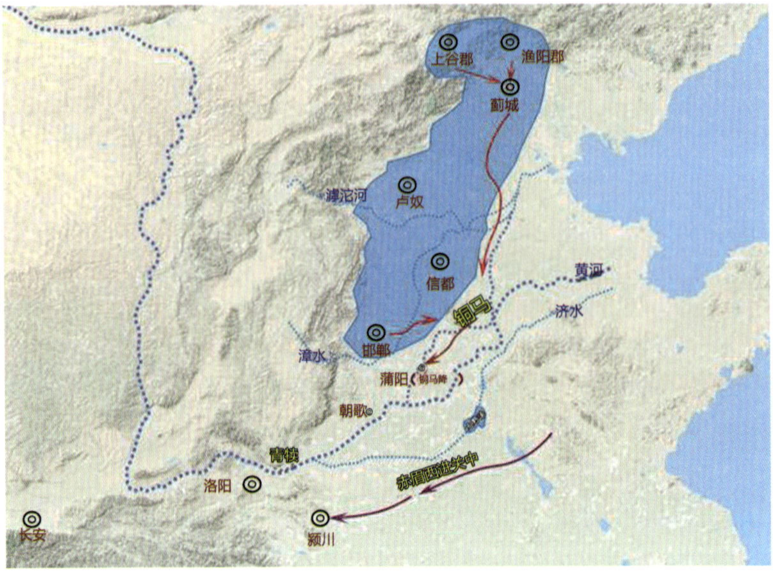

刘秀消灭铜马军路线图

更始三年春，刘秀从邯郸北上平灭燕赵一带的尤来、大枪等武装势力。临行前，他做了精心的安排，准备公开和更始帝刘玄对抗。据《资治通鉴·淮阳王》记载，“萧王将北徇燕、赵，度赤眉必破长安，又欲乘衅并关中①而未知所寄，乃拜邓禹为前将军，中分麾下精兵二万人，遣西入关，……萧王以河内②险要富实，欲择诸将守河内者而难其人，问于邓禹。邓禹曰：‘寇恂文武备足，有牧人御众之才，非此子莫可使也！’乃拜恂河内太守，行大将军事。……拜冯异为孟津将军，统魏郡③、河内兵于河上，以拒洛阳。萧王亲送邓禹至野王④，禹既西，萧王乃复引兵而北”。刘秀北上燕赵前有三件事要安排好，一是

① 关中：东潼关、西散关（大震关）、南武关（蓝关）、北萧关（金锁关）四关之间的地域，今陕西省中部。

② 河内：汉司隶部河内郡，今太行山东南、黄河以北的地区。郡治驻怀县，故治今河南焦作市武陟县大虹桥乡土城村。

③ 魏郡：汉冀州属郡，治所在邺，今河北临漳县西南。

④ 野王：今河南沁阳。

进攻关中，二是坚守河内郡，三是屯兵黄河与洛阳对峙。刘秀派出了三个重要人物来完成这三项任务。刘秀判断长安的刘玄政权必定会被赤眉军打败，所以安排邓禹率领两万部队西进，趁乱攻取关中。邓禹向刘秀推荐寇恂率部镇守河内郡，筹集粮草。一向谨慎的冯异被刘秀委以屯兵黄河以拒洛阳的重任。这样，刘秀北上燕赵便没有了后顾之忧。

寇恂原为上谷郡太守耿况的下属，智勇双全，才能出众。刘秀从蓟城南逃信都后，他力主联合渔阳郡，发北境精兵投顺刘秀，在消灭王郎的战斗中屡立战功，受到刘秀的重用。刘秀临行前嘱咐寇恂："昔高祖留萧何关中，吾今委公以河内。当给足军粮，率厉士马，防遏他兵，勿令北渡而已。"他将寇恂和西汉开国名相萧何相提并论，强调后勤保障的重要性，并且嘱咐要防止刘玄在洛阳一带的守军渡河北上。

这年正月，刘秀率领大军北出燕赵，彻底解决河北一带流寇的袭扰。《后汉书·光武帝纪》记载了这些军事行动中刘秀在河北的一次遇险："光武北击尤来、大抢、五幡于元氏，追至右北平①，连破之。又战于顺水②北，乘胜轻进，反为所败。贼追急，短兵接，光武自投高岸，遇突骑王丰，下马授光武，光武抚其肩而上，顾笑谓耿弇曰：'几为虏嗤。'弇频射却贼，得免。士卒死者数千人，散兵归保范阳。"刘秀率军连续在元氏县、北平县击败尤来、大抢、五幡三支农民军。到达顺水北边时，因为冒进遭遇失败。敌人追得急，在一片短兵相接的混战中，刘秀急忙往高坡上跑，所幸遇到王丰，刘秀骑着王丰的马，在耿弇的保护下逃脱了。他尽管身陷危急的混战中，仍然镇定自若。

① 右北平：汉幽州属郡。这里应为北平县。北平县是汉中山国属县，故治在今河北满城县城北二里眺山下。

② 顺水：今漕河。

当他骑上王丰的马后，还笑着对耿弇说：“差点就被贼寇笑话了。”众将在战场上失去了刘秀的踪迹，一下子陷入恐慌。《后汉书·光武帝纪》记载“军中不见光武，或云已殁……众恐惧，数日乃定”。

但是，因为被刘秀打怕了，这些农民军没有乘胜扩大战果，反而连夜逃走了。据《资治通鉴·世祖光武皇帝》记载，“贼虽战胜，而惮王威名，夜，遂引去。大军复至安次①，连战，破之。贼退入渔阳②，所过虏掠”。刘秀带兵追击到安次县，流寇一路抢劫，退入渔阳郡。

老这样追着敌人的屁股打，不能消灭其有生力量，不是办法。据《资治通鉴·世祖光武皇帝》记载，此时陈俊给刘秀出了个主意：“强弩将军陈俊言于王曰：‘贼无辎重，宜令轻骑出贼前，使百姓各自坚壁以绝其食，可不战而殄也。’王然之，遣俊将轻骑驰出贼前，视人保壁坚完者，敕令固守；放散在野者，因掠取之。贼至，无所得，遂散败。王谓俊曰：‘困此虏者，将军策也。’”陈俊认为这些流寇没有粮食，一路抢劫才能维持生计，如果派轻骑越过他们，坚壁清野，贼众抢不到粮食就溃散了。于是，刘秀派陈俊率轻骑去完成任务，果然如此。

刘秀自己返回蓟城，派吴汉追击尤来流寇余部，“斩首万三千余级，遂穷追至浚靡③而还。贼散入辽西、辽东④，为乌桓、貊人所抄击略尽”。吴汉屠杀了尤来农民军13000多人，穷追猛打到浚靡县，农民军余众跑到辽西、辽东，被乌桓、貊人消灭殆尽。

《后汉书·光武帝纪》记载吴汉这次追击的主要战役发生在原平谷县：“贼入渔阳，乃遣吴汉率耿弇、陈俊、马武等十二将军追战于

① 安次：汉幽州渤海郡属县，今河北廊坊安次区。
② 渔阳：汉幽州渔阳郡，治所约在今北京市密云区十里堡镇统军庄村。
③ 浚靡：汉右北平属县，在今河北张家口市遵化一带。
④ 辽西、辽东：今辽宁省境内。

潞[1]东，及平谷[2]，大破灭之。”

游走在燕赵的几股流寇被消灭以后，河北终于安定下来。刘秀成为雄居河北、跨州连郡的北方霸主。于是，众将多次劝刘秀称帝，但是刘秀一再拒绝。

实际上，早在更始二年五月，当刘秀消灭王郎后，就有人试图劝说刘秀称帝。据《后汉书·朱景王杜马刘傅坚马列传》记载，“祐侍宴，从容曰：‘长安政乱，公有日角之相，此天命也！’秀曰：‘召刺奸收护军！’祐乃不敢复言”。“日角之相”指额头隆起的帝王之相，护军朱祐借此委婉地劝刘秀称帝。刘秀威胁要把他抓起来，朱祐再也不敢多嘴了。

大军还在平谷的时候，马武就劝刘秀回到蓟城称帝。《后汉书·光武帝纪》记载了刘秀的反应：“光武惊曰：‘何将军出是言？可斩也！’武曰：‘诸将尽然。’光武使出晓之，乃引军还至蓟。”马武说众将都希望他称帝，刘秀很吃惊，让马武晓谕众将不要乱说。

刘秀率军回到中山时，众将又来劝。“光武又不听”。等到了南平棘[3]，众将“固请之”，刘秀解释说：“寇贼未平，四面受敌，何遽欲正号位乎？”他以贼寇未平不宜称帝为由拒绝了。这个时候，耿纯说了一番话，刘秀听进去了。《后汉书·光武帝纪》记载：“耿纯进曰：‘天下士大夫捐亲戚，弃土壤，从大王于矢石之间者，其计固望其攀龙鳞，附凤翼，以成其所志耳。今功业即定，天人亦应，而大王留时逆众，不正号位，纯恐士大夫望绝计穷，则有去归之思，无为久自苦也。大众一散，难可复合。时不可留，众不可逆。’纯言甚诚切，光武深感，

① 潞：汉渔阳郡属县，今河北三河市，故治在今三河市军下村。
② 平谷：汉渔阳郡属县，今北京市平谷区。
③ 南平棘：汉常山郡属县，在今河北赵县境内，故治在固城村。

曰：‘吾将思之。’”耿纯说到了要害，众人都愿意跟着刘秀建功立业，封王封侯。如果刘秀一直不称帝，大家一旦觉得没了指望就各奔东西了。众将反复劝谏，刘秀就是不答应。即便耿纯言辞恳切，直达要害，刘秀仍然要“思之”。他在顾虑什么呢？

实际上，此时的刘秀对形势没有彻底看清楚。他北出燕赵前，派邓禹西征、寇恂镇守河内，冯异隔着黄河与洛阳那边的朱鲔对峙，情况到底怎样？恐怕刘秀还要亲自问问冯异才能定夺。《资治通鉴·世祖光武皇帝》记载：刘秀“行至鄗[①]，召冯异，问四方动静。异曰：‘更始必败，宗庙之忧在于大王，宜从众议！’”。冯异不善言辞，行事低调，思维缜密，刘秀始终将他视为亲信。他的话让刘秀下定了称帝的决心。而此时，邓禹的西进兵团也击溃了刘玄的大军，天下大势已经很明朗，这是刘秀称帝的绝佳时机。

恰在此时，有个叫强华的儒生从长安带着《赤伏符》来献给刘秀，《赤伏符》上有“刘秀发兵捕不道，四夷云集龙斗野，四七之际火为主”这样的言辞。于是，在这年六月，刘秀在鄗城祭天称帝，改元建武。在他的祭天祝文中，特别提到《赤伏符》中“刘秀发兵捕不道，卯金修德为天子”的说法。宋代的钱时在《两汉笔记》中这样评价“《赤伏符》事件”：“孟子曰：‘三代之得天下也以仁，其失天下也以不仁。’安有所谓符命也哉？自王莽诈伪窃国欺天罔人，而符命兴焉，甚至五威班行四十二篇于天下，言之可为羞忸。光武者出豁达大度，一时豪杰，翕然归之，此即天命祚汉者未艾，而光武为真主不疑矣。今而即位犹有待于《赤伏符》何耶？岂亦未能自信？须此而后信于人耶？……愚为光武惜之。”钱时认为符命之说根本是无稽之谈，刘秀称

① 鄗：汉常山郡属县，在今河北省高邑县和柏乡县固城店一带。

帝还要倚仗旁人伪造的《赤伏符》，实为可惜。

从现代人的视角判断，刘秀本人思虑周详、行事谨慎，应该是对形势有了明晰的判断后才做出称帝的决定。见《赤伏符》而称帝，可能是巧合罢了。刘秀那个时代流行符命之说，如果说刘秀本人不相信，那似乎并不客观。不管刘秀信与不信，“《赤伏符》事件”在舆论上是有利的，它让普通民众易于认可他称帝的合理性。

《后汉书·冯岑贾列传》记载冯异劝刘秀称帝时，二人还说起刘秀梦乘赤龙飞天的事：“光武曰：‘我昨夜梦乘赤龙上天，觉悟，心中动悸。’异因下席再拜贺曰：‘此天命发于精神。心中动悸，大王重慎之性也。’异遂与诸将定议上尊号。”刘秀到底有没有做梦乘赤龙飞天，没有旁证，也许他根本没有做过这样的梦，而是故意这么说。因为按当时的社会文化，这可以被解读为天授皇权。

刘秀在鄗城千秋亭称帝，也给鄗城之后的地位产生了不小的影响。此后，鄗城成为冀州刺史的治所，这是刘秀在鄗城即位称帝带来的政治效应，也是鄗城史上辉煌的年代。直到东汉末年，冀州刺史治所才迁到邺城（今河北临漳县邺镇）。

汉明帝曾下诏在刘秀即位之地修建纪念性建筑。唐代李贤注《后汉书》在“光武于是命有司设坛场于鄗南千秋亭五成陌”一节引用《水经注》中的记载：“亭有石坛，坛有圭头碑，其阴云：常山相陇西狄道冯龙所造。坛之东，枕道有两石翁仲，南北相对焉。”《石家庄学院学报》2016 年第 5 期载有《汉光武帝刘秀鄗南即位处文献述论》一文，作者秦进才认为，汉光武帝刘秀即位石坛、圭头碑，是汉明帝永平十五年（72 年）四月以后下诏建立的，主持建造者中有常山相陇西狄道冯龙。这是目前所知最早建立的汉光武帝纪念碑。

四、定都洛阳，稳定河北

建武元年（25 年）七月下旬，刘秀挥师南渡黄河，围攻洛阳。九月，洛阳守将朱鲔投降。

从更始元年九月到建武元年九月，刘秀在河北苦心经营了整整两年。他白手起家，历经千难万险，消灭王郎，收服铜马，剿灭流寇，安抚百姓，定鼎鄗城，为他统一天下打下了坚实的基础，河北俨然刘秀平定天下的重要根据地。十月，刘秀定都洛阳。

此时，刘秀不论从军事实力、根据地的规模还是名望，在全国来说都首屈一指，正如《后汉书・光武帝纪》中记载的众将劝刘秀称帝时说的话："……大王初征昆阳，王莽自溃；后拔邯郸，北州弭定；三分天下而有其二，跨州据土，带甲百万。言武力则莫之敢抗，论文德则无所与辞。"刘秀平定了河北，就完成了统一天下三分之二的工作，河北的百万雄兵使之成为全国最大的军事集团。

刘秀在河北的两年执行了邓禹为他规划的"收服人心"的既定战略。东汉第二任皇帝汉明帝刘庄认定的"光武中兴云台二十八将"的全部功臣名将在河北齐集麾下，为刘秀统一天下做好了人才准备。这些人也得到了刘秀的厚待，贾复就是其中典型的例子。

贾复本是儒生出身。更始二年，他从汉中千里迢迢来河北投奔刘秀，被刘秀委以重任。《后汉书・冯岑贾列传》记载了一件事，很能说明刘秀善待下属的真诚与风度："诸将咸服其勇。又北与五校战于真定，大破之。复伤创甚。光武大惊曰：'我所以不令贾复别将者，为其轻敌也。果然，失吾名将。闻其妇有孕，生女耶，我子娶之，生男耶，我女嫁之，不令其忧妻子也。'复病寻愈，追及光武于蓟，相见甚欢。"贾复虽是儒生，作战却极其英勇。更始三年，贾复率部大破五校农民军，在战斗中受了重伤。刘秀闻讯大惊，说他不让贾复单独带兵出战，就因为他轻敌。此时贾复的妻子身怀有孕，刘秀说不管生男生女，都要和贾复联姻，不让贾复忧心妻子儿女。后来，贾复养好了伤去蓟城追上刘秀归队，二人相见非常高兴。刘秀在河北之所以能够得到众人的拥护，由此可见一斑。

刘秀称帝后，没有忘记安抚众将。据《后汉书·光武帝纪》记载，建武二年（26 年）正月，“封功臣皆为列侯，大国四县，余各有差”。他生怕有所遗漏，下诏说：“其显效未酬，名籍未立者，大鸿胪趣上，朕将差而录之。”他让大鸿胪抓紧时间把遗漏的报上去予以封赏录用。当博士丁恭提出“今封诸侯四县，不合法制”时，刘秀说自古以来“未闻功臣地多而灭亡者”。

刘秀深知河北对于他的重要性。他离开河北后，对河北非常关注。建武二年，刘秀将真定王刘杨的谋反消灭在萌芽状态，稳定了河北的局面。这年正月，真定王刘杨因为自己脖子上有个大肉瘤，就假造“赤九之后，瘿杨为主”的谶记，勾结绵曼[1]的贼众准备谋反。《资治通鉴·世祖光武皇帝》记载了刘秀除掉刘杨的过程：“帝遣骑都尉陈副、游击将军邓隆征之，杨闭城门不内。帝复遣前将军耿纯持节行幽、冀，所过劳慰王、侯，密敕收杨。纯至真定，止传舍，邀杨相见。纯，真定宗室之出也，故杨不以为疑，且自恃众强，而纯意安静，即从官属诣之；杨兄弟并将轻兵拒在门外。杨入，见纯，纯接以礼敬，因延请其兄弟皆入；乃闭合，悉诛之，因勒兵而出。真定震怖，无敢动者。帝怜杨谋未发而诛，复封其子为真定王。”刘秀侦知刘杨的反状，先是派骑都尉陈副和游击将军邓隆去河北征召刘杨，被刘杨拒之城外。刘

① 绵曼：西汉真定国属县，故治在今河北鹿泉市东北。

秀又派耿纯持符节去河北慰劳此地的王侯，密令耿纯伺机杀了刘杨。刘杨认为自己在真定实力雄厚，而耿纯曾是真定刘氏宗室的部下，就没做戒备。他轻率地带着弟弟刘让去驿馆见耿纯，耿纯在驿馆来了个关门打狗，诛杀了刘杨兄弟，稳定了真定的局面。之后，刘秀封刘杨的儿子刘得为真定王，以安抚真定刘氏宗室。

建武二年二月，渔阳太守彭宠造反。在刘秀平定河北的过程中，彭宠一直是支持刘秀的。为什么彭宠会反叛呢?《资治通鉴·世祖光武皇帝》记载:“及即位，吴汉、王梁，宠之所遣，并为三公，而宠独无所加，愈怏怏不得志，叹曰:‘如此，我当为王；但尔者，陛下忘我邪。’”刘秀称帝后，原为彭宠部下的吴汉、王梁都担任了三公要职，彭宠没有得到进一步封赏，难免有些怨言，但是不至于造反。彭宠反叛的起因是和上司朱浮的矛盾。早在更始二年，刘秀任命朱浮为幽州牧，驻蓟城。因为施政理念不同，朱浮和渔阳太守彭宠矛盾重重。《资治通鉴·世祖光武皇帝》记载:“浮数谮构之，密奏宠多聚兵谷，意计难量。上辄漏泄令宠闻，以胁恐之。至是，有诏征宠，宠上疏，愿与浮俱征；帝不许。宠益以自疑；其妻素刚，不堪抑屈，固劝无受征，……宠又与所亲信吏计议，皆怀怨于浮，莫有劝行者。帝遣宠从弟子后兰卿喻之；宠因留子后兰卿，遂发兵反。”朱浮上书弹劾彭宠，刘秀就把朱浮的弹劾泄露给彭宠。等到刘秀下诏征召彭宠时，彭宠请求和朱浮一起被调走，刘秀拒绝了，这引起了彭宠的怀疑。于是，彭宠在妻子和下属的劝说下，发兵攻打朱浮，正式反叛。朱浮与彭宠的矛盾并不足以促使彭崇造反，刘秀在处理朱彭二人矛盾时没有充分顾及彭宠的立场，单独调走彭宠的决定被彭宠解读为自身陷入险境的信号。

刘秀平定这次叛乱并不顺利。建武二年八月，他派游击将军邓隆讨伐彭宠被打败。据《资治通鉴·世祖光武皇帝》记载，“隆军潞南，浮军雍奴[1]，遣吏奏状。帝读檄，怒，谓使吏曰：‘营相去百里，其势岂可得相及！比若还，北军必败矣。’彭宠果遣轻兵击隆军，大破之；浮远，遂不能救”。朱浮和邓隆的两支军队相距百里，受到攻击时根本不能及时相救。刘秀见到驻军情况汇报就知道必败无疑，事实果然如此。

建武三年（27年）三月，涿郡太守张丰反叛，与彭宠联合。彭宠先后攻下蓟城、右北平和上谷数县，自称燕王。他北联匈奴，南结张步等叛军。朱浮请求刘秀亲征河北，而刘秀此时在经略关中和陇右，根本顾不上。直到建武四年（28年），刘秀才下定决心亲赴河北平叛。《资治通鉴·世祖光武皇帝》记载了刘秀最后一次河北之行：“夏，四月，丁巳，上行幸邺；己巳，幸临平[2]，遣吴汉、陈俊、王梁击破五校于临平。……五月，上幸元氏；辛巳，幸卢奴，将亲征彭宠。伏湛谏曰：‘今兖、豫、青、冀，中国之都，而寇贼纵横，未及从化。渔阳边外荒耗，岂足先图！陛下舍近务远，弃易求难，诚臣之所惑也！’上乃还”。刘秀于建武四年夏四月先后到邺城、临平，五月到元氏、卢奴。他本计划亲征彭宠。伏湛认为刘秀不能舍近求远，应该先解决兖、豫、青、冀四州的问题，不要亲征远在边塞的渔阳郡。刘秀在他的劝说下取消了原计划。于是，他派朱祐、耿弇、祭遵、刘喜北上平叛。祭遵在涿郡杀了张丰。耿弇为避免嫌疑，不敢独进，请求被征召到京城。刘秀于是下诏对他说：“将军举宗为国，功效尤着，何嫌何疑，而欲求征。”耿弇的父亲耿况得到消息，就把耿弇的弟弟送到京师入侍，派耿舒袭破匈奴兵。于是，彭宠退回渔阳。建武五年二月，彭宠被家

① 雍奴：汉渔阳郡属县，治所在今天津市武清区崔黄口镇大宫城村。
② 临平：西汉巨鹿郡属县，故治在今河北晋州市东南。

奴所杀。至此，河北的叛乱平息。

刘秀在卢奴部署完河北平叛的军事行动后，于建武四年六月从河北返回洛阳。从此，因朝政繁忙，他再也没有踏足河北。但是，河北作为北方的屏障，刘秀非常重视。史书还记载了之后刘秀为了抵御边患在河北的三个部署。

第一个部署是修筑飞狐道。古飞狐口在今河北省保定市涞源县北部、张家口市蔚县南部，长50多千米，两边悬崖峭壁如刀削斧劈，中间一线相通，蜿蜒曲折，异常险峻，是古代河北平原通往北方诸郡的咽喉要道，对抵御匈奴入侵非常重要。据《后汉书·铫期王霸祭遵列传》记载，“十三年，……卢芳与匈奴、乌桓连兵，寇盗尤数，缘边愁苦。诏霸将驰刑徒六千余人，与杜茂治飞狐道，堆石布土，筑起亭障，自代至平城三百余里。凡与匈奴、乌桓大小数十百战”。建武十三年（37年），刘秀为了解决匈奴、乌桓入侵边关问题，下诏令王霸率领去掉刑具的囚犯6000人和杜茂一起大规模修治飞狐道，用土石填平道路，建造亭障，共计筑路150多千米。

第二个部署是屯兵滹沱河，防御匈奴入侵。据《资治通鉴·世祖光武皇帝》记载，刘秀在建武十三年二月“遣捕虏将军马武屯滹沱河以备匈奴”。据《后汉书·朱景王杜马刘傅坚马列传》记载，马武“将兵屯下曲阳，备匈奴”。刘秀派马武率军在滹沱河畔的下曲阳驻防。

第三个部署是移民实边。据《资治通鉴·世祖光武皇帝》记载，“建武十五年（39年），徙雁门、代郡、上谷三郡民置常山关、居庸关以东”。建武十五年，刘秀迁徙雁门、代郡、上谷三郡居民到常山关、居庸关以东定居，以充实边防。常山关即今河北省保定市唐县倒马关。

刘秀深知河北地处要害，是东汉王朝的安全屏障。他采取的这些措施对抵御匈奴入侵起到了重要作用。

第三章　运筹帷幄　统一天下

刘秀在河北鄗城称帝后，随即挥师南下，定都洛阳。此时，关中地区的刘玄政权被赤眉军所灭，刘秀先后派邓禹、冯异攻取关中，最终在宜阳迫降赤眉军，平定了关中。但是，天下依然处于军阀割据的乱象中，陇右的隗嚣、巴蜀的公孙述是其中势力最大的地方割据势力。从建武六年（30年）四月到建武十二年（36年）十一月，刘秀用了6年多的时间消灭地方割据势力，统一了天下。

一、略定关中，降服赤眉

王莽末年，山东一带的起义军为与王莽军队相区别，朱其眉以相识别，称赤眉军。建武元年春，赤眉军从颍川郡（河南许昌一带）兵分两路进攻长安的更始政权。

刘秀判断更始政权必亡，于是决定趁乱攻取关中。据《后汉书·邓寇列传》记载，“光武筹赤眉必破长安，欲乘衅并关中，而方自事山东，未知所寄，以禹沉深有大度，故授以西讨之略。乃拜为前将军，持节，中分麾下精兵二万人，遣西入关，令自选偏裨以下可与俱者”。此时，刘秀正准备北征燕赵，除了划拨给邓禹两万精兵，还让他亲自挑选将领，可见他对邓禹西入关中的重视程度。

邓禹不负重托，在西进途中击溃王匡、成丹等率领的十几万更始大军，攻取河东郡。此时，刘秀在鄗城称帝，下诏鼓励邓禹。《后汉书·邓寇列传》记载了诏书全文：“制诏前将军禹：深执忠孝，与朕谋谟帷幄，决胜千里。孔子曰：‘自吾有回，门人日亲。’斩将破军，平定山西，功效尤着。百姓不亲，五品不训，汝作司徒，敬敷五教，五教在宽。今遣奉车都尉授印绶，封为酂侯，食邑万户。敬之哉!”酂侯本是汉高祖刘邦封给萧何的爵位，地位崇高。刘秀除了封邓禹为酂侯，还举了孔子与颜回的典故，指示邓禹采取“敬敷五教，五教在宽”的策略，嘱咐邓禹进军途中要收拢人心。刘秀对战局的预判是准确的。据《后汉书·邓寇列传》记载，“是时三辅连覆败，赤眉所过残贼，百姓不知所归。闻禹乘胜独克而师行有纪，皆望风相携负以迎军，降者日以千数，众号百万。禹所止辄停车住节，以劳来之，父老童稚，垂发戴白，满其车下，莫不感悦，于是名震关西。帝嘉之，数赐书褒美”。赤眉军军纪败坏，抢掠成性。邓禹执行刘秀的策略，深得民心，民众争相归附。

九月，赤眉军攻破长安，更始帝刘玄出逃。十二月，刘玄遇害，更始政权灭亡。

关中大乱时，邓禹没有趁乱直捣长安，而是攻打周围郡县。其间，他的部下冯愔叛乱，造成人心浮动，行动受阻。于是，刘秀派冯异取代邓禹。《资治通鉴·世祖光武皇帝》记载了刘秀给二人的诏书全文。刘秀给冯异提出要求：“……将军今奉辞讨诸不轨，营保降者，遣其渠帅诣京师；散其小民，令就农桑；坏其营壁，无使复聚。征伐非必略地、屠城，要在平定安集之耳。”刘秀对关中的形势看得很清楚。他嘱咐冯异平定关中的要点在于使人民安定下来，促使民众归田复耕，恢复生产，攻城略地则要放在次要地位。刘秀在给邓禹的诏书中主要是嘱咐他不要轻举妄动：“慎毋与穷寇争锋。赤眉无谷，自当来东。吾以饱待饥，以逸待劳，折棰笞之，非诸将忧也。无得复妄进兵!’”

刘秀判断，赤眉军缺粮一定会向东转移，消灭赤眉军的战场不在关中。

建武三年春，冯异在崤底（今河南陕县东南崤山）大破赤眉军，赤眉军东撤宜阳。此时，刘秀早已完成消灭赤眉军的军事部署，《资治通鉴·世祖光武皇帝》记载："帝遣破奸将军侯进等屯新安①，建威大将军耿弇等屯宜阳②，以要其还路，敕诸将曰：'贼若东走，可引宜阳兵会新安；贼若南走，可引新安兵会宜阳。'"刘秀派侯进屯兵新安，派耿弇屯兵宜阳。赤眉军如东去，宜阳的驻军到新安会师歼敌；赤眉军如南去，新安驻军到宜阳支援。

当刘秀获悉赤眉军退走宜阳时，亲自率领大军在宜阳严阵以待。《后汉书·光武帝纪》记载了这次决战的结局："……甲辰，亲勒六军，大陈戎马，……赤眉望见震怖，遣使乞降。丙午，赤眉君臣面缚，奉高皇帝玺绶，……"刘秀亲临战场，摆出强大的阵容，赤眉军不战而降。

二、扫平陇右，攻灭巴蜀

更始元年，陇右（陇山以西，黄河以东地区）隗崔、杨广起兵，推举隗嚣为上将军，在甘肃、陕西一带建立割据势力。

赤眉军攻入关中后，隗嚣为防止赤眉军进入陇右，配合刘秀和赤眉军作战，他给刘秀留下了非常好的印象，刘秀对待隗嚣的礼节远超众人。《资治通鉴·世祖光武皇帝》记载刘秀在建武四年秋写给隗嚣的信中说："将军南拒公孙之兵，北御羌、胡之乱，是以冯异西征，得以数千百人踯躅三辅。微将军之助，则咸阳已为他人禽矣！如令子阳到汉中，三辅愿因将军兵马，鼓旗相当。傥肯如言，即智士计功割地之

---

① 新安：汉豫州弘农郡属县，今属河南洛阳市，南接宜阳县。

② 宜阳：汉豫州弘农郡属县，今属河南洛阳市，北临新安县。

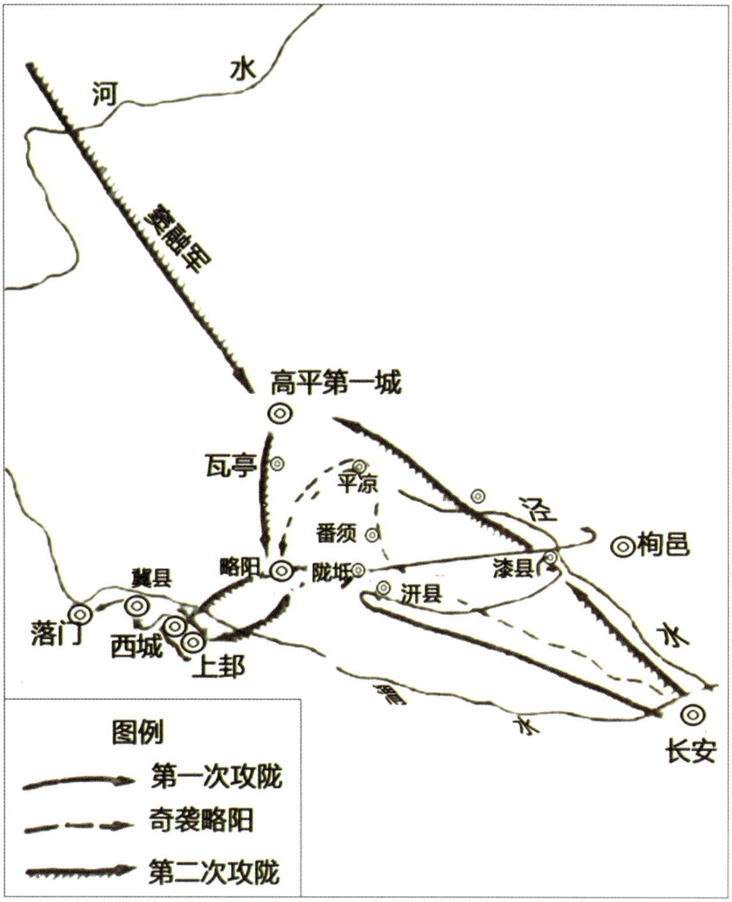

刘秀平陇之战经过示意图

秋也！管仲曰：‘生我者父母，成我者鲍子。’自今以后，手书相闻，勿用旁人间构之言。”刘秀在信中肯定了隗嚣南拒公孙述、北拒羌族入侵的重要地位，对他协助冯异在关中的军事行动表示感谢，表达了和他成为管鲍之交的意愿，同时劝他不要听人挑拨，要和刘秀一起建功立业。

但是，隗嚣在陇右拥兵自重，不打算归顺刘秀。

建武六年夏四月，刘秀遣将从陇道进攻巴蜀的公孙述，隗嚣随即反叛。他派军在陇坻（今六盘山南段）击退伐蜀大军。当年十月，刘秀遣将在栒邑、汧[1]击溃隗嚣进攻关中的大军。十二月，刘秀写信劝降隗嚣。《后汉书·隗嚣公孙述列传》记载了这封信的内容："昔柴将军与韩信书云：'陛下宽仁，诸侯虽有亡叛而后归，辄复位号，不诛也。'以嚣文吏，晓义理，故复赐书。深言则似不逊，略言则事不决。今若束手，复遣恂弟归阙庭者，则爵禄获全，有浩大之福矣。吾年垂四十，在兵中十岁，厌浮语虚辞。即不欲，勿报。"刘秀在信中借用西汉初年陈武劝降韩王信的言辞，承诺如果他归降，可保全爵禄，这也是最后通牒的意思。隗嚣接信后不但没有归降刘秀，反而向蜀地的公孙述称臣。

建武八年（32 年）春，来歙率军攻陷略阳[2]，吴汉等诸将得到消息，都争着进兵。刘秀派人将吴汉等追了回来。《资治通鉴·世祖光武皇帝》记载了刘秀对战局的预断："上以为嚣失所恃，亡其要城，势必悉以精锐来攻；旷日久围而城不拔，士卒顿敝，乃可乘危而进。皆追汉等还。"刘秀判断，陇右的重要城池略阳失守，隗嚣一定会率精锐围攻略阳，等他久攻不下，再让吴汉进军。

建武八年夏闰四月，刘秀亲自率大军出击，击溃围困略阳的隗嚣大军。隗嚣手下大将 13 人、16 个属县、数十万人投降。隗嚣逃到西城[3]，于建武九年（33 年）病死。次年，隗嚣的儿子率部投降。

平定陇右后，消灭蜀地公孙述的序幕徐徐拉开。刘秀深知战争对国家和人民的危害，为避免生灵涂炭，先后写了三封信劝降公孙述。

更始元年，公孙述割据蜀地，建武元年四月称帝。刘秀写给公孙

① 栒邑、汧：均为汉右扶风属县。栒邑即今陕西咸阳市旬邑县，汧县故治在今陕西陇县城关镇东南。

② 略阳：汉代武都郡属县，今陕西汉中市略阳县。

③ 西城：汉代汉中郡属县。今陕西安康市西北。

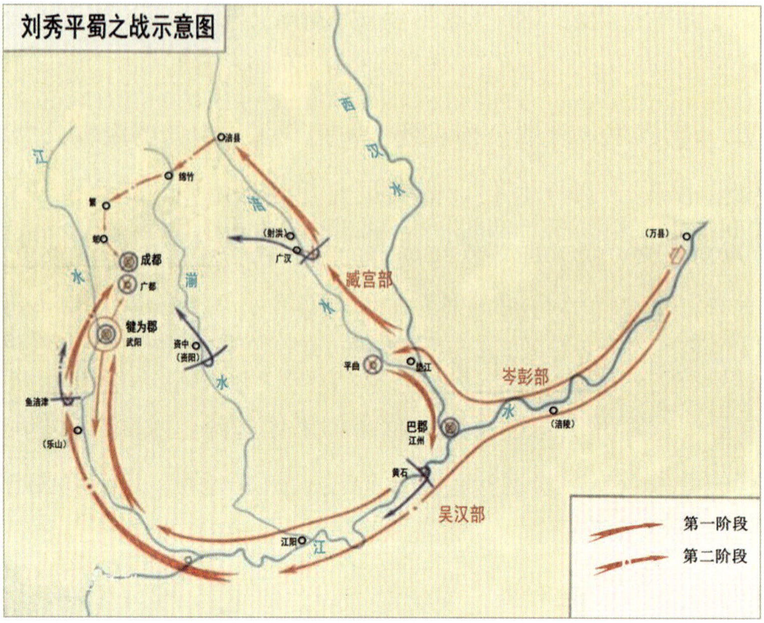

刘秀灭蜀之战路线图

述的第一封信是在建武六年，那时公孙述在图谶上大做文章，在自己的手掌上纹上“公孙帝”，到处宣扬自己是上天选定代汉的天子。《后汉书·隗嚣公孙述列传》记载：“帝患之，乃与述书曰：‘图谶言公孙，即宣帝也。代汉者当涂高，君岂高之身邪？乃复以掌文为瑞，王莽何足效乎！君非吾贼臣乱子，仓促时人皆欲为君事耳，何足数也。君日月已逝，妻子弱小，当早为定计，可以无忧。天下神器，不可力争，宜留三思。’署曰‘公孙皇帝’。述不答。”刘秀在这封信中称他“公孙皇帝”，没有责备他称帝的行为。刘秀指出他用所谓图谶、掌纹之类的东西来宣扬自己，是效仿王莽。刘秀劝他不要争天下。公孙述没理刘秀。

建武九年，公孙述派田戎、任满、程汎带兵数万击溃刘秀驻江州[1]一带的守军，攻占了荆门[2]。

建武十一年（35 年），刘秀派岑彭击溃田戎、任满等部进军武阳县[3]。此时，刘秀给公孙述写了第二封劝降信。《后汉书·隗嚣公孙述列传》记载：“帝乃与述书，陈言祸福，以明丹青之信。述省书叹息，以示所亲太常常少、光禄勋张隆。隆、少皆劝降。述曰：‘废兴命也。岂有降天子哉！’左右莫敢复言。”史书没有记载这封信的具体内容，从上文判断，刘秀在信中分析了天下统一的趋势不可逆转，劝公孙述趋福避祸。这封信有很强的说服力，公孙述的亲信们看完信后都劝他投降。公孙述又拒绝了。

建武十二年春正月，公孙述的弟弟公孙恢和女婿史兴率领的大军被击溃，二人战死，蜀中震动，众人纷纷投降。这时，刘秀给公孙述写了第三封劝降信。《后汉书·隗嚣公孙述列传》记载：“帝必欲降之，乃下诏喻述曰：‘往年诏书比下，开示恩信，勿以来歙、岑彭受害自疑。今以时自诣，则家族完全；若迷惑不喻，委肉虎口，痛哉奈何！将帅疲倦，吏士思归，不乐久相屯守，诏书手记，不可数得，朕不食言。’述终无降意。”信中说“勿以来歙、岑彭受害自疑”，是指公孙述派刺客刺杀了刘秀手下的来歙、岑彭两员大将。二将之死对刘秀来说有切肤之痛，可谓损失巨大。但是，刘秀不计前嫌，依然答应他投降后可以保全家族。公孙述还是不投降。

建武十二年秋七月，吴汉率军进逼成都。刘秀给吴汉提出了具体的战术指导，《后汉书·吴盖陈臧列传》记载：“帝戒吴汉曰：‘成都十

---

① 江州：今重庆。

② 荆门：约今湖北荆门市。

③ 武阳县：今四川彭山县。

余万众，不可轻也。但坚据广都[①]，待其来攻，勿与争锋。若不敢来，公转营迫之，须其力疲，乃可击也。’”刘秀要求在广都坚守，等公孙述士气受挫才可以进军。吴汉没听，乘胜亲率步骑 20000 人进逼成都，把大营驻扎在江北离成都约 5 千米的地方。他让副将刘尚带 10000 多人在江南驻扎，两营相距约 10 千米。刘秀闻报大惊，急忙下诏让吴汉退回广都："帝闻大惊，让汉曰：'……既轻敌深入，又与尚别营，事有缓急，不复相及。贼若出兵缀公，以大众攻尚，尚破，即败矣。幸无他者，急引兵还广都。’”就如刘秀的判断，公孙述分兵攻击，吴汉、刘尚被分割两处。幸而吴汉久经沙场，临机决断，摆出坚守军营的样子，趁夜悄悄与刘尚合兵一处。他让刘尚带兵监视公孙述，自己赶紧带兵回到广都。随后，吴汉上书向刘秀请罪。刘秀回信嘱咐他按照预定策略行事："帝报曰：'公还广都，甚得其宜，述必不敢略尚而击公也。若先攻尚，公从广都五十里悉步骑赴之，适当值其危困，破之必矣！’自是汉与述战于广都、成都之间，八战八克，……”吴汉回到广都后，按照刘秀最初的部署，刘尚军作为前锋出战，吴汉坚守广都支援，八战八胜。建武十二年十一月，吴汉等攻克成都，公孙述战死。刘秀终于扫平巴蜀，统一了天下。

① 广都：汉代蜀郡属县，今成都市双流区。

第四章　皇后废立　太子更迭

刘秀一生册立过两位皇后。他和第一位皇后郭圣通的婚姻被后世认为是典型的政治联姻。郭圣通背后的郭氏家族和她的舅舅真定王刘杨的势力在刘秀统一河北的战争中起到了巨大作用，她被认为是光武一朝河北势力的象征。再者，郭圣通毕竟是陪着刘秀在河北艰难崛起的患难之妻，二人有比较深厚的感情基础，她被册立为皇后便是最有说服力的证据。第二位皇后阴丽华是刘秀年轻时的梦中情人，也是刘秀娶的第一个妻子。阴丽华在刘秀眼中是一个聪慧、美丽、温柔而识大体的好妻子，这自然和阴丽华本人的性格有关，更得益于她的家教熏陶。皇后的废立自然引发了太子之位的更迭。刘秀废后易储之举备受后世批评，但是他善待废后和废太子，避免了历代争夺储位的残酷结局，这一点也得到了后世的认可。

一、皇后郭圣通与阴丽华

郭圣通是刘秀册立的第一个皇后，史书关于她的记载不多。《后汉书·皇后纪》中的相关记载仅有百余字："光武郭皇后讳圣通，真定槁[1]人也。……更始二年春，光武击王郎，至真定，因纳后，有宠。及即位，以为贵人。……二年，贵人立为皇后，……其后，后以宠稍衰，数怀怨怼。十七年（41 年），遂废为中山王太后。……二十年

① 槁：汉真定国属县，今河北藁城。

（44年），中山王辅复徙封沛王，后为沛太后。……二十八年（52年），后薨，葬于北芒①。”郭圣通是真定国藁城县人。更始二年，她嫁给刘秀；建武二年，被册立为皇后；建武十七年被废；建武二十八年去世，葬于北邙山，享年46岁。

郭圣通是真定王刘普的外孙女，郭家是真定国有声望的家族。《后汉书·皇后纪》这样记载郭圣通的家世：“为郡著姓。父昌，让田宅财产数百万与异母弟，国人义之。仕郡功曹。娶真定恭王女，号郭主，恭王名普，景帝七代孙。生后及子况。昌早卒。郭主虽王家女，而好礼节俭，有母仪之德。”郭氏家族在真定很有影响力。郭圣通的父亲郭昌以出众的德行得到家乡人的尊敬。郭氏家族和真定王联姻，其势力在河北举足轻重。据《资治通鉴·淮阳王》记载，“时真定王刘杨起兵附王郎，众十余万，秀遣刘植说杨，杨乃降。秀因留真定，纳杨外甥郭氏为夫人以结之”。当时刘秀召集信都、和成两郡人马，最多也就一两万人。郭圣通的舅舅刘杨带着十几万重兵归降刘秀，不能说和这次联姻没有关系。在平定河北时，郭圣通一直陪伴着刘秀，可谓患难中的伴侣，二人的感情基础还是很稳固的。如《后汉书·皇后纪》所载，“光武击王郎，至真定，因纳后，有宠”。此时，刘秀很宠爱郭圣通。建武二年，郭圣通的舅舅刘杨在河北拥兵自重，勾结叛逆，意图造反，刘秀派耿纯诱杀刘杨。此事并没有危及郭圣通的地位，她依然被册立为皇后，她的儿子刘强（又名刘疆）被立为太子。这些都说明郭圣通在刘秀心目中有很重要的地位。

但是，在刘秀内心深处，第二任皇后阴丽华的地位似乎更高一些。和郭圣通相比，阴丽华的家世就显得很普通了。据《后汉书·樊宏阴

① 北芒：山名，秦岭余脉，河南省洛阳市北，东汉历代帝陵所在地。

识列传》记载，“秦汉之际，始家新野。及刘伯升起义兵，识时游学长安，闻之，委业而归，率子弟、宗族、宾客千余人往诣伯升”。阴家在秦汉之交迁居新野县。阴丽华的哥哥阴识能率子弟、宗族、宾客1000多人投靠刘秀兄弟，说明阴氏家族在新野县是有一定实力的大家族。阴丽华从小就以出众的容貌著称。《后汉书·皇后纪》记载了刘秀对阴丽华的美好印象：“初，光武适新野，闻后美，心悦之。后至长安，见执金吾车骑甚盛，因叹曰：‘仕宦当作执金吾，娶妻当得阴丽华。’更始元年六月，遂纳后于宛当成里，时年十九。”“仕宦当作执金吾，娶妻当得阴丽华”几乎成了历史上最有名的爱情言论之一。更始元年六月，刘秀从洛阳回到宛城迎娶阴丽华，这年他已经二十九岁了。古人早婚，为什么刘秀二十九岁了还不成家？史书对此没有记载，我们也无法揣度。据史书所载，刘秀和阴丽华是一生一世的恩爱夫妻，这和阴丽华的家教和性格有很大关系。

据《后汉书·皇后纪》记载，建武二年，刘秀想册立阴丽华为皇后，“后固辞，以郭氏有子，终不肯当”。到底是什么使阴丽华“固辞”唾手可得的荣华富贵呢？从当时的形势判断，阴氏家族对刘秀政权的建立寸功未立，而郭圣通家族不同。郭氏家族和真定王刘杨追随刘秀在平定河北的战争中起到了举足轻重的作用。阴丽华的“固辞”或许与这些因素有关。但是，阴氏家族谦恭不争的良好家教应该是主要原因。从阴丽华的哥哥和弟弟的表现来看，阴丽华的这个决定是家族的共识。《后汉书·阴识传》记载了阴氏兄弟的表现：“二年，以征伐军功增封，识叩头让曰：‘天下初定，将帅有功者众，臣托属掖廷，仍加爵邑，不可以示天下。’”阴识认为，有功劳的将领们还没得到封赏，他作为皇帝的外戚，不能接受封赏。阴丽华的弟弟阴兴的表现更能说明问题。据《后汉书·阴识传》记载，“九年，……帝后召兴，欲封之，置印绶于前，兴固让曰：‘臣未有先登陷阵之功，而一家数人并蒙爵土，令天下觖望，诚为盈溢。臣蒙陛下、贵人恩泽至厚，富贵已极，不可复加，至诚不愿。’帝嘉兴之让，不夺其志”。刘秀打算加封阴兴官爵，阴兴认为自己没有冲锋陷阵的军功，而且阴氏一家多人已经得到封赏，不愿加官晋爵。当阴丽华问他为什么这样做时，他说：“贵人不读书记邪？‘亢龙有悔’。夫外戚家苦不知谦退，嫁女欲配侯王，取妇眄睨公主，愚心实不安也。富贵有极，人当知足。”阴兴引用《周易·乾卦》中“亢龙有悔”的说法解释富贵致祸的道理。他说皇家的外戚多不知谦退，嫁女要嫁给王侯，娶妻要娶公主，这是不对的。富贵有极限，人应当知足。阴丽华对弟弟的言论非常赞同，据《后汉书·阴识传》记载，“贵人感其言，深自降挹，卒不为宗亲求位”。毫无疑问，阴兴对姐姐所说的道理，代表了阴氏家族知书明理的家风。阴丽华能有这样的家人，她固辞皇后之位的决定就不难理解了。

如果说刘秀迎娶阴丽华是因为他“闻后美，心悦之”，那么婚后阴丽华赢得刘秀的心和她柔顺而识大体的性格有直接关系。如《后汉书·皇后纪》中记载，“后在位恭俭，少嗜玩，不喜笑谑。性仁孝，多矜慈。七岁失父，虽已数十年，言及未曾不流涕。帝见，常叹息”。

而郭圣通的表现比阴丽华差了许多，《后汉书·皇后纪》记载的废立皇后诏书中这样说：“皇后怀执怨怼，数违教令，不能抚循他子，训长异室。宫闱之内，若见鹰鹯。既无《关雎》之德，而有吕、霍之风，岂可托以幼孤，恭承明祀。……异常之事，非国休福，不得上寿称庆。”刘秀在诏书中说郭圣通“宫闱之内，若见鹰鹯。既无《关雎》之德，而有吕、霍之风”，这个指责相当严重，说明郭圣通的性格可能有些强势刻薄。刘秀是个勤政的皇帝，日理万机，每天回到后宫面对态度恶劣的郭圣通，恐怕早已忍无可忍了。否则，刘秀未必要废掉她这个已经在位 16 年的皇后。刘秀以柔治天下，深知废后非国家之福，所以在诏书中明确要求“异常之事，非国休福，不得上寿称庆”。

二、皇子刘强和刘庄

郭圣通被废，她的儿子刘强皇储的地位就显得很尴尬了。《资治通鉴·世祖光武皇帝》记载：“郭后既废，太子疆意不自安。郅恽说太子曰：‘久处疑位，上违孝道，下近危殆，不如辞位以奉养母氏。’太子从之，数因左右及诸王陈其悬诚，愿备藩国。上不忍，迟回者数岁。六月，戊申，诏曰：‘春秋之义，立子以贵。东海王阳，皇后之子，宜承大统。皇太子彊，崇执谦退，愿备藩国，父子之情，重久违之。其以彊为东海王，立阳为皇太子，改名庄。’”郅恽认为刘强的母亲被废，他的储君之位名不正，既不合孝道，还有性命之忧。所以，他力劝刘强辞去皇储之位。此时，刘强虽然年仅 18 岁，但是聪慧谦恭、心胸畅达，是个很明理的年轻人。刘秀对刘强的辞任有些不忍，直到建武十九年（43 年）才同意刘强辞去太子之位。

在刘秀眼里，阴丽华的儿子刘阳更为出色。据《资治通鉴·世祖光武皇帝》记载，刘阳有两次让刘秀刮目相看的表现。第一次在建武十五年，刘秀下令核查度田的情况，发现陈留的文书上额外写着“颍川、弘农可问，河南、南阳不可问”。刘秀查问无果，非常生气。“时东海公阳年十二，在幄后言曰：‘吏受郡敕，当欲以垦田相方耳。’帝曰：‘即如此，何故言河南、南阳不可问？’对曰：‘河南帝城，多近臣，南阳帝乡，多近亲，田宅逾制，不可为准。’帝令虎贲将诘问吏，吏乃实首服，如东海公对。上由是益奇爱阳。”12 岁的刘阳判断，陈留郡的文书上这样写是想拿开垦土地举个例子。之所以说河南、南阳不可追究，是因为河南是京师所在地，南阳是皇帝的故乡，有很多皇亲国戚，田宅大都超过规定，因此不能按标准来执行。调查的结果果然如刘阳所言。第二次在建武十九年，单臣、傅镇造反，占据原武城。刘秀派臧宫带兵清剿，“数攻不下，士卒死伤。帝召公卿、诸侯王问方略，皆曰：‘宜重其购赏。’东海王阳独曰：‘妖巫相劫，势无久立，其中必有悔欲亡者，但外围急，不得走耳。宜小挺缓，令得逃亡，逃亡，则一亭长足以擒矣。’帝然之，即敕宫彻围缓贼，贼众分散。夏四月，拔原武，斩臣、镇等。”刘阳认为，要消灭造反的这些人，不能进攻得太急，如果减缓攻势，这些人就更容易被剿灭。事实果然如此。

建武十九年，在太子刘强的一再请求下，刘秀顺水推舟，让刘阳继任太子之位，改名刘庄。

三、善待废后和废太子

历史上废后易储的弱势一方往往以悲剧结局，但是刘秀比较妥善地处理了此事可能带来的后遗症。

据《后汉书·皇后纪》记载，建武十七年，郭圣通“废为中山王太后，进后中子右翊公辅为中山王，以常山郡益中山国”。郭圣通被封为中山王太后，刘秀晋封郭圣通的儿子刘辅为中山王，将常山郡划入中山国来供养他们，让她跟随儿子刘辅安度余生。

刘秀为了安抚郭圣通一家人，将郭圣通的弟弟郭况“徙封况大国，为阳安侯”，给予他的赏赐多到“京师号况家为金穴”；将郭圣通的堂兄郭竟“封为新郪侯，官至东海相”，堂弟郭匡“为发干侯，官至太中大夫”。就连郭圣通的叔父郭梁的女婿陈茂也被封列侯。“二十六年（50 年），后母郭主薨，帝亲临丧送葬，百官大会，遣使者迎昌丧柩，与主合葬，追赠昌阳安侯印绶，谥曰思侯。”郭圣通的母亲去世后，刘秀亲自为她送葬，朝中的大臣都参加了葬礼。刘秀派人迎接郭圣通的父亲郭昌的丧柩，与郭主合葬在河北藁城。皇帝带着朝臣一起给郭圣通的母亲送葬，这个礼遇是空前的。

对废太子刘强，刘秀一直怀有愧疚之心。据《后汉书·光武十王传》记载，“帝以强废不以过，去就有礼，故优以大封。兼食鲁郡，合二十九县。赐虎贲旄头，宫殿设钟虡之县，拟于乘舆”。刘秀给刘强的封地有29个县，赐他虎贲旄头这样高规格的仪仗，宫殿里陈列钟虡这样高等级的乐器。

郭圣通被废之后，她是否跟随儿子刘辅去河北的中山国了呢？据《后汉书·光武十王列传》记载，“十七年，郭后废为中山太后，故徙辅为中山王，并食常山郡。二十年，复徙封沛王。时禁网尚疏，诸王皆在京师，竞修名誉，争礼四方宾客。……二十八年，就国”。郭圣通被贬为中山太后，以中山国和常山郡的税收供养她和儿子刘辅，经济待遇很高。刘辅只在中山王位上待了3年。建武二十年，他徙封沛王。刘辅一直到建武二十八年才“就国”，大部分时间住在京师，而不是在封国。据此判断，郭圣通应该一直住在京师，并没有去河北的中山国。

范晔在《后汉书·皇后纪》中有“郭后以衰离见贬，恚怨成尤，而犹加别馆”之句，说明郭圣通被废后住在京师的“别馆”。汉代洛阳有南宫和北宫，有些文章认为郭圣通被废后居住在北宫，或许就是范晔所说的别馆吧。

第五章　励精图治　天下中兴

刘秀登上帝位后采取比较务实的方略治理国家，同时将儒家思想贯穿了他一生功业的始终。从史籍记载看，刘秀采取有效措施打击豪强，任用德才兼备的能吏，整顿吏治，理顺了从中央到地方上传下达的行政通道，提高了行政效能，为光武中兴创造了必要条件。刘秀一生勤政尚俭，采取的宽刑轻法、修文偃武、减赋度田、提倡儒家文化等措施大大减轻了人民的负担，促进了生产力的发展，开创了东汉一代文化经济昌盛的局面。刘秀也是历史上罕有的善待功臣和宗室的帝王，他的帝王之术别具人情味，得到了后世的广泛赞扬。从总体而言，刘秀是独特且堪称完美的一代帝王。

一、整顿吏治

东汉政权建立后，刘秀逐步推行了一系列整顿吏治的措施，主要包括选任官吏、裁员简政、中央集权、加强监察四项措施。

刘秀整顿吏治的第一个措施是下诏“四科取士”，为官吏的任用明确了一个标准。唐代李贤注释《后汉书·百官一·太尉》时，引用了应劭《汉官仪》记载的刘秀“四科取士”的内容：“方今选举，贤佞朱紫错用。丞相故事，四科取士。一曰德行高妙，志节清白；二曰学通行修，经中博士；三曰明达法令，足以决疑，能案章覆问，文中御史；四曰刚毅多略，遭事不惑，明足以决，才任三辅令：皆有孝悌廉公之行。自今以后，审四科辟召，及刺史、二千石察茂才尤异孝廉之吏，务尽实核，选择英俊、贤行、廉洁、平端于县邑，务授试以职。”所谓“四科”，一是德行节义，二是学问，三是熟悉律令，四是有解决实际问题的能力。此外，还要“授试以职”，确认一下是否名副其实。刘秀在选拔任用官吏上坚持贤与能相结合，促使儒生通吏职、官吏通经术，为光武中兴比较清明的吏治打下了基础。

刘秀的第二个措施是裁员简政。建武六年六月，刘秀下诏撤郡并县。据《后汉书·光武帝纪》记载，“六月辛卯，诏曰：‘夫张官置吏，所以为人也。今百姓遭难，户口耗少，而县官吏职所置尚繁，其令司隶、州牧各实所部，省减吏员。县国不足置长吏可并合者，上大司徒、大司空二府。’于是条奏并省四百余县，吏职减损，十置其一”。鉴于战事频繁、人口减少的现实，刘秀合并州县，省减吏员，撤并了400多个县，裁撤了90%的官吏。据《后汉书·百官五》记载，同一年，“省诸郡都尉，唯边郡往往置都尉及属国都尉……中兴省中垒，但置中侯以监五营”。刘秀保留了边境郡国的都尉，内地各郡的都尉一概裁撤，还将京师八校尉改为五校尉。据《后汉书·光武帝纪》记载，建武七年（31年），刘秀下诏“罢轻车、骑士、材官、楼船士及军假吏，令还复民伍”；建武二十二年（46年），“诏罢边郡亭侯吏卒”，废除地方兵制，撤销各郡国的地方军队。

在简政方面，刘秀采取措施的力度也很大。据《后汉书·光武帝纪》记载，刘秀剿灭公孙述后，“兵革既息，天下少事，文书调役，务从简寡，至乃十存一焉”。刘秀下诏简政，公文“简寡”到仅剩十分之一，对后世怎样解决公文如山的吏治弊病尤有借鉴价值。

刘秀的第三个措施是加强中央集权。据《后汉书·仲长统传》记载，“光武皇帝愠数世之失权，忿强臣之窃命，矫枉过直，政不任下，虽置三公，事归台阁。自此以来，三公之职，备员而已，然政有不理，犹加谴责”。他一方面以三公为首、九卿分职，另一方面夺三公职权，全国政务都经尚书台，使尚书台成为最高权力机构，有效解决了“政不任下”的问题。

刘秀的第四个措施是加大对官吏的监察力度。他设置了御史台、司隶校尉、刺史三套监察机构。据《后汉书·百官三》记载，“御史大夫之丞也……及御史大夫转为司空，因别留中，为御史台率，后又属少府。治书侍御史二人，六百石。本注曰：掌选明法律者为之。凡天下诸谳疑事，掌以法律当其是非。侍御史十五人，六百石。本注曰：掌察举非法，受公卿群吏奏事，有违失举劾之”。刘秀在中央设御史台，由御史中丞主管，下设治书御史二人，其职责是解释法律条文。御史台设 15 个侍御史，纠察违法官吏，接受群吏奏事，其权力之大仅次于尚书令。

司隶校尉原为汉武帝所设，后被裁撤。刘秀复设。据《后汉书·百官四》记载，“司隶校尉一人，……掌察举百官以下，及京师近郡犯法者。……成帝省，建武中复置，并领一州。从事史十二人……”司隶校尉是独立的监察官，权力很大，其下属有 12 个从事史，分设职责，三公以下，上至中央，下至州郡，无所不纠。

建武十八年（42 年），刘秀在全国 12 个州分设刺史。据《后汉书·百官五》记载，“……常以八月巡行所部郡国，录囚徒，考殿最。初岁尽诣京都奏事，中兴但因计吏”。刺史一职始于西汉，为弥补中央对地方的监察不足而设，初期仅负监察之责且无固定治所，西汉后期曾改为州牧，职权也有调整。刘秀复设刺史后，恢复并加强了刺史的监察权。刺史在每年八月巡视所属郡国，审查囚犯，考核政绩，年底进京汇报工作，后改为由各州掌管档案统计的计吏到京师汇报工作。中央对地方官升降、赏罚均根据刺史的汇报。汉安帝延光年间，各刺史部在所辖区设固定治所，冀州刺史治所在高邑，汉灵帝中平年间迁到邺城。

二、力倡儒学

在刘秀的治世方略中，儒家思想贯彻始终。自从汉武帝接受董仲舒“罢黜百家，独尊儒术”的建议后，儒学成为社会文化的主流。刘秀沿袭西汉尊崇儒术的方略，大力提倡儒学。据《后汉书·儒林列传》记载，“及光武中兴，爱好经术，未及下车，而先访儒雅，采求阙文，补缀漏逸。先是四方学士多怀携图书，遁逃林薮。自是莫不抱负坟策，云会京师，范升、陈元、郑兴、杜林、韂宏、刘昆、桓荣之徒，继踵而集。于是立五经博士，各以家法教授，《易》有施、孟、梁丘、京氏，《尚书》欧阳、大小夏侯，《诗》齐、鲁、韩，《礼》大小戴，《春秋》严、颜，凡十四博士，太常差次总领焉”。刘秀早年在太学受过系统的儒学教育，对儒家文化情有独钟。在位期间，不管去哪里，他做的第一件事都是拜访儒生雅士，搜集文献，这是向天下昭示东汉王朝提倡儒学。于是，天下大乱时，那些带着经籍逃逸山林的四方学者纷纷来到京城洛阳。刘秀设置五经博士，任命 14 人为博士，归属九卿之首的太常管辖，构建了国家提倡儒学的学术机构。据《后汉书·儒林列传》记载，“建武五年，乃修起太学，稽式古典，笾豆干戚之容，备之于列，服方领习矩步者，委它（wēi yí）乎其中。中元元年（56 年），初建三雍”。建武五年，刘秀重建太学，建武中元元年建三雍。太学是培养儒学人才的最高学府，那些五经博士就是太学的师资。三雍指明堂、灵台、辟雍三个建筑，是帝王举行祭祀、典礼、实行教化之所，是儒家礼乐政治的象征。

刘秀和朝堂的大臣们在处理政事之余，将大部分时间和精力用于讨论儒学经义。据《后汉书·光武帝纪》记载，刘秀“每旦视朝，日仄乃罢。数引公卿、郎、将讲论经理，夜分乃寐”。朝堂本为讨论朝政的场所，刘秀和朝臣们却在这里讨论儒家学问，直到半夜才休息。据《后汉书·儒林列传》记载，“帝令群臣能说经者更相难诘，义有不同，辄夺其席以益通者，凭遂重坐五十余席”。在辩论经义时，那些讲解不通的人被迫把座席让给讲解精辟的人。戴凭先后夺取了 50 多人的座席，因而被刘秀任命为侍中、虎贲中郎将。据《后汉书·樊宏传》记载，刘秀即便在战时也经常“投戈讲艺，息马论道”。

上有所行，下有所效。在刘秀的大力提倡下，全国上下儒学教育蔚然成风。主政一方的地方官吏如寇恂、卫飒、任延、李忠等在地方兴办学校。擅长《欧阳尚书》的牟长在河内郡办私学，“诸生讲学者常有千余人，著录前后万人”（见《后汉书·儒林列传》）。

从中央到地方大力提倡儒学的成效很显著，“其服儒衣，称先王，游庠序，聚横塾者，盖布之于邦域矣”（见《后汉书·儒林列传》）。班固在《两都赋》中形容“四海之内，学校如林，庠序盈门”。

三、勤政倡俭

刘秀是个典型的有着仁爱之心的儒家学者型帝王，他勤政的事迹在史书中多有记载。

在扫平天下的战役中，他每次都殚精竭虑，精心谋划。如《后汉书·岑彭传》所载，刘秀在建武八年亲征陇右，返回洛阳前给岑彭的诏书这样说：“两城若下，便可将兵南击蜀虏。人苦不知足，既平陇，复望蜀。每一发兵，头须为白。”刘秀对下属将帅的战略、战术指导多有奇效，既体现了其作为优秀军事家的高瞻远瞩，更是其勤政的结果。“每一发兵，头须为白”正是刘秀在战争年代谨慎勤勉的自白。

据《东观汉记》记载，建武六年，刘秀“每幸郡国，下舆见吏，辄问以数十百岁能吏次第，下至掾史。简练臣下之行，下无所隐其情。道数十岁事，若按文书”。刘秀每到一处，询问地方政务非常细致，甚至对地方上几十年间的事情也非常了解。那年陇右和巴蜀还没平定，“当此之时，贼檄日以百数，忧不可胜，帝犹以余闲讲经艺，发图谶”。刘秀每天要处理几百个公文，忙里偷闲，他还讲解经义。即使在国家升平之时，他也天天忙个不停，还乐此不疲。《后汉书·光武帝纪》有这样一段记载：“皇太子见帝勤劳不怠，承间谏曰：‘陛下有禹汤之明，而失黄老养性之福，愿颐爱精神。悠游自宁。’帝曰：‘我自乐此，不为疲也!’”皇太子觉得刘秀太劳累了，劝他多休息，养精神。刘秀说自己喜欢勤政，不觉劳累。

刘秀在位期间始终提倡节俭，反对奢靡。《后汉书·循吏列传》记载了刘秀两个节俭的故事。刘秀定都洛阳后，“损上林池御之官，废聘望弋猎之事。其以手迹赐方国者，皆一扎十行，细书成文。勤约之风，行于上下”。皇家弋猎之事、上林池御之官这样奢靡的皇家惯例，他都一一裁去。他赐给各郡国的亲笔诏书，书写时竟然“一扎十行，细书成文”，节俭到抠门的程度。另外一个显然是国家升平时期的故事：“初，光武长于民间，颇达情伪，见稼穑艰难，百姓病害，……身衣大练，色无重彩，耳不听郑卫之音，手不持珠玉之玩，……”刘秀久处民间，了解百姓疾苦，对统治阶级奢靡的危害有深刻的认识。他的衣服材质粗陋，颜色不华美。他不听靡靡之音，不把玩珠玉。上有所好，下必甚焉。他从自己做起，树立了躬行节俭的榜样。

刘秀倡俭的一个重要措施是大力提倡薄葬。建武七年正月，他下诏推行薄葬。《后汉书·光武帝纪》这样记载：“世以厚葬为德，薄终为鄙，至于富者奢僭，贫者单财，法令不能禁，礼义不能止，仓促乃知其咎。其布告天下，令知忠臣、孝子、慈兄、悌弟薄葬送终之义。”刘秀指出厚葬对老百姓的害处，号令忠臣、孝子、慈兄、悌弟要认识并实行“薄葬送终之义”。

刘秀对自己的陵墓和丧葬也坚持节俭的原则。据《后汉书·光武帝纪》记载，建武二十六年，刘秀要求这样建造自己的陵墓：“古者帝王之葬，皆陶人瓦器，木车茅马，使后世之人不知其处。太宗识终始之义，景帝能述遵孝道，遭天下反覆，而霸陵独完受其福，岂不美哉！今所制地不过二三顷，无为山陵，陂池裁令流水而已。”刘秀要求自己的陵墓占二三顷地就行，不起高陵，池塘里的水能流动即可。他讲了古代帝王薄葬的意义，还以汉文帝的霸陵为例阐明道理。

刘秀提倡节俭形成了良好的社会风气，如《后汉书·百官一》所载：“世祖中兴，务从节约，并官省职，费减亿计，所以补复残缺，及身未改，而四海从风，中国安乐者也。”

四、偃武修文

刘秀深知战争对国家和人民造成的巨大损害，所以他统一天下后采取了修文偃武的策略，罕言兵事。《后汉书·光武帝纪》这样记载：“初，帝在兵间久，厌武事，且知天下疲耗，思乐息肩。自陇、蜀平后，非警急，未尝复言军旅。皇太子尝问攻战之事，帝曰：‘昔卫灵公问阵，孔子不对，此非尔所及。’”刘秀统一天下后，很少谈论军事。有一天，太子问了军事问题，刘秀举了卫灵公问排兵布阵孔子不答的典故，让他不要研究军事。

在处理边患问题上，刘秀吸取了王莽“舍近求远者劳而无功”的教训，谨慎处理边患，避免挑起战争。建武二十七年（51年），臧宫、马武上书请求趁匈奴分裂之机消灭之，刘秀拒绝了。《后汉书·吴盖陈藏列传》记载了刘秀这样回复二人的请求："……舍近谋远者，劳而无功；舍远谋近者，逸而有终。逸政多忠臣，劳政多乱人。故曰务广地者荒，务广德者强。有其有者安，贪人有者残。残灭之政，虽成必败。今国无善政，灾变不息，百姓惊惶，人不自保，而复欲远事边外乎？孔子曰：'吾恐季孙之忧，不在颛臾。'且北狄尚强，而屯田警备传闻之事，恒多失实。诚能举天下之半以灭大寇，岂非至愿；苟非其时，不如息人。"刘秀向大臣们说明国家的当务之急是修善政，应该让人民休养生息，而不是轻启战端，劳民伤财。统兵的将领明白了刘秀的意图，从此不再谈用兵之事。

五、宽刑约法

刘秀称帝后，针对民不聊生的社会现实，逐步废止了王莽时期的繁刑苛法。正如《后汉书·循吏列传》记载："光武长于民间，颇达情伪，见稼穑艰难，百姓病害，至天下已定，务用安静，解王莽之繁密，还汉世之轻法。"从建武二年开始，刘秀先后九次下诏减轻刑法，平反冤狱，赦免囚徒。从建武二年至建武七年，他几乎年年都大赦囚犯。如《后汉书·光武帝纪》记载，建武二年三月，刘秀下诏为王莽繁苛的律例造成的冤狱平反，大赦天下："顷狱多冤人，用刑深刻，朕甚愍之。孔子曰：'刑罚不中，则民无所措手足。'其与中二千石、诸大夫、博士、议郎议省刑法。"刘秀引用《论语》之言，说明减轻刑法的意义。这道诏令说明刘秀明确准备用宽刑约法来取代王莽时期的繁法滥刑。一年后的建武三年七月，刘秀又下诏规定："吏不满六百石，下至墨绶长、相，有罪先请。男子八十以上，十岁以下，及妇人从坐者，自非不道，诏所名捕，皆不得系。当验问者即就验。女徒雇山归家。"这道诏书明确了四点。其一，有罪先请示，不得任意定罪。这就杜绝了地方官的胡作非为。其二，罪人家属免连坐。其三，不许积压案件，有罪无罪要立即做出判决。其四，对女犯，可以用出钱雇人上山伐木的办法释放。刘秀的这道诏书明确了宽刑的具体标准，有利于减少冤狱的发生。

据《后汉书·光武帝纪》记载，建武十八年，刘秀认为“边郡盗谷五十斛，罪至于死”的严刑是“开残吏妄杀之路”，因此下诏予以废除。

刘秀本着“人为贵”的思想，严厉惩处豪强虐待、残杀奴婢的恶习。据《后汉书·光武帝纪》记载，从建武二年至建武十四年（38年），刘秀四次下诏释放奴婢，三次下诏禁止虐待、残害奴婢。如在建武二年五月，刘秀下诏说：“民有嫁妻卖子欲归父母者，恣听之。敢拘执，论如律。”诏书规定被卖为奴婢而愿意归随父母的听其自便，奴婢的主人如果拘留不放，就依法治罪。对于没有释放的官私奴婢，他也在法律上给予一定的人身保障。如在建武十一年春二月，刘秀下诏规定“天地之性人为贵。其杀奴婢，不得减罪”。同年六月，又下诏“敢炙灼奴婢，论如律，免所炙灼者为庶人”。这一年，他两次下诏，规定杀奴婢者不得减罪，炙伤奴婢者要依法治罪。

刘秀一直坚持宽刑的政策，这对增加社会劳动力、发展经济起到了重要作用。

六、减赋度田

为减轻人民的经济负担，刘秀通过减赋、度田、恢复五铢钱等经济措施促进了社会经济的复苏。

据《后汉书·光武帝纪》记载，建武六年十二月，刘秀下令减赋，“顷者师旅未解，用度不足，故行什一之税。今军士屯田，粮储差积。

其令郡国收见田租三十税一，如旧制”。诏书中所说“如旧制”，指恢复汉景帝二年开始实行“三十而税一”的低税负政策。

但是，单纯减少赋税并不能缓解社会矛盾，赋税的缴纳并不公正，不能解决人民贫困的问题。建武十五年，刘秀下诏度田，核查垦田户口。在度田过程中，有些地方官吏袒护豪强，侵犯百姓利益，导致民怨沸腾。刘秀用强硬的手段严惩度田不实的官员，如《后汉书·光武帝纪》所载，建武十五年冬十月“大司徒欧阳歙下狱死”，建武十六年（40 年）秋九月“河南尹张伋及郡守十余人坐度田不实，下狱死”。度田触犯了地方豪强的利益，因此多地发生了叛乱。据《后汉书·光武帝纪》记载，“郡国大姓及兵长、群盗处处并起，攻劫在所，害杀长吏。……青、徐、幽、冀四州尤甚”。对这些叛乱，刘秀采用分化瓦解的办法，“听群盗自相纠擿，五人共斩一人者，除其罪”。这次度田对底层民众有利，地方豪强的叛乱实际上得不到民众的支持。刘秀软硬兼施，叛乱很快平息，度田取得了不错的社会效果，如《后汉书·光武帝纪》所载：“自是牛马放牧，邑不闭户。”

七、善待功臣，限制宗室

对历代开国君主来说，如何对待功臣和宗室是个十分棘手的问题，而刘秀用“退功臣而进文吏”的办法比较妥善地安置了功臣。如《东观汉记》所载：“上以天下既定，思念欲完功臣爵士，不令以吏职为过，故皆以列侯就第也。”刘秀不让他们担任吏职，给他们很高的政治待遇和经济待遇，让他们优游岁月，以终天年。这为大批文化素养较高的儒生进入官场创造了条件。范晔在《后汉书·光武帝纪》中认为刘秀这个办法“虽道未方古，斯亦止戈之武焉”。功臣中也有人认识到这个道理，据《后汉书·冯岑贾列传》记载，“复知帝欲偃干戈，修文德，不欲功臣拥众京师，乃与高密侯邓禹并剽甲兵，敦儒学。帝深然之”。在建立光武政权过程中功劳巨大的贾复和邓禹主动解除兵权。这两个人居家“敦儒学”，认真学习儒家思想，给大家树立了榜样。

对是否任用功臣，刘秀并没有武断地一刀切。据《后汉书·冯岑贾列传》记载，建武十三年，“帝方以吏事责三公，故功臣并不用。是时列侯唯高密、固始、胶东三侯与公卿参议国家大事，恩遇甚厚”。“三侯”分别是李通、邓禹和贾复。这三个人除了淡泊权势、德能优异外，本人的儒生特质与刘秀以儒术治理天下的大方向是相契合的。

即便天下升平，仍然需要武将守卫国家。刘秀选派功臣宿将去驻守战略要地。如让王霸任上谷太守20多年，守卫东北边防；杜茂为大将军，重兵屯晋阳、广武，防备匈奴南侵；等等。刘秀让这些握有重兵的功臣宿将镇守边防或战略要地，发挥他们的军事特长，而不参与政治决策。

刘秀又是如何对待刘氏宗室王侯的呢？在政治上和经济上，刘秀给予他们相应的优厚待遇，但对他们采取严格的限制措施。《后汉书·光武十王传》记载了两条措施，一是“宗室子弟无得在卿位者”，规定他们不得担任公卿之位；二是严格执行《阿附藩王法》，不允许王侯豢养宾客。建武二十四年（48年），刘秀处死了王侯豢养的宾客数千人，很多王侯因此受到严厉处分。《三国志·孙奋传》记载了这些措施的效果：“光武以来，诸王有制，唯得自娱于宫内，不得临民，干预政事，其与交通，皆有重禁，遂以全安，各保福祚。”

第六章 地方文献记刘秀

东汉光武帝刘秀的足迹所到之处留下了许多文化古迹，后人为了纪念他的丰功伟绩多次重修这些纪念性建筑，举办了一些地方文化活动。这些纪念性建筑历代留存了很多纪念性文章或碑刻，地方志书中也有许多相关记载。本章选录古代相关文章 20 篇，其中碑文 18 篇。为阅读方便，所选文章用简体字并加了标点。部分碑刻年久泐损，文字难以辨认，所缺单字用“□”表示，多字用“……”表示。

一、大宋新修后汉光武皇帝庙朝碑铭

此碑文是北宋初年朝廷为汉光武帝刘秀原陵重新立碑时撰写的碑铭。铭文由北宋右补阙苏德祥撰写，原碑今在河南孟津白鹤镇铁谢村光武帝原陵景区。

《祭法》曰：“能御大灾，能捍大患，方得在祀典。”《祭义》曰：“宫室既修，墙屋既设，所以交神明。”惟后汉起南阳，靖诸夏，康济于一时；惟大宋举坠典，秩无文，辉映于千古。是知祠祀之来尚矣，沿革成礼，可得言焉。昔者汉运中缺，新室不道，九县飙起，三精雾塞。刘圣公以绣崛之衣凭凌冠盖，刘盆子拥赤眉之众窃弄干戈，跨州连郡，蜂飞蝟起。光武皇帝攘臂一呼，群心四附，决昆阳之战，克平百万之敌；拔邯郸之垒，遂应四七之符。筑鄗邑之坛，于以授天命；定洛阳之都，于以顺人心。若乃起于民间，姑无尺寸之土；乘乎帝位，终为夷夏之君。复能日慎一日，安不忘危。□□览机权，日昃乃罢；或躬阅经史，夜分乃寐。保全功臣而奉朝请，进用文吏而责时务。易凶岁为丰年，变乱代为治世。定国二百载，传位十二帝，则前之言之御大灾、捍大患，光武之道谅无愧焉！应天广运圣文神武明道至德仁孝皇帝端坐九五之位，交泰亿兆之民。德威四方，擒僭伪之君者二；岁周一纪，□郊祀之礼者三。而犹避兴化之鸿名，让成功之懿号，若朽索之驭六马，不舍戒怀；理大国如烹小鲜，自然均化。制前古未行之礼，旌历代有道之君。于是下明诏，命有司，陵寝除荆榛之秽，庙貌极笾豆之洁，则前之言修宫室、设墙屋。我皇之旨，侯其伟欤！美哉！新庙既已成，能事亦已毕。爰覃睿旨，俾建丰碑。臣猥以虚孱亦参撰述，敢扬茂实，谨作铭云：

开辟以来，圣帝明王多矣。粤若无位而兴，无兵而起；自民间兮为天子，而能扫荡烟尘，混同文轨；保功臣之令名，进文吏而致治，有始有终者，惟光武皇帝而已。光武既没兮余荒陵，我皇制礼兮崇明祀。正殿岿立，长廊对峙。笾豆极其蠲洁，土木穷其壮丽。贞石勒铭，庶几乎天长地久，知我皇之旨。

开宝六年，岁次癸酉，月朔日建

二、舂陵光武庙记

刘秀故里今有白水寺，原名山林寺，是由光武庙改建而来的，始建年代久远。据《后汉书·光武帝纪》记载，建武三年，刘秀诏令在其故乡舂陵（即今湖北省枣阳市吴店镇）建造了祭祀其父刘钦、祖父刘回、曾祖刘外、高祖刘买的四亲高庙。刘秀在位 33 年，曾先后 5 次千里迢迢从京师回到故乡舂陵祭祖。刘秀去世后，明帝在四亲高庙的基础上修建了光武庙，后经千百年的变迁，庙已毁损破败。直到元代至正二年（1342年），元帝诏令“天下名山大川圣帝明王特举祀典”，于是刘秀故里的父老乡亲感念先贤功德，筹资募款，于元至正三年（1343年）三月三日动工，对光武庙进行修葺，原江都县教谕王泰来撰写了碑记。

帝王肇兴盛德者，必百世祀，穷天地亘古今者不可易之，理也。在汉中叶，新室窃柄，呼号者连响，撄城者相望。光武天锡义勇，神运机智，勘定祸乱，削平天下，海内蒙恩，德至渥也。是以三辅吏士见司隶僚属皆欢欣不自胜，故老或垂涕曰：“不图今日复见汉官威仪。”其拯民水火之功为何如哉？舆情推戴，虽百世可也，况所谓之故乡者乎？原其所自，实由舂陵节侯买厌地蒸湿，乞移内郡，由是作邑乎枣阳之白水，地灵人杰，笃生贤哲，果有以验苏伯阿望气之识。及帝握赤符乘六龙十有七年，乃过故里，修园庙，祠旧宅，观田庐，置酒作乐，大会宗戚，改县为章陵焉。帝心之眷乎兹土者审矣，民之报效者，礼固宜然。古城距白水十里余，故宅有庙，后废。有元混一区宇，诏天下名山大川，圣帝明王，特举祀典。于是里之耆宿慨焉，鼎新祀事，遂以至正三年三月三日征土工、木工、石工，修器备用，来会祠下，斩枝干，砻柱础，陶瓦甓，筑垣墉，恢复旧制。克获就绪，以祠祷祭祀，如响斯答是能，易歉为穰，易沴为和，沾被惠泽者，乃复镵石为炉，辇来于庭，以永供养，民心之眷眷于帝亦云至矣。民之仰帝也如是，帝之念民也如彼，交契于冥冥之中，祠之所以作也。余嘉其居帝里而能笃崇报之意，以示不朽，爰述其大概，俾岁时以便观览焉。

三、宜阳县光武庙记

元至元十七年（1280 年），宜阳县重修光武庙，县令刘杰撰文，清代《宜阳县志》收入全文。

宜阳县治之西九十里，有镇曰“三乡”，唐属福昌，即古宜阳也。治之西北，山高数仞，古柏苍然，汉光武之庙在焉。建武三年，光武降赤眉于此，明帝即位，遂诏立庙，历代咸无纪述。其有碑碣可考者，重修殿庭于周显德五年，复作寝殿于景德三年而已。我朝至元二年，里人蔡顺复增修之，作山门，辟辇道，缔构完壮，结甃周密，东西二庑，寝御之所，娱神之庭，后土之祠，撤其朽腐，加以丹黝，焕然一新。迄今十有六年，日修月葺，惟恐废坠。余为县令寓此，乃请为文记之。余按：樊崇之兵，实起于王莽天凤五年，地皇三年始以“赤眉”为号，破廉丹诛之，于是汉宗室之兵遂起于舂陵矣。更始元年，崇来降，既而逃归。二年复西归长安。光武建武元年春正月，进至弘农，夏六月，进至华阴。秋九月，入长安。冬十二月，杀淮阳王。二年春正月，大掠长安，西入安定北地。秋九月，发掘诸陵，复入长安。邓禹战不利，帝遣将军冯异入关，征禹还京师，敕曰：“慎无与穷寇争锋，赤眉无谷，自当东来。吾以饱待饥，以逸待劳，折棰笞之，非诸将忧也，无得复妄进兵。”冬十二月，三辅大饥，赤眉东出，帝谴侯进屯新安，耿弇屯宜阳。又敕曰：“贼若东走，可引宜阳兵会新安；南走，可引新安兵会宜阳。”冯异与赤眉遇华阴，遂战，破之。三年，异与禹与赤眉战，败绩。冯异复与赤眉约期会战，大败赤眉于崤底。贼众东走，帝勒军宜阳，降之。即今立庙之所也。吁，帝英勇明断，折棰笞寇之言至是验矣，岂在穷兵黩武以逞哉？斯民世祀而不忘，固宜。恭惟圣朝海宇宁谧，桴鼓不惊，居者无输馈之劳，行者无征战之苦。昔之变乱服色，昼战夕糒；今其子孙饱食暖衣，耕田凿井，熙熙皞皞，不知帝力之何有，顾不胜欢。服民得以安其居，则神得以享其祀。余固因其请，历叙当时之艰苦，始知今日之太平为可乐也。自今以往，稚耋歌咏舞蹈，非特有以事神，益知感慕盛德于无穷焉。

四、深泽县汉光武庙碑记

深泽县光武庙碑为清代康熙十七年（1678年）秋冬之际立，2014年在深泽县北极台出土，现存北极台村。碑身磨泐殆尽，失拓。碑额篆书二行六字，内容是《汉光武庙碑记》，徐开锡撰文，已残泐。清代康熙年《深泽县志》著录全文。

自古帝王，光宅受图，钦明秉历。握辉华之金镜，应璀璨之玉璜。一时群英攀附，辅翼景从。克复神州，奄有四海。虽不尚迂奇怪诞以及图谶诡异之说，妄为瑞应，然而天人协助，山川效灵，殊足验也。昔汉祚中衰，莽贼窃位，法令繁苛，毒流区宁，天下之民讴吟思汉。光武奋迹白水，贤豪聚合。平林新市之兵拥立更始，昆阳武关之捷殄灭元凶。帝是时为大司马，王郎兵起，巨寇纵横，军旅乏食。于是度芜蒌，涉曲阳。冯异上豆粥，王霸张前矛。从者迫于饥寒，师将临于险阻。滹沱渐近，命王霸往观。至则河水流澌，岸无舟楫。霸恐军心惊怖，而曰冰坚可渡，此宜不得已之权宜也。然帝才明勇略，当身处阽危而谋谟独远。故不言冰渡之非，时乃哂侯吏之语妄。是始试其必无之事而听命于天，孰意诡异之说遂成实应，百灵效顺以征瑞兆耶？其后缵二百余年之鸿绪，传东都十二帝之大业。重耀赤符，光复旧物，在图谶之说不足深信，而鬼神护跸之应已昭昭于后世矣。至今考滹沱之故道，在深泽之南。河称危渡，村名冻水。既渡而曰留屯，曰息马，皆光武之遗迹也。每至风雨之夕，金戈铁马，声震水滨，故老咸谓东汉令主所经临，数千年来王气终未泯灭。呜呼！其抚绥万邦、丕承基绪、神武征明，固非寻常陈迹所可比欤！康熙戊午秋，开锡谬宰是邑，稽求名胜，兴修废坠，耆老请命于钦，欲建庙立碑于危渡口，以昭示后人。爰度其离城道远，地甚荒僻，若肖像于蔓草荒烟，难存久远。遂择城北真武庙气象巍峨，壮观一邑，其东可祀汉帝，中塑光武圣像，旁侍邓冯二贤，是真武与光武并传炎帝，共水神既济，不惟灵爽奠按藉以绥宁泽邑，况庭阶百尺负城带河，居高临下，指点渡口，村社俱在，一望更可想见古人休烈焉。若乃其祠宏畅，其貌激扬，罂联斗极，巩固金汤。对庭前之大树，犹忆将军，比图绘于云台；缅怀佐命裳垂，火藻俨然，汉代衣冠状炯。须眉婉尔，君臣际会。谨捐薄俸禄，虔□□仪，载勒丰碑，表其徽烈。庶见山川之灵应昭然，帝德之英明显赫。凡后之登临延览者，亦将感慨而徘徊焉。铭曰：

於烁炎汉，削平亡秦。英雄奋力，楚羽销沦。天意所属，创业维新。二百余载，莽贼危倾。窥窃神器，盗国□□。天扶汉祚，诞命真人。复兴汉室，灵况自甄。石人既斩，古渡凝冰。匣剑烛斗，铁骑嘶云。河流虽改，断渚犹存。朝仪注射，磊落光腾。留屯息马，尚有余村。地因人显，人赖地灵。尊奉帝像，祢祀鼓城。爰有冯异，辅佐英明。芜蒌进食，南宫抱薪。勖哉王霸，屡建奇勋。抚治上谷，祁泽博城。伟绩懋著，功业犹芬。肃恭庙貌，配列尝蒸。庭悬汉月，台灿星辰。峨冠银铠，允武允文。芳踪不远，庇佑斯民。海桑易变，俎豆恒馨。

五、隆尧县光武灵应碑文

隆尧县北楼乡南汪店刘秀庙前有元代所立光武灵应碑，1983 年 3 月迁县文保所，1986 年修复后入碑刻馆。翰林院大学士冯子振撰文。

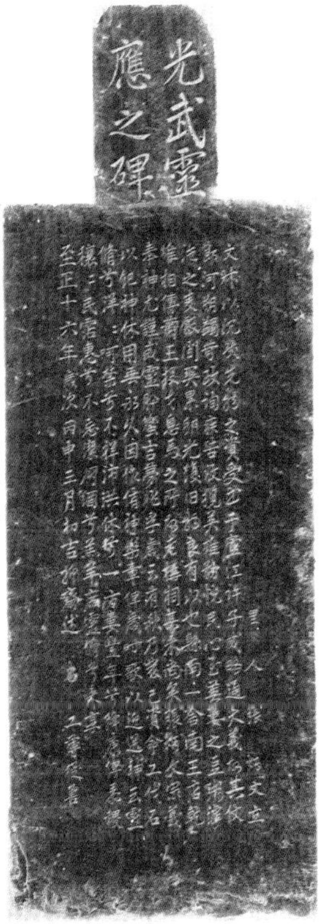

光武灵应碑

文叔以沉儿先物之资，受书于庐江许子威，略通大义，故其仗节河朔，蠲苛政，询疾苦，收揽英雄，务悦民心。至芜蒌之豆粥，滹沲之麦饭，间关累卵，光复旧物，良有以也。县南一舍，南王店乾维相传，萧王投戈息马之所，故老构祠，其来尚矣。张炳文宗义奉神尤谨，威灵肸蠁，吉梦兆孚，岁云有秋，乃发以资，命工伐石，以纪神休，用垂永久。因作侑神乐章，俾岁时歌以迎送神云。灵修兮洋洋，呵禁兮不祥，沛洪休兮一方。娄丰年兮降康，俾黍稷兮穰穰，民霑惠兮不忘，洁明酒兮羔羊，庶灵修兮来享。

至正十六年岁次丙申三月初吉抑斋述石工薄从善

六、隆尧县重修光武庙记

此碑为清康熙五十三年（1714 年）十二月刻，许继训撰文，孟尔读书丹，郭廷辅、陈来友刻石。原在隆尧县北楼乡南汪店刘秀庙前，1983 年 4 月迁县文保所，1986 年经修复入藏碑刻馆。原碑文字缺损严重，清光绪年间《唐山县志》著录全文。

岁进士邑人许继训撰文，门人痒廪膳生孟尔读书丹。

幼谒汉世祖光武帝祠，考之碑记，不得其详。窃尝疑之，盖以帝之获祠于唐民，必有深入乎唐民者；唐民之立祠于帝，必有不忘于帝者，今读史而得其概矣。帝先以大司马持节渡河，北徇燕赵，适至蓟中，而刘接兵起，帝遂趣驾南辕，晨夜兼行，蒙犯霜雪，甚至伪称郎使，冀食传合。帝之巅连困厄于河朔者亦屡矣，然所历之处，无不有车辙马迹焉。若下博之老人祠，饶阳之芜蒌亭，迄今犹传其事于不衰。帝之税驾于兹土，岂无确然可纪之实乎？

方王朗割据邯郸，遣其将李育以屯柏人。柏人之望帝，如望岁焉。斯时，帝方惶惑莫知所之。幸天诱其衷，任光以兵会，邳彤以郡降，四方响应，豪杰云集，声势于以复振。散卒于以复合。帝乃秣马厉兵，乘胜攻讨，将伐邯郸，过柏人，前部偏将朱浮、邓禹为育所破，亡失辎重。世祖闻之怒，悉其甲兵，军于郭门，连战破之，所失辎重尽获，李育逃遁坚安下。帝故徘徊于此，镇抚其流离，安集其人民，徯后来苏之庆，已先见于尧山泜水间矣。由是，略广阿，围巨鹿，拔邯郸，斩王郎，赵地于是悉平焉。迨其后，大勋既集，即位鄗南。上应天命，下顺人心，承正统，复祖业，皆自柏人之一战基之。以此，知帝之施德行仁自柏人始，而柏人之讴思不忘，非此故欤。

是以祠之坏也有时，而祠之修也无既，前此者无论矣，今兹之举，更有什百于寻常者。其工坚以固，其材美以完，规模堂皇，形势巍峨，不俨然宫阙之在望也哉。入其庙，登其堂，见帝之恭已面南，而一时从龙之士，或自岳降，或为列星，济济跄跄，分列其旁，恍乎如遇汉廷君臣明良相得之会焉。予不禁怀古情深，因叹帝德及人之远，而秉彝之在人心者，千古不泯也。功成，本乡诸生孟尔读，予门下士也，乞言于予。问首事者谁，曰：孟公加禄也。谁与赞襄之，曰：乡之众善士也、是以记。

时康熙五十三年岁次甲午季冬穀旦

七、原南宫县重修大风亭碑记

本文选自清光绪年间《南宫县志》，县令丁履端撰文。今南宫市大风亭遗址尚存。

南宫县城西二里许有亭名大风，为汉世祖对灶燎衣及明成祖济南退兵之所。地卑而基高，规画宏敞，为邑中十景之冠。漫水冲陷，基址堕坏，亭圮碑断，荡焉无存。惟关帝庙未全毁，而神像剥落，风霜侵之，不知几何年矣。丁巳岁，履端来尹是邑，张生绍载求见，备言其事，矢愿重修。鸠资募材，奔走严霜烈日中，阅二年而亭基成，碑亭建，庙貌新，额题曰“大风”，仍旧名也。夫汉世祖当新莽篡弑之后，自宛阳起义、恢复大业、炎祚中兴，即位以来，孜孜勤民，仁德翔洽，世称令主，与托病阴谋、操戈靖难者，不可同年而语明矣。其车驾幸临之地，虽偏隅僻壤，皆有云气显护，昭人耳目，郁为胜迹。况当冰合渡河之时，天命攸归，择地而蹈，至此小休，燎衣进饭，厉兵返旆，克定中原，虽曰偶驻，无异起迹，则是亭也，固宜急兴葺以复旧观，不当度宏规而大起之耶？大风之名，记汉非记明也，前人固有微意也。大风之义，似赅而未尽合也，后人未敢遽改也。余谓庙后当启宫殿以奉世祖，配以大树将军，额题为“汉光武庙”。博稽史乘，书之碑阴，而以明成祖退兵一事附录以备参考，庶几不失本末，不乖名义，而亦不蹈轻于反古之咎。事未举，履端被议去，逾年乃再来，邑人以碑记请余，谓宜俟落成后请新令尹记之。邑人以经始故固请，乃书所见应之。至于工材若干，布施若干，宜蒇事后再书。监生钱振业首先捐银二百两，且有钱诚刘为善以佣力之资，一旦捐奉无吝色，三人之见义必为，则尤可敬也，宜先附书以劝善云。

八、原南宫县光武庙记

本文选自民国二十五年（1936 年）《南宫县志》，明嘉靖年间原南宫县人沁水县知县刘锡撰文。

南宫有光武庙，盖肇建于东汉，累代相沿，其来久矣。稽古炎运中衰，新移汉鼎，秀以帝胄起兵南顿，往依更始，遂拜为大司马，持节渡河慰抚郡县。至蓟，值王郎兵起，乃走芜蒌亭。郎兵追及滹沱，会冰合获渡，遂走南宫，即此地也。是时遇大风雨，对灶燎衣，复进麦饭，其艰厄亦极矣。过此而驰信都，邳彤献策，任光纠众，而王郎寻亦诛灭。于是义兵四起，九围响应，寖成配天之功。是南宫者，其倾否之际，反正之机，而东汉二百载之业所基焉也。矧真人驻跸，自非常事，山川草木，与有光辉，故昔人于兹建庙，迄今千载。微而童竖之指画，大而士献之感兴，莫不知有光武之迹也。成化戊戌，漳水弗戒，南宫尽湮，庙制随荡。及城迁东南，阅数十载而邑制甫就，兹庙尚为旷典。嘉靖初，李公来尹，询及厥事，慨然有志，乃出俸以率邑人，卜地东郭之外，鸠材经用，不月底，续缭以门，壁崇以堂，宇文以金碧，又肖其君臣之像以昭一时，云龙之盛，视往制固改观矣。

九、高邑县千秋台碑志

此碑为明代嘉靖年间高邑县知县周至德在刘秀祭天登基之地高邑县千秋台遗址所立。碑文选自民国二十二年（1933 年）宋文华修《高邑县志》，明代周至德撰文。

余昔阅史，知汉光武即位鄗南，缅想其盛，欲览无由焉。今高邑考志，有所谓千秋台者即其地，欣然欲观之，而未获其便也。时维仲春初旬，余以捕蝗道经其地，遽命辍仆登巘，见其上有孑枣直耸，足以像帝王孤立。东望泰岱，足以启人仰止。北瞰滹沱，足以动人朝宗。西窥华衡，足以兴人具瞻。南通湘汉，足以奔走百辟。烟云缳绕，气象万千。直有龙盘虎踞之状，若天造地设，似非出于偶然者，乃知光武于此即位，盖有深意。自是而群盗而王郎而陇，以次削平混一，规模大略可见矣。恍然有感，遂援笔赋诗二章以纪其盛，以俟夫好古迹者采焉。

十、楚黄秦继宗冯母庙说

本文选自清代乾隆年修、道光年补刻《饶阳县志》，记载了冯母庙的情况。

饶治西有冯母庙，盖东汉夏阳侯冯异之母也。塑母像于堂中，春秋两仲祀之。侯，东京元功，芜蒌之事当光武崎岖迫阨之秋，厥心贞亮，厥功显著。侯见帝于巾车，首以老母为言，则侯恋恋于母尤可睹焉。故后世祀侯母，志孝也；于饶，志忠也。然于礼有未安者。礼，男女授授，必奠，不相袭。处深宫，固门阍寺守之，男不言内，女不言外。古者，君在襁褓，母后临朝犹垂帘以听政，示不相觌也。臣之事君，与人之事神，幽明虽异，别嫌明澈，一而已矣。今冯母俨然在上，而主祀者对越于下，非所以彰别也。令母而有知，其必不妥于灵矣。令侯而有知，其必不欲其母离阃域而馈肴于外庭矣。且孝子之事亲无故不离膝下，昏而定，晨而省，食而亲尝。今独祀冯母而侯不得侍其侧，又非所以体侯之心也。夫名宦、乡贤俱祠以主，制也。则此祀似当仿而行之，易母像以神主，更立侯主于母主之旁，庶几人神两安而侯亦无遗憾于九原矣。愚职非能司废兴者，谨识之以俟后云。

十一、重建芜蒌亭记

本文选自清代乾隆年修、道光年补刻《饶阳县志》，记载了芜蒌亭易地重建的往事。

芜蒌亭在饶北草庐村，距城五里许，汉书所谓光武走王郎难自蓟经饶抵草舍，冯公异上豆粥处也。后公收关东、靖河北，入谒帝，赐珍宝钱币，犹切念芜蒌豆粥，厚意不置口。异对曰："昔管仲愿桓公无忘射钩，齐国赖之。臣亦愿国家无忘河北之难。"嗟乎！王者茹荼集蓼，经营草昧，诚不惮艰难劳瘁，经历百折，至功成业定，覆以琉璃，砌以琼玉，玉食万方，若为我固有，何知有草莽颠沛上下、依倚诸情？若为之臣者，称兕觥祝万寿，饰太平盛事，犹恐触忌讳，抵禁网，兔死狗烹，醒俎祸及也。如光武与异，真可谓相与以成，始终无间。一芜蒌亭，汉室中兴之盛迹也。然而天运有盛衰，人事有兴废。由汉以来千百余岁，时移物换，其随荒烟断草消沉者不知有几，此亭迄今不朽，盖劳人义士忠臣孝子具有诚然之情，情即在流离琐尾中，天地方经谊不驟，古今之声名不泯。亭以冯公留耶？谓表功于云台，不如表功于芜蒌亭可也。若是，则芜蒌亭何可以不修？余相草庐地卑湿，每沱河沉溢，木漂石没，颓然土阜耳，加茸一时，终不可久，因卜地于城西关立址焉。是为记。

十二、增修孝感圣姑庙记

此碑在今安平县城圣姑庙西侧碑廊，明代安平县廪膳生员张效大撰文、刘存仁篆额，儒官王佑书丹。碑文记载了明代隆庆年间增修圣姑庙始末，描述了圣姑救刘秀及降冰雹阻王莽的故事。碑文因年代久远保存不善，部分文字泐损。

余尝阅志书碑文所载圣姑之历履始末，案圣姑姓郝氏，字女君，本郡会涡村人也。父义，母张氏。因无子，每祷于神而降……及长而淑且贤，誓不匹配，以终亲养。吮痈疗毒，以痊亲疾。亲终庐墓，以尽己哀。旨以桑蚕是务，而他无所事，是以贞孝……以勤乎天地。一日偕邻女二人樵采于滹水间，忽河伯神迎之。姑为神。邻女归道其详细，邑人遂建庙宇城北之原。光武北巡……圣姑大显神异，挑水以济君臣之渴，冰雹以促王莽之伪，其□而且正又昭然矣。即□光皇建极，遂敕封为孝感圣姑焉。兹庙肇于周季，由汉而唐而宋暨元，顺帝病其隘，复筑台构庙于旧址之西。迄今又若干年，其砖瓦之碑……楹栋□朽腐，风雨难支，日月来托，有不可胜言者。虽欲新之，奈所费不赀，众莫不缺然。及辛酉岁，邑侯王斋都公讳温者，建……意于时邑人李花等数余辈佥耆老刘□整洁而修葺之。始而费民间之施予，既而兼以士人之馈之，终而捐一……私其新添大梁者二，山花者四，凡材木、瓦石、采色无不毕举，则黝垩丹漆之华、翚飞鸟革之丽，焕然为之一新矣。至甲……淄乌泉□翁讳锐，又以为圣姑

安平县孝感圣姑庙

尊神也，嫌以台之窄小，甬路不□□以官禄焉，于是新帮层台如旧，高三丈，长八步，阔十二步，居中甬路如其高，正门三间，周围墙垣百有余堵……免倾覆之□而规制视前愈光矣。是役也，虽因邑人之乐助而不劳其民、不费财，则又演之力也。孙翁用红缎一匹，采花……以奖其勤后，可以观亦若是也。告成之日，咸征余文以记之。余谓庙貌之辉煌，非徒为观视之美也；台址之高大，非徒为……之幸也。盖□登斯台者，观圣姑之贞，则后之礼别者益兴；观圣姑之勤，则后之务本者益励；观吮庐之像，则为子者益知……思孝；观挑水之形，则为臣者益知所以作忠；观促莽之状，则当官者益知所以守正，以至一方人才之盛、风俗之美，又孰……圣姑阴佑默□者乎。噫！兹固圣姑垂泽之远，而邑侯扶持世教之盛心不其大泄于斯耶？若夫为工师□耆老惠里之贤众也。督……乡民赵诰也。勤力而与演同事者，可以观也。纪其详者，后学张效大也。

时大明隆庆元年岁次丁卯孟夏吉旦立

十三、重修圣姑庙碑记

此碑在今安平县城圣姑庙西侧碑廊，明代安平县人崔良贵撰文。碑文记载了明代万历年间重修圣姑庙之事，描述了刘秀被王郎追赶到安平县会涡村，圣姑救刘秀的故事。

承德郎户部四川清吏司主事、邑人崔良贵撰。庚午乡进士、邑人王三槐篆。赐进士出身、知兴化县事、邑人王三余书。

圣姑郝姓，相传周末时人。父义，母张氏，世居邑会涡村，四十无子，常祷于神。逾年，生姑，姑少淳朴，性至孝，力饲蚕，馌农以养。及笄，父母欲嫁之，姑泣，对曰：“父母生无男，又嫁女，谁复养者?”誓不出，父母不能强。父尝生痈，弗可医。姑吁天吮痈，痈竟愈。事父母皆寿终，力为营葬。葬已，时时伏墓哭，卒哭而后已。邑人哀而敬之。后与邻女樵徐滱水上，邻女还言见车马自水中出迎姑，姑忽不见。邑人谓姑仙去，立祠祀之。

后汉更始之乱，光武帝为萧王，北巡定冀赵、中山地。王为王郎所追，走会涡村，人马疲竭。有女行道上，肩水二器。众争饮之，女弃器负杖走。时从百余骑饮水，水自器旋盈，饮人马足不竭。视女，不知所在，众皆以为神。已而出祠下，见姑像与女肖，前杖在焉。王大惊。后即位封孝感圣姑。姑灵异自是显矣，历唐、宋、元，屡有异感。岁清明，邻近香火云集。至正间，南平州帅赵澄始扩庙址。

国朝弘治间，邑侯张公再一新之。今上御极二三年间，邑两罹大水，城郭得无坏，民咸谓神力佑，奠报祀弥切。先是嘉靖辛酉岁，耆民刘演、可以观、惠果等奉邑侯都公及孙令，鸠材聚工，增饰庙貌伟甚。后邑侯郭公又令耆民可以观、廉千、惠果、安重民、张大宋、赵诰创为台垣二翼、钟鼓二楼、仪门一重、爇炉一具、傍门三、后门一、路门一、表木一。议已定，群匠趋之。庙主羽士刘守己从而效劳之，迄岁余未就。暨今春，邑侯陈公初下车视事，政令甫新，而工告成，盖有待云。于是邑庠生舍亲王嘉臣请余为记。予闻人可以范俗贞轨者则祀，神可以御灾捍患者可祀。今姑终身不嫁以事亲则孝纯，负汲拯渴则忠大显，灵辟水以全城则仁昭。夫孝以表俗，忠以捍患，仁以御灾。若是，则姑盖行出烈士，功在国家，其光于乡、惠于众非浅矣，庙享岂不永永哉?

时万历六年岁在戊寅夏六月之吉

十四、柏乡县重修光武祠碑记

此碑为民国三年（1914 年）十月立，柏乡县知事刘乃晟撰文，连合璧书，今存柏乡县北郝村汉牡丹园神花苑内。

甲寅二月初旬，余游城北十五里铺，将归于魏郡，诸耆老邀余步汉武□之庙，内而前后殿宇仰见太阳，外而东西墙垣望辨四□。即时议修，甚非易易。既而叹曰："去岁风雨，如此摧残，再历星霜，补苴更难。"诸耆老□余建修，余令连君合璧变卖树株，得制钱六十千文，预备物料，遽尔修葺。爰以二月十九日动工，至四月初七日报竣。共需钱捌拾捌千七百七十文，特勒碣□，永志不忘。

柏邑知事刘乃晟撰文

职员连合璧书丹

首事郝洛乾、连兆科

住持本□

民国三年十月穀旦立

柏乡县汉牡丹园重修光武祠碑

十五、丛台区扳倒井说

扳倒井遗址位于邯郸市丛台区黄粱梦镇官后村村委会西，碑在遗址东侧，2004年10月立。此碑背面铭刻《扳倒井说》，明万历年间邯郸县令卢龙云撰文。

丛台区官后村《板倒井说》碑

井在邯郸西北，去城二十里，世传光武为王郎所逼，士马皆渴，目无汲具，辄扳倒饮之。事涉荒唐，说者谓滹沱河水合之事，可以委观，或天之所以相光武者，当如是耳。余初未信耶，久，亲复其地，谛视久之，则倾侧之状颇存。二人指余曰："此水高下不平，以说井之东西相去二寸许。"余曰："噫！此其故难知矣。夫天至无私也，而何独私于光武？水至平也，何兹水之失其半者？若此，《易》称'改邑不改井'，谓其居所有常也。此井之失其常者又若此，此其故难知矣。天下之以有所私而失其平，失其常者又何隐哉！滹沱之水虽为光武一合，然未平数骑而即，后世仅得于传闻耳，独此井与此水犹若未尽复其初也，意者有巨灵主之昭示其私于千百世之下，而使为有目者所共睹耶？况人而有所私也，纵可以掩覆于一时，其亦安逃乎后代之摘哉？"

明万历邯郸县令卢龙云撰文

本邑乔沟人乔永生 33 岁书丹

官庄文保组敬立

公元二零零四年十月未日

十六、丛台区扳倒井碑记

扳倒井遗址位于邯郸市丛台区黄粱梦镇官后村村委会西，碑在遗址东侧，2004 年 10 月立。此碑正面铭刻《扳倒井碑记》。

扳倒井位于邯郸城北十公里黄粱梦镇东官庄村。井深三丈六，直径五尺，井面东西相差二寸，井口平铺八块零一塞，红砂石。据明万历四十三年村人张其斌撰文并书丹之观音堂碑文载：村东有古井一眼，汉光武北逃，饮马，井倒，而故名“扳倒井”。又据《邯郸县志》载：世传汉光武为王郎所逼，士马皆渴，目无汲具，辄扳倒饮之，今尚倾侧如故。明万历年间，邯郸县令卢龙云曾撰有《扳倒井说》一文而流传后世，其井实为一大奇妙之自然景观耶，也是至今国内保存最完整之汉文化重要载体之一。说其奇妙之处，井水在二十世纪六十年代之前，清澈之水自然外溢近两千年矣。其水质甘甜纯绵，饮可祛疾健体，被村人奉为圣水，亦招致八方游客到此一游，观后皆惊

丛台区官后村扳倒井碑

叹不已。西汉末年，刘秀为保汉室江山，与王莽、王郎有多年之战，并在这一带留下众多遗迹，如刘秀吃蔓菁之蔓菁坡、饮马之扳倒井、马榜泉、藏身之藏龙观、二龙桥、禅房寺，救其脱险之南北窑，遇虎岑桑椹沟等等。伴随着这些遗迹，也留下了很多脍炙人口之民间传说，从而形成了内涵丰富之汉文化。之所以说是汉文化之重要载体，原因有三：一曰古井保留如初，二曰其配套建筑刘秀庙、玉皇庙等保留完好并修复完毕，三曰二零零零年其被邯郸市政府命名为第二批市级文物保护单位，现已扩展为扳倒井景区，制定出了一整套发展规划。

扳倒井景区在市级文物部门之直接指导下，经村委文保组全体成员和全体村民之共同努力，又得各方有识之士之慷慨解囊，集资达二百余万元，历时近二十年之修复，现已初具规模。景区紧临通京大道，交通十分便利。东与梦文化圣地吕仙祠、西与赵文化发源地赵王陵、龙文化发源地古石龙形成汉、梦、赵、龙四大文化旅游专线。今立石记之，以彰世人。

王永信撰文，乔永生书丹，沙河市诚信石材厂刻石

立石人王长有、要怀臣、孙保敬、要京春

公元二零零四年十月六日

十七、丛台区重修刘秀庙记

邯郸市丛台区官后村扳倒井遗址北 100 米有刘秀庙，1995 年重修，正殿前有重修纪念碑，记载刘秀庙的渊源和重修后的景象。

乙亥年十月二十八日。

东官庄村是汉文化之集中地。两千年前，汉光武刘秀在这里

留下很多遗迹，扳倒井、马榜泉就是其中著名景观。当年，刘秀被王莽追杀到东官庄时，人渴马乏，处于绝境。士兵来到村中井边，轻轻一扳，井倒。战马在村后跷起前蹄，也立即榜出甘泉。人马畅饮甘露，方化险为夷。从此，二井水常年自然溢出，为村民饮用。饮用此井水，儿童免灾聪慧，成年人体健，老年人长寿。二井一时风靡冀南，为历代文人名士所颂扬，更被百姓推崇为神灵，人民纷纷捐资建庙，塑像。自宋代起，这里就建起了气势宏伟的刘秀庙。现在将刘秀庙重新修复，重现当年之风采。庙中大殿有刘秀塑像，并配以刘秀访姬昌、桑树救主，蜘蛛、蝼蛄救驾等制景。东西配殿再现了扳倒井、马榜泉的奇景。东西廊房塑着为刘秀保驾的二十八位重臣，俗称二十八宿。这里建筑宏伟，雕梁画栋，塑像栩栩如生，制景活灵活现，让今人重温过去，以宏（弘）扬民族文化。

官后村刘秀庙重修碑

官庄前村委王新富，官庄后村委王长友，协助阎习虎，文保组长孙宝敬，副组长罗景春，会计王建国，保管马德山，成员岳振山、马万贵、要文中、王希杰、岳维生、岳红昌、白凤林、要文明、岳安凤、马书文、闫德印、岳维民。

十八、隆尧县重修刘秀庙纪念碑文

隆尧县南汪店村今有刘秀庙，1998年庙宇重修，正殿前有重修纪念碑，孟春华撰文。

隆尧县南汪店刘秀庙重修纪念碑

当年刘秀被王莽追杀，曾流落到此，饥饿难耐，在一家饭店讨了些麦仁饭吃，只觉得甘美无比，遂赞曰："诚难忘此店也。"本村故此得名"南汪店（难忘店）"。村西二公里处，故来称作"老营地"，相传为刘秀驻兵的地方。这个传说可证明，刘秀曾在这一带征战，乃刘秀庙诞生的渊源。旧时刘秀庙站（占）地约十亩，大殿十数间。古迹有张良拾履等内容的石刻多种，最著名的是刘秀二十八宿的塑像，高大威猛，栩栩如生。刘秀庙历来香火鼎盛，香客云集。然近数十年来日渐衰败，更兼"文革"浩劫，庙中文物毁坏殆尽，如今只剩西风断瓦，凄凉荒草，怎能不令人生叹。

值此改革开放、百废俱兴之际，南汪店村村民及各村友人、香客鼎力相助，集资重修刘秀庙，虽难复旧貌，亦为可观。善哉！特立此碑以志纪念。

撰文：孟春华

书丹：孟光超

石刻：王永发

一九九八年农历七月初九日

十九、正定县麦饭亭碑文

正定县太平庄村南滹沱河北岸有麦饭亭，2016 年 5 月 15 日建。此文为麦饭亭景观碑文。

正定县太平庄南滹沱河北岸麦饭亭景观碑

后汉书记载，刘秀称帝前，为复兴汉室辗转征战。至滹沱之域，供给不继，又值风雨交加，众皆饥疲于阻羁。艰危之时，幸赖部署冯异及众百姓，进以麦饭菟肩，得解困厄。后乃于正定滹沱水之畔，建亭以为志，曰“麦饭亭”。一亭之立，可窥古城民德之厚，文化之徵（征）。时至今日，正定农家犹有以新麦为粥之俗，世称“滹沱麦饭”，坊间亦有“南门里有阳河楼，南门外有麦饭亭”之谚。“麦饭”之典载于史籍，历久而弥重。明朝开国黄帝朱元璋，忆及受济于困厄，每有“滹沱麦饭”之颂。清人沈浩则有诗云：“禾黍西风野饭香，一亭危渡几斜阳。已知天意扶炎汉，不信穷途有帝王。”岁月悠悠，今复逝景，重建麦饭之亭，以为古风之传续、今韵之标扬也。

二十、正定县汉光武帝渡河处碑文

正定县太平庄村南滹沱河北岸有汉光武帝渡河处景观，2016 年 5 月 15 日建，此文为景观碑文。

正定县太平庄村南滹沱河北岸刘秀渡河处景观碑

西汉末年，王莽篡权，海内分崩，天下大乱。汉宗室之后刘秀欲兴汉室，为王郎所追杀。刘秀临于滹沱，波浪滔滔而不得渡，危陷绝境，无策以脱。俄顷，水波不兴，冰覆河封，秀遂夺机而渡，顺达彼岸，待追兵至，正欲踏冰遂之，河凌遽尔崩透，追兵阻于天堑，徒然望河兴叹。秀得脱险境，征战数载，东汉由立，史称“光武中兴”。光武帝渡河处之村落，因名“太平”，登岸处之村落，因名“凌透”，沿用至今，千年未易。宋丞相文天祥诗曰：“始信滹沱冰合事，世间兴废不由人。”

第七章　诗词歌赋咏刘秀

刘秀不仅为中国历史书写了浓墨重彩的篇章，还留下了众多的文化遗迹。历代文人骚客在这些遗迹中歌咏刘秀的诗歌众多。本章根据传统诗歌类别，划分为赋、古体诗、近体诗、词四类，选录了历代歌咏刘秀的诗歌86首，供读者赏鉴。

一、赋

昆阳城赋

［北宋］苏轼

淡平野之霭霭，忽孤城之如块。风吹沙以苍莽，怅楼橹之安在。横门豁以四达，故道宛其未改。彼野人之何知，方伛偻而畦菜。嗟夫，昆阳之战，屠百万于斯须，旷千古而一快。想寻邑之来阵，几若驱云而拥海。猛士扶轮以蒙茸，虎豹杂榻而恒馈。罄天下于一战，谓此举之不在。方其乞降而未获，固已变色而惊悔。忽千骑之独出，犯初锋於未艾。始凭轼而大笑，旋弃鼓而投械。纷纷籍籍死于沟壑者，不知其何人，或金章而玉佩。彼狂童之僭窃，盖以旋踵而将败。岂豪杰之能得，尽市井之无赖。贡符献瑞一朝而成群兮，纷就死之何怪。独悲伤于严生，怀长才而自浼。岂不知其必丧，独徘徊其安待。过故城而一吊，增志士之永慨。

二、古体诗

明堂诗

［东汉］班固

于昭明堂，明堂孔阳。
圣皇宗祀，穆穆煌煌。
上帝宴飨，五位时序。
谁其配之，世祖光武。
普天率土，各以其职。
猗欤缉熙，允怀多福。

七哀诗·其一

［西晋］张载

北芒何垒垒，高陵有四五。
借问谁家坟，皆云汉世主。
恭文遥相望，原陵郁膴膴。
季世丧乱起，贼盗如豺虎。
毁壤过一抔，便房启幽户。
珠柙离玉体，珍宝见剽虏。
园寝化为墟，周墉无遗堵。
蒙茏荆棘生，蹊径登童竖。
狐兔窟其中，芜秽不复扫。
颓陇并垦发，萌隶营农圃。
昔为万乘君，今为丘中土。

感彼雍门言，凄怆哀今古。

享太庙乐章·永和

［唐］魏徵

肃肃清祀，烝烝孝思。
荐享昭备，虔恭在兹。
雍歌彻俎，祝嘏陈辞。
用光武志，永固鸿基。

后唐宗庙乐舞辞

［唐］崔居俭

艰难王业，返正皇唐。
先天再造，却日重光。
汉绍世祖，夏资少康。
功成德茂，率祀无疆。

流夜郎半道承恩放还，兼欣克复之美书怀示息秀才

［唐］李白

黄口为人罗，白龙乃鱼服。
得罪岂怨天，以愚陷网目。
鲸鲵未翦灭，豺狼屡翻覆。
悲作楚地囚，何日秦庭哭。
遭逢二明主，前后两迁逐。
去国愁夜郎，投身窜荒谷。
半道雪屯蒙，旷如鸟出笼。

遥欣克复美，光武安可同。

天子巡剑阁，储皇守扶风。

扬袂正北辰，开襟揽群雄。

胡兵出月窟，雷破关之东。

左扫因右拂，旋收洛阳宫。

回舆入咸京，席卷六合通。

叱咤开帝业，手成天地功。

大驾还长安，两日忽再中。

一朝让宝位，剑玺传无穷。

愧无秋毫力，谁念矍铄翁。

弋者何所慕，高飞仰冥鸿。

弃剑学丹砂，临炉双玉童。

寄言息夫子，岁晚陟方蓬。

箜 篌 谣

［唐］李白

攀天莫登龙，走山莫骑虎。贵贱结交心不移，唯有严陵及光武。周公称大圣，管蔡宁相容。汉谣一斗粟，不与淮南舂。兄弟尚路人，吾心安所从。他人方寸间，山海几千重。轻言托朋友，对面九疑峰。开花必早落，桃李不如松。管鲍久已死，何人继其踪。

上云乐

［唐］李白

金天之西，白日所没。康老胡雏，生彼月窟。巉岩容仪，戌削风骨。碧玉炅炅双目瞳，黄金拳拳两鬓红。华盖垂下睫，嵩岳临上唇。不睹诡谲貌，岂知造化神。大道是文康之严父，元气乃文康之老亲。抚顶弄盘古，推车转天轮。云见日月初生时，铸冶火精与水银。阳乌未出谷，顾兔半藏身。女娲戏黄土，团作愚下人。散在六合间，蒙蒙若沙尘。生死了不尽，谁明此胡是仙真。西海栽若木，东溟植扶桑。别来几多时，枝叶万里长。中国有七圣，半路颓洪荒。陛下应运起，龙飞入咸阳。赤眉立盆子，白水兴汉光。叱咤四海动，洪涛为簸扬。举足蹋紫微，天关自开张。老胡感至德，东来进仙倡。五色狮子，九苞凤凰。是老胡鸡犬，鸣舞飞帝乡。淋漓飒沓，进退成行。能胡歌，献汉酒。跪双膝，立两肘。散花指天举素手。拜龙颜，献圣寿。北斗戾，南山摧。天子九九八十一万岁，长倾万岁杯。

赠张相镐

［唐］李白

神器难窃弄，天狼窥紫宸。

六龙迁白日，四海暗胡尘。

昊穹降元宰，君子方经纶。

淡然养浩气，欻起持大钧。

秀骨像山岳，英谋合鬼神。

佐汉解鸿门，生唐为后身。

拥旄秉金钺，伐鼓乘朱轮。
虎将如雷霆，总戎向东巡。
诸侯拜马首，猛士骑鲸鳞。
泽被鱼鸟悦，令行草木春。
圣智不失时，建功及良辰。
丑虏安足纪，可贻帼与巾。
倒泻溟海珠，尽为入幕珍。
冯异献赤伏，邓生倏来臻。
庶同昆阳举，再睹汉仪新。
昔为管将鲍，中奔吴隔秦。
一生欲报主，百代思荣亲。
其事竟不就，哀哉难重陈。
卧病宿松山，苍茫空四邻。
风云激壮志，枯槁惊常伦。
闻君自天来，目张气益振。
亚夫得剧孟，敌国空无人。
扪虱对桓公，愿得论悲辛。
大块方噫气，何辞鼓青蘋。
斯言倘不合，归老汉江滨。

述古三首

［唐］杜甫

其一

赤骥顿长缨，非无万里姿。
悲鸣泪至地，为问驭者谁。
凤凰从天来，何意复高飞。
竹花不结实，念子忍朝饥。
古来君臣合，可以物理推。
贤人识定分，进退固其宜。

其二

市人日中集，于利竞锥刀。
置膏烈火上，哀哀自煎熬。
农人望岁捻，相率除蓬蒿。
所务谷为本，邪赢无乃劳。
舜举十六相，身尊道何高。
秦时任商鞅，法令如牛毛。

其三

汉光得天下，祚永固有开。
岂惟高祖圣，功自萧曹来。
经纶中兴业，何代无长才。
吾慕寇邓勋，济时信良哉。
耿贾亦宗臣，羽翼共徘徊。
休运终四百，图画在云台。

寄张十二山人彪三十韵

［唐］杜甫

独卧嵩阳客，三违颍水春。
艰难随老母，惨淡向时人。
谢氏寻山屐，陶公漉酒巾。
群凶弥宇宙，此物在风尘。
历下辞姜被，关西得孟邻。
早通交契密，晚接道流新。
静者心多妙，先生艺绝伦。
草书何太苦，诗兴不无神。
曹植休前辈，张芝更后身。
数篇吟可老，一字买堪贫。
将恐曾防寇，深潜托所亲。
宁闻倚门夕，尽力洁飧晨。
疏懒为名误，驱驰丧我真。
索居犹寂寞，相遇益悲辛。
流转依边徼，逢迎念席珍。
时来故旧少，乱后别离频。
世祖修高庙，文公赏从臣。
商山犹入楚，源水不离秦。
存想青龙秘，骑行白鹿驯。
耕岩非谷口，结草即河滨。
肘后符应验，囊中药未陈。
旅怀殊不惬，良觌渺无因。

自古皆悲恨，浮生有屈伸。
此邦今尚武，何处且依仁。
鼓角凌天籁，关山信月轮。
官场罗镇碛，贼火近洮岷。
萧索论兵地，苍茫斗将辰。
大军多处所，余孽尚纷纶。
高兴知笼鸟，斯文起获麟。
穷秋正摇落，回首望松筠。

谒汉世祖庙

［唐］刘希夷

春陵气初发，渐台首未传。
列营百万众，持国十八年。
运开朱旗后，道合赤符先。
宛城剑鸣匣，昆阳镝应弦。
犷兽血涂地，巨人声沸天。
长驱过北赵，短兵出南燕。
太守迎门外，王郎死道边。
升坛九城陌，端拱千秋年。
朝廷方雀跃，剑佩几联翩。
至德刑四海，神仪翳九泉。
宗子行旧邑，恭闻清庙篇。
君容穆而圣，臣像俨犹贤。
攒木承危柱，疏萝挂朽椽。
祠庭巢鸟啄，祭器网虫缘。

怀古江山在，惟新历数迁。

空余今夜月，长似旧时悬。

豆 粥 诗

［宋］苏轼

君不见滹沱流澌车折轴，公孙仓皇奉豆粥。

湿薪破灶自燎衣，饥寒顿解刘文叔。

又不见金谷敲冰草木春，帐下烹煎皆美人。

萍齑豆粥不传法，咄嗟而办石季伦。

干戈未解身如寄，声色相缠心已醉。

身心颠倒自不知，更识人间有真味。

岂如江头千顷雪色芦，茅檐出没晨烟孤。

地碓舂粳光似玉，沙瓶煮豆软如酥。

我老此身无着处，卖书来问东家住。

卧听鸡鸣粥熟时，蓬头曳履君家去。

过滹沱河

［宋］黄庭坚

驼褐蒙风霜，鸡声盻墟里。

青灯登豆粥，落月踏冰水。

平生不龟药，才可卫十指。

指此千户侯，谁能优劣比。

寄赠泉石使李元直入觐

［宋］范成大

汉图昔中天，百六启真主。
当时邓高密，徒步赴光武。
诸公上云台，一叶渺湘浦。
声名三十年，玉气贯晴宇。
向来宣室问，天语道旧故。
不图太平日，复见起兵簿。
双旌莫侯服，三节临江浒。
垂欲大用公，少驻议圜府。
人言山泽官，底用庙廊具？
果闻一乘传，已踵追锋去。
翔凤览辉来，风采照鸳鹭。
平生经济心，十不一二吐。
兹行公勿逊，安国如鼎吕。

夜观秦蜀地图

［宋］陆游

往者行省临秦中，我亦急服叨从戎。
散关摩云俯贼垒，清渭如带陈军容。
高旌缥缈严玉帐，画角悲壮传霜风。
咸阳不劳三日到，幽州正可一炬空。
意气已无鸡鹿塞，单于合入蒲萄宫。
灯前此图忽到眼，白首流落悲涂穷。

吾皇英武同世祖，诸将行策云台功。
孤臣昧死欲自荐，君门万里无由通。
正令选壮不为用，笔墨尚可输微忠。
何当勒铭纪北伐，更拟草奏祈东封。

晓登昆阳故城

［元］郝经

弓刀蹀躞西风鸣，惨淡夜入昆阳城。
疏星牢落楚氛黑，立马起坐东方明。
凌晨历览增壮观，世祖凛凛犹如生。
以寡敌众古亦有，以怯为勇夫谁能？
始知谨厚是真勇，彼伪不足当吾诚。
眼中百万已破碎，着手一战成中兴。
天定岂容人复胜，新莽犹然事符命。
汉家王气满咸阳，空向渐台看斗柄。
凭高落落生壮怀，万里一片青山来。
子陵不屈亦堪惜，乃使耿邓升云台。
东都制度遂狭陋，王室陵夷寖倾覆。
漫将风节与维持，终入曹瞒莫能救。
岩岩高节固可奇，济时行道胡不为。
钓鱼台上秋风老，我欲与子论襟期。
萧萧草木南阳道，龙虎春陵气仍好。
须当策杖向军门，整顿乾坤济时了。

古风·三国演义篇尾诗

［明］罗贯中

高祖提剑入咸阳，炎炎红日升扶桑。
光武中兴成大统，金乌飞上天中央。
哀哉献帝绍海宇，红轮西坠咸池傍！
何进无谋中贵乱，凉州董卓居朝堂。
王允定计诛逆党，李傕郭汜兴刀枪。
四方盗贼如蚁聚，六合奸雄皆鹰扬。
孙坚孙策起江左，袁绍袁术兴河梁。
刘焉父子据巴蜀，刘表军旅屯荆襄。
张燕张鲁霸南郑，马腾韩遂守西凉。
陶谦张绣公孙瓒，各逞雄才占一方。
曹操专权居相府，牢笼英俊用文武。
威挟天子令诸侯，总领貔貅镇中土。
楼桑玄德本皇孙，义结关张愿扶主。
东西奔走恨无家，将寡兵微作羁旅。
南阳三顾情何深，卧龙一见分寰宇。
先取荆州后取川，霸业图王在天府。
呜呼三载逝升遐，白帝托孤堪痛楚！
孔明六出祁山前，愿以只手将天补。
何期历数到此终，长星半夜落山坞！
姜维独凭气力高，九伐中原空劬劳。
钟会邓艾分兵进，汉室江山尽属曹。
丕睿芳髦才及奂，司马又将天下交。

受禅台前云雾起，石头城下无波涛。
陈留归命与安乐，王侯公爵从根苗。
纷纷世事无穷尽，茫茫天数不可逃。
鼎足三分已成梦，后人凭吊空牢骚。

失　题

［近代］秋瑾

登天骑白龙，走山跨猛虎。叱咤风云生，精神四飞舞。大人处世当与神物游，顾彼豚犬诸儿安足伍！不见项羽酣呼巨鹿战，刘秀雷震昆阳鼓，年约二十余，而能兴汉楚；杀人莫敢当，万世钦英武。愧我年二七，于世尚无补。空负时局忧，无策驱胡虏。所幸在风尘，志气终不腐。每闻鼓鼙声，心思辄震怒。其奈势力孤，群才不为助。因之泛东海，冀得壮士辅。

三、近体诗

（一）绝句

咏史诗·昆阳

［唐］胡曾

师克由来在协和，萧王兵马固无多。
谁知大敌昆阳败，却笑前朝困楚歌。

咏史诗·滹沱河

［唐］胡曾

光武经营业未兴，王郎兵革正凭陵。

须知后汉功臣力，不及滹沱一片冰。

题　山　居

［唐］曹邺

扫叶煎茶摘叶书，心闲无梦夜窗虚。
只应光武恩波晚，岂是严君恋钓鱼。

桐　　江

［唐］汪遵

光武重兴四海宁，汉臣无不受浮荣。
严陵何事轻轩冕，独向桐江钓月明。

严　陵　滩

［唐］罗隐

中都九鼎勤英髦，渔钓牛蓑且遁逃。
世祖升遐夫子死，原陵不及钓台高。

后汉门·光武

［唐］周昙

成败非儒孰可量，儒生何指指萧王。
萧王得众能宽裕，吴汉归来帝业昌。

光武二首

［宋］陈造

其一

闭关谢质保丰功，建武规模见祖风。

宰辅骈诛非细故，平章敢谓茂陵同。

其二

济业何关赤伏符，王梁不拜未云疏。

君王幸却东封请，底事终身溺谶书。

题蜀江观

［宋］姚勉

光武中兴三十年，愈民痼疾发灵泉。

吾泉何止如光武，瑞井宜通瑞锦边。

舟中作

［宋］陆游

山蔬药曲满箸香，超然下视太官羊。

更凭语与刘文叔，豆鬻从来味最长。

道次舂陵怀古二首·其一

［宋］宋庠

郁郁舂陵旧帝家，黍离千古此兴嗟。

萧王何事为天子，本爱金吾与丽华。

杂诗七首·其一

［宋］黄庭坚

馆甥宫里叹才难，当日同朝听百官。
光武早知尧舜事，只今那得子陵滩。

杂　　诗

［宋］黄庭坚

古风萧索不言归，贫贱交情富贵非。
世祖本无天下量，子陵何慕钓鱼矶。

汉光武庙

［宋］韩元吉

涿郡渔阳此呼分，用兵诸将总如神。
白头浪说关中事，邓禹当年已笑人。

光　武　庙

［宋］许及之

真人祠殿柏乡边，下马焚香我谒虔。
思汉民心今戴宋，密祈兴运早中天。

题光武庙

［宋］许景衡

闻道三千唯一心，未应百万怕王寻。
可怜千载兴王地，城郭摧颓树草深。

光　武

［宋］徐钧

功成论道息干戈，武将森森学问多。
养得文风名节盛，自三代下莫能过。

光 武 庙

［宋］范成大

云台列像拱真人，野老犹夸建武春。
不用剑锋能剸石，冰河一瞥已通神。

咏史上·光武

［宋］陈普

腹上能容严子陵，面前何不着韩歆。
迭兴知与人何事，陇蜀才平便易心。

咏史上·光武

［宋］陈普

丙夜沉沉讲未停，故人重话旧时灯。
半篇说命良依约，舜典周官总未曾。

咏史上·光武

［宋］陈普

赤符交锡帝心移，不似初来岸帻时。
浪泊壶头终落落，羊裘男子殆先知。

咏史上·光武

［宋］陈普

经邦论道职何卑，又是前朝卖饼儿。
十乱五臣无暖席，三王四代是何时。

咏史上·光武

［宋］陈普

金匮哀草正共哀，又将符命议灵台。
太山千古黄泉路，底事銮舆爱上来。

咏史上·光武明帝

［宋］陈普

后宫任姒古今希，前殿弦歌凤已知。
孔子孟轲真薄命，不生建武永平时。

咏史上·光武祭遵

［宋］陈普

琤琤壶矢柳营春，十万貔貅不动尘。
世祖功臣三十六，谁为韦裤布衣人。

咏史上·光武祭遵

［宋］陈普

东山纪律久无闻，钲鼓才鸣玉匣尘。
牧野再逢诸葛亮，两阶重见祭将军。

题光武庙三首

［宋］曹勋

其一

故人高卧枕严溪，香火纷纷俗不疲。
倘赞提封如帝业，也分百户奉真祠。

其二

九州思汉定雄夫，天下雄夫待一呼。
冰亦复随人意合，从来大度自同符。

其三

陇蜀趋风泣向隅，征途殊喜读双趺。
他年新载碑中语，百万俱摧历古无。

题钓台二首

［宋］罗大经

其一

平生谨敕刘文叔，却与狂奴意气投。
激发潜龙云雨志，了知功跨邓元侯。

其二

讲磨潜佐汉中兴，岂是空标处士名。
堪笑史臣无卓识，却将周党与同称。

滹沱河二首

［宋］文天祥

其一

过了长江与大河，横流数仞绝滹沱。
萧王麦饭曾仓促，回首中天感慨多。

其二

风沙睢水终亡楚，草木公山竟蹙秦。
始信滹沱冰合事，世间兴废不由人。

柏乡光武庙

［金］元好问

老树刳心不更春，当年曾见汉仪新。
凭君莫话舂陵事，笑杀中原逐鹿人。

襄阳咏史·其六·光武庙

［金］李俊民

海内英雄待一呼，云龙际会入东都。
羯奴不识真人事，侥幸中原欲并驱。

钓　台

［明］刘基

伯夷清节太公功，出处行藏岂必同？
不是云台兴帝业，桐江无用一丝风。

军次，游赵故城邯郸宫二首

张学良

其一

沽酒邯郸大道旁，村人都说武灵王。
英雄应有笙歌地，不比吴宫响屧廊。

其二

光武艰难定洛中，滹沱一饭困英雄。
当年天下归心日，都在邯郸古赵宫。

（二）律诗

赠　罗　隐

［唐］罗衮

平日时风好涕流，谗书虽盛一名休。
寰区叹屈瞻天问，夷貊闻诗过海求。
向夕便思青琐拜，近年寻伴赤松游。
何当世祖从人望，早以公台命卓侯。

闲

［唐］徐寅

不管人间是与非，白云流水自相依。
一瓢挂树傲时代，五柳种门吟落晖。
江上翠娥遗佩去，岸边红袖采莲归。
客星辞得汉光武，却坐江东旧薜矶。

奉和鲁望独夜有怀吴体见寄

［唐］皮日休

病鹤带雾傍独屋，破巢含雪倾孤梧。
濯足将加汉光腹，抵掌欲捋梁武须。
隐几清吟谁敢敌，枕琴高卧真堪图。
此时枉欠高散物，楠瘤作樽石作垆。

南　阳

［唐］皮日休

昆阳王气已萧疏，依旧山河捧帝居。
废路塌平残瓦砾，破坟耕出烂图书。
绿莎满县年荒后，白鸟盈溪雨霁初。
二百年来霸王业，可知今日是丘墟。

经故洛阳城

［唐］罗隐

败垣危堞迹依稀，试驻羸骖吊落晖。
跋扈以成梁冀在，简书难问杜乔归。
由来世事须翻覆，未必余才解是非。
千载昆阳好功业，与君门下作恩威。

新野道中

［五代］黄滔

野堂如雪草如茵，光武城边一水滨。
越客归遥春有雨，杜鹃啼苦夜无人。
东堂岁去衔杯懒，南浦期来落泪频。
莫道还家不惆怅，苏秦羁旅长卿贫。

西　　帅

［宋］王安石

吾君英睿超光武，良将西征捍隗嚣。
誓斩郅支聊出寒，生擒颉利始归朝。
一丸岂虑封函谷，千骑无由饮渭桥。
好立功名标竹素，莫教空说霍嫖姚。

光　武　庙

［宋］徐照

帐闭炉烟聚，山龙帝者衣。
真人元有道，社鬼忽无威。
画剥金犹在，碑平字半非。
鼓鸣村犬吠，祭罢数翁归。

秋日载酒光武庙

［金］元好问

美酒良辰邂逅同，赤眉城北汉王宫。

百年星斗归天上，万古旌旗在眼中。

草木暗随秋气老，河山长为昔人雄。

一杯径醉风云地，莫放银盘上海东。

览古四十二首·其十六

［元］杨维桢

武丁梦良弼，审象极冥搜。

光武思故人，物色在羊裘。

彭城有处士，君恩贲林丘。

股肱不为用，颜色徒相求。

鉴古韵语五十九首·其三十一·光武帝

［明］孙承恩

武致中兴盛，文成帝载熙。

持循每谦约，治理更勤咨。

物欲无私好，权纲只自持。

崇儒兴教意，永作后人规。

清明日南阳道中望汉光武帝乡

［明］邓云霄

碑横麦垄卧牛羊，故老犹传汉帝乡。
佳气可怜沉白水，近亲谁复在南阳？
野田冢墓人还祭，异代园陵草尽荒。
寄语啼鹃莫悲咽，笑他元是蜀君王。

千 秋 台

［明］李标

鄗城古邑几时开，汉业千秋尚有台。
大陆关河宜北望，太行形势自西来。
秋深禾黍皆成穗，雨后田园半是苔。
白水真人何处者，高天吟眺独徘徊。

昆阳怀古

［明］王磐

行役宛叶间，路入昆阳城。
滍水抱城左，荡漾东南溟。
川源入四顾，盘互多冈陵。
城颓削悬崖，草深恶鸱鸣。
嗟尔一抔土，当此百万兵。
莽图十九年，聚此天为坑。
王者况不死，千骑惊龙腾。
汉业兆丰沛，赤符此中兴。

创复两不易，山川贲雄名。

东南遥相望，盘盘两神京。

千年事云散，草木含威灵。

野人无所知，城边事春耕。

扶犁上废垒，陇亩纵复横。

只应怀古士，千古怆余情。

光武帝祠

［清］爱新觉罗·弘历

蛙声紫色不堪论，泱髓高文累叶恩。

千古中兴帝首出，秋风斜日庙仍存。

手提三尺知兵要，身致太平究治源。

望汉台今何处是，村民伏腊自羔豚。

汉光武帝

［清］许咏仁

赤眉青犊扫如尘，为帝为王自有真。

战士呼声动雷雨，功臣位次应星辰。

宠加翟茀迎新妇，寒拥羊裘忆故人。

可惜伏波冤未雪，车如薏苡当奇珍。

严　滩

［清］张云翼

漫整荷衣拜逸民，滩声犹自动星辰。

富春近日谁渔父，天子当年有故人。

名到先生才是隐，贤如光武不称臣。
只因曾作梅家婿，外氏家风爱隐沦。

古鄗旧址

［清］魏裔介

世变扬尘沧海中，浮云依旧塞寒空。
五城陌照萧王月，汤沐邑余公子风。
救赵应推监者策，催薪独沐邓侯功。
乡国咫尺堪凭吊，蓦见青山思不穷。

古　鄗　城

［清］白玠

长阳古道出荒城，雉堞空存旧日名。
光武勋威已火炽，信陵怠气亦邱平。
地仍赵北燕南重，人愧毛前薛后行。
逆旅居停凭吊处，残疆废垒不胜情。

四、词

念奴娇·丙午郑少师生日

［宋］刘克庄

禁中张宴，苦留公、未许归寻初服。千载君臣鱼有水，不比严光文叔。火德中天，客星一夕，草草聊同宿。重来凝碧，依然赓载相属。　　过眼夸夺纷纷，浮云野马，几度棋翻局。客话凤池三入事，洗耳湖光一曲。伯始泉荒，稚珪圃冷，占断西风菊。

年年岁岁，金英常泛芳醁。

水龙吟·游钓台作

［宋］葛立方

九州雄杰溪山，遂安自古称佳处。云迷半岭，风号浅濑，轻舟斜渡。朱阁横飞，渔矶无恙，鸟啼林坞。吊高人陈迹，空瞻遗像，知英烈、垂千古。　　忆昔龙飞光武。怅当年、故人何许。羊裘自贵，龙章难换，不如归去。七里溪边，鸬鹜源畔，一蓑烟雨。叹如今宕子，翻将钓手遮日，向西秦路。

沁园春·子陵先生

［宋］林正大

子陵先生，故人光武，以道相忘。幸炎符在握，六龙在御，臣来亿兆，阳德方刚。自是先生，独全高节，归去江湖乐未央。动星象，被羊裘傲睨，一世轩裳。　　高哉不事侯王，爱此地山高水更长。盖先生心地，超乎日月，又谁如光武，器量包荒。立懦廉顽，有功名教，万世清风更激扬。无古今，想云山郁郁，江水泱泱。

念奴娇·题钓台

［宋］王自中

扁舟夜泛，向子陵台下，偃帆收橹。水阔风摇舟不定，依约月华新吐。细酌清泉，痛浇尘臆，唤起先生语。当年纶钓，为谁高卧烟渚。　　还念古往今来，功名可共，能几人光武。一旦星文惊四海，从此故人何许。到底轩裳，不如蓑笠，久矣心相与。

天低云淡，浩然吾欲高举。

六　州

［宋］洪迈

尧传舜，盛事千古难并。回龙驭，辞凤掖，北内别有蓬瀛。为天子父，册鸿名，万年千岁福康宁。春秋不说楚冥灵。莱衣彩戏，汉殿玉卮轻。宸游今不见，烟外落霞明。前回丁未，雾塞神京。　正同符、光武中兴。擎天独力扶倾。定宗庙，保河山，乾坤整顿庚庚。功成了，脱屣遗荣。访崆峒、空与丹庭。笑挹尘寰、不留行。吾皇哀恋，泪血洒神旌。肠断涛江渡，明日稽山暮云，东望元陵。

浣溪沙·闻王侍郎复命

［宋］洪皓

南北渝盟久未和，斯民涂炭死亡多，不知何日戢干戈。
赖有兴王如世祖，况闻谋帅得廉颇，蔺卿全璧我蹉跎。

水龙吟·光武战昆阳

［宋］李纲

汉家炎运中微，坐令闰位余分据。南阳自有，真人膺历，龙翔虎步。初起昆城，旋驱乌合，块然当路。想莽军百万，旌旗千里，应道是、探囊取。　豁达刘郎大度。对劲敌、安恬无惧。提兵夹击，声喧天坏，雷风借助。虎豹哀嗥，戈铤委地，一时休去。早复收旧物，扫清氛祲，作中兴主。

水调歌头·有客泛轻舸

［宋］曾中思

有客泛轻舸，迤逦到桐庐。山湾水曲，个中依约是仙区。试唤清江渔父，为问来今往古，兴废事如何。笑指寒烟里，此是子陵居。　　汉光武，兴皇运，握乾符。客星侵座，方见不与故人疏。自是先生高尚，无限经纶才略，飘泛寄江湖。凛凛亘千载，风月属樵渔。

第八章　成语故事话刘秀

刘秀出身皇族，近平民，会读书，能打仗，善为政，取得了事业上的成功。他文韬武略，创造了很多我们耳熟能详的成语。

一、有志者事竟成

“有志者事竟成”这句激励人心的成语出自汉光武帝刘秀之口，意指有志向的人做事终究会成功。《后汉书・耿弇列传》记载：“将军前在南阳建此大策，常以为落落难合，有志者事竟成也。”

刘秀在统一全国的道路上，碰到了山东军阀张步。张步兵强马壮，十分棘手。在大家一筹莫展之时，刘秀帐下大将耿弇接下了平定张步这个艰巨任务。耿弇在战斗中指挥若定，竟然在很短的时间内收服了张步。几天后，刘秀来到临淄慰劳军队。他在许多将官面前夸奖耿弇说：“从前，你在南阳曾请求平定张步，我当时担心难以成功。如今才知道，有志者事竟成啊！”

二、疾风知劲草

“疾风知劲草”指在猛烈的大风中可以看出什么样的草是强劲的，出自《后汉书・铫期王霸祭遵列传》：“光武谓霸曰：‘颍川从我者皆逝，而子独留，努力！疾风知劲草。’”

刘秀在创业过程中，曾经遇到了很大危险。当时，刘秀还在刘玄手下做事。王莽政权垮台后，更始帝刘玄派刘秀带领数十人接收河北的地盘。当时河北情况复杂，盗匪成群，刘玄此举无异于要刘秀去送死。刘秀一到河北，果然遇到大麻烦，一个叫王郎的江湖骗子伪称自己是汉朝皇族后裔，几乎占据了整个河北。势单力孤的刘秀狼狈不堪，被王郎的军队追得到处逃跑。在这危难时刻，很多人动摇了，悄悄溜走了。刘秀对王霸说："在颍川投奔我的人现在都走了，只剩下你一人留了下来，真是疾风知劲草啊！"后来，刘秀得了天下，封王霸为偏将军，始终都很器重他。

三、反侧自安

"反侧自安"形容让心神不安的人自然而然地安下心，指安抚人心的措施很奏效。这则成语出自《后汉书·光武帝纪》："光武不省，会诸将军烧之。曰：'令反侧子自安。'"

刘秀在对付王郎的战斗中，很多手下开始都产生了动摇情绪，纷纷与王郎通信，想要投降。然而，后来，军事形势好转，刘秀竟然消灭了王郎，将军们与王郎的书信全部被收缴，这可把那些将军急坏了，整天辗转反侧。刘秀出人意料地把将军们召集到一起，当着他们的面把书信全烧了。刘秀笑着对他们说："这下你们反侧自安了吧。"豁达的刘秀用如此巧妙的方法赢得了将军的忠心，从此刘秀军团成了一股坚不可摧的军事力量。

四、推心置腹

"推心置腹"意思是把赤诚的心交给人家，比喻真心待人，出自《后汉书·光武帝纪》："萧王推赤心置人腹中，安得不投死乎！"

更始二年秋，在平定河北的战斗中，刘秀率兵先后在鄡（今河北辛集市东南）、馆陶、蒲阳（今保定市顺平县境内）击溃铜马农民起义军，迫使他们投降。刘秀封降兵的头领为列侯。但是，降者并不放心，怀疑刘秀是否出于真意。刘秀获悉这一情况后，为使他们放心，采用安抚之计，下令降者各归其本部统领其原来的兵马，刘秀只身轻骑巡行各部，无丝毫戒备之意。这样一来，降者都被刘秀的赤诚所感动，打消了疑虑，三三两两地在一起低语："萧王推己之红心置他人之腹中，我们还担心什么？还不为他打天下出力吗？"刘秀凭借他的勇敢和宽广的胸怀赢得了将士们的心。

五、失之东隅，收之桑榆

"失之东隅，收之桑榆"，原指在某处先有所失，在另一处终有所得，比喻开始在这一方面失败了，最后在另一方面取得胜利，出自《后汉书·冯岑贾列传》："玺书劳异曰：'赤眉破平，士吏劳苦。始虽垂翅回溪，终能奋翼渑池，可谓失之东隅，收之桑榆。'"

刘秀在平定河北后，位于关中的赤眉军成了他统一全国一大阻碍，屡次受挫于赤眉军。东汉征西大将军冯异率领大军和赤眉军交战，不料在渑池也遭到了惨败，不得不筑城与敌军僵持。然而，冯异通过精妙的指挥，逐渐扳回了劣势，终于在崤底大败赤眉军。得到胜利的消息，刘秀不禁感叹，虽然汉军开始战败，但最终反败为胜，真是"失之东隅，收之桑榆"啊！

六、克己奉公

"克己奉公"这则成语意指约束自己的私欲，以公事为重，比喻一个人对己要求严格，一心为公，出自《后汉书·铫期王霸祭遵列传》："遵为人廉约小心，克己奉公，赏赐辄尽与士卒，家无私财。"

祭遵从小喜欢读书，知书达理，虽然出身豪门，但生活非常俭朴。

他身为刘秀手下大将，以执法严明、不徇私情闻名。有一次，刘秀身边的一个小侍从犯了罪，祭遵查明真相后，依法把这个侍从处以死刑。刘秀知道后，十分生气，想祭遵竟敢处罚他身边的人，欲降罪于祭遵。但是，马上有人来劝谏刘秀说："严明军令，本来就是大王的要求。如今祭遵坚守法令，上下一致，做得很对。只有像他这样言行一致，号令三军才有威信啊！"刘秀听了觉得有理，非但没有治罪于祭遵，还封他为刺奸将军。刘秀称赞他说，祭遵为人廉约小心、克己奉公，他把给他的赏赐都分给了士卒，家无私财，真是一个忠臣。

七、披荆斩棘

"披荆斩棘"指劈开丛生多刺的野生植物，比喻在创业过程中或前进道路上清除障碍，克服重重困难，出自《后汉书·冯岑贾列传》："（冯异）为吾披荆棘，定关中。"

公元25年，刘秀建立了东汉政权，做了皇帝。他派冯异大将军平定了关中。刘秀封冯异为阳夏侯，任征西大将军。公元30年，冯异到京都洛阳，朝拜光武帝。光武帝隆重地接待了他，并且向文武百官介绍说："他是我当年起兵时的主将，为我在创业的道路上劈开了丛生的荆棘，扫除了重重障碍，平定了关中广大地区，是个有功之臣啊！"

八、旗鼓相当

"旗鼓相当"原指两军对阵，后用于比喻双方力量不相上下，出自《后汉书·隗嚣公孙述列传》："如令子阳（指公孙述）到汉中、三辅，愿因将军（指隗嚣）兵马，旗鼓相当。"

刘秀称帝以后，仍然有一些人拥有重兵，各霸一方。刘秀经过五年的征战，把函谷关以东的割据势力全部消灭，最后只剩下了甘肃的隗嚣集团和四川的公孙述两支军队。起初，隗嚣归附了刘秀，刘秀对他比较重视，待为上宾，想利用隗嚣的军队钳制公孙述的军队。刘秀写信给隗嚣说："如果公孙述出兵到汉中、长安一带侵扰，我希望将军率人马抵挡公孙述，因将军实力与其旗鼓相当。"

九、差强人意

"差强人意"原指吴汉很能振奋其部下的意志，后用来指尚能使人满意，出自《后汉书·吴汉传》："将军见战阵不利，或多惶惧，失其常度。汉意气自若，方整厉器械，激扬士吏。帝时遣人观大司马何为，还言方修战攻之具，乃叹曰：'吴公差强人意，隐若一敌国矣。'"。

吴汉出身低微，刘秀见他有才能，于是拔擢他于行伍之中。吴汉作战不但勇敢，而且对刘秀十分忠心。他每次出外作战，总是紧紧跟着刘秀。而且，只要刘秀没睡，他就恭敬地站在一旁，不肯先睡。偶尔打仗打输了，大家都提不起劲来，吴汉总是鼓励大家不要悲观，应该振作起来，准备继续作战。有一次，刘秀输了，心情不好，其他将军也失去了斗志，吴汉却和士兵们一起整理武器。刘秀知道这些事后，很感叹地说："总算还有吴将军差强人意啊！"

十、乐此不疲

"乐此不疲"意思是因酷爱干某事而不感觉厌烦，形容对某事特别爱好而沉浸其中，出自《后汉书·光武帝纪》："我自乐此，不为疲也。"

刘秀不仅仅是个武人，还是个相当好学的人。即便在行军打仗时，刘秀也是手不释卷，总抽空看一看儒学书籍和各家兵法，这在后来传为美谈。

刘秀统一全国后，仍然勤学苦读。他总和大臣们一起谈论学问，直到深夜。皇太子不忍他如此操劳，刘秀笑着说："我对于学问就是乐此不疲啊！"

十一、举足轻重

"举足轻重"意思是只要脚稍微移动一下，就会影响两边的轻重，指处于重要地位，一举一动都足以影响全局，出自《后汉书·窦融列传》："方蜀汉相攻，权在将军，举足左右，便有轻重。"

西汉灭亡后，产生了很多军阀，其中大部分都和刘秀作对，除了窦融。窦融的地盘位于甘肃，当他听说刘秀称帝后，就一直想归附刘秀。刘秀也经常写信嘉奖窦融。有一次，刘秀给窦融写信说："将军兵精粮足，在内保卫人民，对外抵御羌胡的骚扰。与你临近的军阀有四川的公孙述和天水的隗嚣，你的地位可谓举足轻重啊！"刘秀以此表示对窦融的器重。

十二、置之度外

"置之度外"指不把个人的生死利害放在心上，出自《后汉书·隗嚣公孙述列传》："帝积苦兵间，以嚣子内侍，公孙述远据边陲，乃谓诸将曰：'且当置此两子于度外耳。'"

东汉之初，天下尚未统一，许多地方割据势力，有的虽然表面上表示臣服，实际上仍旧保留地盘，并不屈服。而且，部分比较强大的农民军也相当活跃。刘秀花了5年多的时间，基本控制了局面，只剩甘肃的隗嚣和四川的公孙述两大军阀。刘秀对这两个人暂不想开战，想把连续苦战多年的部队好好整顿和休养一下再说。刘秀曾对将领们说："姑且把这两人丢在一边，暂不予考虑。"后来，刘秀终于发兵，先消灭了隗嚣，接着把公孙述打败。

十三、得陇望蜀

“得陇望蜀”原意指已经取得陇右，还想攻取巴蜀，后比喻贪得无厌，出自《后汉书·岑彭传》：“人苦不知足，既平陇，复望蜀。每一发兵，头须为白。”

建武八年，岑彭随光武帝攻破天水，在西城包围了割据陇上的隗嚣。当时，公孙述的将领李育来救隗嚣，被盖延、耿弇包围在上邽（今甘肃省天水市清水县）。之后，刘秀独自东归，写信给岑彭说：“如果把西城、上邽两座城攻下来了，就可以出兵南下攻击蜀地的公孙述。人苦于不知足，已平定了陇右，还想一鼓作气平定巴蜀。每一次谋划军事行动，殚精竭虑，头发和胡须都变白了。”

十四、敝帚千金

“敝帚千金”指把自己家里的破扫帚当成宝贝，比喻东西虽然不好，自己却很珍惜，出自《东观汉记》：“一旦放兵纵火，闻之可以酸鼻。家有敝帚，享之千金。”

吴汉既是一个军事才能突出的战将，同时也是个屠夫。歼灭公孙述后，吴汉纵兵大掠。刘秀愤怒地指责副将刘尚没加以劝阻：“成都无辜的百姓数以万计，一旦放兵纵火，想想都让人鼻酸。家中的敝帚，虽然别人看来不值钱，但是对自己来说价值千金。刘尚你作为宗室，为何不劝阻吴汉？”

“敝帚千金”这个词用得不多，后人常用“敝帚自珍”，这个成语也是源自“家有敝帚，享之千金”。

十五、糟糠之妻

“糟糠之妻”指曾共患难的妻子，出自《后汉书·伏侯宋蔡冯赵牟韦列传》：“（光武帝）因谓弘曰：‘谚言贵易交，富易妻，人情乎?’弘曰：‘臣闻贫贱之知不可忘，糟糠之妻不下堂。’”

宋弘是东汉初年大臣，为人正直，做官清廉，直言敢谏，品行清雅。

刘秀当了皇帝后，万事如意，只有一件事使他放心不下。刘秀有个姐姐，早年丧夫，整日闷闷不乐。刘秀多次派人给她提亲，姐姐就是不满意。后来，刘秀得知姐姐看上了宋弘。他想：“我是皇帝，这点事还不好办?”有一次，刘秀借故和宋弘谈论“贵易交，富易妻”的话题，用以试探宋弘的态度。宋弘说：“糟糠之妻不下堂。”刘秀没有责怪宋弘，反而深为宋弘的为人所感动，对他更加看重。从此，“糟糠之妻不下堂”的故事不胫而走。

十六、一言兴邦

一言兴邦，本意为一句话可以使国家兴盛起来，后指关键人物的一句话足以影响大局，出自《论语·子路》：“定公问：‘一言而可以兴邦’，有诸?”汉光武帝刘秀镇抚河北时，邳彤的一番话可谓“一言兴邦”。

更始元年，刘秀北巡河北，遭到在邯郸称帝的王郎的追杀。刘秀在蓟城遇险，星夜南逃，逃到信都郡时，得到信都太守任光、和成太守邳彤的支持，这才站稳脚跟。众人均认为，即便合二郡之兵，也难以打败王郎，主张弃河北而西归长安。关键时刻，邳彤力排众议，明确指出，天下思汉，王郎假借名号，逆潮流而动，聚乌合之众，不堪一击。如果刘秀在此关键时刻逃跑，就会失去河北民心。王郎一旦得势，刘秀很难全身而退。刘秀听从了邳彤的建议，从信都起兵，历经百战，统一了河北。

范晔在《后汉书·任万邳刘耿列传》中评论说，邳彤的这番话审时度势，洞见先机，近乎《论语》中“一言可以兴邦”。

下编

评述中的光武帝

刘秀在位33年，以儒家的民本与仁爱思想为核心，善始善终，创造了“光武中兴”的繁荣社会局面，也得到了后世极高的评价。

近年来，关于刘秀的学术研究成果越来越多，各地多次召开关于刘秀的学术研讨会，发表了许多学术论文。尤其重要的是，研究刘秀的大学硕士学位论文的数量在逐年增加。

本编从刘秀的人格魅力、儒者帝王、用人之道等8个方面梳理了历代人物对刘秀的评述，选录了4篇关于刘秀的学术论文。

刘秀战李育

第一章 历代评述

当代学者南怀瑾在《原本大学微言》中说："在中国两千年左右的历史上，比较值得称道、能够做到齐家治国的榜样，以我个人肤浅的认定，大概算来，只有东汉中兴之主的光武帝刘秀一人。"

作为封建社会的一代帝王，刘秀达到了儒家知识分子"修齐治平"的人生最高标准，难怪后世认为东汉是中国历史上唯一一个实现了儒家文化复兴的朝代。历代史家、学者和重要政治人物对刘秀的评价褒美有加，他们以各自独特的视角对刘秀的个性魅力、文化修养、治国方略、军事才能、识人用人及功业特征等给予了极高的评价，值得我们研究和学习。

一、人格魅力

刘秀有比较强的个性魅力，其修养、气度、胸怀和见识令人钦佩。

建武四年，马援去洛阳朝见刘秀。接见马援时，刘秀既不讲排场，也不戒备，态度随和，马援一见归心。《资治通鉴·世祖光武皇帝》记载了马援对刘秀的印象："今见陛下恢廓大度，同符高祖，乃知帝王自有真也。'"他一见刘秀便豁然明白，虽然乱世中多人称帝，但是刘秀帝王的气度无法掩饰。马援回到陇右后，向隗嚣汇报了对刘秀的看法，《资治通鉴·世祖光武皇帝》这样记载："……才明勇略，非人敌也。且开心见诚，无所隐伏，阔达多大节，略与高帝同；经学博览，政事文辩，前世无比。"马援觉得刘秀的才能、谋略无人能及。他开诚布公，豁达大度，这点大致与汉高祖刘邦相同。他的经学知识、政事文才前世无人能比。

三国时期，曹植在《汉二祖优劣论》中评价刘秀说："其为德也，通达而多识，仁智而明恕，重慎而周密，乐施而爱人。……故窦融闻声而影附，马援一见而叹息。"刘秀聪慧多识，仁智明恕，谨慎周密，乐于帮助和善待他人。所以，远在西凉的窦融听闻其声誉而主动归附，马援刚一见刘秀就赞叹他的王者气度。

二、儒者帝王

刘秀是个有着深厚儒家文化造诣的帝王。他一生孜孜不倦地学习经典，儒家思想也在他的施政上留下了深刻的文化烙印。范晔在《后汉书·儒林列传》中评论："自光武中年以后，干戈稍戢，专事经学，自是其风世笃焉。其服儒衣，称先王，游庠序，聚横塾者，盖布之于邦域矣。"刘秀统治中期以后，国家无战事，在他专注儒家经典的影响下，儒学在社会上越来越盛行，那些穿着儒服、言必称先王的儒生遍布全国各地。

清代学者赵翼在《廿二史札记》中从刘秀君臣的儒者气质分析刘秀儒术治国的特点："光武诸功臣，大半多习儒术，与光武意气相孚。盖一时之兴，其君与臣皆一气所钟，故性情嗜好之相近，有不期然而然者，所谓有是君即有是臣也。"赵翼认为刘秀以帝王儒者的气质，吸引了相同气质的诸臣，他们的功业具有很独特的儒家政治性质，使这个时代儒学的兴起有其必然性。近代学者梁启超也有类似的看法。他在《新民说》中这样评述："汉尚气节，光武、明、章，奖励名节，为儒学最盛时代，收孔教复苏之良果。尚气节，崇廉耻，风俗称最美。"梁启超眼中看到的也是儒家的文化特质使刘秀治国形成了美好的社会风尚。因为光武帝刘秀、明帝刘章、章帝刘炟奖励名节，使东汉成为儒学发展最盛的时代，孔子提倡的儒学教化在这个时期得到了真正的复苏。他认为这个时代崇尚气节，讲究廉耻，社会风俗堪称最美。

三、修文偃武

刘秀修文偃武的执政策略也得到了后世的好评。晋代史学家范晔在《后汉书·光武帝纪》中评价刘秀说：“虽身济大业，兢兢如不及，故能明慎政体，总揽权纲，量时度力，举无过事，退功臣而进文吏，戢弓矢而散马牛，虽道未方古，斯亦止戈之武焉。”范晔认为，刘秀成就了帝业后，仍然“兢兢如不及”，始终谨慎小心，和成就大业之前没什么两样，所以他治国理政就没有失误。他修文偃武的治国之道即便不能和古代圣王并驾齐驱，也达到了避免战争的武德高度。

宋末元初安徽休宁学者陈栎认为，“偃武修文”在光武中兴中起到了很大的作用。他在《历代通略·卷一》中写道：“天下已定，用偃武修文，投戈讲艺，息马论道，自陇、蜀平后，非紧急不复言兵。审黄石以存苞桑之诫，闭玉关以息西域之质。数引公卿郎将讲论五经，修起太学，务用安静。广求民谟，除王莽之繁文，还汉家之轻法。三十年间，四夷宾服，家给人足，政教清明，功业可谓盛矣。”他觉得刘秀深刻理解了《黄石公记》中保存国家的根本的告诫，以文教取代武功，使人民休养生息，达到了四夷宾服、人民富足、政教清明的盛世景象。

四、倡俭成风

刘秀执政期间大力提倡节俭之风，这尤其难能可贵。宋元之交有“双湖先生”之称的理学大师胡一桂在《十七史纂古今通要》中评价刘秀说：“加以身衣大练，色无重彩，耳不听郑卫之音，手不持珠玉之玩，宫房无私爱，左右无偏恩，损上林池御之官，废骋望弋猎之事，勤约之风，行于上下。是以三十年间，四夷宾服，百姓家给，政教清明。”胡一桂从节用爱民的角度审视刘秀，认为他以身作则，杜绝奢靡，倡行节俭，其“行于上下”的“勤约之风”在促进国家兴盛中起到了重要的作用。

五、用人之道

刘秀对人才的选拔与任用也受到了广泛的肯定。

清初学者顾炎武将刘秀选人用人的标准归纳为“尊崇节义，敦励名实”。他在《日知录·两汉风俗》中这样说：“汉自孝武表章六经之后，师儒虽盛，而大义未明，故新莽居摄，颂德献符者遍于天下。光武有鉴于此，故尊崇节义，敦励名实，所举用者，莫非经明行修之人，而风俗为之一变。……三代以下，风俗之美，无尚于东京者。”顾炎武认为虽然西汉时期实行崇儒政策，但是没能申明儒学大义。王莽篡位后，歌功颂德、争献符瑞的人比比皆是。刘秀吸取了前代的教训，选拔任用的都是有真才实学的人，故而社会风气为之一变。

诸葛亮在《论光武》一文中说：“光武称邓禹曰：‘孔子有回，而门人益亲。’叹吴汉曰：‘将军差强吾意，其武力可及，而忠不可及。’与诸臣计事，常令马援后言，以为援策每与谐合。此皆明君知臣之审也。”诸葛亮认为刘秀对邓禹、吴汉的褒奖及诸臣议事让马援最后发言的做法都体现了明君对下属充分的了解。他还用“曲突徙薪”来赞扬刘秀的高明：“……‘曲突徙薪为彼人，焦头烂额为上客’，此言虽小，有似二祖之时也。……光武上将非减于韩、周，谋臣非劣于良、平，原其光武策虑深远，有杜渐曲突之明。”诸葛亮认为，刘秀“策虑深远，有杜渐曲突之明”，比属下将领们想得更加深远，故能洞悉先机，防微杜渐。

六、军事才能

刘秀有卓越的军事才能，在统一天下的战争中几乎没有败绩，这一点使他在历代帝王中显得格外突出。

曹植在《汉二祖优劣论》中说：“尔乃庙胜而后动众，计定而后行师，故攻无不陷之垒，战无奔北之卒。……故曰：建武之行师也，计出于主心，胜决于庙堂。”曹植认为刘秀每次开展军事行动都是妙算而后动众、谋定而后兴师，所以攻无不克之城，战无逃跑之卒。用兵的策略都是刘秀亲自谋划，即使在远离战场的庙堂之上，也能决定战斗的胜败。

诸葛亮在读了曹植的《汉二祖优劣论》后，写了《论光武》一文。他说：“光武神略计较，生于天心，故帷幄无他所思，六奇无他所出，于是以谋合议同，共成王业而已。”诸葛亮觉得刘秀神明勇略似乎出于天赋，运筹帷幄无人能出其右，其他人只是附和赞同他的谋划，共成大业而已。

南宋思想家陈亮在《陈亮集·酌古论》中说：“自古中兴之盛，无出于光武矣。奋寡而击众，众弱而复强，起身徒步之中甫十余年，大业以济，算计见效，光乎周宣。”陈亮认为刘秀以少胜多，从弱小发展到强大，十几年的时间功成业就。他把光武中兴和周宣王中兴相提并论，认为从中兴的角度看，历代其他帝王还没有超过刘秀的。

七、刘秀与刘邦的对比

后人喜欢把刘秀与汉高祖刘邦做比较，多数人认为刘秀夺取天下的难度超过了刘邦。

曹植在《汉二祖优劣论》中说："（刘邦）功齐汤武，业流后嗣，诚帝王之元勋，人君之盛事也！然而名不继德，行不纯道，直寡善人之美称，鲜君子之风采，……败古今之大教，伤王道之实义。……（刘秀）敦睦九族，有唐虞之称；高尚纯朴，有羲皇之素；谦虚纳下，有吐握之劳；留心庶事，有日昃之勤。乃规弘迹而造皇极，创帝道而立德基。是以计功则业殊，比隆则事异，旌德则靡短，言行则无秽，量力则势微，论辅则力劣。卒能握乾坤之休征，应五百之显期，立不刊之退迹，建不朽之元功。金石播其休烈，诗书载其勋部。故曰：光武其近优也。……将则难比于韩、周，谋臣则不敌于良、平。"曹植肯定刘邦的功业可媲美商汤和周武王，认为他是帝王中的元勋。然而，刘邦的德行配不上名声，行为不符合道义，没有半点君子风采。而刘秀则有唐尧的贤德、伏羲的神通、周公吐哺的辛劳、计时日晷的勤奋。刘秀在德行上无短处，行为上无恶迹。从势力上看，刘秀不如刘邦，属下的文臣武将不如刘邦的部下能力强，但是刘秀最终创造不可磨灭的奇迹。所以，曹植认为光武帝刘秀更优秀。

诸葛亮读了曹植对二人的评价后，觉得曹植的评论还算恰当。但是，他不同意曹植的关于二人部下优劣的看法。他在《论光武》一文中说："光武上将非减于韩、周，谋臣非劣于良、平，原其光武策虑深远，有杜渐曲突之明；高帝能疏，故陈、张、韩、周有焦烂之功耳。"诸葛亮认为二人的文臣武将并无高下之别，只是刘秀智虑深远，有洞悉事务、杜绝隐患的高明之处；而刘邦疏阔粗放，部下们不得不焦头烂额地应对危机，故而显得能力更强。

南宋学者叶适和清初学者王夫之也认为刘秀取得天下的难度大于汉高祖刘邦。叶适在《习学记言序目》中说："光武匹夫徒手而得天下，其难有甚于高祖。"王夫之在《读通鉴论》中说："光武之得天下，较高帝而尤难矣！三代而下，取天下者，唯光武独焉，而宋太祖其次也。自三代而下，唯光武允冠百王矣。光武之神武不可测也。……任为将师而明于治道者，古今鲜矣，而光武独多得之。”王夫之认为从夏商周以后，刘秀“允冠百王”，既精通军事，又明于治国之道，这在古往今来的帝王中太罕见了。

宋末元初的学者郝经这样评价刘秀：“虽则中兴，同夫创业。文德轶于高帝，中兴功烈，邃古所无。呜呼盛哉！终我四百，作成政治，保佑民命，风化之美同于先王，则其功又有大于高帝者焉。”他认为刘秀以柔道治天下，以民为本的文德和教化之美超过了汉高祖刘邦。刘秀中兴的功业前无古人。

八、历史定位

新中国成立以后，学者多从马克思主义哲学的角度解读刘秀的历史定位。历史学家范文澜先生说：“刘秀本人兼有太学生、贵族、豪强三种身份，他的文武部署也全是这三种人。这个以南阳豪强集团为主体的刘秀军，在政治上有优势，在军事上有谋略，再加上禁止掳掠，争取民心，这就决定了它的必然胜利。刘秀是地主阶级的代表，自然是农民起义军的死敌。但是，他也代表着社会的共同要求，完成了国家统一的伟大事业。他在推倒王莽的战争中，在削平割据的战争中，都起了极大的作用。因之，他是一个对当时历史有着重要贡献的杰出人物。”

毛泽东同志在品读《后汉书》时加的批注中称“东汉光武帝、南阳人刘秀是最有学问、最会打仗、最会用人的皇帝”。毛泽东用三个“最”字概括刘秀的历史定位，可谓盖棺之论。

第二章 学术论文选编

本章选录了廊坊师范学院陈新海的论文《刘秀与冀州》、黄小娟的硕士学位论文《东汉的河北势力研究》、梅娟娟的硕士学位论文《“王莽赶刘秀”传说的研究》，以及“汉光武帝刘秀柏乡登基暨东汉开国1990周年”学术研讨会会议综述。

一、刘秀与冀州

《刘秀与冀州》是廊坊师范学院陈新海2009年发表于《燕赵历史文化研究之三·冀州历史文化论丛》的文章。本节收入其全文，章节编排略有调整。

刘秀与冀州

《尚书·禹贡》云：“冀州：既载壶口，治梁及岐。既修太原，至于岳阳；覃怀砥绩，至于衡漳。厥土惟白壤，厥赋惟上上错，厥田惟中中。恒、卫既从，大陆既作。岛夷皮服，夹右碣石入于河。”《尚书》中的《禹贡》篇成书于战国时期，其所规划的“冀州”，西至山陕间的黄河，东至海，北抵碣石，南达黄河，包括了今天的山西、河北及京津地区。这只是一种理想中的政治区划。汉武帝元封五年（前106年）划天下为十三刺史部，冀州是其之一，作为监察机构巡行督查所辖区域，无固定治所。但是，在具体的实行过程中，州已处于监察区与行政区划之间，州刺史也开始干涉地方郡县的事务。元始二年（2年），冀州下辖魏、清河、巨鹿、常山四郡和信都、赵、广平、河间、中山、真定六国。东汉的监察区划仍沿用西汉的制度，永和五年（140年），冀州下设魏、巨鹿、常山、中山、安平、河间、清河、赵国、渤海九个郡（国）。东汉延光年间，各刺史部有了固定的治所，冀州治所高邑（今河北柏乡北）。中平年间，冀州治所迁于邺（今河北临漳县邺镇）。东汉后期，为稳定政治局势、镇压农民起义的需要，州的长官有称"州牧"者，此时的州牧已成为地方大员，州成为一级地方行政区划。黄初二年（221年），曹丕将冀州的治所从邺迁到了信都（今冀州市旧城），冀州从一个理想中的政治区划单位演变成实体的一级地方行政区划，成为一个地方的统称。今河北省简称冀，就来源于此。

冀州的这一演变及对后世的影响，东汉开国皇帝刘秀在其中起到了一定的作用。

（一）刘秀建国与冀州

东汉光武帝刘秀，南阳人，性勤于稼穑。王莽末年，天下连岁灾蝗，寇盗锋起。地皇三年（22年），南阳也遭受荒饥，诸家宾客多为小盗。刘秀与宛人李通等商议，认为王莽败亡之兆已现，天下方乱，正是聚义起事之机。于是，市兵弩，与李通、李轶等起兵于宛，时年二十八岁。

刘秀起兵之后，接受了更始的领导，经过昆阳之战，声誉日隆。不久，王莽被诛，更始迁都洛阳。"及更始至洛阳，乃遣光武以破虏将军行大司马事。（更始元年）十月，持节北渡河，镇慰州郡。"当时，四方割据蜂起，又有农民军、地方武装"铜马、大肜、高湖、重连、铁胫、大抢、尤来、上江、青犊、五校、檀乡、五幡、五楼、富平、获索等，各领部曲，众合数百万人，所在寇掠"，冀州时受侵扰，局势十分严重。刘秀来到冀州，“所到部县，辄见二千石、长吏、三老、官属，下至佐史，考察黜陟，如州牧行部事。辄平遣囚徒，除王莽苛政，复汉官名。吏人喜悦，争持牛、酒迎劳”。刘秀争取到了一些郡县的支持。然而不久，王郎被故赵缪王子刘林等人立为天子，定都邯郸，冀州郡国纷纷归附，唯信都太守任光不降。王郎随即传檄各郡国“俘获刘秀赏十万户”。刘秀等人由蓟、饶阳避至下博城西，惶惑不知所之。有白衣老父在道旁指点说：“努力！信都郡为长安守，去此八十里。”

《后汉书·任光传》曰：“世祖自蓟还，狼狈不知所向，传闻信都独为汉拒邯郸，即驰赴之。”

刘秀驰往信都，信都太守任光开门出迎。刘秀以信都为根据地，招募了四千人的军队。又有邳彤、刘植、耿纯等率部众归附，势力大增，众到数万人。至更始二年五月，经过一系列战斗，攻破邯郸城，诛王郎，平定冀州。“更始遣侍御史持节立光武为萧王，悉令罢兵诣行在所。光武辞以河北未平，不就征。自是始贰于更始”。刘秀平定王郎之后，又先后平定铜马、赤眉等，诸将以“大王初征昆阳，王莽自溃；后拔邯郸，北州弭定；三分天下而有其二，跨州据土，带甲百万。言武力则莫之敢抗，论文德则无所与辞。臣闻帝王不可以久旷，天命不可以谦拒，唯大王以社稷为计，万姓为心”，力劝刘秀登基。于是，刘秀在鄗（今河北柏乡北）即皇帝位，建元建武，大赦天下，改鄗为高邑（后为冀州治所，即因刘秀登基之地）。建武元年十月，车驾入洛阳，幸南宫却非殿，遂定都焉。

洛阳虽然最终成为新王朝的都城，但是，冀州，特别是信都在刘秀创建帝业过程中所起到的作用是非常重要的。若没有任光守信都，刘秀很可能死于王郎手中。看《后汉书·光武帝纪上》中的一段记载：“（更始）二年正月，光武以王郎新盛，乃北徇蓟。王郎移檄购光武十万户，而故广阳王子刘接起兵蓟中以应郎，城内扰乱，转相惊恐，言邯郸使者方到，二千石以下皆出迎。于是光武趣驾南辕，晨夜不敢入城邑，舍食道傍。至饶阳，官属皆乏食。光武乃自称邯郸使者，入传舍。传吏方进食，从者饥，争夺之。传吏疑其伪，乃椎鼓数十通，绐言邯郸将军至，官属皆失色。光武升车欲驰，既而惧不免，徐还坐，曰：'请邯郸将军入。'久，乃驾去。"信都成了"狼狈不知所向"的刘秀的唯一的希望。信都是刘秀建立汉室天下的一个重要转折点，对其建立东汉王朝具有重要的历史意义。

（二）都城洛阳与冀州

一代都城地点的选择和确定不是偶然的，有自然的因素，也有人为的因素。而其最大的目的则是当时王朝或政权借此以统治它所控制的地区。任何王朝或政权都期望它能永久存在下去，亿万斯年，不至堕毁。所以，对于都城所在地的选择莫不极为慎重。自然因素指的是都城周围的自然形胜，哪些山川关隘利于都城的防御，确保都城的安全。西汉的都城在长安，在刘邦选择都城时，也将长安、洛阳进行了对比。"洛阳东有成皋，西有殽、黾，背河向洛，其固亦足恃。"张良曰："洛阳虽有此固，其中小，不过数百里，田地薄，四面受敌，此非用武之国。夫关中左殽、函，右陇、蜀，沃野千里，南有巴、蜀之饶，北有胡苑之利，阻三面而固守，独以一面东制诸侯。诸侯安定，河、渭漕挽天下，西给京师；诸侯有变，顺流而下，足以委输。此所谓金城千里，天府之国。"张良之所以说洛阳"四面受敌"，是因为刘邦起于汉中、关中地区，函谷关以东地区是项羽及齐、赵、韩、魏诸王的封地，洛阳正处在诸侯之中。割据的诸侯虽然最终被刘邦平定，但是六国的势力自战国以来就根深蒂固地扎在关东地区，潜在的隐患还是存在的。所以，张良时刻提醒刘邦，都关中可以"独以一面东制诸侯。

诸侯安定，河、渭漕挽天下，西给京师；诸侯有变，顺流而下，足以委输”。到刘秀时代，局势已发生了变化，战国时期的六国势力经过二百多年的发展已不再对新政权构成威胁。刘秀又起兵于南阳，兴盛于冀州，关东地区基本上在其掌控之中，也就不存在“四面受敌”的危险了。而此时的长安为农民军更始、赤眉控制，欲定都关中是不可能的。

刘秀兴盛于冀州，冀州也就成为刘秀最可靠的大后方了。《续汉志》：“更始时，南方有童谣云：‘谐不谐，在赤眉；得不得，在河北。’后更始为赤眉所杀，是不谐也；光武由河北而兴，是得之也。”刘秀由冀州而兴，冀州为刘秀提供了充足的物质保证。冀州的农业是比较发达的，是战国秦汉以来的重要农业区。卢毓《冀州论》曰：冀州“天下之上国也。……东河以上，西河以来，南河以北，易水以南，膏壤千里，天地之所会，阴阳之所交，所谓神州也”。《史记·货殖列传》称：“沂、泗水以北，……地少人多。”据统计，西汉末年，全国六千万人口，关东占百分之六十以上，冀州的人口密度为每平方千米八十点二零人，位居西汉十四部的第四位，远远超出全国的平均数（每平方千米十四点七三人），仅次于兖州（一百零三点五一）、豫州（九十二点零四）、青州（八十点七九）。人口众多是当地农业生产水平较高、经济较为发达的标志，否则是无法养活众多人口的。经济发达的另一标志是当地世家大姓的众多。刘邦定都长安之后，不断徙关东豪强富室实关中，迁到关中的有燕、赵、韩、魏后及豪杰名家，总数有十余万口。汉武帝时期，又“徙吏二千石高赀富人及豪杰并兼之家于诸陵”，信都的董仲舒、巨鹿耿弇的祖辈就是在这一时期迁到茂陵的。到西汉后期，信都仍有许多豪强富室，如信都的大姓马宠等曾一度据城降服王郎。李忠率军平定叛乱之后，“收郡中大姓附邯郸者，诛杀数百人”。正因冀州的经济发达，才能成为刘秀的军事征战活动的粮饷供应地，特别是黄河之北的河内、常山、渔阳等郡。刘秀南定河内，刘秀难于寻找一位合适的河内太守，问于邓禹曰：“诸将谁可使守河内者?”邓禹曰：“昔高祖任萧何于关中，无复四顾之忧，所以得专精山东，终成大业。今河内带河为固，户口殷实，北通上党，南迫洛阳。寇恂文武备足，有牧人御众之才，非此子莫可使也。”乃拜寇恂为河内太守，行大将军事。刘秀谓寇恂曰：“河内完富，吾将因是而起。昔高祖留萧何镇关中，吾今委公以河内，坚守转运，给足军粮，率厉士马，防遏它兵，勿令北度而已。”刘秀于是复北征燕、代。寇恂移书属县，讲兵肄射，伐淇园之竹，为矢百余万，养马两千匹，收租四百万斛，转以给军。刘秀北徇河北之时，邓晨为冀州常山太守。会王郎反，邓晨来到巨鹿追随刘秀，并请命击邯郸王郎。刘秀说：“伟卿以一身从我，不如以一郡为我北道主人。”邓晨返回常山郡。后来，刘秀追剿铜马、高胡诸部于冀州，“晨发积射士千人，又遣委输给军不绝”。时刘秀征讨王郎，渔阳太守彭宠“转粮食，前后不绝”。就是到了东汉后期，冀州仍是很富裕，有“冀州虽鄙，带甲百万，谷支十年”之称。

冀州的尚武民风也为刘秀定鼎天下提供了能征善战的良好的兵源。早在战国时期，冀州地区就以侠客辈出而闻名于世，“荆轲西刺秦王”更是为后世所津津乐道。司马迁的《游侠列传》中曾记西汉有代郡诸白。“诸白”，司马贞《史记索隐》曰“代，代郡。人有白氏，豪侠非一，故言‘诸’”，就是此风的遗存。秦汉以来依然如此，冀州北部地区（司马迁所称的“种、代”和燕地）“地边胡，数被寇。人民矜懻忮，好气，任侠为奸，不事农商”。“自全晋之时固已患其慓悍，而武灵王益厉之，其谣俗犹有赵之风也。”燕地民风也是“大与赵、代俗相类，而民雕捍少虑。”冀州中部地区（司马迁所称的“中山”）“民俗懁急，仰机利而食。丈夫相聚游戏，悲歌慷慨”。冀州南部地区（司马迁所称的“赵”地）“其土广俗杂，大率精急，高气势，轻为奸”。班固最后总结道：“故冀州之部，盗贼常为它州剧。”西汉末期，河北地区出现了铜马、高湖等数支农民起义队伍，正是这一民风的反映。铫期也对刘秀说：“河北之地，界接边塞，人习兵战，号为精勇。今更始失政，大统危殆，海内无所归往。明公据河山之固，拥精锐之众，以顺万人思汉之心，则天下谁敢不从?”刘秀最初凭借着在信都郡招募的四千人逐渐发展壮大，至刘秀降服铜马等义军之后，实力大增，众至数十万人，被关西人称为“铜马帝”，铜马义军的构成主要是冀州百姓。除此之外，刘秀的军队中还有冀州中部地区常山郡的弓箭射手千余人，冀州北部地区上谷、渔阳“控弦万骑”等。东汉兵种有黎阳营，黎阳营是“光武以幽、冀、并州兵骑克定天下，故于黎阳立营，以谒者监之。”故此，顾祖禹称：“自汉以后，幽燕皆为巨镇。光武资其兵力，克复汉祚。”刘秀就是率领着由具有尚武任侠民风的军队平定天下的。晋人黄义仲的《十三州记》曰：“冀州之地，古京也，人患剽悍，故语曰：‘仕宦不偶值冀部。’”冀州的尚武任侠民风对后世仍有很大的影响。

（三）冀州在东汉时期的地位

清人顾祖禹论道：“河南，古所称四战之地也。当取天下之日，河南在所必争；及天下既定，而守在河南，则岌岌焉有必亡之势矣。周之东也，以河南而衰；汉之东也，以河南而弱；拓跋魏之南也，以河南而丧乱。朱温篡于汴梁，延及五季，皆以河南为归重之地。以宋太祖之雄略而不能改其辙也，从而都汴。都汴而肩背之虑实在河北，识者早已忧之矣。”富弼云：“伏以河北一路，盖天下之根本也。古者未失燕蓟之地，有松亭关、古北口、居庸关为中原险要，以隔阂匈奴不敢南下，而历代帝王尚皆极意防守，未尝轻视。”吕中曰：“燕、蓟不收则河北不固，河北不固则河南不可高枕而卧也，特太宗时未有可取之机耳。”所以，“守关中，守河北，乃所以守河南也。自古及今，河南之祸中于关中者什之七，中于河北者什之九”。冀州的稳固与否，直接关系到洛阳都城的安危。

洛阳作为都城之选虽然不如长安，但是，洛阳也是处于形胜之区的。武王谓周公：“南望三涂，北望岳鄙，顾瞻有河，粤瞻伊洛。”就是说洛阳城北有霍太山、黄河山川以为固，南有伊水、洛河环绕以为凭，虎牢、轘辕、崤渑诸关雄峙左右，亦是形胜完固之区，故班固称之为“崤、函有帝王之宅，河、洛为王者之里”。洛阳虽有此险要，但是要想都城长治久安，必须御敌于国门之外，即固守河北。东汉建立之初，北边的匈奴、乌桓、鲜卑连年犯境，“当是时，匈奴、鲜卑及赤山乌桓连和强盛，数入塞杀掠吏人。朝廷以为忧，益增援边兵，郡有数千人，又遣诸将分屯障塞”。建武十四年（38 年），“自西河至渭桥，河上至安邑，太原至井陉，中山至邺，皆筑保壁，起烽燧，十里一候”。建武十五年，“徙雁门、代郡、上谷三郡民，置常山关、居庸关以东”。永初五年（111 年），又诏沿太行山的魏郡、赵国、常山、中山四郡缮作坞侯六百一十六所。这期间又遣兵调将，加强北部边防，“是时，卢芳与匈奴、乌桓连兵，寇盗尤数，缘边愁苦。诏（王）霸将弛刑徒六千余人，与杜茂治飞狐道，堆石布土，筑起亭障，自代至平城三百余里。凡与匈奴、乌桓大小数十百战，颇识边事，数上书言宜与匈奴结和亲，又陈委输可从温水漕，以省陆转输之劳，事皆施行。后南单于、乌桓降服，北边无事。霸在上谷二十余岁”。“帝以（祭）彤为能，建武十七年，拜辽东太守。至则励兵马，广斥候。彤有勇力，能贯三百斤弓。虏每犯塞，常为士卒前锋，数破走之。二十一年秋，鲜卑万余骑寇辽东，肜率数千人迎击之，自披甲陷阵，虏大奔，投水死者过半，遂穷追出塞，虏急，皆弃兵裸身散走，斩首三千余级，获马数千匹。自是后鲜卑震怖，畏肜不敢复窥塞。肜以三虏连和，卒为边害，二十五年，乃使招呼鲜卑，示以财利。其大都护偏何遣使奉献，愿得归化，肜慰纳赏赐，稍复亲附。其异种满离、高句丽之属，遂骆驿款塞，上貂裘好马，帝辄倍其赏赐。其后偏何邑落诸豪并归义，愿自效。肜曰：'审欲立功，当归击匈奴，斩送头首乃信耳。'偏何等皆仰天指心曰：'必自效！'即击匈奴左伊秩訾部，斩首两千余级，持头诣郡。其后岁岁相攻，辄送首级受赏赐。自是匈奴衰弱，边无寇警，鲜卑、乌桓并入朝贡。肜为人质厚重毅，体貌绝众。抚夷狄以恩信，皆畏而爱之，故得其死力。初，赤山乌恒数犯上谷，为边害，诏书设购赏，切责州郡，不能禁。肜乃率励偏何，遣往讨之。永平元年，偏何击破赤山，斩其魁帅，持首诣肜，塞外震慑。肜之威声，畅于北方，西自武威，东尽玄菟及乐浪，胡夷皆来内附，野无风尘。乃悉罢缘边屯兵"。随着备边的需要，冀州境内长期筑保壁、起烽燧，百姓尚武习战，还形成了一支骁通善战的劲旅，史称"突骑"，即"渔阳、上谷突骑天下所闻"。据邹逸麟统计，《史记》《汉书》《后汉书》三史地名索引，"河北"作为地区名，《史记》只七见，《汉书》只六见，多指楚、汉之际的旧赵地，而《后汉书》中作为地区名的"河北"凡四十七见，大多指今天概念中的河北地区，足见地位之重要。故此，顾祖禹说："夫河北之足以制河南也，自昔为然矣。"冀州之安危，直接关系到都城洛阳的安危，关系到东汉王朝的兴衰，其在东汉一朝占有十分重要的战略地位。

二、关于东汉的河北势力研究

《东汉的河北势力研究》是2013年湖南师范大学黄小娟撰写的硕士学位论文。限于篇幅，本节选录了该论文的第一章和第二章第一节，章节编排略有改动，局部略有删节，被删部分用“……”标识。

东汉的河北势力研究

（一）河北势力的兴起

两汉之际，河北势力已发展到成为影响时局的重要力量。王莽的失势，刘秀在河北的经略，都与河北势力有关。河北势力的发展壮大不是一朝一夕之事，他们积蓄的力量正好碰上刘秀转战河北这一历史契机，两者的有力结合为东汉政权的建立奠定了坚实的基础。

1. 河北势力发展的基础

河北势力发展的基础，最早可以追溯到西汉时期的豪强地主。河北势力中的代表人物之一寇恂，“世为著姓”。既是世为著姓，就不可能以一代之功而成著姓之名。名列“云台二十八将”的东汉功臣耿弇，是河北势力中的核心人物。其祖先“武帝时，以吏二千石自巨鹿徙焉”。其父耿况是王莽亲封上谷太守，可见其家族势力的强大是世代经营的结果。

……

作为全国经济文化最为发达昌盛地区之一的河北，豪强势力绝不弱小。据《后汉书·冯勤传》载，“冯勤字伟伯，魏郡繁阳人也。曾祖父扬，宣帝时为弘农太守。有八子，皆为二千石，赵魏间荣之，号曰‘万石君焉’”。宣帝时期，酷吏严延年任涿郡太守，涿郡的豪强势力也非常强大，我们且看这个例子："时郡比得不能太守，涿人毕野白等由是废乱。大姓西高氏、东高氏，自郡吏以下皆畏避之，莫敢与牾，咸曰：'宁负二千石，无负豪大家。'宾客放为盗贼，发，辄入高氏，吏不敢追。浸浸日多，道路张弓拔刃，然后敢行，其乱如此。"从这些记载可以看出当时河北之地豪民数量之多、实力之强。

西汉末年到东汉建立之前的这段动荡时期，壮大的河北豪杰是河北势力发展的又一个好时机。据《后汉书·吴汉传》记载，刘秀的得力干将吴汉因犯法逃至渔阳，"资用乏，以贩马自业，往来燕、蓟间，所至皆交结豪杰"。从这里可以看出在燕、蓟之地豪杰很多。曾在河北诈称汉成帝之子的王郎，能在河北与刘秀集团对抗并成为其劲敌，就是得到了赵国赵缪王之子刘林和大豪李育、张参的支持。王郎虽自身"素为卜相工"，却是善于交际，"时赵缪王子林好奇数，任侠于赵、魏间，多通豪猾，而郎与之亲善"。在王郎假称刘氏后人的时候，"林等愈动疑惑，乃与赵国大豪李育、张参等通谋，规共立郎"。由此我们至少可以得出两个结论：一是赵、魏之地豪族不在少数；二是豪族的力量很是强大，有的甚至已经发展到"能怀抱野心起来争天下或是割据称雄"的地步了。

这样的豪族大姓还有很多：巨鹿昌城[①]人刘植趁王郎叛乱，"植与弟喜、从兄歆率宗族宾客，聚兵数千人据昌城"；巨鹿宋子人耿纯"会王郎反，世祖自蓟东南驰，纯与从昆弟䜣、宿、植共率宗族宾客二千余人，老病者皆载木自随，奉迎于育"；"王郎遣将攻信都，信都大姓马宠等开城内之"；真定王刘杨"起兵以附王郎，众十余万"；"时赵、魏豪右往往屯聚，清河大姓赵纲遂县界起坞壁，缮兵甲，为在所害"；

① 昌城：今衡水市冀州区西顾头一带，所以后人将刘植、刘喜兄弟二人成为"冀州人"。

魏郡繁阳人冯勤“同县冯巡等举兵应光武，谋未成而为豪右焦廉等所反，勤乃率将老母、兄弟及宗亲归期”。

从上述记载来看，河北的一些经济发达地区都普遍存在豪强势力，而且实力已是不容小觑了。这些就奠定了河北势力所发展的一个基础。除了这样的基础，河北势力的兴起还有其特定的有利因素。

2. 初期兴起的有利因素

河北势力的发展壮大不足为怪，邯郸自战国以来就一直是大都会，在西汉初年，燕国因“有鱼盐枣栗之饶”而被称道，中山地薄人众，人们是“仰机利而食”，可见河北的开发是很早的。河北的中部和东南部是肥沃的河北平原，而且一直与富庶的关中、关东一衣带水，这就形成了一个非常好的地缘优势。是时，河北境内的涿郡、蓟州和邯郸被称作富冠海内的天下名都，人口集中，经济发达。而位于冀州南部的赵国、巨鹿郡、魏郡和信都国，都是经济发达的地区。经济的活跃为河北豪强的壮大提供了充分的土壤，积攒大量的资本，而这些地区正是一些豪右的聚集地。这是河北势力占据的自然地理优势，也是他们强大的经济基础。

另一个导致此时河北势力实力剧增的原因，可归于到当时的政治环境。

……

王莽时期是豪族发展的一个重要阶段，“其余郡国富民兼业颛利，以货赂自行，取重于乡里者，不可胜数”。河北此时也不例外，前文中提到的“时赵、魏豪右往往屯聚，清河大姓赵纲遂县界起坞壁，缮兵甲，为在所害”就是一个简短的缩影，上文已提及许多例子，在此就不加赘述。可见，有利的政治环境给了河北势力发展壮大提供了便利。

而第三个原因，就是当时河北地区的特殊地理位置给了河北势力发展强大兵力的机会。

幽州其地紧靠塞北，与北方匈奴、乌桓、鲜卑等少数民族为邻。正是由于地接少数民族，幽州北境自秦汉以来就是军事重镇，一直受到统治者的高度重视。西汉时期，匈奴时常犯边，在边境保持一支强大的军队就成了必然。之后，汉政府还训练骑兵队伍来对付擅长骑兵的匈奴等诸游牧民族，据《汉书·卫青传》记载："元光六年，拜（青）为车骑将军，击匈奴，出上谷；公孙贺为轻车将军，出云中；太中大夫公孙敖为骑将军，出代郡；卫尉李广为骁骑将军，出雁门；军各万骑。青至笼城，斩首虏数百。骑将军敖亡七千骑，卫尉广为虏所得，得脱归，皆当斩，赎为庶人。贺亦无功。唯青赐爵关内侯。"可见当时幽州边境不仅是军事重镇，而且与匈奴作战的正是政府训练的骑兵。在《汉书·霍去病传》中也有提及其率骑兵在幽州对抗匈奴的例子。值西汉末年，匈奴成为幽州北面的主要边患。新莽时期，王莽的改制中因有对匈奴严重歧视之举，使得边境关系愈加紧张。动荡的王莽政权自是无力抵抗匈奴的犯边，但是此时割据一方的幽州势力借此大力扩展自己的兵力。这样，代代相传的幽州兵力本就拥有强大的实力，再加上西汉末年的这种历史契机，幽州十郡的突骑遂成为天下劲旅。那么幽州的兵力到底有多强大呢？我们从下面几个人的谈论中就可以窥探一二。刘秀初巡河北碰上王郎之乱，寇恂为了说服上谷太守耿况出兵相助就曾说道："今上谷完实，控弦万骑，举大郡之资，可以详择去就。恂请东约渔阳，齐心合众，邯郸不足图也。""万"是约数，可知上谷的兵力至少是以万计数的。从寇恂的"不足图"来看，上谷的河北势力确实是足够改变河北的时局。在吴汉企图说服渔阳太守彭宠归附光武时也提到"渔阳、上谷突骑，天下所闻也。君何不合二郡精锐，附刘公击邯郸，此一时之功也"。从王郎方面"是时光武方攻王郎，传言二郡兵为邯郸来，众皆恐”的反应来看，渔阳、上谷的骑兵确有令人闻风丧胆之实力。

正是因为有了这样特殊的地理位置，幽州拥有了强大的兵力，从而为河北势力提供了坚实的军事后盾。而这是河北势力能够在汉初大放异彩的原因之一。

总之，河北势力兴起的有利条件是多方面的。但是，河北势力的强大不能说明他们在乱世之中就必定能有一番作为，因为河北势力与刘秀的结合只是历史的偶然。然一经崛起，河北势力就以强有力的姿态成为助刘秀夺天下的重要一角。

3. 河北势力兴起的历史契机——刘秀经略河北

公元23年，更始政权定都洛阳，“乃遣光武以破虏将军行大司马事。十月，持节北渡河，镇慰州郡”。这对刘秀来说无疑是一个绝佳的机会。更始政权内部的争斗使得刘秀的哥哥刘缜被杀害，以农民军为主体的更始政权也容不得刘秀匡复汉室的伟业。而巡行河北却让刘秀拥有了发展自己势力的温床。此时的河北地区因为绝佳的地缘优势，远离了赤眉、绿林军的争斗中心，再加上当地河北势力的强大使得河北的农民军势力较弱且互不相属，所以这对刘秀来说确是天赐良机。于是，在这种机缘巧合之下，两者有了结合的机会。

但是，刘秀与河北势力的结合过程并不顺利。势单力薄的刘秀在经历了最初的“所到部县，辄见二千石、长吏、三老、官属，下至佐史，考察黜陟，如州牧部事。辄平遣囚徒，除王莽苛政，复汉官名。吏人喜悦，争持牛酒迎劳”的平顺后，进至真定时就碰上了王郎之乱。已故的赵缪王之子赵林“诈以卜者王郎为成帝子子舆”，并在同年十二月立王郎为天子且定都邯郸。这对还未在河北站住脚跟的刘秀来说，无疑是当头棒喝。更有甚者，王郎为了通缉刘秀“购光武十万户”，而

"故广阳王子刘接起兵蓟中以应王郎"。刘秀受到河北地区这两股势力的夹击而落到"晨夜不敢入城邑，舍食道傍"的悲惨境地。

这个时候，当地的河北势力就到了抉择的关键时刻了，是选择诈称成帝子的王郎并加入到"赵国以北，辽东以西，皆从风而靡"的洪流中，还是相信这个更始政权亲任却从一开始就抱以"复高祖之业，定万世之秋"的镇慰河北的刘秀？这时，以任光为首的信都地方势力最先赴应刘秀。《后汉书·任光传》中这样说道："更始至洛阳，以光为信都太守。及王郎起，郡国皆降之，光独不肯，遂与都尉李忠、令万修、功曹阮况、五官掾郭唐等同心固守。廷掾持王郎檄诣府白光，光斩之于市，以徇百姓，发精兵四千人城守。更始二年春，世祖自蓟还，狼狈不知所向，传闻信都独为汉拒邯郸，即驰赴之。光等孤城独守，恐不能全，闻世祖至，大喜，吏民皆称万岁，即时开门，与李忠、万修率官属迎谒。"此时的刘秀才稍稍松一口气，进而在旁县征得了四千人，攻下了堂阳、贳县。

任光虽是信都太守，本身却为南阳人，而且之前与刘秀打过交道，因此归附刘秀这个老乡倒是"合情合理"。这时更大的转机来了，因为河北本地的地主武装正式开始了与刘秀集团的结合，"王莽和成卒正邳彤亦举郡降。又昌城人刘植，宋子人耿纯，各率宗亲子弟，据其县邑，以奉光武。于是北降下曲阳，众稍合，乐附者至有数万人"。我们没有足够的史料来解读两者的结合经历了怎样的过程，但是可以肯定刘秀为了摆脱困境极力地争取当地的河北势力，而他们权衡之下最终也选择了刘秀作为他们发展势力的保障。拥有了数万人的刘秀复北击中山，进拔卢奴，而且"所过发奔命兵，移檄边郡共击邯郸，郡县还复响应"。

部分河北势力对刘秀的归顺不仅让刘秀暂时有了对抗王郎的兵力

和财力，也给了还在观望的其他地主武装一个参照。不久，河北势力中的重要一支也被刘秀争取至怀，这就是之前依附王郎的真定王刘杨。他不仅实力强大，还与本地其他的豪强势力关系密切，于是“秀遣刘植说扬，扬乃降。秀因留真定，纳扬甥郭氏为夫人以结之”。郭氏即后来的光武郭皇后，刘秀为了争取当地的大势力，以联姻的形式达到了目的。事实也证明他的决策是非常成功的，接下来进攻元氏、防子、柏人时都很顺利。

在与王郎大将李育的持战中，刘秀又得到了另一支力量十分之强大的河北豪强武装的鼎力相助，这就是以渔阳太守彭宠、上谷太守耿况为主的幽州势力。前文中已提及幽州兵力乃天下劲旅，而以渔阳、上谷最甚，此时的刘秀可谓如虎添翼。在此之前，上谷太守耿况在其子耿弇和功曹寇恂的说服下有归顺刘秀之意，之后耿况派寇恂于渔阳结谋彭宠，于是“弇与景丹、寇恂及渔阳兵合军而南，所过击斩王郎大将、九卿、校尉以下四百余级，得印绶百二十五，节二，斩首三万级，定涿郡、中山、巨鹿、清河、河间凡二十二县，遂及光武于广阿”。幽州兵力的加入让战局得到了历史性的扭转，连刘秀本人也感慨：“吾闻突骑天下精兵，今见其战，乐可言邪！”

同年四月，刘秀领兵攻入邯郸。五月，平定邯郸并诛灭了王郎。王郎之乱以刘秀的完胜告终。他不仅在河北站稳了脚跟，获得了扩展自己势力的地盘，还与当地的豪强武装融合，为他霸业书写下了重要的一笔，开始以河北作为他伟业的起点。

刘秀在河北经略，引起了更始政权的恐慌。于是，更始帝“遣立刘秀为萧王，悉令罢兵，与诸将有功者诣行所；遣苗曾为幽州牧，韦顺上谷太守，蔡充为渔阳太守并之部”，企图以这种釜底抽薪的方式来遏制刘秀。然此时的刘秀早已不是当初兄长被杀之后“不敢为伯升服袁饮食言笑如平常”的光景了，“河北之地，界接边塞，人习兵战，号为精勇”的优势使他已经敢于“据河山之固，拥精锐之众，以顺万人思汉之思”了。况且，此时刘秀的身边已经聚集了和他利益相一致的势力集团，他们也不会满足于偏安一隅的河北。因此，在更始政权的这种举措下，萧王刘秀以河北未平为由，开始公然与更始政权对立，自此“贰于更始”。

此时，刘秀虽然和河北势力进行联合，然河北并不是平静之地，因为这里还聚着数以万计的农民军，最强大的当属活动于巨鹿、清河、魏郡广大地区的铜马军。他们不仅人数众多，而且军纪败坏，刘秀“乃拜吴汉、耿弇俱为大将军，持节发幽州十郡突骑”击铜马军。幽州牧苗曾却密令诸郡不得应调，耿弇果断将更始派来接手幽州的苗曾、韦顺、蔡充等斩杀，重新获得了对幽州军力的掌控。“秋，光武击铜马于鄡，吴汉将突骑来会清阳……积月余日，贼食尽，夜遁去，追至馆陶大破之。受降未尽，而高湖、重连从东南来，与铜马余众合，光武复与大战于蒲阳，悉破降之”，数十万的铜马军败后即被刘秀收编，也因此关西称他为“铜马帝”。这样，刘秀在进入河北之后积极笼络河北势力，在拥有了河北势力政治、军事和财力上的支持后，先以强硬的手段消灭王郎，后以怀柔之策收编铜马农民军为自己所用，清除了河北之地不能与之融合的各个军事集团，在河北彻底地站住了脚跟，并以此为根据地，向外辐射，开始他翦南灭北的宏图伟业。而兴起中的河北势力，借由刘秀转战河北这一契机，迅速完成了从地方武装割据势力到东汉开国元勋的蜕变。

（二）东汉前期的河北势力

公元25年，刘秀在南北两大势力的支持下，登上帝位，河北势力也从平定河北军事集团的同盟者一举跃为东汉政权的开国功臣，在南征北战的统一事业中河北势力的代表人物可谓是功勋卓著。然而，皇权的加强使得从一开始就实力强大的河北势力受到制约。这种遏制从光武称帝开始就出现端倪，从建国伊始对河北势力的压制到彭宠之乱幽州河北势力的折翼，再到代表冀州河北势力的皇后郭氏、皇太子被废，河北势力中最重要的两支从此瘫痪。明帝时期的楚王刘英之乱，河北势力中受牵连者甚广，几乎被连根拔起，最终沦落为地方势力。本章就是通过叙述光武帝、明帝、章帝这三个历史时期河北势力的状况，来理清河北势力在东汉前期的发展轨迹。

建武初年，河北势力的辉煌：坐拥河北的刘秀羽翼日渐丰厚，于是开始以河北为依托逐渐向外围扩张。不久，在河北的军事行动取得胜利，于是“诸将议上尊号”。先是马武进曰：“天下无主。如有圣人承敝而起，虽仲尼为相，孙子为将，犹恐无能有益。反水不收，后悔无及。大王虽执谦退，奈宗庙社稷何！宜且还蓟即尊位，乃议征伐。今此谁贼而驰骛击之乎?”刘秀不从。后来诸将再次上奏，刘秀又不听。到了南平棘，诸将第三次请之，耿纯进曰：“天下士大夫捐亲戚，弃土壤，从大王于矢石之间者，其计固望其攀龙鳞，附风翼，以成其所志耳。今功业既定，天人亦应，而大王留时逆众，不正号位，纯恐士大夫望绝计穷，则有去归之思，无为久自苦也。大众一散，难可复合。时不可留，众不可逆。”这次刘秀的态度终于发生了些许转变，只说：“吾将思之。”到了鄗，群臣第四次上奏，刘秀才设坛场，登上帝位，建元为建武。

就在刘秀登上帝位不久，他就对诸多功臣进行了分封，“秋七月辛未，拜前将军邓禹为大司徒。丁丑，以野王令王梁为大司空。壬午，以大将军吴汉为大司马，偏将军景丹为骠骑大将军，大将军耿弇为建威大将军，偏将军盖延为虎牙大将军，偏将军朱祐为建义大将军，中坚将军杜茂为大将军”。从分封的情况来看，河北势力中的王梁、吴汉、景丹、耿弇、盖延都榜上有名，而且地位极高。分封的八人中，河北势力的人数占据五人之多，可见当时的河北势力受重视程度。

建国之初，河北势力位高权重。刘秀建立霸业的基础是在河北之地打下的，此时刘秀集团中的主干力量还是河北势力。在平定河北割据势力的过程中，河北势力是头号功臣。王郎之乱时，邳彤等最早投靠，让刘秀有了喘息之机；真定王刘杨的归附，与郭氏豪强的联姻，让刘秀暂时有了反击之力；而在耿弇、寇恂的斡旋之下，渔阳、上谷两大势力的注入，使得刘秀最终战胜王郎，进而击败农民军，收编铜马军。可见，河北势力是刘秀集团最早的组成部分，而且功勋非凡。

甚至于在一些重大决策上，河北势力中的人物也给了刘秀很好的提议。王郎之乱刚起，刘秀走投无路之时唯信都纳之，在河北郡国皆降王郎之时，随刘秀北巡的“南人”多劝其西还长安。此时，邳彤却说：“吏民歌吟思汉久矣，故更始举尊号而天下响应，三辅清宫除道以迎之。今卜者王郎，假名因势，驱集乌合之众，遂震燕、赵之地，无有根本之固。明公奋二郡之兵以讨之，何患不克！今释此而归，岂徒空失河北，必要惊动三辅，堕损威重，非计之得者也。若明公无复征伐之意，则虽信都之兵，犹难会也。何者？明公既西，则邯郸城民不肯捐父母、背城主，而千里送公，其离散亡逃可必也。”邳彤的话句句在理，情真意切，刘秀最终没有弃信都而去。之后，其他河北当地地主武装的投靠果真让刘秀摆脱困境，使得民众避免了“离散亡逃”之苦。在更始政权恶意压制刘秀立他为萧王而“悉令罢兵”时，耿弇大胆地上奏“请归上谷益兵”，而刘秀惺惺作态地问：“王郎已破，河北略平，复用兵何用？”时，耿弇果敢地挑明了刘秀称帝的雄心：“今更始失政，君臣淫乱，诸将擅命于畿内，贵戚纵横于都内。天子之命，不出城门，所在牧守，辄自迁易，百姓不知所从，士人莫敢自安。掳掠财物，劫掠妇女，怀金玉者，至不生归。元元叩心，更思莽朝。又铜马、赤眉之属数十辈，辈数十百万，圣公不能办也。其败不久，公首事南阳，破百万之军；今定河北，据天府之地。以义征伐，发号响应，天下可传檄而定。天下至重，不可令它姓得之。闻使者从西方来，欲罢兵，不可从也。今吏士死亡者多，弇愿归幽州，益发精兵，以集大计。”光武这时大悦，并开始公然与更始政权决裂。此时的河北势力与刘秀可谓是利益共同体，在天下混战割据的大形势下，河北的平定使得他们野心的扩张不可避免。“贰于更始”虽不能算为耿弇的功劳，但耿弇的话无疑给了刘秀一颗定心丸，因为河北势力是愿意给予支持的。于是在大军取得河内之时，刘秀将被誉为“楚汉战争时期刘邦的关中”的河内交予河北势力中的重要代表人物寇恂。光武对寇恂这样说：“河内完富，吾将因是而起。昔高祖留萧何镇关中，吾今委公以河内，坚守转运，给足军粮，率厉士马，防遏它兵，勿令北度而已。”寇恂本是有能之人，也没有辜负刘秀的厚望，《后汉书·寇恂传》记载：“恂移书属县，讲兵肄射，伐淇园之竹，为矢百余万，养马二千匹，收租四百万斛，转以给军。”这样，上谷、渔阳的兵力，河内的粮食，让刘秀的统一全国之路没有了后顾之忧。

击王郎，扫铜马，进良策，河北势力享至尊荣光自是无可厚非。但是，这种辉煌是很短暂的，皇权的加强使得刘秀开始了对河北势力的初步遏制。

三、关于“王莽赶刘秀”传说的研究

《“王莽赶刘秀”传说的研究》是青海师范大学2011年6月梅娟娟的硕士学位论文。本节选取了该论文第一章至第四章的内容。这篇论文以全国范围流传的“王莽赶刘秀”的传说为研究对象，所述内容超出了河北的地域范围，为保持论文原貌，本节保留了河北之外的传说例证，章节编排略加改动，局部内容略作删节，被删内容用“……”标识。

“王莽赶刘秀”传说的研究

（一）“王莽赶刘秀”传说的语境

……

“王莽赶刘秀”传说是我国流传范围极广且流传时间极长的帝王传说，在传承与传播的过程中，个人、社会和文化的因素必然会对它产生影响，赋予它以形态、意义和存在的基础。民俗学语境也存在着不同的结构层次，有所区分，不同的学者对民俗学语境分层也有不同的观点，本文主要从自然语境、历史语境、文化语境三个方面来研究“王莽赶刘秀”传说。

1.“王莽赶刘秀”传说的自然语境

自然语境是指传说生存的自然空间情况。自然语境是社会语境的基础，对于传说有支撑性的作用，更是当地居民进行风物附会与传说地方化的前提条件。民间传说总是会打上地方性的烙印，沾染上地方的色彩，这与自然语境是分不开的。

“王莽赶刘秀”传说流传之广、数量之多在帝王传说中实为少数，可以说有汉族的地方就有“王莽赶刘秀”的传说，并形成以刘秀为中心人物的传说圈。它的流传区域包括湖北、河南、河北、山西、安徽、陕西、山东、上海、安徽、青海等地，主要流传区域为湖北北部、河南、河北。这与刘秀的人生经历分不开，他成长于湖北，举兵于湖北；

他大战王莽军队于河南，定都于河南，葬于河南；他战王郎于河北。所以，这三地的“王莽赶刘秀”传说非常丰富，而且风物遗迹处处存在。

本文以湖北省枣阳市吴店镇即史书记载的汉武故里为例来介绍“王莽赶刘秀”传说的自然语境。

……

吴店镇位于枣阳市城区正南方，距离枣阳城区 15 千米，面积 230 平方千米，是历史上东汉皇帝刘秀的故里、“光武中兴”发祥地，素有“古帝乡”之称。境内有三条主要河流，滚河、昆河、优良河；有山 7 座，其中狮子山最为出名。

方志中记载，“吴店镇历史悠久，周朝以前属于豫州，秦朝时属于南阳郡蔡阳县，建国前属于枣阳，建国后属枣阳县，1984 年秋，区镇合并成吴店镇”。春陵遗址在吴店镇胡湾村，刘秀故室在皇村，又名白水村，刘秀的父亲刘钦过世之后，那时刘秀九岁，刘秀一家从济阳搬回春陵，居住于此。

“春陵故城在枣阳县东南三十五里（即今胡湾大队地区内），汉为侯国，属南阳郡。后汉改为章陵县。三国、魏改曰安昌，属义阳郡。隋仍曰春陵，属春陵郡唐省。汉书地理志：南阳郡春陵侯国故蔡阳白水乡。……汉武即位，政为亲陵，置园庙焉。”

“光武旧宅，在县东南四十里。宅南二里有白水，即张衡所谓龙飞白水也。《水经注》：白水北有白水陂，其阳有光武旧宅，今名皇村。卧牛台在县境，相传光武起兵时尝骑牛息于此，故名。”

扳倒井，位于周寨七队，相传刘秀被王莽追赶，口渴难耐，遇到此井，但是没有提水用的器具而喝不上水，刘秀将水井扳倒而喝上水；滚河，这条河流东西走向，横贯吴店中部，相传为刘秀被王莽追赶，他渡过滚河后，祈祷河水沸腾挡住王莽，结果河水真的就沸腾起来，因而得名；哑巴荡，相传刘秀休息之处，为了不影响刘秀的休息，青蛙都不叫了；饮马池，相传是刘秀饮马的地方；点将台是刘秀点兵起义之地；等等。

这些古迹与它们的传说几乎涉及了刘秀的一生……

本地的自然风物为大量“王莽赶刘秀”传说的附会提供了可靠的素材。当地民众将风物同地方传说通过联想而联系起来，一方面为传说的传承提供的土壤，另一方面也是促使了地方知识的产生与本地居民地方荣誉感的培养。

2.“王莽赶刘秀”传说的历史语境

民间传说的产生几乎都有一定的历史现实作为根据，传说内容有特定的历史时代、地理环境、历史人物、历史事件四种成分。在这四种成分的基础上，通过夸张、幻想、提炼等较复杂的典型化、艺术化手法，形成具有揭示人类社会生活本质作用的故事。传说必然带有时代的烙印，民间传说在时间的变化中不断地发生变化，它意味着现在与过去的联系，所以要从历史的维度研究传说。

“王莽赶刘秀”民间传说属于我国传统文化的范畴，将它视为传统文化，是强调它的历史成分。但是同时，“王莽赶刘秀”传说在历史的发展中是运动和变化的，只有将“王莽赶刘秀”传说置于当时的历史语境中去分析，才能获得意义的诠释，才能理解该传说产生及广泛流传的原因，才能正确地分析人物的关系，认识在讲述过程中的形态变化及思想、艺术的规律。

“王莽赶刘秀”传说大约产生于东汉，有其真实的历史背景。

西汉末年，自汉元帝以来，朝政日益衰败，至成帝之时，王氏外戚集团独领朝政大权，公元前27年，封王氏家族五人为侯，至平帝时，朝廷的赋税劳役日益严重，贵族官僚和大地主、大商贾积累大量财富，百姓生活困苦，大批破产流亡，当时因饥疫而死的就有几百万人。在这样的背景下，公元 9 年，王莽乘机夺取了西汉政权。也可以说，他接手了西汉王朝的烂摊子，登上了皇帝的宝座，建立新朝。他进行一系列改革力图改变当时的社会状况，颁布井田制度和禁止买卖奴隶的法令，史称“王莽改制”。但是，这些改革方案统统失败了。而且他大规模的改变官制和官名，尤其是五次改变币制，给当时的人民造成了巨大的灾难，对社会经济造成了严重的破坏。他接连发动了对四方外族的侵略战争，巨大的军队伤亡与大量的征收赋税使社会更加动荡。于他统治的天凤四年（公元 17 年），农民起义风起云涌，著名的有赤眉、绿林、铜马诸部起义。

在这样一个大的历史背景下，刘縯、刘秀兄弟打着“复高祖之业，定万世之秋”的旗号，组建舂陵汉军，在舂陵（今湖北枣阳南）起义，走上了反莽之路，并与新市兵、平林兵等农民起义军联合作战，战果丰硕。其中，昆阳一战，刘秀以几千兵马击败王莽近四十三万大军，使王莽失去了最后的反攻机会。

刘秀与王莽的交战持续了两年，胜多败少。

公元 22 年，“光武初骑牛，杀新野尉，乃得马。进而屠杀唐子乡，又杀湖阳尉。……进拔棘阳，与王莽前队大夫甄阜、属正梁丘赐战于小长安。汉军大败，还保棘阳”。

公元 23 年，则是育阳之战和昆阳之战，刘秀大胜。

公元 23 年，刘玄被拥立为帝，史称更始。九月，长安豪杰共诛王莽。以上是刘秀与王莽的历史事实与关系。

公元 23 年十月，韬光养晦的刘秀得到持节北渡黄河，镇慰河北州郡的机会。十二月，卜者王郎自称为汉成帝的后代，所以在河北招兵买马建立自己的政权，定都邯郸，刘秀在当地豪强的帮助下在河北境内展开与王郎的战争，并于次年五月诛杀王郎。这是刘秀与王郎交战的历史事实。

王莽篡汉及西汉末年全国范围内的农民起义战争特殊的历史语境给出了解读该传说一系列必要的依据，历史语境拥有种种意义生产能力，该传说在特殊历史环境下产生，也蕴含了众多文化意蕴，成为构建民间思想的重要载体。

在这段历史中值得一提的是流行于两汉之际的谶纬学说。谶纬，是中国古代谶书和纬书的合称，以董仲舒的天人感应说为理论依据，将自然界的偶然现象神秘化，并视为社会安定的决定因素。它适应了当时封建统治者的需要。谶是秦汉间巫师、方士编造的预示吉凶的隐语，是一种隐秘的语言，假托神仙圣人，预决吉凶，告人政事。谶书是占验书，谶纬之学也就是对未来的一种政治预言。

东汉初年谶纬大盛，刘秀曾以符瑞图谶起兵，建立东汉王朝。由于利用谶纬夺取政权，所以他即位后特别崇信谶纬，尊为“秘学”号为“内学”，谶纬之学遂成为东汉统治思想的重要组成部分，具有高度的神圣性。当时用人施政、各种重大问题的决策都要依谶纬来决定；对儒家经典的解释，甚至也要向谶纬看齐。谶纬在汉代的流行，是与汉代思想界天人感应、阴阳灾异泛滥分不开的。谶纬与经学的结合，推动了汉代经学的神学化。

谶纬本身就带有传奇性质及神话色彩，经书中不语怪力乱神，而谶书中专门讲述离奇怪诞，怪力乱神。由谶纬衍生出的祥瑞、灵异之说，经过统治者的宣扬，与民间信仰结合必然会对“王莽赶刘秀”民间传说的产生与流传都起着推动的作用。

3.“王莽赶刘秀”传说的文化语境

“文化语境是指理解文化需要了解的信息，包括意义语境、惯例语境和交流系统语境。”这对于理解民间传说有着重要的作用，文化语境在对一个文本的生成与意义的挖掘上有着重要的价值。

……

从广大民众日常生活的系统中，从文化的整体结构上看待“王莽赶刘秀”传说，将其文本与保存它的语境结合起来，将该传说置于知识空间与行为空间之中，不但能够探究其传统的意义，而且某些特殊的语境与民众长期不断积累的知识能对其意义有进一步的提升。

湖北省枣阳市吴店镇是刘秀故里所在地，该地历史悠久，有深厚的文化底蕴。该地是一个农业经济为主的小镇。本地居民信仰是一种跨宗教信仰的重叠式神灵崇拜，有天主教、佛教、道教、伊斯兰教，也有祖先崇拜、灶神信仰、关公信仰等，最具有特色的是本地的“刘秀信仰”。刘秀是由皇权而转化的一位地方保护神。

刘秀称帝不久，便诏令在其故乡舂陵建祭祀其父刘钦、祖父刘回、曾祖刘外、高祖刘买的“四亲高庙”。刘秀在位33年，曾先后五次从洛阳京师回到舂陵祠庙祭祖。刘秀去世后，他的后人明帝、章帝也先后在四亲高庙基础上修建了刘秀祠，也称刘秀庙，后人改称“皇村祖庙”，又叫“祖四庙”。据旧《枣阳县志》记载：“后经千百年变迁，其庙、祠已毁损破败，留下祖庙遗址。”

在调查中发现，祖四庙在“文革”期间彻底的摧毁。该地现存供奉刘秀的寺庙是位于狮子山上的白水寺。

“狮子山，县南四十里，上有白水寺，寺之中，井泉涓涓不竭，旁有光武帝祠。”

“白水寺在县南四十里狮子山上，乡人建以纪汉光武，明宣德中僧真隆改以正殿供佛，以西偏三楹祀汉光武，旁列云台诸将木主。”

……

庙宇始建年代因历史久远已无从考证，从现存的文史资料及旧《枣阳县志》的记载中可以明确地看出“从东汉时这里就有庙宇了，刘秀去世后，他的儿子汉明帝刘庄，在四亲庙的基础上修建了刘秀祠，也称刘秀庙。庙建成后，枣阳县令王泰来为新庙撰写碑记，该碑现已不复存在，但碑记犹存。从碑记中可知，白水寺当时仍称刘秀庙、刘秀祠。明宣德年间，有位叫真隆的高僧对白水寺的庙宇殿堂进行重新布局，将原祭祀刘秀的东侧正殿改作供佛，而将西侧偏殿改为祭祀刘秀”。

清代乾隆和光绪年间又进行重建和修复，如今娘娘殿正脊上的题记“大清乾隆二年（公元 1737 年）”仍留存了下来。

1985—1992 年，政府共拨款三十二万余元修复白水寺，1992 年被省政府定位湖北省重点文物保护单位，并恢复了三月三庙会活动。

本地的三月三庙会是在刘秀信仰的基础上发展而来的盛大的民间节日。节日前后一周的时间，信徒游客络绎不绝，白水山上热闹非凡，也可以说民间庙会不仅娱乐了民众，更重要的是它成了民间文化的宣传阵地。由于地方文化保护意识的加强与旅游业的发展，白水寺现在已成为省级重点旅游区，并新建了三马亭（纪念刘秀的三位马姓贤臣良将马武、马援、马成）、丽华花卉园等旅游景点。

由于刘秀当上皇帝之后曾五次返乡，修园庙、祠旧宅，观田庐、赏赐相亲、宴会故人，由刘秀返乡传说衍生出不少生活习俗，如结婚时给新郎抹花脸的习俗，当地人认为缘于刘秀还乡，刘秀还乡在宴席上站着敬酒，于是有了该地站着敬酒的习俗。……

据笔者在本地的田野调查来看，现在能讲述“王莽赶刘秀”传说的人差不多都是七十高龄以上的老人，五十岁以上的人只有小部分能讲述部分传说，部分成年人则是差不多能说出本地部分著名的古迹的传说。

民间文化土壤一直呵护着该传说的成长，但是该传说赖以生存的社会生活环境已经发生了巨大的变化。由于忙于生活，年轻人口外流，民众似乎无暇顾及该传说，饭后的“天方夜谭”时间被大量的现代科技所占据，口头叙事方式的失传对该传说的传承产生了重要影响。

……

“王莽赶刘秀”传说在这样的文化语境与社会基础下演进与发展，这是它适应历史条件与文化环境的反应，也是它作为一种推动社会前进的有利因素运动的结果。

4. 传说主人公及其关系分析

(1) 刘秀

刘秀（前6—57年），汉高祖九世孙，东汉的开国皇帝，是一位颇有建树的皇帝，其政绩史称“光武中兴”。

……

刘秀虽说是皇族，在这世代相传中，刘秀的先世由王降到了侯，到后来就只有官位，没有爵位了，家道早已败落。刘秀从小就性喜稼穑，他九岁丧父，二十二岁游学长安，受到很好的教育。但是，王莽篡权后，刘汉皇家子孙无论近亲远枝都备受猜忌压制，他一度避吏新野，卖谷于宛。地皇三年（22年），刘氏兄弟召集本郡豪杰在舂陵起兵反莽。最值得一说的是昆阳之战，这是历史上以少胜多的著名案例。

“初，王莽征天下能为兵法者六十三家数百人，并以为军吏；选练武术，招募猛士，锦旗辎重，千里不绝。时有长人巨无霸，长一丈，大十围，以为垒尉，又驱诸猛兽犀象之属，以助威武。自秦汉出师之盛，未尝有也。”

而刘秀乃与敢死者三千人，击败王莽大军，彻底摧毁王莽的军事力量，刘秀声名远播，在民间有重要的影响力，他也具有了成为英雄的条件。不幸的是其兄刘縯在昆阳之战后被更始皇帝杀害。为避免更始皇帝及奸臣陷害自己，他藏巧纳拙，隐忍着仇恨，在刘縯丧期迎娶自己爱慕的“娶妻当得阴丽华”阴家小姐。他在巡查河北的时候，得到诸多英雄豪杰的帮助，奋寡而击众，举弱而覆强，除掉王郎、铜马，于公元25年，在河北柏乡登基称帝，与更始政权对立。当时天下三个刘姓皇帝，即刘秀、刘玄，刘盆子。农民起义大军灭了刘玄政权，而赤眉政权最终被刘秀推翻。

刘秀登基后最终迅速铲平割据势力，统一全国。他以“柔道”治国，休养生息，出现了盛世之景，史称“光武中兴”。后世对汉光武帝刘秀给予了极高的评价，“自三代而下，唯光武允冠百王矣”，认为他是一位文武双全、智勇兼备的杰出政治家。他崛于阡陌，善于隐忍，重情重义，其军事才能多次受到毛泽东的赞扬，称赞他为历史上最会用人，最有学问，最会打仗的皇帝。但是，也有人认为他窃取了农民战争胜利的果实，是混进农民起义队伍里的地主分子。但是无论怎样，刘秀结束了西汉末年及王莽统治期间混乱的社会状况，使广大老百姓安居乐业。他奠定了东汉稳定繁荣的基石，同时也奠定了他在民众心中的英雄地位。汉光武帝尤其崇信谶纬之术，他自己数次使用谶纬为自己服务，这是促使“王莽赶刘秀”传说不断神化，广泛传播的一个重要的原因。

……

（2）王莽与王郎

王莽（前45—23年），字巨君，中国历史上新朝的建立者，公元

8—23年在位。

……

王莽为西汉外戚王氏家族的成员，其人谦恭俭让，礼贤下士，在朝野素有威名。西汉末年，社会矛盾空前激化，他乘机篡取西汉政权，企图通过恢复西周时代的周礼制度来达到治国安天下的目的，他于是仿照周朝的制度开始推行新政，就是历史上的“王莽改制”。王莽不切实际地废除了五铢钱，盲目推行各种新币制，使货币的流通和信用受到了严重的削弱，使财政经济陷于瘫痪。他颁布的井田制度和禁止买卖奴隶的法令，由于上层阶级的反对，还没来得及推行就宣布废止了。王莽统治期间的年号都是一换再换，由始建改为天凤，又改为地皇。他接连对地方外族的侵略战争，更是加速他的灭亡。……

王莽是中国历史上一个特殊的人物，他的一生是同西汉之际的许多重大历史事件紧紧联系在一起的。

……

据分析，“王莽赶刘秀”传说中很大部分是以王郎追杀刘秀的历史事实为依据的。刘玄登基建立政权后，派刘秀巡查河北，王郎在河北望风而起，招兵买马，以邯郸为都城建立新的政权。关于王郎，史书记载如下：“王昌，一名郎，赵国邯郸人也。素为卜相工，明星历。常以为河北有天子气。时，赵缪王子林，好奇数，任侠于赵巍间，多通豪猾，而郎与之亲善。初，王莽篡位，长安中或自称成帝子舆者，莽杀之，郎缘是诈称真子舆。”

关于刘秀与王郎的正面交锋，史书记载如下：“二年正月，光武以王郎新盛，乃北徇蓟。王郎移檄购光武十万户，而故广阳王子刘接起兵蓟中以应郎，城内扰乱，转相惊恐，言邯郸使者方到，二千石以下皆出迎。于是光武趣驾南辕，晨夜不敢入城邑，舍食道傍。”

“光武善其计，乃留将军邓满守巨鹿，而进军邯郸，屯其郭北门。郎数出战不利，乃使其谏议大夫杜威持节请降。威雅称郎实成帝遗体。光武曰：‘设使成帝复生，天下不可得，况诈子舆者乎?’威请求万户侯。光武曰：‘顾得全身可矣。’威曰：‘邯郸虽鄙，并力固守，尚旷日月，终不君臣相率但全身而已。’遂辞而去。因急攻之，二十余日，郎少傅李立为反间，开门内汉兵，遂拔邯郸。郎夜亡走，道死，追斩之。”

王郎称自己是汉成帝的儿子刘子舆，他利用河北地区一些豪强地主为确保自身利益而排挤刘秀的心理，在邯郸建立了一个新的割据政权，并悬赏10万户通缉刘秀。更始二年初，刘秀开始了被王郎追杀的日子。刘秀军事实力不如王郎，并且气候严寒，刘秀只好一路狼狈逃窜，从真定北往蓟地，后又慌忙逃离蓟城。在南逃途中，他们不敢进入城邑，只能风餐露宿，一路上被王郎军围追堵截，险象环生。关于王郎是不是真子舆已无从考证，但是历史上他追杀刘秀，几乎致刘秀于死地是不争的事实。

(3)“王莽”赶刘秀与“王郎”赶刘秀

“王莽赶刘秀”历史事实的部分被载入历史，成为正史。另外一方面，很多故事长期停留在人们口头传授上，经过不断的加工创作，发生变异。据以下几个方面的分析，“王莽赶刘秀”中的“王莽”是糅合王莽与王郎这两个历史人物的合体。笔者认为“王莽赶刘秀”传说产生时是以“王郎赶刘秀”传说为基础的，后来王莽的因素不断渗入进来。由于王莽的名声比王郎大，逐渐“王莽”替代了“王郎”。

首先，“王莽”赶“刘秀”是不可能的事情。因为据史料来看，王莽从没有领兵打过仗，而且他比刘秀年长近40岁，刘秀28岁春陵起义时，王莽已经67岁，只能是王莽派去镇压刘秀起义的军队有追赶刘秀的史实。“王郎”赶刘秀，则是有史可查。

其次，传说中的故事与历史比较来看，不少“王莽赶刘秀”传说故事与王郎追杀刘秀的历史相符合。《后汉书》中记载有“麦饭亭”和“滹沱河”的史实，是“王郎”赶刘秀的史实，“二年正月，光武以王郎新盛，乃北徇蓟。王郎移檄购光武十万户，……于是光武趣驾南辕，晨夜不敢入城邑，舍食道傍。……天时寒，面皆破裂。至滹沱河，无船，适遇冰合，得过，未毕数车而陷”。

在《后汉书·冯岑贾列传》中有一段光武关于河北创业的艰苦的回忆，表示他将永不忘记也报答不了那些患难之交，这段回忆即滹沱河麦饭亭的回忆：“仓促，滹沱河麦饭，厚意久不报。”

而在河北“王莽赶刘秀”传说中有麦饭和滹沱河相关的传说，即《芜蒌亭下豆粥香》和《大凌消》，已经演变为“王莽”追赶刘秀、冯异进粥，然后怎么渡过滹沱河的传说故事。

再者，据历史来看，刘秀在河北同王郎作战时，势单力薄，再加上是寒冬腊月的严酷的自然环境，所以刘秀在王郎的追赶下非常落魄，十分艰苦，这也是刘秀痛恨王郎的原因之一。后来王郎投降，而刘秀不接受降书，攻下城邑，追杀王郎。而在大部分的“王莽赶刘秀”的传说中，刘秀总是以躲避追杀的落魄状态出现，在刘秀与王莽的战斗中，刘秀是很骄傲的。笔者认为“王莽赶刘秀”传说根据王郎与刘秀这段史实演变而来，或者可以说这是该传说的初始状态，在以后的发展中与传播中，人们反复聆听转述故事，由于王莽的名声比王郎大，并且王郎传说有地域局限性，加之民众对王莽倒行逆施的憎恨，王莽的因素不断渗透进来，而最后喧宾夺主。两段历史纠结在一起，形成了今天所见的“王莽赶刘秀”传说。

最后，在有些方志资料中，直接记载的是“王郎”追赶刘秀。

“扳倒井在城西北二十里。世传光武为王郎所迫，至此饮马，偶无汲具，遂扳倒饮之。今井尚倾侧如故。说甚荒唐，姑存勿论可也。”

“冰冻村在县城南，为滹沱河北，光武避王郎，至此水合，故名。”

在民间，刘秀与王莽的关系与史实出入较大，在调查过程中收集到几个版本，一是王莽是刘秀舅舅说，二是刘秀是平帝之子说——是王莽外孙。刘秀与王莽的真实关系越来越模糊，主流传说还是刘秀是汉平帝之子，是王莽的亲外孙，从小自长安逃出，王莽之死是刘秀率兵攻进长安所致。

在一些资料中显示，王郎甚至变成了王莽的子孙后代。这也是由于讲述者的趣味所致，也是由于老百姓对国家历史只是记得一个大概，人民群众根据流传的需要及民间记忆的需要自己加工历史，使随着时间的推移形成了丰富的“王莽赶刘秀”传说。

（二）“王莽赶刘秀”传说的内容

“民众口述民间故事（包含其他样式的口头文学）有一个最为明显的特征，就是由不同人口中讲出的故事，他们的情节结构常常大同小异。甚至远隔千山万水的人，所讲的故事也惊人地相似。故事学家通过比较其异同，将这些文本归并在一起，称之为同一‘类型’。”为了对该传说进行系统化、条理化的整理，根据“王莽赶刘秀”传说的情节将它分为刘秀本人传说、救助传说、“刘秀坟”传说、相关人物传说四类，这些共同构成了“王莽赶刘秀”传说的体系，展现了该传说的概貌。

1. 刘秀本人传说

民间传说中的人物传说和史事传说，大都有其生活原型，经过一定时期的加工流传才趋于定型。开始，往往是一些比较奇异的人或事情的片段传闻、轶事趣谈，基本上属于真人真事，略加点染，颇能吸引人。“王莽赶刘秀”的传说涉及了他的一生，是在他的生平事迹的基础上衍生而来。除了各式各样的救助，刘秀自身也有大量可以挖掘的传说故事，他的出身，他本身的能力都是广大民众想象力加工的对象，这也成了民众精神生活的一部分。

（1）神奇诞生传说

历史名人似乎都会有不凡的出生传说，尤其是功绩伟大的帝王，这已经成了一种思维惯式，也成了一个重要的类型。从人类始祖诞生的感生神话开始到后来的唐宗宋祖、康熙乾隆神奇的诞生传说，一直是帝王传说的一个重要内容，类型丰富，有感生怀孕型，姜嫄履大人足迹而生周弃；拾卵抚养型，简狄吞鸟卵而生商契；等等。其主要功能是对帝王身份的一种肯定，大部分都离不开“真命天子”的命题，这似乎已经成为制度化的规定。

史料记载与民间传说关于刘秀神奇诞生的传说较为一致，有“稻生九穗”与“红光满天”的传说。

“建平元年十二月甲子夜，帝生时有赤光，室中尽明，如昼，皇考异之，使卜者王长卜之，长曰，此善事不可言，是岁有嘉禾生一茎九穗，长大于凡禾，县界大丰熟，因名帝曰秀，先是有凤凰集济阳，故宫中皆画凤凰，圣瑞萌兆，始形于此，帝为人隆准，日角，大口，美须眉，长七尺三寸。在舂陵时，望气者言。舂陵城中有喜气，曰：‘美哉王气，郁郁葱葱。’”

民间关于刘秀的神奇出生更具有戏剧性色彩。

“有一天，刘秀的爹在田间闲转，忽然看见一个稻穗多长，谷子多大，长的是两个穗子，刘秀的爹就把它收起来，当作谷种。没想到第二年秋天的时候，一个禾苗长出了两个穗。那年刘秀就出生了。”

这些不凡的出生现象，造就了他神奇的本领，预示着他帝王命运。

天命的归属必须有一系列的征兆为凭证，如感生、异貌及符瑞、符命等天启型的征兆。这类主题类型旨在说明英雄的不同寻常。可以说，这是一种英雄天定的民间信仰。

刘秀的出生传说在民间经过日积月累的发展，经过民间不断的艺术化的加工，他的出生与历史事实越来越远，越来越不相符，但是大体趋势是他的身份与西汉皇室的关系越来越近，最后从南阳春陵走进了汉宫之中成为汉平帝的儿子。这与民众附会的本领及想象力是密不可分的，或者是民众的创作者或戏剧编剧者的情节出乎异常的需要，他们以幻想和虚构给传说增添了理想的色彩，寄托着人民群众的深情。民间传说中人物的理想化，大都是建立在人民的爱憎倾向的基础之上的，理想化的结果使人物形象更富有色彩和光辉。人们希望或肯定地认为刘秀就是在皇宫里长大的太子，而不是汉室偏远的没落皇族。于是，他们热衷于添枝加叶，进而遐迩传播。流传的区域广了，不谙“内情”的人增多，刘秀的身份与皇室越来越近，情节越来越离奇曲折，他最后终于变成了汉平帝的儿子、王莽的亲外孙，这为刘秀称帝做好了铺垫。

刘秀成为汉平帝之子后与王莽的距离就近了许多，因此涉及许多难题考验，情节结构是围绕解决各种复杂的难题展开的。

《刘秀出世》中有这样的情节：

刘秀从小就多灾多难，他在娘胎里还没有出世，就有人想害他。

王莽是汉平帝的老丈人，他和上大夫徐世英、大刀苏燕摆下灯蓬会害死平帝，自己当皇帝。他篡夺政权后为什么迟迟没有杀死平帝皇后的原因是那个皇后是他的女儿，当时已经身怀六甲。王莽决定如果皇后生的是个男孩就杀死他，生个女儿还可以留着一条命。结果皇后生的是个儿子即刘秀，在下大夫柴文俊及妻子使用法术的帮助下才瞒住了王莽，使刘秀活了下来。后来，徐世英、苏燕追赶到柴文俊的家里，见窦氏将小太子锁在柜子里，所以让人抬走了柜子，后来窦氏又使用法术，柜子里只剩下被定在四个角处的元宝，救了刘秀。

还有一则《刘秀逃难》传说与此类似，讲的是王莽已身怀六甲的女儿王皇后在王莽害死平帝后逃出宫门，避在大臣蔡文曾家中偷偷生下刘秀。消息走漏，王莽下令，凡在京城附近四十里以内所生的小孩一律斩首，但没能将刘秀害死。

刘秀一出生就遇到生存的难题，王莽及他周围的人处处要加害于他，如上文可见，异文中加害的方式是各种各样的，而刘秀最终在各种帮助下解决难题。

有了与皇室的直系血脉关系与不平凡的出生及难题考验的铺垫，使刘秀有了天命归属的地位与命运。他作为最高统治者也就能让广大民众心服口服，有利于稳固自己的统治地位，这也是封建正统主义思想对人民大众影响的结果。刘秀与王莽之争，刘秀得到拥护与帮助，是因为他是刘氏的子孙，是正统的皇帝，这是封建正统主义思想的一个具体的表现。

(2) 个人神奇力量传说

在民间传说中，历史人物被不断地神化，通过夸张和渲染把英雄人物理想化，甚至是随意地从不同的角度神化他们，赋予主人公以神奇超人的力量。

……

超自然的形象、虚实结合的神话色彩，将主人公神化，使其具有某种神奇力量，使故事情节离奇曲折，由人民群众对主人公的深切同情与爱戴而产生，这种手法一直被人们沿用至今。

民间传说用传奇化的创作方法创造出一个具有半人半神力量的刘

秀，一切缘于君权神授的思想。刘秀在传说中是具有神话色彩的人物形象，他不但智慧过人，而且具有超自然的神奇力量。在调查过程中，笔者发现人民群众对他的超能力还是深信不疑的。

在湖北枣阳关于白水寺来历的传说中，十五六岁的刘秀打败潜藏在水井里的黑水怪物，帮助当地百姓夺回了白水井；刘秀睡觉的地方连蚊子也没有，连蛤蟆都变成了哑巴（都是为了不影响刘秀的休息）；他飞身跳崖，却能奇迹般毫发无伤；他能用枣刺使蝼蛄死而复生；他能让平静的河水瞬间沸腾翻滚起来；还有他金口玉言贬封后出现的种种奇迹；等等。每一个传说都渗透了神化刘秀思维，他逐渐地由人向神过渡。可以说，刘秀的“神化”对于刘秀夺取皇位有一定的促进作用，而他的皇权地位的稳固也进一步扩大了他的“神化”的范围。

在“王莽赶刘秀”的传说中，影响最广泛，并且传说内容高度统一的就是“扳倒井”传说，几乎有“王莽赶刘秀”传说的地方就有扳倒井传说。这一类型的传说有各种异文，无一例外的是要显示刘秀的神奇力量。

湖北枣阳扳倒井遗迹碑刻记载：“西汉末年，王莽乱政……因遭敌反扑，反道舂陵，早已人困马乏，口若焦斧，欣缝此井，渴望且止。无奈井深水浅，令人咋舌。战马虽前蹄曲蹬，探首以汲，尤不可得，秀以托钟举鼎之力，扳动井台，并斜，清泉始溢焉，由此得扳倒井之名。”

在调查过程中，笔者发现当地老百姓在讲述该传说的时候，为了表明它的可信性，总是强调当年那马前蹄曲蹬而留下的马蹄印，而且比普通的马蹄印要大一些。

关于扳倒井来源传说，是刘秀用神力扳倒倾斜所致，但是也有刘秀祈祷上天让水井倾斜而如愿以偿的说法。

“这口井是斜的，人渴了，可以直接走进去喝水。这口井的来头，恐怕也不简单。据当地老百姓说，当年王莽追刘秀，刘秀败于南召县，王莽的大军紧跟不舍。刘秀在上不巴村、下不巴店的困境下，人困马乏。眼看着数丈深的深井，却无法饮水，所以祈祷上天，请把井斜一斜，以便取用饮水。果然水井顷刻之间倾倒过去，刘秀得以渡过难关。”

刘秀的个人神奇力量传说贯穿着整个“王莽赶刘秀”传说，使故事情节起伏跌宕，神话色彩浓厚，也表达民众的爱憎情感。这是传说的需要，更是社会的需要，这是刘秀最后演变成地方保护神的必要条件。他在民间神奇力量传说在于要表达刘秀统治天下是苍天庇佑，合乎天理。在这些刘秀个人神奇力量的传说中，同时也包含了人们对刘秀的崇拜之情与他们对乡土的热爱情感，通过对地方传说的讲述而表现出来，他们不由自主极力地神化刘秀。

2. 神奇助手传说

“王莽赶刘秀”传说中绝大部分传说是围绕一追一赶然后得到各式救助而展开的故事。刘秀每次遇到困难或遇到危险，总会巧合地出现一个救助者。救助者是各式各样的，天地神人、飞鸟走兽、花草树木，几乎都有救助过他，具有很强的神话色彩。伴随着故事情节的跌宕起伏，刘秀每次遇难都能转危为安。这类传说可以说是整个“王莽赶刘秀”传说的核心部分，一方面传说与历史相符，另一方面是夸张、渲染、幻想的创作手法的创作结果。

(1) 神人相助

刘秀经过多年的战争而最后能够登上皇帝的宝座，除了他自身的所具有的条件以外，还有一个重要的原因就是有能人相助，云台二十八将就是最重要的一批。

但是在民间传说中，他得到了神的帮助，也得到了众多普通人的帮助。在圣姑庙传说中，圣姑提供井水供刘秀及军队解渴；苍岩山老夫妇煮土人参救助快要饿死的刘秀；哑巴娘娘救刘秀；马武借尸救驾；冯异进粥；等等。在无数次的帮助下，刘秀逃脱险境。

史书中有一段神人指路的记载："进至下博城西，惶恐不知所之。有白衣老父在道旁，指曰：'努力！信都郡为长安守，去此八十里。'"

"按：老父盖神人也，今下博县西犹有祠堂。"

史书注解中表示这位白衣老父是神仙，为迷途中的刘秀指路并鼓励他。《柏乡县志》中有一则《刀砍石人问柏乡》的传说，石人为刘秀指路，更是充满了神话色彩。

《芜蒌亭下豆粥香》的传说就是史书上记载的冯异进粥的故事。

刘秀带着部队逃到了饶阳芜蒌亭下，饥饿难耐。大将冯异看到刘秀狼狈的样子，就骑着马四处寻找食物，最后从一位老人那里要来了一罐小米和绿豆熬成的豆粥帮刘秀度过了饥饿，而冯异因进粥而被世人记住。

神或人对刘秀的救助与动植物对刘秀的相助相比，这还是略显保守的想象，还能看到现实的影子。

（2）生物相助

"王莽赶刘秀"传说不但具有神话色彩，还具有童话色彩。很多动物、植物具有了思想感情，会说话，懂人语，这大大地增加了传说的娱乐性与吸引力。动植物传说可以说是"王莽赶刘秀"传说中娱乐性、趣味性最强的部分。

动物救助刘秀故事，"这类故事以现实动物为主角，这些动物没有神奇的能力，但都可以讲话，并具有一定的性格特征"。

动物营救者大概有以下几种：蝼蛄、蜘蛛、蚯蚓、蝉、马、骡子、老虎、猴子、喜鹊、乌鸦、雄鸡等。

动物故事中最具有童话色彩的要数乌鸦与寒号鸟传说，乌鸦和寒号鸟都有了语言能力，寒号鸟向王莽告密，“林沟林沟”，而刘秀罚它“夏天长毛热死你，冬天掉毛冻死你，你死便吃自己的屎”。乌鸦对刘秀十分同情，喊着“疯话疯话”，追兵就打马走过去了，刘秀敕封小鸦反哺。刘秀还惩罚陷害他的老雕和喜鹊，老雕不得好死，死时小雕为食，喜鹊三伏天不能喝水，渴得它喳喳乱叫。动物故事中的动物形象以拟人手法构成。“劳动人民在现实与幻想的交织中概括了动物的习性，又注入了人的思想的一种艺术创造。这种拟人化的结果，就使这些故事中的动物形象呈现出复杂的状态。那就是它既是动物，又不是动物；既不是人，又是人。他是人和动物的统一，是现实和幻想的统一。”

在“王莽赶刘秀”动物故事中，民众是根据有关动物角色本来的生活习惯来展开传说，如小鸦反哺、寒号鸟的冬天脱毛等现象是一种生物习性，民众将这些习性与刘秀联系到一起。

该传说中流传最广的是蝼蛄救命传说和蜘蛛救刘秀传说。在《蝼蛄救命》传说中，刘秀被王莽追赶，他躲在墒沟里，躲过了王莽的追兵。但是，他误会了帮他松土的蝼蛄，把它撕成了两段，后来才知道蝼蛄是帮他钻洞透气。各地的蝼蛄救刘秀的叙事模式几乎一样，为王莽追赶刘秀—刘秀躲在犁沟里—蝼蛄钻孔透气—刘秀误会蝼蛄将它撕成两截—刘秀用刺将两截连接—解释蝼蛄形体来源。《蜘蛛救刘秀》传说中，刘秀被王莽追赶躲进了一个破庙中。他钻进破庙的时候，把门口的蜘蛛网给弄了个大窟窿，蜘蛛于是立马补缀它的破网，王莽的追兵到破庙处，但是发现门口的蛛网完好无损，所以没有进庙搜寻，刘秀逃过一劫。在这则传说中，“蜘蛛救人”的母题被保存了下来。

而植物相助传说中，以生动的故事解释植物的由来或特点，马齿菜、桑树、槐树、苦菜都救过刘秀。马齿菜救助过饥饿的刘秀，刘秀感激不尽，对马齿菜进行封赏：马齿菜水淹不烂，见土就长，太阳也晒不死。植物传说衍生出一系列趣味十足的“刘秀误”传说，采用拟人的手法，其实是对人类社会的一种折射，反映了丰富的社会内容。这类传说在“王莽赶刘秀”传说中只有几篇，但是各地的传说惊人相似，都是刘秀当上皇帝后派人去嘉奖植物而出错的故事。《错封椿树王》传说中，刘秀派人封赏以前救过他的桑树，结果手下挂错了金牌，把金牌挂给了椿树，所以桑树总爱长大鼓包，而椿树由于干了见不得人的事情，一天一天地变臭，白桦树总是在起风的时候哗哗乱响，那是在拍着巴掌笑话椿树。这类近似幽默诙谐的民间故事具有一定的教育意义，对那些无功受赏、气量狭小之人进行讽刺和批评，同时也展现了古代劳动人民的智慧。马齿菜晒不死、桑树长鼓包的解释虽然不科学，但都是劳动人民长期观察的结果，人们把历史性、知识性、趣味性巧妙地融为一体，活灵活现，一直传承至今。

植物相助传说表现出人类对植物认识不断深化，对其特征的正确把握，同时也表现了在人类社会的长期发展过程中，人类与植物的特殊关系，经济上、物质上的依赖关系及人类对植物的深厚感情。

……

3. 相关人物传说

“王莽赶刘秀”传说中的相关人物传说是指与刘秀本人有着密切关系的人物，他们共同构成人们口头的传说内容，包括刘秀的家人、手下大将等。这类人物传说其实是从侧面对刘秀本人的一种描画。

刘秀从地皇三年（22 年）举兵反莽，到建武十二年统一全国，前后历时 15 年左右，是靠着血与火的激烈争战创立帝业的。在这个过程中，一大批足智多谋、骁勇善战的文武臣僚立下了赫赫战功。其中，最著名的是“云台二十八将”，即邓禹、马成、吴汉、王梁、贾复、陈俊、耿弇、杜茂、寇恂、傅俊、岑彭、坚镡、冯异、王霸、朱祐、任光、祭遵、李忠、景丹、万修、盖延、邳彤、铫期、刘植、耿纯、臧宫、马武、刘隆等28人。

刘秀与这些臣子之间感情深笃，没有“飞鸟尽，良弓藏”的悲剧，清初学者王夫之认为三代以下，君臣交尽其美，唯东汉为盛焉！笔者认为刘秀登上帝位后，嘉奖每一个有功之人，这对“王莽赶刘秀”传说中刘秀报恩的故事产生了重要的影响，刘秀对帮助他的动物、植物、人物都有封赏。民众认为这二十八云台将是上天派来保护帮助刘秀的，他们死后上天台，变成二十八星宿。这些与刘秀相关的人物就成了“王莽赶刘秀”传说的组成部分。

刘秀的传说可以说是一部战争传说，而这些相关的人物传说也是紧紧围绕他们的军事才能、聪明才智展开的。

马武是民间传说和戏曲中最为人民青睐的东汉大将。历史上的马武疾恶如仇、重情重义、勇猛刚强、质朴可爱，几乎是个完人。《马武的传说》讲述的马武长相难看，是因为马武投胎时犹豫了一下，匆忙找了个被鸟啄坏脸的尸体投了胎。所以在戏剧中，马武的脸总是纹络繁绘的花脸。马武有三件宝贝，赶山鞭、回楼地、万人锅。赶山鞭可以随意地移动大山，回楼地则可以提供无尽的粮食，万人锅是供一万口人吃饭的锅。在这三件宝贝的帮助下，马武帮助刘秀打了一次次胜仗。

宝物传说在王莽赶刘秀传说中不多见，而马武的宝物则算是比较有特色的一篇。程蔷认为：“活跃于文明社会的宝物观念，来自远古时期的神物幻想。原始社会人们天真幼稚的思维经过时代的淘洗、磨砺和加工，演变成为文明社会人类意识形态的一个方面，但它们内核仍有着相同之处。原始人物的神物幻想是构成原始神话的有机部分，神话离不开神，也离不开神物。如此说来，有关神物的幻想，有关宝物的观念，确实是很早就进入了民间叙事。”

宝物是一种幻想的存在，它的核心在于对于宝物能力的想象。人们不但幻想出来宝物，而且将宝物的功能和特性与具体的事件集中到某个人物身上，大大增加了传说的传奇色彩。

……

在笔者的调查过程中，与刘秀相关人物的传说数量很大，是“王莽赶刘秀”传说的重要组成部分。这些人物都与刘秀有着密切的关系，正面地讲述这些人物传说的同时，也从侧面反映了刘秀的品格，传达出人们对刘秀的思想感情及民众的英雄情结。

（三）“王莽赶刘秀”传说的生成与叙事特征

“王莽赶刘秀”传说的生成是诸多因素共同作用的结果，而且要经过艺术加工，才能有如今这般丰富。在民间叙事者的加工下，它才日渐传播并传承下来。民间叙事者是广大民众，基本以口耳相传为主要传承方式，包括民众的日常叙事和艺术叙事。民众在日常生活中，出于生存需要、安全需要，个人在群体中出于交往的需要，都离不了叙事这一行为方式。而民众的艺术叙事则形成民间传承的种种精神产品，神话、传说、故事、叙事诗、谚语、民间小戏等。本篇主要从民间日常叙事的角度分析“王莽赶刘秀”传说。

1.“王莽赶刘秀”传说的生成

“王莽赶刘秀”传说是在王莽部队追赶刘秀与河北王郎追赶刘秀的基础上产生的，经过民间的加工日益丰富起来。笔者试图根据古代文字记载及近现代口头传说资料理清“王莽赶刘秀”传说产生与发展的过程。

在西汉末年战乱大环境下，刘秀取得最后的胜利而促使“王莽赶刘秀”传说的生成。该传说并不是凭空虚构，而是在真人真事上诞生。

“高祖斩蛇，平帝还命”是民众根据两汉的真实情况与大量巧合的因素构建而成的一个传说故事，是民众对该传说进行探源的结果。

司马迁在《史记高祖本纪》中记载：“高祖以亭长，为县送徒骊山，徒多道亡，自度比至，皆亡之。到丰西泽中止饮，夜乃解纵所送徒，曰：‘公等皆去！吾亦从此逝矣。’徒中壮士愿从者十余人。高祖被酒夜径泽中。令一人行前，行前者还报曰：‘前有大蛇当径，愿还。’高祖醉，曰：‘壮士行何畏！’乃前拔剑击斩蛇，蛇遂分为两，径开。行数里，醉因卧。后人来至蛇所，有一老妪夜哭。人问何哭？妪曰：‘人杀吾子，故哭之。’人曰：‘妪子何为见杀？’妪曰：‘吾子白帝子也，化为蛇，当道，今为赤帝子斩之，故哭。’人乃以妪为不诚，欲笞之，妪因忽不见。后人至，高祖觉，后人告高祖。高祖乃心独喜，自负，诸从者日益畏之。秦始皇帝尝曰：‘东南有天子气。’于是因东游以厌之。高祖即自疑，亡匿，隐于芒砀山泽岩石之间。吕后与人俱求，常得之。高祖怪问之？吕后曰：‘季所居上，常有云气，故从往常得季。’高祖心喜！沛中子弟或闻之，多欲附者矣。”

“蛇遂分为两径开”中的“蛇”与王莽的“莽”字相通，“两径开”与东西两汉各二百余年的历史相巧合，在这些因素的作用下诞生了一个传说故事，即《王莽为啥赶刘秀》：“刘邦杀了蟒蛇后，鱼虾挡住道不让刘邦离开，刘邦说你要是觉得冤情大，咱们到了平地再说吧。后来，刘邦当了朝廷，早把这事给忘了。过了一二百年，刘邦的重重孙平帝坐了朝廷，那条被刘邦杀了的大蟒觉得到讨账的时候了。为啥？因为刘邦当年亲口说了，他要到平地里还命，这平帝不就是平地吗？

那个大蟒蛇转世到一个姓王的家庭里，起名叫王莽。王莽在平帝坐朝廷的时候，就篡位夺权把平帝给逼死了。平帝的小子是刘秀，等刘秀长大了，才知道是王莽篡了他爹的位，就兴兵造反。王莽知道后就想杀刘秀，从那开始了王莽赶刘秀。”

这是民间对“王莽赶刘秀”传说产生的一个附会，在刘邦传记的基础上与大量巧合的事实上进行了加工。这则传说应该产生于东汉之后，民众统观西汉、东汉，正好各二百余年，在诸种历史巧合情况下进行附会与合理化的加工。

笔者分析“王莽赶刘秀”传说的产生有几个重要的因素：一是刘秀自身原因，他是汉室的子孙，在他的领导下，人民群众结束了王莽统治下水深火热的困苦生活，恢复了高祖之业。刘秀在这一特定的历史阶段适应了历史的发展，促进了历史的进步。他的精神和品质感召着民众，民众颂扬他，并让神灵暗中帮助他，使刘秀最终能摆脱各种困境，这是英雄崇拜的表现形式。并且，在刘秀当政期间，他释放奴隶和囚徒，精兵简政，使社会生产力得到了恢复与发展，出现“光武中兴”的盛世，与王莽统治期间的战乱频繁、民不聊生的状况形成了鲜明的对比，人民渴望明主贤臣，反对昏王暴君，自然而然，他受到了人们的爱戴。尤其是生活在帝乡的“南阳人”，对刘秀更是有一种特殊的感情，为了维护统治者的利益不自觉地就充当了喉舌，他的英雄事迹也被四处传播。

另外，就是谶纬的影响力，刘秀以“刘氏复起，李氏为辅”的谶语起兵，并且当时已有“刘秀当为天子”的谶语。刘秀称帝时犹豫不决，也是依靠“刘秀发兵捕不道，卯金修德为天子”的谶语登基称帝。谶纬本身就具有神秘性，在当时具有重要地位，是被认同的、被相信的。最后便是统治者对谶纬及夸大史实的散播，用以巩固统治，在对刘秀的宣扬中滋生了传说的种子。在东汉统治的初期，为了维护封建专制的中央集权统治，他们对老百姓进行了思想上的麻痹，宣扬君权神授、天人感应，把统治者的所作所为都说成天意。统治者有目的地利用当年征战的事实或偶然事件加以夸张渲染，附会出一些故事传说，以证明刘家统治天下是合乎天意的事情。一般老百姓的历史知识有限，他们充当了传说的传递者与创造者，所以传说在真人真事的基础上逐步丰富起来，寄托了他们对政治的理想与憧憬。

并且，“传说是流动的”。该传说经历了由口头传说到文本化的过程，这个过程需要相当长的时间。对于该传说产生与发展的综述，要认真分析文本与口头传说，理清时代因素在传说上留下的烙印。刘秀的作战经历被载入史册，“历史事实的部分，陆续被人们记载、入册，成为正史，虽然难免混进一些传说，毕竟不多”。该传说在文献中的记载只是冰山一角，在一些游记诗文里有零星的记载，大量的传说还是以民间叙事的形态存在。

根据宋代周辉的《北辕录》记载，“十九日，至柏乡县。柏乡本春秋晋郭邑之地，汉光武即位于鄗之南。六十里，至赵州，道经光武庙，有二石人首横于路。俗传光武欲渡河，二人致饷，虑泄其从，乃除之。又云，过二人，问途不答，怒而斩之，已而皆石也”。

据宋代陶谷的《清异录》记载，“光武在滹沱河，有公孙豆粥之荐，至今西北州县，有号粥为滹沱河饭者”。

在地方志资料中却是大量地记载了该传说，这与该传说大部分留下风物遗迹是分不开的。《枣阳县志》记录了据枣阳70千米远的光斗山的由来，是因为刘秀夜行经过此地，有光射斗间。金牛山则是因为有金的牛出没其中，当地民众将刘秀骑牛上阵的史实附会其上，因此就有了金牛山的由来。

“王莽赶刘秀”传说的艺术形式具有多样性，各种戏剧形式对该传说几乎都有演绎，豫剧、花鼓戏、皮影戏、二人转、秧歌剧、评书、梆子等，涵盖了民间叙事文学表现的方方面面。戏剧对“王莽赶刘秀”传说的保存和传播起了重要的作用。

在戏台上，有成本的“王莽赶刘秀”的戏唱；在人民群众中，有成串成串的传说故事讲述。据朱介凡统计，宋元明清杂剧以光武中兴为主题者，共有18种。“齐如山《同治后五十年间北平恒演剧目》合计927种，有关王莽、刘秀的戏12种。”

刘秀这个人物在戏剧中基本上以民众熟知的身份和有关故事出现。事实上，刘秀及其故事很多就是从民间传说中移植到戏剧中去的，或者说这些戏本来就是对“王莽赶刘秀”传说的搬演。尽管从民间的口头叙述到舞台上的表演，表现形式发生很大变化，从平面变成了立体，从一个叙述者讲说变为众多角色的扮演，从比较单纯的语言艺术变为集音乐、歌舞、对白乃至各种技艺表演的综合艺术，在形态的复杂和精巧程度上显然提升了一个层次。然而，这些剧作中所含的民间传说的特征依然清晰可见。尤其是民间小戏，因吸引观众的需要，会大范围的地加工传说。

在众多艺术形式及口耳相传的传承模式下，并且经过民众的虚构、渲染、夸张、幻想，“王莽赶刘秀”传说硬是歧义于历史，出乎常理。但是，传说不是严格地对历史的再现，而是人民群众借传说来表达自己的看法、感情与理想。在今天，该传说仍然被各种戏剧演绎，这对该传说的传承起了重要的作用。

……

（四）“王莽赶刘秀”传说的民俗文化特征与价值

民间传说是一项重要的文化资源，是我国传统文化的重要组成部分。“王莽赶刘秀”传说作为人类的创造，它适应了一定的自然条件与社会条件，它的文化内涵、价值和功能遵循着文化发展的规律不断发生变迁。

1.“王莽赶刘秀”传说的民俗文化特征

（1）保留封建正统主义思想

“王莽赶刘秀”传说蕴含了封建正统主义的思想。梁启超在《论正统》一文中写道：“言正统者，以为天下不可一日无君也，于是乎有统。又以为天无二日，民无二王也，于是乎有正统。”

在中国两千多年的封建社会历史中，统治者极力地构建有利于封建统治的正统体系，而“皇权”专制主义处于核心和主导地位。皇权是非常神圣的，“君权神授”的正统观念不仅是封建统治者掌握政权笼络人心的理论基础，也是有志于夺取政权的有力武器。为加强和维护皇权，欲掌控政权的封建统治者都拼命地利用五行、谶纬的学说宣言自己是正统，利用这些来鼓动人心，积聚力量。为了维护皇权，确保君主的权力及其人身的绝对安全，历代封建王朝都从立法方面做了严格的规定，汉代规定了谋反、谋大逆、大不敬等罪名。到隋代，将谋反、谋大逆确定为“十恶”中的第一、第二大罪。

而王莽与刘秀之战，其实就是二人据以论证改朝换代的正当性，也是对民众的正统与非正统认识的考验，反映了民众的伦理道德意识。

王莽篡权时也试图给自己寻找一个正统的借口。他伪托尧舜禅让的旧例而篡汉，王莽篡汉的前提就是承认汉朝的合法地位，才使自己受禅变得顺理成章。篡位的王莽自诩为舜之苗裔，这些都是想昭告天下自己是正统的皇帝。几千年来，王莽的篡权形象在封建正统主义思想的哈哈镜下格外的丑陋。他遭受唾骂，他不正统的皇帝地位带给他千年臭名。所以，在传说中，他总是以反面形象出现，在刘秀正统形象的对比之下有着强烈的反差。

在戏剧中，他的形象一直被丑化。河北定县秧歌《刘秀走国》表示做皇帝的是真龙，凡是奸臣都是小蛇，高祖斩蛇起义就是这个意思。而刘秀就是一盘蛟龙，王莽只是一条小蛇，他当然斗不过刘秀。

而河北的王郎在檄文中反复强调了自己作为成帝私生子的地位，其实就是在宣扬自己比刘秀还要正统。刘秀是旁系，如果王郎是成帝子的话，那么他才最有血统上的资格，仗着民众的“思汉”情节，他才是真正的皇帝。

“制诏部刺史、州太守曰：朕，孝成皇帝子子舆者也。昔遭赵氏之祸，因以王莽篡杀，赖知命者将护朕躬，解形河滨，削迹赵、魏。王莽窃位，获罪于天，天命佑汉，故使东郡太守翟义、严乡侯刘信，拥兵征讨，出入胡、汉。普天率土，知朕隐在人间。南岳诸刘，为其先驱。朕仰观天文，乃兴于斯，以今月壬辰即位赵宫。休气熏蒸，应时获雨。盖闻为国，子之袭父，古今不易。刘圣公未知朕，故且持帝号。诸兴义兵，咸以助朕，皆当裂土享祚子孙。已诏圣公及翟太守，亟与功臣诣行在所。疑刺史、二千石皆圣公所置，未睹朕之沉滞，或不识去就，强者负力，弱者惶惑。今元元疮痍，已过半矣，朕甚悼焉，故遣使者班下诏书。”

在檄文中，王郎以“朕”自称，称自己是逃难到民间的汉室真天子，利用这一口号招兵买马，其实是对人心思汉的一种利用，而且形成了强大的军事力量。

刘秀后来围攻邯郸，王郎请降，刘秀拒绝，他也拒不承认王郎是成帝的遗子，看来刘秀对于王郎是否是正统也是有所担心的：“郎数出战不利，乃使其谏议大夫杜威持节请降。威雅称郎实成帝遗体。光武曰：‘设使成帝复生，天下不可得，况诈子舆者乎？’威请求万户侯。

光武曰：‘顾得全身可矣。’”

而刘秀凭借着“高祖九世之孙”的身份迅速地走上了“复兴汉室正统”之路，把“汉室正统论”作为最核心的指导思想，向王莽夺回汉权，也就是翻盘之路。在刘秀出生传说中，刘秀与汉室的距离越来越近，由旁系的刘氏子孙身份变成了直系子孙。传说中，民众一再强调王莽杀了刘秀的父亲平帝，夺取了政权，又迫害刘秀，刘秀反莽就是有理可循、天经地义的事情。

封建正统主义思想影响着整个中国历史的进程，封建正统观念的因素渗透到了“王莽赶刘秀”系列故事的每一个篇章，表达了民众对刘秀的正统地位的肯定及对天下太平的向往之情。

（2）反映道德意识

传说的创作者在创作的过程中将他们的道德观念融入其中，而使传说成为民间进行道德教化的教科书，是宣传道德思想的有效工具，通过道德教化来规范社会中人与人及个人与集体、国家、社会的关系。

知恩图报这一观念在“王莽赶刘秀”传说中有普遍的体现。在该传说中，每一个帮助过刘秀的人或者物，几乎都在刘秀当上皇帝后受到了封赏。马齿菜救过刘秀，刘秀封其为长命菜、不死草；封为他军队提供水的姑娘为圣姑，修圣姑台、圣姑庙；刘秀写“东西店”的金匾送给救过他的店主；刘秀封桑树，结果封给了椿树；刘秀封帮助过他的乌鸦死时小鸦衔食反哺；封有恩于他的马为六畜之首；等等。知恩图报包含的另一外一个层面意思是善有善报，恶有恶报，那些在刘秀遇到困难时陷害他的都得到了惩罚。刘秀封马为六畜之首，相对应的就惩罚在他遇到困难没有帮助反而落井下石的骡子不下驹。刘秀惩罚向王莽告密的寒号鸟夏天长毛热死，冬天脱毛冻死，不死便吃自己的屎。刘秀还惩罚陷害他的老雕和喜鹊，老雕不得好死，死时小雕为食；喜鹊三伏天不能喝水，渴得它喳喳乱叫。……知恩图报、善有善报恶有恶报是中国老百姓对善与恶最基本的认知，从中国俗语“善有善报，恶有恶报；不是不报，时候未到”中就能看出民众普遍认可的善恶分明的观念。

传说中还包含了行为规范的教化因素。在《金牌挂错了》这个传说中，椿树贪功冒赏而变得臭不可闻，桑树肚量太小而气破肚皮，身上长大鼓包。该传说其实也是蕴含着做人的道理，对那些无功受赏、气量狭小的人进行了讽刺。民众巧妙地运用民间传说解释性的特点，虚拟良好的道德行为与风俗形成的因果关系，虽然这种因果关系与事实不符，却是合乎人情的。

另外，传说中也体现了老百姓对贫富的认知，有一定的哲学道理。《砂锅煮土人参》这个传说中，刘秀逃难时吃煮胡萝卜就觉得是人间美味，当上皇帝后吃遍山珍海味，后来觉得吃什么都没有好味道，于是又请来老夫妇做砂锅煮土人参，再一次吃却是难以下咽。这应了一句俗语：“饥了吃糠甜如蜜，饱了吃蜜也不甜。”在河南南阳也有一则类似的传说《刘秀借饭》，得出“饱时酒肉难入口，饿时糠菜甜如蜜”这一谚语。

从上述的几个方面可以看出，“王莽赶刘秀”传说蕴含了丰富的道德意蕴，反映了劳动人民的道德情操和道德传统。民间文学的道德教育作用是中国传统社会的一个重要的教育方式，它对民族性格、民族心理、民族精神的形成和发展起了至关重要的作用。

（3）体现英雄崇拜情结

英雄崇拜是民间文学惯有的主题，是一个世界性的现象。三皇五帝时代可以说是中华民族的英雄时代。也可以说，中华民族英雄情结产于这个时代。

“夫圣王之制祀也，法施于民则祀之，以死勤事则祀之，以劳定国则祀之，能御大灾则祀之，能扞大肆患则祀之。非是族也，不在祀典。昔烈山氏之有天下也，其子曰柱，能殖百谷百蔬；夏之兴也，周弃继之，故祀以为稷。共工氏之伯九有也，其子曰后土，能平九土，故祀以为社。黄帝能成命百物，以明民共财，颛顼能修之。帝喾能序三辰以固民，尧能单均刑法以仪民，舜勤民事而野死，鲧障洪水而殛死，禹能以德修鲧之功，契为司徒而民辑，冥勤其官而水死，汤以宽治民而除其邪，稷勤百谷而山死，文王以文昭，武王去民之秽。”

由上可知，英雄是对社会有特殊贡献的人，英雄的产生是需要特殊的历史社会环境的，或者可以说“时势造英雄”，“他们在我们这个世界事务中表现的风采，他们如何在世界历史中缔造自己，人们对他们形成了怎样的观念，他们完成什么事业；就是说，讲述‘英雄’，英雄所受的待遇和他们的事业；即我所谓的‘英雄崇拜’和人类事务中的‘英雄人物’”。

从某种意义上说，社会的进步与英雄的出现分不开，世人对英雄有特殊的情结，民众总是会以各种形式来表示对英雄的敬仰与纪念，崇力尚勇是民众生活的一种基本需求。西汉末年社会动乱，在这样特殊的环境下，“英雄是一定会被派遣到我们之间来的：英雄被派遣来的时候，我们有对他崇敬的‘能力’和‘必需’”。在老百姓眼中，刘秀就是一个英雄。他征战沙场，结束了王莽统治下的痛苦生活，所以刘秀是值得纪念的。“刘秀故事包含了英雄故事的基本要素：英雄离去—劫难—获救—凯旋—报恩。”实际上，刘秀的形象是把所有英雄气质的各种形态集于一身，刘秀是一个箭垛式的人物形象。该传说从产生到发展，可以说是一个传说积层的过程。“王莽赶刘秀”传说在这个过程中随着历史的发展，不断地传承、变异，层层叠叠，年年积累，民众会“把一些同类情节安置在刘秀身上，集中描述这个人物最有有代表性的某种性格、事迹，突出刻画他的鲜明、典型性格或人格品质和作为，使他成为具有极强凝聚力和说服力的人物形象，从而成功地塑造了一个经典的、类型化的人物形象，即箭垛式的人物形象”。在该传说中，英雄并不只是刘秀，邓禹、姚期等二十八云台将都是英雄，有英雄的特质。整个“王莽赶刘秀”传说，可以说是一群英雄的传说。

宗教感情就建立在英雄崇拜之上，它从神圣的崇拜延伸到最底层的生活领域。灵魂不死与英雄崇拜是刘秀仙化的重要前提，伟大人物永远具有像神明的东西，刘秀被神化为神人，云台二十八将被说成是天上的星宿，被民间神化，“是指民间神化了的历史人物、地方人物而言；这些人物不仅在民间传说中传诵其神异的功绩，还被民间供奉或祭祀，使其享受人间膜拜”。民众造神，他们渴望一个体现自己意志和力量的英雄。

英雄崇拜是对伟大人物卓越的敬佩赞美。直到今天，崇拜英雄是人类生活中最令人鼓舞的，而且在保持和延续民族文化、强化民族意识及人们的行为规范上有着重要的作用。

2.“王莽赶刘秀”传说的价值

(1) 衍生习俗活动

“王莽赶刘秀”传说之所以能流传千年不衰，这与它本身的价值是分不开的。马林诺夫斯基指出，文化“都是直接或间接满足人类的需要。一切文化要素，若是我们的看法是对的，一定都是在活动着，发生作用，而且是有效的”。“王莽赶刘秀”传说不但给广大民众带来乐趣，同时也影响了民间的生活习俗，反映了民俗现象，该传说也涉及人们的衣食住行等方面的习俗。

在刘秀故里湖北枣阳一带有一个古老的婚俗，即结婚时用锅灰给新郎抹花脸。传说这就是由刘秀当上皇帝后返乡而形成的一个结婚习俗。并且，枣阳人在历史和民间传说的基础上编纂了传奇故事剧《刘秀返乡》：“光武帝刘秀携带阴皇后，全副鸾驾，衣锦还乡。途经岳丈家时，几个嫂嫂巧借当地习俗“盘女婿”，巧妙透露出帝乡春陵皇亲为患一方的真情。刘秀惊闻此言，似信非信，为了探清民情，以涂了花脸的“新女婿”身份，布衣随大嫂前往帝乡。结果‘皇后掳去选皇后，皇上抓去背石头，皇嫂跟着把罪受，皇村搅成一锅粥’。刘秀猛然醒悟，他最后为民做主，讨回了公道。而后，结婚时给新郎抹花脸的习俗就在枣阳一带流传下来。”

抹花脸是一个古老的习俗事项，在世界各地及众多民族中都存在这样一个有趣的婚俗，只是抹花脸的对象存在差异。例如，在河南西部，结婚时给新郎及新郎的父母、伯叔和伯叔母抹花脸；在四川大凉山彝族地区，女方的姑娘们以水调匀锅烟煤、阳尘，先抹新郎之弟（彝语下母北，俗称花脸头），再抹到部分迎亲队员的脸上，花脸不能全部抹完，而且必须是奇数个。所以，在湖北枣阳的给新郎抹花脸的习俗只是众多抹花脸习俗中的一支，很可能是后辈因为刘秀皇帝的影响力而附会到他身上的。

另外，湖北枣阳有站着给客人敬酒的习俗，传说是刘秀回乡时站着给乡亲敬酒，所以从此以后枣阳就有了这一习俗。

“王莽赶刘秀”传说对民间传统节日与信仰都有着重要促进作用。三月三庙会是湖北枣阳吴店地区隆重的民间节日，是以白水寺为中心，并围绕寺边饮马池、马踏井、丽华园及不远之处的皇村、扳倒井、点将台和无梁殿开展的民间祭祀、娱乐和购物的活动。庙会是中国民间广为流传的一种传统民俗活动，同时又是伴随着民间信仰活动而发展、完善和普及起来的。白水寺是后人为纪念刘秀而建造的寺庙，随着历史的发展，刘秀被神化，成了地方的保护神，人们在民间传说中传诵其神异功绩，不断附会以超自然的能力，而且被民间供奉或祭祀，宗教意识对历史人物不断渗透。民众在三月三这样一个节日里寄托了对故人的崇拜之情，而且民间传说使民众的崇拜与信仰来得更为真诚。

河北安平县每年在圣姑庙举行庙会这一习俗，与该传说有密切关系。圣姑庙是刘秀为报答供水之恩而修建，所以传说与民俗活动之间存在着互相促进的关系。

神话人物的崇拜是中国民间信仰万灵崇拜的独具特色部分。传说对于民间信仰是有促进作用的，柳田国男说："传说就是为了信奉而存在，并有历代信徒保存到今天。"刘秀的传说不但促使民俗的形成，也是刘秀民间信仰形成重要条件。"王莽赶刘秀"传说可以说是一个民俗的仓库，它具有重要的民俗学价值。

（2）认识价值

民间传说积淀着深厚的民族文化、民族心理和民族精神，具有重要的认识价值。"认识价值，是指民间创作的各种口头作品由于具备有关历史、文化的内涵而能够满足人们的认识需要，能引起人们对过去历史文化的研究与思索，从而吸取其中反映的材料，用于某种人文科学的探讨。"这与民间传说居于历史和文学之间的地位是分不开的，它具有历史价值，而同时传说中的风物传说具有解释性，所以又具有科学的价值。

"王莽赶刘秀"传说历史悠久，有两千多年的历史，它具有历史的黏着和多层的积累，穿越历史的维度，被打上了不同时代的烙印，因而其历史价值就非常突出。"民间文学不仅是一定历史条件下，广大人民生活和思想感情的真实反映，而且包含着大量的历史因素，表现着广大劳动群众对某些历史事件和历史人物的正确评价。其反映的社会历史面貌和生动内容往往为过去统治阶级‘正史’所不取。特别是重大历史体裁的作品，以及一些与反抗斗争、起义活动、抨击时政等有关作品，更具有较高的史料性。”而该传说具有史料方面的价值，弥补了史书记载的不足。地方传说民间群体通过自己的叙事方式构建起来的地方历史，传说的传播即历史知识的传播。

民间传说具有自然科学的价值，是关于自然、社会和思维知识体系的价值。例如，鲁班传说包含了不少关于木匠工艺和技巧的传说。科学技术与传说结合，其实就是一种知识传承的过程。“王莽赶刘秀”传说与自然科学也紧密相连，“扳倒井”传说虽不可能是刘秀用神力使其倾斜，但是井倾斜反映了广大劳动人民的聪明才智，倾斜的水井有利于取水。马齿菜是不死之草；寒号鸟夏天长毛，冬天脱毛；乌鸦反哺；雕老却被食等，都是劳动人民长期观察的结果，具有自然科学的价值。而“饱时酒肉难入口，饿时糠菜甜如蜜”这一谚语内容则富有经验性、哲理性。

（3）文化资源价值

民间传说是重要的传统文化，是一项重要的文化资源。传说是口头散文叙事文学，它涉及历史、文学、语言、习俗、旅游等各个方面。

“王莽赶刘秀”传说表演为戏剧提供了丰富的内容，它一直被各种戏剧形式所演绎，创做出许多优秀的作品。前文已经提到，宋元明清杂剧以光武中兴为主题者共有 18 种。齐如山《同治后五十年间北平恒演剧目》合计 927 种，有关王莽刘秀的戏 12 种。近现代，该传说仍然不断地被采用，被不断整合。如大型古装豫剧《王莽赶刘秀》、唐山皮影《刘秀走国》、枣阳地方戏《刘秀还乡》、单田芳评书《刘秀传》等。而且，该传说为刘秀传记的编写提供了更多精彩的素材，这对于该传说的传播起着重要的作用。

另外就是作为旅游资源视角下的“王莽赶刘秀”传说。

民间传说是历史遗迹的灵魂，传说使古迹增加了文化内涵。许多优美奇丽的自然与人文景观往往伴生一系列动人的传说故事。这些传说具有浓郁的地方特色，是极具魅力的文化资源，对旅游的开展起着重要的作用，往往产生文化吸引力，满足游客“求新、求异、求乐、求知”的心理需求。

……

游览名胜古迹的同时，了解其富有神奇色彩的传说，是当前旅游者的普遍心态。游客来到白水寺旅游，最想知道的就是这里的历史文化背景。传说以一种充满乐趣的方式讲述了地域文化和历史，适应了旅游者变换原有的文化环境，探奇求知，改变生活节律的观赏心理。并且，旅客在接受地方知识的时候处于接受者的地位，也是“王莽赶刘秀”传说的一种传播形式。

民间传说有着很高的美学价值和研究价值，在旅游观赏中具有特殊的作用。国内所有成名的旅游景观都有相关的民间传说为其造势，没有了传说，景观就失去了灵魂，所以历来就有“看景不如听景”之说。将江山美景与人文壮观的艺术相结合，民间传说可增添旅游的神秘色彩。

四、关于“汉光武帝刘秀柏乡登基暨东汉开国 1990 周年”会议的综述

第四届中国·柏乡“汉光武帝刘秀柏乡登基暨东汉开国 1990 周年”会议于 2015 年 4 月 26 日在古城柏乡隆重召开，来自全国各地的专家学者云集柏乡，探讨刘秀即位与柏乡汉文化问题。会议期间，与会专家从刘秀即位原因、即位作用、即位坛、光武庙、即位意义等方

面对刘秀即位展开了广泛而深入的研究。会议中，各位专家学者的研究成果得到了广泛的交流与讨论。本节收录了这次会议结束后由河北师范大学历史文化学院郑晓晓撰写的综述全文。

“汉光武帝刘秀柏乡登基暨东汉开国1990周年”会议综述

汉光武帝刘秀是中国历史上一位颇有建树的皇帝。建武元年，刘秀在鄗（治今河北省柏乡县固城店镇固城店）南千秋亭五成陌即皇帝位，建立东汉。东汉是对西汉文化及社会建设各个方面的继承与发展时期，对汉光武帝刘秀登基的研究既是东汉研究的一个重要组成部分，同时也对柏乡的发展具有重要的意义。2015年4月26日，由第四届中国汉牡丹文化节组委会举办的“汉光武帝刘秀柏乡登基暨东汉开国1990周年”会议在柏乡召开。

会议初始，相乡县人民政府县委书记张万双致辞并总结了往届会议所取得的重大成果，并系统介绍了研究刘秀即位与柏乡汉文化发展的意义，同时期望能够对柏乡县宝贵历史资源进行保护与开发，期待与会专家能够研究出更多的成果，为柏乡谱写新的乐章。中国秦汉史研究会秘书长赵凯主持了学术研讨会。

（一）刘秀即位问题研究

1. 刘秀在鄗南即位的原因

《后汉书》记载：建武元年，刘秀在鄗南千秋亭五成陌即皇帝位。寥寥几句，看似简单明了，实则不然。刘秀在平定河北之后即位时机已然成熟，却没有选择在蓟城、范阳、中山、南平棘即皇帝位，所以研究刘秀选择在鄗南即位的原因，是研究汉武帝刘秀即位不可或缺的方面。

河北师范大学历史文化学院秦进才教授《汉光武帝刘秀鄗南即位原因初探》一文指出刘秀鄗南千秋亭五成陌即位是由多种因素造成的。首先具有必然性。刘秀在与更始政权分裂之后，继而平定河北建立自己的军事力量，并于河北即位，这些既是他的个人愿望，又是大势所趋，同时也是刘秀集团诸将的共同要求。其次具有偶然性。刘秀何时何地即位带有很大的变数，刘秀选择鄗南千秋亭五成陌即位称帝，首先是因为刘秀具有太学生的知识结构，了解鄗字具有都城等尊贵的含义；其次又与刘秀喜好谶纬、吉祥符瑞密不可分，千秋亭五成陌具有吉祥的含义，鄗南千秋亭五成陌符合郊天礼制的规范要求。神秘的《赤伏符》一谶定音，即位日期六月乙未是汉成帝即位的日子，也是成帝之言的好兆头，各种因素在鄗县结合，使鄗南千秋亭五成陌顺理成章成了汉光武帝刘秀即位之处。

2. 促成刘秀即位的因素及作用研究

邯郸学院文史学院董寅生副教授《奇遇与信心——刘秀开国的心路历程》一文以刘秀经历的“刘秀当为天子”的图谶、“初征昆阳，王莽自溃”的以少胜多的战役、滹沱冰封等奇遇为基础，指出这些奇遇在刘秀开国中的作用，将符命与奇遇叠加，处处证明刘秀是真命天子，使刘秀相信这些奇遇是天降大任于己的见证。这样的信念可以使刘秀更好地发挥聪明才智，获得他人的帮助，对刘秀开国历史进程产生一定的影响和促进作用。

河北师范大学历史文化学院郑晓晓《促成刘秀即位的人物及其作用》一文指出，刘秀即位，周围人物功不可没，并在此论点基础上选择性介绍了一些人物：未雨绸缪的将军冯异、知人善荐的伯乐邓禹、能够在苦危难中依靠的任光、一言兴邦的建议者邳彤，以及忠心耿耿的护卫等。没有这些人物的帮助，刘秀的即位之路会充满波折，甚至不会成功。

刘秀行至鄗县即皇帝位，是多方力量促成，而《赤伏符》有决定性影响。河北师范大学历史文化学院彭琳《刘秀即位与＜赤伏符＞的关系》一文指出，《赤伏符》为刘秀帝业提供了合法性，统一了刘秀集团的内部认识，并巩固了刘秀的帝位，对于刘秀扩大影响争取其他人起了积极作用。《赤伏符》本质不过是统治集团结合现实的需要，对“天命”进行拉动和改造。但是在那个时代，对刘秀的天命认同度与人望有着不可估的作用。

刘秀鄗南千秋亭五成陌即位，使柏乡成为东汉的起点。与会专家学者的研究揭示了刘秀选择鄗南即位的必然性与偶然性因素，介绍了促成刘秀即位的各种不可或缺的因素，使得柏乡与刘秀即位紧紧联系在一起，对研究刘秀即位建立东汉及柏乡汉文化具有重要的意义。

3. 刘秀即位礼仪问题研究

皇帝即位的各种礼仪当中最重要的莫过于即位礼仪，关于汉光武帝刘秀即位的礼仪见于《后汉书》中的记载。刘秀即位礼仪过程看似一目了然，其实不然。

河北大学宋史研究中心李俊芳副教授《光武帝刘秀即位礼仪述析》一文指出，刘秀称帝的即位仪式是其顺应天命、建立东汉的需要，也和儒家思想的深入人心分不开。汉代最高统治者有“皇帝”“天子”两个称号，两个称号存在着意义的区别。相应的，汉代皇帝即位有“皇帝即位”和“天子即位”两个阶段。文章指出刘秀采用被汉代废除的王莽祭天之仪，是因为王莽元始郊祭的出发点强调顺应天命，而王莽的理论与实践能够满足刘秀的需要。文章介绍刘秀即位的仪节和祭天祝文，这些仪节都能体现刘秀强调自己是真命天子的用意。刘秀即位大赦天下是其打破旧秩序、建立新秩序的体现。

河北省古建筑研究所刘淑敏副研究员《浅谈刘秀即位坛之我见》一文介绍了即位坛的由来，说明即位坛是礼制建筑的一个种类。她指出，汉光武帝刘秀依照鄗南千秋亭五成陌即位坛在洛阳城建立郊祭，在都城集中进行天地祭祀，这一制度虽然始于王莽时期，但是制度完备是在东汉光武帝刘秀时期完成，并且成为历代帝王郊祀天地的准则。通过汉光武帝刘秀即位礼仪的研究，不仅使我们了解了刘秀即位礼仪过程，而且了解了即位礼仪下的深层意义，对认识东汉时期国家政治生活、社会生活大有裨益。

4. 刘秀即位历史意义问题研究

东汉是中国历史上一个强大而辉煌的时期，对历史的发展具有重大的促进作用，对东汉的研究理应受到足够的重视。刘秀即位历史意义研究也是研究东汉不可或缺的组成部分。

河南师范大学社会发展学院阎盛国副教授《略论刘秀千秋亭即位的重要意义》一文将刘秀即位的历史意义总结为三点。其一，刘秀即位出于“维新”之义，使鄗之行政区划设置有了显著变化，使鄗的地名改易，行政区划的层级升格；其二，刘秀即位对当时天下的政治格局进行重塑；其三，刘秀即位给鄗地留下了丰富的历史文化积淀，既有历史遗迹，也有重要的文学素材。

邯郸学院图书馆副馆长张润泽教授《刘秀即位在历史上的地位和影响》一文指出刘秀即位称帝，无论在两汉史上，还是在两千年中国历史上，都具有重要的地位和影响。刘秀在鄗即位是东汉开国的起点，同时也是民心所向。刘秀的“柔道”治天下的理念，使得东汉富有“儒者气象”，这是以德治国的政治理念，是中国古代政治史的主要精神遗产。

河南大学《史学月刊》编辑部李振宏教授《关于柏乡县文化研究

开发的几点想法》一文指出，刘秀建立东汉没有引起大家的足够重视，光武中兴是东汉也是中国历史上的盛世，应该提高东汉的研究地位，同时认为应区分实践的历史意义与事件本身的意义，刘秀在何地登基和他两千年前的成就没有必然的联系。

（二）柏乡历史文化研究

鄗县（治今河北柏乡县固城店镇固城店）早在新石器时期就是人类的重要活动地区，留有千秋亭遗址和南滑遗址等。柏乡历史文化资源极其丰富，是研究刘秀与东汉建国及邢台地区历史文化不可或缺的方面。

邢台文物处副处长刘顺超《柏乡古地名考》一文指出文献中记载柏乡境内最早的城邑名字是“鄗”。鄗与高在古代相通，一般认为“鄗”为专用地名，从邑部，此类字在地名专用中有很多，如那、郑等，指出古代时柏乡地域最早的地名称为“鄗”。

柏乡有着悠久的历史，是刘秀即位所在地，光武庙是后人用于祭祀汉光武帝刘秀而修建的庙宇，对于光武庙的研究有助于了解地方史，并推动地方文化建设。

邢台学院法政学院王秀彦副教授《柏乡汉光武庙史事稽考》一文对柏乡光武帝庙的资料进行重新搜集和梳理。将这座始建于汉章帝元和三年的柏乡汉光武帝庙定性为一座帝王的原庙。运用文献记载、出土实物、口碑资料等，对这座光武帝庙起初祭祀的规模、祭祀仪式、建筑布局进行梳理和考证，同时对历代地方上的名宦乡贤及过往的学者士子所写的柏乡光武庙诗文进行了辑录，从中研究这座汉光武原庙之兴衰。

原邢台市政协副主席翁振军《浅议古鄗文化》一文指出，柏乡历史悠久，有旧石器文化遗址、新石器文化遗址、仰韶文化遗址等，柏乡作为东汉最早的都城没有争议，柏乡历史与中华文明史是相通的。

河南大学恒占伟《柏乡刘秀文化旅游开发建议》一文用“一花独秀”四字肯定柏乡汉文化发展取得的巨大成果，通过分析柏乡旅游发展的基础及旅游资源的现状，提出柏乡汉文化旅游发展应避免缩小化、等同化、概念化的发展误区，并提出旅游开发的六大步骤，认为柏乡汉文化的发展具有很大的潜力，柏乡应该充分利用这些资源，促进整个柏乡县经济、文化、农业一体化发展，并不断发展壮大柏乡汉文化。历史文化是一个区域的灵魂，同时也是一个地区精神与文化的积淀，柏乡的历史文化源远流长，经过与会专家的发掘与深化，使得柏乡的文化积淀更加厚重。

本次“汉光武帝刘秀柏乡登基暨东汉开国1990周年”会议极大地促进了学术和思想的交流，取得了丰富的研究成果，各位学者从刘秀即位原因、即位作用、即位坛、光武庙、即位意义等方面对刘秀即位展开广泛而深入的研究。中国秦汉史研究会会长、中国社会科学院历史研究所所长卜宪群研究员在会议总结中肯定了这次会议所取得的成果，提出东汉历史中的制度及社会研究是东汉研究的薄弱点及突破点，对刘秀即位文化的研究是东汉研究的一个重要支撑点。文化是一个具有多维度、深内涵的概念，将文化建设与经济发展相结合，既展现了汉文化的博大精深，也对柏乡地方经济的发展具有重大意义。

参考文献

[1]范晔.后汉书[M].北京:中华书局,2007.

[2]班固,陈宗,刘珍,等.东观汉记[M].四库全书影印本,1900.

[3]司马光.资治通鉴[M].北京:中华书局,2016.

[4]陈寿.三国志[M].北京:中华书局,2009.

[5]叶适.习学记言[M].上海:上海古籍出版社,1992.

[6]钱时.两汉笔记[M].四库全书影印本,1868.

[7]王夫之.读通鉴论[M].北京:中华书局,2013.

[8]顾炎武.日知录[M].湖北:崇文书局,2017.

[9]河北省地名区划档案资料馆.河北地名文化传说[M].北京:九州出版社,2017.

[10]白庚胜,陈晨,邓爱,等.中国民间故事全书[M].北京:知识产权出版社,2013.

[11]政协保定市委员会文史资料委员会.保定历代史事长编[M].北京:新华出版社,2005.

[12]戴建兵.深泽碑刻辑录[M].石家庄:河北人民出版社,2017.

[13]戴建兵.隆尧碑刻辑录[M].石家庄:河北人民出版社,2017.

[14]石志生,秦进才.冀州历史文化论丛[M].石家庄:河北人民出版社,2010.

[15]冀州市志编纂委员会.冀州市志[M].北京:方志出版社,2012.

[16]常海成.冀州历代文存[M].石家庄:河北教育出版社,2015.

附录1　二十八宿简介

东汉永平三年（60年），汉明帝刘庄追思他父亲光武帝刘秀的诸位功臣，把二十八位有功将领的画像放在洛阳南宫的云台。后人把这些将领与神话传说的天庭二十八星宿相对应，“云台二十八宿”便由此产生。

东方青龙：角木蛟邓禹，亢金龙吴汉，氐土貉贾复，房日兔耿弇，心月狐寇恂，尾火虎岑彭，箕水豹冯异。

邯郸市丛台区官后村刘秀庙二十八宿塑像（局部）

北方玄武：斗木獬朱祐，牛金牛祭遵，女土蝠景丹，虚日鼠盖延，危月燕坚镡，室火猪耿纯，壁水貐臧宫。

西方白虎：奎木狼马武，娄金狗刘隆，胃土雉马成，昴日鸡王梁，毕月乌陈俊，觜火猴傅俊，参水猿杜茂。

南方朱雀：井木犴铫期，鬼金羊王霸，柳土獐任光，星日马李忠，张月鹿万脩，翼火蛇邳彤，轸水蚓刘植。

一、邓禹

邓禹（2—58 年），字仲华，南阳新野（今河南省新野县）人，“云台二十八将”之首。

邓禹塑像

邓禹小时候聪明机敏，13 岁就能诵读《诗经》。他游学长安时认识了刘秀，知道刘秀不是一般人，就跟随刘秀，数年后才归家。

更始元年，刘玄称帝，年号更始，乡里豪杰多推荐邓禹，邓禹拒绝了。邓禹听说刘秀往河北镇抚州郡，立即策杖北渡，在邺地追上刘秀。刘秀大喜，他和邓禹同宿，彻夜长谈。邓禹说：“更始帝已然定都关西（泛指函谷关或潼关以西地区），而山东（崤山或华山以东）未安，赤眉、青犊等农民军，每部都有万人。三辅一带假借皇帝诏令的人有很多，而更始帝没有处置的能力，他手下的众将都是庸人，他们的心思在于抢夺财物、争权夺势，都是为了暂时的快乐。他们中没有忠良明智、深谋远虑、想拥护更始帝安定天下的人，所以可以预见更始政权分崩离析的结局。明公您虽然有辅佐更始帝的功劳，恐怕如今也无能为力。于今之计，您不如延揽英雄，收服民心，建立如汉高祖的帝业，拯救百姓的生命。你想平定天下不难。”刘秀非常高兴，更加敬重邓禹。他让随从们称呼邓禹为邓将军。刘秀每次遇到大事，必定和邓禹商讨。

不久，邯郸的王郎起兵叛汉，悬赏追杀刘秀。邓禹随刘秀逃离蓟城，入驻信都。刘秀以信都、和成两郡为基础，起兵消灭王郎。邓禹率军攻取广阿后，刘秀在城楼上观看地图，对邓禹说：“天下郡国，今天才取得一个。你从前说我平定天下不难，怎么回事?”邓禹说：“现在天下大乱，人民思念明君，就像赤子思念慈母。古时能兴盛与否，在于德行的薄厚，不看地盘的大小。”刘秀听后非常高兴。其间，刘秀选任将领，多先征询邓禹的意见，而邓禹所举荐的人都很称职，因而刘秀深敬邓禹的知人之能。后来，刘秀派盖延进攻清阳被敌人围困，邓禹率军破敌解围，生擒其大将。之后，他随刘秀连续攻克邯郸及各州郡，平定了河北。

更始二年，赤眉军西入函谷关。刘秀知晓邓禹深沉有大度，任命邓禹为前将军，率精兵二万攻入关中。刘秀让邓禹亲自挑选偏裨以下的将领跟他同去。建武元年正月，邓禹率军越过太行山，出箕关，攻取了河东郡（山西省南部地区）。邓禹秉承刘秀的战略意图，一路收服关中的民心，一直攻入长安，关中人民闻风归顺。之后，邓禹遇到挫折，在关中徘徊不前，刘秀派冯异取代邓禹平定关中。

建武四年春，邓禹与复汉将军邓晔、辅汉将军于匡击败延岑。邓禹率军追至武当，再次击败延岑，延岑逃往汉中，余部皆降。

建武十三年，天下平定，邓禹获封高密侯，食邑四县。

汉明帝刘庄即位后，因邓禹是先帝元勋，任命他为太傅。朝见时，让他面向东站立，对他非常尊崇。一年多后，邓禹卧病，刘庄多次亲临问候。永平元年（58 年），邓禹去世，谥号元侯。

二、吴汉

吴汉

吴汉（？—44年），字子颜，南阳宛县（今河南南阳市宛城区）人。

吴汉少时家贫，在县中任亭长。王莽末年，因犯法逃到渔阳（今北京密云西南），后来资用匮乏，便以贩马为业，往来于燕、蓟之间。更始元年，刘玄派使者韩鸿徇行河北，有人向他推荐吴汉说："吴子颜，天下奇士，可与计事。"韩鸿召见吴汉，任命他为安乐令。

更始二年，王郎在邯郸起事，派人招降河北郡县，而刘秀此时也在经略河北。吴汉素闻刘秀有长者之风，决心归附。他对渔阳太守彭宠说："渔阳、上谷突骑，天下闻名。您为什么不集合二郡的精锐，归附刘秀，攻击邯郸呢？这是难得的功劳啊！"彭宠虽然愿意，但下属官吏多数都想归附王郎。

吴汉告辞后，在路上见到一个儒生。儒生说刘秀所过之处，郡县归心。吴汉便伪造刘秀亲笔书信，让儒生假扮刘秀的使者交给彭宠。于是，彭宠派吴汉与上谷郡诸将会师南进。吴汉等人沿途击斩王郎将帅，在广阿与刘秀会师。刘秀任命吴汉为偏将军，让他率骑兵进攻邯郸。攻克邯郸后，吴汉获封建策侯。

刘秀准备消灭铜马军前，打算召集上谷、渔阳的精兵。刘秀征询邓禹的意见，询问谁可完成征兵任务。邓禹推荐吴汉说："其人勇鸷有智谋，诸将鲜能及者。"刘秀任命吴汉为大将军，持节征发幽州十郡骑兵。吴汉率领随从20人在无终（今河北蓟县）杀死更始帝任命的幽州牧苗曾，幽州各郡震恐，望风服从。吴汉征调幽州全部兵员南下，与刘秀在清阳会师。

刘秀令吴汉、岑彭相机袭取更始将领谢躬占据的邺城。吴汉派人劝降守将陈康，陈康开城投降。此时，谢躬在外征战，兵败而回，不知陈康反叛，入城之后被诛。

此后，吴汉随刘秀北上进攻铜马、重连、高湖各支农民军，常率突骑冲锋陷阵。刘秀即位后，让群臣推举大司马，群臣都推选吴汉与景丹。刘秀认为吴汉有“诛苗幽州、谢尚书”的功劳，封他为大司马、舞阳侯，统率全军。不久，吴汉率朱祐等 11 名将领围困洛阳，守将朱鲔在岑彭的劝说下投降。

建武二年，吴汉率王梁、耿弇等 9 人在漳水大破檀乡农民军，收降 10 万余人。吴汉因军功封广平侯，食邑四县。不久，吴汉引兵南下，在黄邮水大破秦丰，又与偏将军冯异击溃铜马、五幡等农民军。

建武三年春，吴汉率领耿弇、盖延进攻轵县（今河南济源市南），迫降那里的青犊农民军。此后，吴汉又率领杜茂、陈俊等南下攻灭梁王刘永。

建武四年，吴汉率陈俊、王梁在临平击破五校农民军，一直追到东郡箕山。同年冬，吴汉率耿弇、王常在平原击破富平、获索农民军。

建武五年，农民军夜攻汉营，军中惊乱，吴汉坚守不动，不久军心安定。吴汉连夜发精兵出营突击，大破农民军，一直追到无盐县，进击渤海。不久，吴汉随刘秀东征董宪，围困朐城。建武六年，破朐城，杀董宪，平定了东方诸郡国。

建武十一年，吴汉率征南大将军岑彭自荆州入蜀进攻公孙述。建武十三年，破成都，诛公孙述，平定蜀地。

建武二十年，吴汉病故，赐谥号忠侯。刘秀效法大将军霍光的丧礼，征发北军五校、兵车、甲士为他送葬。

三、贾复

贾复塑像

贾复（9—55年），字君文，南阳冠军（今河南省邓州市西北）人。

贾复儒生出身，新朝末年聚众加入绿林军。更始元年，贾复归附汉中王刘嘉，担任校尉。

更始二年，贾复见更始政权日趋腐败，劝说刘嘉建功立业不果，带着刘嘉的推荐信往河北投刘秀，被任命为破虏将军。刘秀对贾复非常赏识，将自己车驾左边的马赏赐给他。

刘秀在河北起兵后，拜贾复为偏将军，跟随刘秀平定王郎，因军功升都护将军。之后，贾复在消灭青犊农民起义军的战斗中冲锋陷阵，所向披靡，诸将都佩服他的神勇。

建武元年六月，刘秀称帝，任命贾复为执金吾，封冠军侯。不久，贾复率部随大军南渡黄河，围攻洛阳，又大战白虎公陈侨，连战连胜。建武二年，贾复增加穰、朝阳二县食邑。

建武三年，贾复升左将军，在新城、渑池连破赤眉军，与刘秀在宜阳会师，迫降赤眉军。

建武十三年，贾复获封胶东侯，食邑六县。

建武三十一年（55年），贾复逝世，谥号刚侯。

四、耿弇

耿弇塑像

耿弇（3—58 年），字伯昭，扶风茂陵（今陕西兴平东北）人。他祖籍河北巨鹿，其先祖在汉武帝时自巨鹿徙居茂陵。其父耿况在王莽新朝时担任朔调连率（上谷郡太守）。耿弇成长在父亲任所，经常观看军事训练，从小喜好军事。

公元 23 年，王莽政权垮台，刘玄被拥立为皇帝。耿况因是王莽任命的官员，为了自保，派耿弇去长安觐见刘玄。耿弇行至中途，听说刘秀镇抚河北，便去投奔刘秀。后来，刘秀在蓟县遇险而被迫南逃，耿弇与刘秀在混乱中失散。他随即召集上谷、渔阳两郡军队一路南下与刘秀会师，攻占邯郸，消灭了王郎，因军功封偏将军。消灭王郎后，更始帝诏令刘秀带部下回京。耿弇劝刘秀与更始帝决裂，以河北为根据地统一天下。建武元年，刘秀即皇帝位，耿弇被任命为建威大将军，次年封好畤侯。

耿弇足智多谋，在刘秀统一全国的战争中屡建奇功。他曾与吴汉率军镇压河北、山东一带的农民军，收降数 10 万人。建武三年，耿弇在穰县（今河南邓州市）大破延岑，斩首 3000 级，生俘 5000 余人。次年，他奉命北上平叛，与二弟耿舒一起夹击割据渔阳（今北京密云西南）的彭宠。不久，又与吴汉进军平原（今山东平原县），镇压了那里的农民军，收降众 4 万余人。

耿弇的军事才能集中表现在他消灭山东北部张步割据势力的战争中。建武五年夏，耿弇奉命率 20000 军队东征张步。张步派部将费邑屯兵历下（今济南），又分兵驻防祝阿（今长清东北），并且在泰山、钟城（今禹城东南）一线列营数十，严阵以待。耿弇渡过黄河，半日便攻取祝阿，钟城守军闻讯不战而逃。耿弇兵进巨里（今历城东北），一面加紧修造战具，填塞城外坑沟，一面故意散布三日后攻打巨里的假消息。他采用围点打援的战术，亲率 1 万多人伏击费邑驰援巨里的 3 万精兵，杀死费邑。巨里守将闻讯弃城逃走。

耿弇随即进军西安城与临淄中间的画中邑。他认为西安城小而坚，不宜强攻，而临淄城守军是乌合之众。他采用声东击西的办法，虚张声势攻西安，暗地里连夜进军临淄，只用半日便攻取临淄。西安守军闻讯弃城逃往剧县。

耿弇虽三战三捷，但张步仍然认为他的部下仅有 2 万人马，而且转战疲惫，不足为虑。张步亲率大军 20 万人，进逼临淄城。耿弇亲率主力出城，与张步大军鏖战一天。在激战中，耿弇大腿中箭，他用刀截断箭杆，继续指挥作战，直到黄昏才鸣金收兵。

当时，刘秀亲率大军在增援途中。次日一早，有人劝耿弇等待援军到来后再战，耿弇回答说："圣上驾到，我们做臣子的理应杀牛备酒接待百官，怎能把杀敌的事情留给圣上！"说罢，他便引军出战，从早上一直苦战到日落西山，重创张步大军。晚上，耿弇料到张步受挫后必然遁走剧县，便在中途伏击张步。张步大军大乱，且战且走，一直被追杀到巨昧水（今寿光市西）。数日后，光武帝率援军来到临淄，嘉奖耿弇以少胜多，功过韩信。

后来，耿弇又奉命西拒隗嚣，南征公孙述。他一生身经百战，平定 46 郡，屠城 300 座，攻必克，守必固，每战皆胜，可谓东汉初年的常胜将军。

五、寇恂

寇恂塑像

寇恂（? —36 年），字子翼，上谷昌平（今属北京市昌平区）人。他出身世家大姓，在王莽新朝末年，任上谷郡功曹，深受太守耿况的器重。

更始元年，更始帝刘玄派遣使者招降河北各郡国，承诺先降者恢复爵位。寇恂随耿况迎接使者并缴上太守印绶，使者却没有归还印绶的意思。寇恂率兵入见，迫使使者归还印绶，恢复耿况的职务。

更始二年，王郎在邯郸称帝，派使者到上谷招降耿况。寇恂认为刘秀“尊贤下士，士多归之”，与同僚闵贡劝说耿况拒绝王郎，归顺刘秀。耿况畏惧王郎势大难拒，寇恂便建议联合渔阳太守彭宠共抗王郎。耿况接受寇恂的建议，派他前去渔阳联合彭宠。寇恂从渔阳返回上谷途中，在昌平袭杀王郎使者，然后与耿况之子耿弇率军南下，在广阿与刘秀会师。刘秀拜寇恂为偏将军，封承义侯。

刘秀北出燕赵消灭流窜河北的农民军前，就镇守河内郡的人选征求邓禹的意见，邓禹认为寇恂奇才，堪当大任。于是，刘秀拜寇恂为河内太守，行大将军事。临行前，刘秀对他说：“河内富裕，我将因此而兴起。昔日高祖留萧何镇守关中，我现在也把河内委托给你，你要及时转运军粮，鼓励士卒，不让洛阳的守将北渡黄河就可以了。”寇恂在河内下令所属各县讲武习射，砍伐竹条，造箭百余万支，养马 2000

匹，收租400万斛，为刘秀北出燕赵做好了后勤保障。

建武元年，朱鲔听说刘秀北上平定河北，河内空虚，便派遣讨难将军苏茂、副将贾强率3万余人渡河进攻温县（今河南温县西）。寇恂闻讯后，立即前往救援，命各属县发兵，到温县会师。军吏都劝他调集众军之后再出兵，寇恂说道："温县是河内郡的屏障。温县失守，河内郡就守不住了。"寇恂率军大破苏茂，乘胜追击，直到洛阳，绕城而还。此战贾强被杀，数千士兵战死，1万余人被俘，洛阳震恐。刘秀闻报大喜道："我就知道寇子翼可以胜任！"

建武三年，寇恂任汝南太守。他修学校，教学生，聘请能讲授《左氏春秋》的人讲学，他也经常去听讲。

建武七年，寇恂接替朱浮担任执金吾。

建武八年，寇恂随刘秀征讨隗嚣。

建武十年，刘秀入关，准备亲自征讨高峻。寇恂劝谏说："长安处在洛阳高平之间，应接方便，安定、陇西必定感到震动畏惧，这是从容坐镇于一处可以制服四方的策略。现在我们兵马疲倦，经历险阻，亲征不是良策。前年颍川发生的叛乱就是教训。"刘秀没有采纳，进军汧县，攻高平不下。刘秀欲派使者去劝降高峻，就对寇恂说："你以前制止我这次行动，现在为我走一趟吧。如高峻不立即投降，我将率耿弇等五营发起攻击。"寇恂带着玺书来到第一城，高峻派遣军师皇甫文前来谈判。寇恂杀了皇甫文，让其副使回去告诉高峻说："军师无礼，已被杀了。要投降，请赶快；不想投降，就固守好了。"高峻惶恐，即日开城门投降。诸将都来庆贺并问高峻投降的原因，寇恂说："皇甫文是高峻的心腹，所有策略都出自他手。他言辞礼貌但是不肯屈服，说明他根本不打算投降。杀掉皇甫文，高峻没了主心骨，所以来投降了。"

建武十二年，寇恂病故，谥号威侯。

六、岑彭

岑彭（？—35 年），字君然，南阳棘阳（今河南省新野县）人。

岑彭塑像

王莽新朝末年，岑彭担任棘阳县长。更始元年五月，岑彭献城投降，诸将要杀岑彭，刘縯救了他。刘縯遇害后，岑彭在大司马朱鲔麾下担任校尉。不久，岑彭任淮阳都尉。

更始二年，刘秀巡行至河内，召见岑彭，岑彭分析当前局势说："现在，赤眉军攻入关中，更始政权处于危险中，但是权臣放纵，假称皇帝的诏令，道路不通，四方豪杰蜂起，群雄竞逐，百姓无所归依。我听说大王您平定河北，开辟王业，这真是皇天保佑汉朝，是士人的福气。我岑彭身负大司徒刘縯的救命之恩，我还没有来得及报答他，他就遇害了。对此，我岑彭永远遗恨于心。今日，我遇到大司徒刘縯的亲人，我自当誓死效命。"刘秀大喜。

岑彭归顺后，前往淇园劝降大将军吕植。刘秀任命岑彭为刺奸大将军，让他协助吴汉除掉尚书令谢躬并督察各营。此后，刘秀把平时拿的符节授予岑彭，让他随军平定河北。

建武元年六月，刘秀称帝，岑彭被封为廷尉。七月，岑彭与吴汉、王梁等 11 员将领围攻洛阳。同年九月，岑彭受命劝降朱鲔，他说："我以前受你的恩惠，常想报答。如今更始帝败亡，百姓归心刘秀，您坚守城池又有什么意义呢?”朱鲔回答说:“我曾参与杀害大司徒刘缜,又劝说更始不要派出萧王(刘秀)去河北,我有罪,不敢归降。”刘秀承诺不加害朱鲔。朱鲔从城上垂下绳索,要岑彭爬上去。岑彭毫不犹豫就要爬上去。朱鲔见他讲诚信,就投降了。

建武二年,岑彭进军荆州,攻克犨、叶等10余城。建武三年四月,刘秀亲征邓奉,在叶县遭到董䜣部将的截杀。岑彭前来相救,保护刘秀到达堵阳。邓奉逃往淯阳,董䜣投降。岑彭于是随刘秀追击邓奉,邓奉兵败请降。

建武四年二月,占据夷陵的田戎命令部下辛臣驻守夷陵,自己则到黎丘准备归降岑彭。不料辛臣却盗走田戎的珍宝,抄近路抢先投降了岑彭,并且写信招田戎来归降。田戎怀疑辛臣出卖自己,不敢投降,于是和秦丰合兵抵抗,但是被岑彭打败,逃回夷陵。十二月,刘秀到黎丘犒赏军士,封赏岑彭部下有功者100余人。岑彭攻打秦丰三年,斩首9万余级,最后秦丰只剩千人,城中粮食已尽。刘秀认为秦丰不足为虑,让朱祐代替岑彭围城,令岑彭与傅俊向南攻打田戎。

建武六年,刘秀召岑彭入京,几次接见欢宴,厚加赏赐。不久,岑彭路过家乡南阳棘阳时,奉诏祭祀祖坟。此外,刘秀还令大长秋在初一和十五探望岑彭的母亲,以示关怀。

建武八年,刘秀亲征陇右的隗嚣。岑彭率部攻破天水郡,与吴汉将隗嚣围困在西城。战后,岑彭回驻津乡。

建武十一年,岑彭进攻公孙述,直抵成都。公孙述派遣刺客,乘夜间将岑彭刺杀。岑彭死后,谥号壮侯。

七、冯异

冯异(?—34年),字公孙,颍川父城(今河南省宝丰东)人。

王莽新朝末年，冯异曾任颍川郡郡掾。更始元年，刘秀率军进攻父城，屯兵于父城巾车乡。冯异巡视属县时被抓。他堂兄冯孝及同郡人丁綝、吕晏都向刘秀保荐冯异，冯异归顺了刘秀，主动回到父城后，说服苗萌一同投顺刘秀。

冯异塑像

不久，刘秀回宛城后，冯异坚守父城，拒不投降更始政权。刘秀任司隶校尉，赴洛阳途中经过父城，冯异立即开门迎接，被任命为主簿。冯异又向刘秀推荐了同乡铫期、叔寿、段建、左隆等。

刘縯遇害后，冯异前去宽慰刘秀并趁机进言，劝刘秀乘机收揽人心以发展自己的势力。冯异随刘秀到河北镇抚州郡时，暗中调查各郡太守与刘秀是否同心。

更始二年，刘秀率部自蓟城南下，到达饶阳无芜蒌亭时已经深夜。正值天气严寒，冯异煮好豆粥给刘秀吃。等到了南宫，又遇到大风雨，冯异又亲自煮麦饭让刘秀充饥。刘秀入据信都后，任命冯异为偏将军，到河间一带招收兵马。此后，冯异随刘秀击破王郎，大败铁胫农民军，平定河北，因功获封应侯。

为了巩固河北，刘秀北出燕赵扫荡流窜河北的农民军。为解除后顾之忧，刘秀命寇恂为河内太守、冯异为孟津将军，统率河内、魏郡二郡驻军，共同抗御洛阳的朱鲔、李轶。

建武三年春，刘秀任命冯异为征西大将军进入关中。冯异长久在外领兵，心不自安，请求返回朝堂，刘秀不许。后来，有人上奏章说冯异在关中独断专行，百姓归心，称他为“咸阳王”。刘秀派人把奏章给冯异看，冯异谢罪说：“臣本来是个儒生，在战乱中获得军中任职的机会，受到皇帝恩宠被任命为大将军，封爵通侯，专权处理关中事务，就是为了立点功劳，这都是从国家利益着想，不为一己之私。我自思奉命出征以来，战果还算满意，有的时候用私心来决断，时常后悔。皇上见解明智而独到，眼光长远，所以我就明白‘性与天道，是不可得而闻’的道理了。当兵革兴起、天下混乱的时候，豪杰群起，迷惑的人很多。我在混乱中托身在你的麾下，在以前那样危险混乱的形势下，我尚且不敢有过失差错，何况现在天下平定，尊卑有序，我深受恩宠的情况下，怎么可能做出高深莫测的事呢？我是诚心希望谨慎勤勉，始终如一。看了圣上转给我的奏章，我战战兢兢，非常害怕。我想皇帝了解我愚蠢的本性，所以才敢于自陈心迹。”

建武六年春，冯异进京朝见皇帝，刘秀赐给他珍宝、衣服、钱帛，说：“仓促困窘时，你在无蒌亭送我豆粥、滹沱河送我麦饭，这样的深情厚谊很久了还没有报答。”冯异叩头谢道：“我听说管仲曾对齐桓公说：‘愿君王不要忘了射钩的事，我也不要忘了囚车的事。’齐国因此而强盛。我现在也愿皇上莫忘了河北的灾难，我也不会忘了你在巾车乡赦免我的恩德。”十几天后，刘秀下令冯异的妻室儿女跟随冯异征讨陇右。

建武九年，祭遵去世，刘秀令冯异代理征虏将军，统率原祭遵部队，兼任天水太守。

建武十年，冯异与诸将攻落门时病死于军中，谥号节侯。

八、朱祐

朱祐塑像

朱祐（？—48 年），字仲先，南阳郡宛人。原名朱祜，《东观汉记》为避汉安帝（刘祜）讳写作朱福，《后汉书》写作朱祐。

朱祐少年丧父，随母亲回到复阳县（今河北省故城县西）外祖父刘氏家中居住，经常往来于复阳与舂陵之间。所以，他与刘缜、刘秀兄弟自小便相识，还曾和刘秀一起在长安求学，和他们关系极好。

新莽末年，天下大乱，绿林军、赤眉军相继起义。朱祐随刘缜、刘秀兄弟在舂陵（今湖北枣阳）起兵。刘缜被更始帝刘玄任命为大司徒之后，朱祐担任他的护军。刘缜被杀害后，朱祐只身一个人跑去找刘秀报信，此后便一直留在刘秀身边。

更始元年，朱祐跟随刘秀镇抚河北州郡，担任护军。刘秀对朱祐非常关爱、信任，他们经常见面商谈，甚至同吃同住。朱祐在消灭王郎的战争中异常勇猛，冲锋陷阵，屡立军功，升任偏将军，封安阳侯。

刘秀消灭王郎之后，朱祐随刘秀北上消灭流窜河北的数十支农民军。在消灭农民军主力之后，刘秀率军回蓟，命朱祐与耿弇、吴汉等 13 名将军继续追击农民军残部。朱祐等人在潞东、平谷连续重创农民军，斩首 13000 余级，一直追到右北平郡的无终县（今河北蓟县）、土垠县（今河北丰润东）、浚靡，消灭了农民军残部。

建武元年，刘秀即皇帝位，拜朱祐为建义大将军。七月，刘秀派吴汉为大司马，统率朱祐、刘植等11员将领围攻洛阳，动摇了朱鲔死战的决心。随后，刘秀又派岑彭劝降了朱鲔。

建武二年春，大司马吴汉率大司空王梁、建义大将军朱祐等9名将领在邺东漳水之上大破农民军，斩首、投降的有10余万人。

建武二年秋，建义大将军朱祐与景丹、吴汉、建威大将军耿弇、执金吾贾复、偏将军冯异、强弩将军陈俊、左曹王常、骑都尉臧宫等在蒹阳（今河南内黄县西南）击破五校农民军，收降5万人。十一月中旬，建义大将军朱祐、执金吾贾复率领汉军数万人，南下讨伐邓奉、董䜣，朱祐兵败被俘。

建武三年夏天，刘秀御驾亲征，增援前期南下的汉军，邓奉见汉军势大，决定投降。他请出朱祐，一起到刘秀大营请罪。

刘秀赦免了朱祐被俘之罪，并且以劝降邓奉有功为由，恢复了朱祐的官爵。之后，朱祐先后带兵攻占了新野、随县。

六月末，刘秀以朱祐为主将、祭遵为副将，率领第二拨汉军南下，与岑彭会师。二人分头出击，朱祐负责北线，对付延岑、张成；岑彭负责南线，对付秦丰、蔡宏。朱祐率领征虏将军祭遵在东阳击溃延岑，缴获印绶97件。

随后，朱祐挥军进攻黄邮城（今河南新野东），黄邮城守军望风而降。刘秀闻报非常高兴，赏赐朱祐黄金15千克。

建武五年六月，秦丰投降。朱祐没有按照刘秀的旨意处决秦丰，而是用囚车送往洛阳。刘秀处斩了秦丰，没有怪罪朱祐，将朱祐调回洛阳。之后，朱祐与骑都尉臧宫剿平被延岑余党盘踞的阴县、酂城、筑阳三座县城。

建武十三年，朱祐封鬲侯，食邑7300户。

建武十五年，朱祐主动上交大将军印绶，留在京师。其间，他建议把诸王的王爵改为公爵，把三公（大司马、大司徒、大司空）的官名都去掉“大”字，以合法理。这些建议都被刘秀采纳。

建武二十四年，闲居10年的朱祐在家中去世。

九、祭遵

祭遵塑像

祭遵（？—33年），字弟孙，颍川颍阳（今河南许昌）人。

祭遵家境富裕，年轻时喜爱读书，为人恭谨俭朴，曾担任县吏。昆阳之战后，祭遵在颍阳拜谒刘秀，暂为刘秀门下吏，跟随刘秀北渡黄河，镇抚河北。刘秀从信都起兵，祭遵担任军市令，执法如山，不徇私情。一次，刘秀的家奴犯了法，祭遵依律将他处死。刘秀大怒，下令拘捕祭遵，主簿陈副劝谏他说：“您常想整肃军纪，现在祭遵奉行法令，不避权势，这正是教化法令所需要的。”因此，刘秀不仅赦免了祭遵，还命他担任整肃军纪的刺奸将军。刘秀对诸将说：“大家对祭遵要多加小心。我的家奴犯法他照样杀了，对你们是绝不会徇私的。”祭遵后来担任偏将军，跟随刘秀平定河北，以功封为列侯。

建武二年春，祭遵担任征虏将军，封颍阳侯。他与骠骑大将军景丹、建义大将军朱祐等5人奉命入箕关，进攻弘农、厌新、柏华、蛮中农民军。战斗中，祭遵中了弩箭，伤口流血。众人看到祭遵受伤，逐渐引退。祭遵却奋勇向前，呼叫斥骂不止，因此士卒都加倍苦战，大破敌兵。当时，新城人张满屯兵于险要之处为害百姓，祭遵断绝了张满的粮道，张满几次挑战，祭遵坚守不出。厌新、柏华的农民军残余与张满会合后，攻下了霍阳聚，祭遵分兵予以击破。建武三年春，祭遵活捉了张满。

建武四年，祭遵与朱祐及建威大将军耿弇、骁骑将军刘喜共同攻击在涿郡造反的张丰。祭遵率兵先到，急攻张丰。张丰的功曹孟厷抓获张丰，献城归降。众将撤军后，祭遵奉命率部驻屯良乡，与在渔阳造反的彭宠对峙一年多，几次挫败彭宠军。后来，彭宠被家奴杀死，祭遵趁机进军平定了渔阳。

建武六年春，祭遵与建威大将军耿弇、虎牙大将军盖延等取道天水进军巴蜀。刘秀召集诸将商议，大家都说："可以暂时拖延拖延，加封隗嚣手下的将帅，以促其分散瓦解。"只有祭遵建议说："隗嚣怀挟奸谋已久，如果按兵不动拖延时日，就会促使他诈谋更深，而使公孙述增加警备，所以不如直接进兵。"刘秀采纳了祭遵的建议。隗嚣果然反叛。祭遵担任先锋，在陇坻大破隗嚣的部将王元部。刘秀命令祭遵在汧地屯军，几次挫败隗嚣。

建武八年秋，祭遵受令进兵陇下，公孙述派兵援救隗嚣，诸将战事不利奔逃而回，只有祭遵不肯退却。

建武九年春，祭遵在军中病故。刘秀哀痛不已，亲自吊唁并为他送葬。祭遵死后谥号成侯。

十、景丹

景丹（？—26年），字孙卿，冯翊栎阳（今陕西临潼北）人。

景丹青年时期在京城长安学习。王莽新朝时，举德行、言语、政事、文学四科考试，景丹以言语科取中，担任固德侯相。因为他办事干练，遂被调任朔调连率副贰（上谷郡副太守）。更始称帝后，他与耿况率众归附，被任命为长史。

景丹塑像

刘秀镇抚河北期间，王郎在邯郸称帝起兵，招降各郡，景丹与太守耿况商量拒绝王郎。此时，耿况之子耿弇从刘秀处归来，计划率部帮助刘秀攻打王郎。耿况便派景丹、耿弇、寇恂联合渔阳太守彭宠的部将吴汉、严宣、盖延、王梁等合兵南下，平定涿郡、中山、巨鹿、清河、河间等郡国的 22 个县，在广阿与刘秀会合。景丹被任命为偏将军，封奉义侯。他随即跟随刘秀进围巨鹿（今河北平乡县西南）。王郎派倪宏、刘奉率数万人驰援巨鹿。景丹随刘秀在南䜌（今河北巨鹿县）大败倪宏、刘奉，杀敌数千人。

刘秀称帝后，拜景丹为骠骑大将军。之后，景丹率领建威大将军耿弇、强弩将军陈俊击败了厌新将军刘茂，迫使其投降。

建武二年初，景丹被封为栎阳侯。二月，他率领征虏将军祭遵等人入箕关，攻灭弘农（郡治在今河南灵宝北）的农民军。八月，景丹与吴汉、耿弇等随刘秀在羛阳击败五校起义军。不久，弘农被陕县的苏况攻占，刘秀连夜召见景丹，任命他为弘农太守。景丹带病进军弘农，九月在军中病故。

十一、盖延

盖延（？—39 年），字巨卿，渔阳要阳（今北京市平谷区）人。

盖延身高 2 米多，力大能挽硬弓，以勇气闻名，曾担任郡掾、州从事。彭宠担任渔阳太守后，盖延任营尉，代理护军。刘秀在信都起兵进攻王郎时，盖延与吴汉一起率部南下，在广阿与刘秀会师，被任命为偏将军，封建功侯，从此跟随刘秀平定河北。刘秀称帝后，以盖延为虎牙将军。

盖延塑像

建武二年，盖延改封安平侯，受命率部南下夺取了敖仓（今河南荥阳北）、酸枣县（今河南延津西南）、封丘县（今河南封丘西南）。当年夏天，盖延督率驸马都尉马武、骑都尉刘隆、护军都尉马成、偏将军王霸等南下平定军阀刘永，攻下了襄邑（今河南睢县）、麻乡县（今江苏砀山境），把刘永围困在睢阳（今河南商丘南）。数月后，攻破睢阳，刘永弃军逃奔谯县（今安徽亳县）。接着，盖延率部攻取薛县，杀了刘永的鲁郡太守，迫使彭城、扶阳、杼秋、萧县投降，攻下了沛郡。刘永部将苏茂、佼疆、周建等3万余人驰援刘永，盖延在沛西大破援军，刘永逃往湖陵，从而平定了沛、楚、临淮（今江苏泗洪东南）等地。次年，睢阳反叛，迎回刘永，盖延率众将围攻百日，刘永缺粮突围，盖延追杀刘永残部，尽获其辎重。之后，刘永被部将所杀，其弟刘防举城投降，睢阳平定。

建武四年春，盖延在蕲县击溃苏茂、周建，在留县击溃董宪，率平狄将军庞萌攻取西防县、彭城，苏茂、周建逃奔董宪，董宪部将贲休举兰陵城投降。董宪围困贲休，盖延及庞萌请求前往援救贲休，刘秀命令说："可直往捣郯，兰陵之围必解。"盖延等认为贲休处于危难中，进军兰陵。董宪大军合围盖延，盖延率军出城突围后进攻郯城。

刘秀责备他说："原来令你先赴攻郯，是出敌不意。现在贼军已经有了准备，兰陵之围还能解吗?"果然，盖延等攻郯城不下，而董宪攻下兰陵，杀了贲休。刘秀因为盖延轻敌深入，几次下诏训诫他。庞萌谋反后，杀了楚郡太守，打败了盖延，盖延北渡泗水，破坏船只、桥梁，仅以身免。刘秀决定率军东征，征召盖延与大司马吴汉、汉忠将军王常、前将军王梁、捕虏将军马武、讨虏将军王霸等在任城会师，消灭了庞萌和董宪。

建武六年春，盖延受命屯兵于长安。建武十三年，盖延增封食邑万户。建武十五年，盖延病逝于任上。

十二、坚镡

坚镡（？—50年）字子伋，颍川襄城（今河南禹州市）人。

坚镡塑像

坚镡原为王莽政权的官吏。更始元年十月，刘秀镇抚河北州郡，坚镡经人举荐投靠刘秀。因为坚镡有担任郡县吏员的经历，刘秀任命坚镡担任主簿，后任偏将军，率军跟随刘秀参加了平定河北的战争。

更始二年秋，坚镡随刘秀进攻活动于鄡（今河北束鹿东南）、清阳、博平（今山东聊城市北）的几十万铜马军，相持月余后击溃铜马军，随即又在蒲阳与铜马、高湖、重连联军决战，各部农民军大败而降。之后，坚镡随刘秀击溃了聚集在射犬聚（今河南武陟西北）一带的赤眉别帅、青犊、大彤、上江、铁胫、尤来、五幡等部10余万农民军。

更始三年春，刘秀北出燕赵进攻流窜河北的数支农民军，一直追击到渔阳。他派坚镡与耿弇、吴汉等追击农民军残部，在潞东、平谷斩首13000余级，穷追至浚靡，歼灭残部而还。

刘秀称帝后，坚镡升任扬化将军。建武元年七月，刘秀派吴汉为大司马，统率坚镡、岑彭、王梁等11员将领围攻洛阳，洛阳守将朱鲔最终被岑彭劝降。之后，坚镡率军攻下了内黄（今河南内黄县）。

建武二年春，坚镡随大司马吴汉在邺东漳水大破檀乡农民军，收降了10余万人。同年，坚镡与右将军万脩奉命攻取南阳各县。坚镡率部进攻宛城，亲率敢死队乘夜登上城楼，攻下宛城。此时，刘秀的将领邓奉因为不满大司马吴汉纵兵抢掠他的故乡新野，举兵造反，打败吴汉。而此时万脩在军中病故，坚镡陷入孤立无援的窘境，被迫南拒邓奉，北拒董䜣，与刘秀失去联系一年多。坚镡与士卒同甘共苦，一起靠野菜充饥，每次战斗都身先士卒，身上三处受伤。直到建武三年，刘秀亲征南阳，坚镡与岑彭里应外合才剿灭了邓奉、董䜣。战后，刘秀任命坚镡为左曹。

建武六年，坚镡获封合肥侯；建武二十六年，去世。

十三、耿纯

耿纯（？—37年），字伯山，巨鹿宋子县傅家庄（今邢台市新河县护驾村）人。

耿纯少时就学于长安，王莽时任纳言士。更始元年，刘秀镇抚河北，耿纯在邯郸谒见刘秀。刘秀北上中山，留耿纯在邯郸。刘秀从信都起兵，耿纯与从弟耿䜣、耿宿、耿植率领宗族宾客2000余人在贳城（今大车城、小车城）迎接刘秀，宗族中年老生病的人甚至都拉着棺木。耿纯被封为耿乡侯，担任前将军。他率部迫降宋子县，攻取下曲阳及中山。因为当时很多郡国都归附了邯郸的王郎，耿纯唯恐宗族的人心怀二心，就派从弟耿䜣、耿宿回老家烧掉宗族的房子。刘秀问耿纯为什么这样做，耿纯说：“我看到您单车来到河北，并没有财物和珍宝可以赏赐部下，您是以恩德为怀将众人聚集在一起，所以大家都愿意跟着您。现在邯郸王朗自立为天子，河北各州郡的人搞不清情况，我虽然带着宗族的人投奔您，但是担心有人怀有异心，所以烧了房子，断了他们的念想。”到达鄗城时，刘秀住城内旅舍，鄗城大姓苏公造反，开城门放王郎的大将李恽入城，幸好耿纯发觉得早，杀死李恽，稳定了局势。之后，耿纯跟随刘秀平定邯郸，击破铜马军。

耿纯塑像

刘秀势力逐渐扩大后，诸将劝他称帝，刘秀不听。在南平棘，耿纯进言说：“大家丢弃亲戚乡里跟随大王奔走战斗，就是为了攀龙鳞、附凤翼，成功得志。现在功业成就，天人相应，而大王不听大家的劝告及时正位，恐怕大家失望，各自离散。大众一散，就难以复合了！”刘秀称帝后，封耿纯为高阳侯。

建武元年，耿纯率军在济阴打败刘永，攻下定陶。

建武二年春，刘秀派遣耿纯持符节颁行赦令于幽州、冀州，所到之处慰劳王侯，耿纯借机杀了意图谋反的真定王刘杨。

建武四年，耿纯率部迫降了更始政权的东平太守范荆，又平定了济南及平原。

建武六年，耿纯改封东光侯，前往封国。在封国期间，耿纯深受百姓爱戴。

建武十三年，耿纯死于任上，谥号成侯。

十四、臧宫

臧宫塑像

臧宫（？—58年），字君翁，颍川郏县（今属河南郏县）人。

臧宫原为小吏，参加农民军后追随刘秀，南征北战，屡立战功，是平定蜀地的主将之一。

建武十一年，臧宫率部参加平蜀之战，驻军在骆越人聚集之地中卢县（治所在今湖北襄樊市）。当时，公孙述的将领田戎、任满与汉军征南大将军岑彭在荆门对峙，岑彭等人屡战失利，骆越人心浮动，甚至有人准备叛汉归蜀。臧宫兵力单薄，担忧难以控制局面，恰好属县送来几百辆运输车。臧宫让人乘夜锯断城门的门槛，命令运输车辆来而复往，出入城门，络绎不停，车声辚辚，整整响了一夜。骆越派来刺探消息的人听到一夜车声不绝，看到城门的门槛断了，回报说汉军大部队来了。藏宫借此安定了骆越人心，稳定了局面。

永平元年，臧宫病故，谥号愍侯。

十五、马武

马武（？—61年），字子张，南阳湖阳（今河南唐河县）人。

马武年轻时避仇客居江夏。王莽末年，马武参加了绿林军。在昆阳之战中，马武跟随刘秀大破王莽大军。刘秀镇抚河北时，更始帝拜马武为振威将军，跟随尚书令谢躬进攻邯郸的王郎。谢躬被吴汉击杀后，马武骑快马到射犬去投奔刘秀。

马武塑像

刘秀进攻尤来、五幡等农民军时，在慎水失利，马武率部掩护撤退。途中，他回军击溃追兵，大军安全后撤。之后，大军进攻安次、小广阳，马武常为前锋，力战向前，众将率军相随，到平谷县、浚靡县时，消灭了农民军残部。刘秀即位后，马武担任侍中、骑都尉，封山都侯。

建武四年，马武与虎牙将军盖延等讨伐刘永。马武率部单独进攻济阴，攻取成武、楚丘，升任捕虏将军。

建武五年，庞萌造反，攻陷桃城，马武率部击溃庞萌。

建武六年夏，马武与建威大将军耿弇进攻隗嚣，战事不利，退守下陇。隗嚣的军队追得很急，马武挑选精兵回军抵御隗嚣，他身披盔甲，手持画戟，率部杀敌数千人，击退追兵，各军得以安全返回。

建武十三年，马武封修侯，增加食邑。他受命在下曲阳驻军，防备匈奴入侵。后来，他因为擅杀军吏获罪，削食邑 500 户，留京师奉朝请。

建武二十五年（49 年），马武担任中郎将，率军平定武陵。汉明帝刘庄即位后，西羌侵犯陇右，马武担任捕虏将军率领乌桓、黎阳营、三辅的军队、凉州诸郡羌胡兵及解除刑枷的犯人共 4 万人攻击西羌，在金城郡浩县首战告捷，在洛都谷再战失利。西羌兵回塞外时，马武在东、西邯大破西羌兵，斩首4600级，活捉1600人，平定了西羌。

永平四年（61年），马武病故。

十六、刘隆

刘隆塑像

刘隆（？—57年），字元伯，南阳人，汉安众侯的宗室。

西汉居摄元年（6年）四月，刘隆的父亲刘礼随安众侯刘崇起兵反对王莽，失败后被灭门。因为当时刘隆不满7岁，故幸免于难。后来，他求学长安。

更始二年，刘隆加入更始政权，任骑都尉。当年秋，刘秀消灭铜马军后，进军河内郡的射犬，刘隆闻讯一路追到射犬，投靠刘秀，被任命为骑都尉，率部随冯异驻扎在河内郡河阳县孟津渡口一带，与洛阳对峙。刘隆在洛阳的妻子和儿女因此被杀害。

建武二年春，刘隆封亢父侯。

建武四年八月，刘秀拜刘隆为诛虏将军，随扬武将军马成进攻割据江淮一带的李宪。九月，汉军将李宪包围在舒县（在今安徽庐江县南）。建武六年正月，汉军攻下舒县，李宪率残部出逃，途中被部下所杀。平定江淮后，刘隆受命率军在南阳郡武当（今湖北十堰东）屯田。

建武十一年三月，刘秀视察南阳，命岑彭、吴汉及刘隆、臧宫、刘歆等将领率部会集荆门，加入平定蜀地公孙述的战争。

建武十三年，刘隆以军功封竟陵侯，增加食邑。

建武十六年，刘隆因为阻碍度田下狱，贬为平民。

建武十七年，刘秀顾念功臣，再封刘隆为扶乐乡侯。七月，刘隆以中郎将的身份随马援率军南征交趾。刘隆独率一军南下，在禁溪口大破叛军，俘获其帅征贰（征侧之妹），斩获首级1000余级，受降的达2000余人。刘隆得胜回京之后，封长平侯。

建武二十年六月，刘隆升任骠骑大将军，代理大司马。

建武二十七年五月，刘隆辞官，以列侯身份奉朝请。

建武三十年（54年），刘隆封慎侯；建武中元二年（57年），去世，谥号靖侯。

十七、马成

马成（？—56年），字君迁，南阳郡棘阳人。

马成年少时为县吏，刘秀进攻颍川时归附刘秀，担任安集掾，后调任郏县县令。刘秀奉命镇抚河北，马成闻讯弃官步行，在蒲阳赶上刘秀，担任期门，跟随征伐。刘秀称帝后，马成升任护军都尉。

建武二年，马成随盖延平定割据东部的刘永。

马成塑像

建武四年秋，马成升任扬武将军，率诛虏将军刘隆、振威将军宋登、射声校尉王赏进攻割据江淮一带的李宪，将李宪包围在舒县。建武六年春，舒县城中食尽，城破，李宪被杀，江淮平定。

建武七年夏，马成封平舒侯。

建武八年，马成跟从大军征伐割据陇西的隗嚣，跟随来歙攻占天水（今甘肃天水），击破公孙述支援陇西的将领田弇、赵匡。平定陇西后，马成出任天水太守。

建武九年，马成代来歙为中郎将，率武威将军刘尚等攻取了河池县（今广西河池市），平定武都郡。

建武十年，马成代理大司空，数月之后拜扬武将军。

建武十一年夏，西羌各族数万人入侵，马援、马成受命率部平定西羌。

建武十一年，马成随来歙进攻割据四川的公孙述，在河池、下辩大败公孙述的部将王元、环安，后因来歙遇刺退兵。

建武十四年，马成屯兵常山、中山以警备北部边疆。

建武十五年，马成随大司马吴汉北击匈奴，徙雁门、代郡、上谷等地的官吏百姓60000余人安置在居庸、常山关以东地区。马成又代骠骑大将军杜茂建筑工事，自西河至渭桥、自河上至安邑、自太原至井陉、自中山至邺，都建筑堡垒，起烽火，十里建一个瞭望哨所。后刘秀将马成调回京师，边疆人士多有上书请求马成回边疆，刘秀因此再派马成还屯戍边。北方边境安定后，马成转任中山太守。

建武二十七年，马成封全椒侯，三十二年（56年）去世。

十八、王梁

王梁（？—38年），字君严，渔阳要阳人。

王梁原是渔阳郡的小吏，后来被渔阳太守彭宠重用，被任命为狐奴县（今北京市顺义区）县令。

更始元年十月，刘秀以破虏将军行大司马事持节北渡，镇慰河北诸州郡。彭宠的主要部下安乐令吴汉、护军盖延、狐奴令王梁都力劝彭宠支持刘秀。彭宠于是派遣步骑3000人，以吴汉为长史，率领都尉严宣、护军盖延、狐奴令王梁，与上谷军合兵南下支援刘秀。他们沿途击斩王郎的大将、九卿、校尉以下400余人，攻取涿郡、中山、巨鹿、清河、河间所属22个县，终于在广阿追上了刘秀。

王梁塑像

刘秀得到这支生力军之后非常高兴，把王梁、景丹、寇恂、耿弇、盖延、吴汉等人都封为偏将军，让他们继续统领本部兵马。

更始二年五月，刘秀攻入邯郸，斩杀王郎，随即封赏功臣。王梁被赐爵关内侯，此后跟随刘秀平定河北。

同年，王梁被刘秀任命为野王令，与河内太守寇恂一起留守河内郡，协助寇恂、冯异南拒洛阳，北守天井关，令朱鲔等不敢出兵，刘秀认为王梁的功劳很大。

刘秀称帝后，拜王梁为大司空，封武强侯。

建武二年春，刘秀派大司马吴汉率大司空王梁、大将军杜茂等9位将军共击檀乡农民军。因为王梁不遵守刘秀的诏令，擅自发动野王兵进军，刘秀派遣尚书宗广持符节往军中杀王梁。宗广不忍心诛杀王梁，就用囚车将王梁送回京师。刘秀感念旧情赦免了王梁。一个多月之后，刘秀又任命王梁为中郎将，派他北守箕关。王梁到任后，攻击赤眉别校，赤眉别校投降。

建武三年春，王梁在信都、赵国大破五校农民军，平毁农民军所有屯聚的营垒。同年冬，王梁升任前将军。

建武四年春，王梁奉命率部攻取了刘永残部占据的肥城、文阳，后与骠骑大将军杜茂合兵，在楚、沛之间剿灭刘永残党佼彊、苏茂，攻拔大梁、齿桑。

建武五年春，王梁跟随刘秀亲征，在救桃城、破庞萌的战斗中，王梁战斗尤其给力。刘秀任命王梁为山阳太守。数月后，王梁被征召入京，担任河南尹。在河南尹任上，王梁开挖水渠，打算引谷水入洛阳，结果失败了，贬为济南太守。

建武十三年，王梁增加封邑，获封阜成侯；建武十四年在任上去世。

十九、陈俊

陈俊塑像

陈俊（？—47 年），字子昭，南阳郡西鄂县（今河南省南召县南）人。

陈俊年轻时在南阳郡担任小吏。更始元年，刘玄称帝，陈俊担任太常将军刘嘉的长史。十月，刘秀北上镇抚河北诸州郡，刘嘉写信将陈俊、贾复推荐给刘秀。陈俊到了刘秀军中被任命为安集掾。

更始二年秋，陈俊随刘秀率军进攻活动于清阳等地的数十万铜马农民军，铜马农民军在蒲阳大败而降。在这次战役中，陈俊屡立战功。蒲阳大战之后，陈俊被刘秀拜为强弩将军。

之后，陈俊随刘秀北上，继续追剿向北逃窜的尤来、五幡、大枪农民军及原本活跃在青州的五校农民军。四部农民军会师之后，人数多到 40 万人以上。在战斗中，陈俊率部与敌短兵相接，所向披靡，率军追杀 10 多千米，斩杀了五校农民军的大帅才率军回营。刘秀夸奖他说："如果我军的将领作战的时候都像陈俊这样勇猛，我还有什么可担忧的呢?"此战之后，刘秀回军，留下陈俊与耿弇、吴汉等 13 名将军消灭了农民军残部。

建武元年六月，刘秀称帝，封陈俊为列侯。

建武二年春天，陈俊率军清剿匡县农民军，攻取 4 个县，随后转击顿丘，所过三城不战而降，陈俊以战功封新处侯。同年秋天，陈俊一鼓作气，先后剿灭了河内郡的金门农民军、白马农民军。

建武三年春，陈俊随吴汉南下攻打梁王刘永，将其大将苏茂围困在广乐（今河南虞城北），击溃来援的刘永部将周建，苏茂弃城突围。不久，刘永被部将所杀。陈俊又率军攻下郡内诸县，平定了太山郡（即泰山郡）。

建武四年，陈俊、王梁随吴汉清剿临平的五校农民军残部。陈俊率部攻取了汝阳、项县和南武阳。之后，陈俊随建威大将军耿弇平定了张步。之后，陈俊调任琅琊郡太守。这时琅琊郡虽然还没有被平定，但陈俊威名赫赫，所以一上任，盗贼就自动解散了。陈俊又乘势进军剿灭了朐县的山寇孙阳，琅琊郡从此平定。

建武十三年，陈俊封祝阿侯；建武二十三年（47 年），去世。

二十、傅俊

傅俊（? —31 年），字子卫，颍川郡襄城人。

王莽新朝时期，傅俊担任颍川郡襄城县的亭长，负责治安、捕盗。

傅俊塑像

绿林军起义后，刘縯、刘秀兄弟率部经过襄城的时候，傅俊起兵响应，被委任为校尉。为此，他的家人和亲族被王莽杀害。

傅俊后跟随刘秀参加昆阳大战，以军功升任偏将军。

刘秀进攻洛阳时，傅俊独率一军，先后击破了洛阳以东的京县（今荥阳市东南）、密县（今河南省新密市）。刘秀为了嘉奖傅俊的战功，特准傅俊归襄城故里，殡葬被杀害的亲属。

更始元年，刘秀镇抚河北诸州郡。傅俊闻讯带领 10 多个宾客，从襄城起身，日夜兼程，在邯郸追上了刘秀。

刘秀被傅俊的忠诚感动，把汉军最精锐的颍川兵交给傅俊统率。此后，傅俊经常率军随刘秀征战，屡建奇功。傅俊在跟随刘秀平定河北的战争中，经常与王霸、臧宫共驻一营。后来，刘秀任命王霸为偏将军，任命傅俊、臧宫为骑都尉，三部兵马统一由王霸指挥，傅俊成了王霸的助手。

刘秀称帝后，傅俊出任侍中，侍从皇帝左右，参与机密。

建武元年九月，汉军光复洛阳，傅俊受命去淯阳接阴丽华到洛阳。当时，南阳郡在赤眉军的控制之下，傅俊费尽周折把阴丽华、刘秀的大姐刘黄和三妹刘伯姬接到了洛阳的皇宫。

建武二年春，傅俊被封为昆阳侯。

建武三年夏，傅俊率军随刘秀南征，支援先期南下的汉军，进攻割据南方的董䜣、邓奉、秦丰、田戎。傅俊跟随岑彭进攻割据荆襄一带的楚黎王秦丰，围困其老巢黎丘。岑彭围困黎丘的同时，分兵给傅俊，令其顺流而下，收取江东诸郡。七月，傅俊率领包括楼船舰队、步兵部队在内的数万汉军，水路并进，迅速攻克了扬州。同年冬，平定了江东各郡。傅俊掌控了江东六郡，对苏茂、周建、佼彊、董宪、李宪等割据势力形成了战略包围。

建武四年八月，刘秀率军进入寿春。他紧急征调傅俊所辖四郡军队到寿春，消灭了割据江淮的李宪。

建武五年，岑彭、傅俊率军南下讨伐割据夷陵一带的田戎。三月，岑彭、傅俊在南郡江陵县津乡大败田戎，攻克夷陵、秭归。田戎仅率数十骑奔逃入蜀，投奔公孙述。

之后，傅俊和偏将军房兖分别到江南、交州去宣读刘秀的诏书，陈述朝廷的威德。不久，交州太守邓让、江夏太守侯登、武陵太守王堂、长沙相韩福、桂阳太守张隆、零陵太守田翕、苍梧太守杜穆、交趾太守锡光等相继派遣使者归顺。

建武七年，傅俊回师洛阳，不久病故，谥号威侯。

二十一、杜茂

杜茂（？—43年），字诸公，南阳郡冠军县（今邓州市张村镇冠军村）人。

更始元年十月，刘秀镇抚河北诸州郡，广纳人才。杜茂就在此时投到刘秀麾下，担任中坚将军。从此，杜茂跟随刘秀参加了平定河北的征战。

建武元年六月，刘秀即皇帝位，杜茂被拜为大将军，封乐乡侯。他率军随刘秀北上进攻五校农民军，在真定击败五校军，随后又进兵迫降了广平县（今河北邯郸广平县）。

杜茂塑像

建武二年，杜茂封苦陉侯。当年春，残余的五校农民军与檀乡农民军合兵进扰魏郡、清河郡。杜茂随大司马吴汉在邺东漳水之上击溃农民军，农民军被斩首、投降的有10余万人。此次大捷之后，杜茂与中郎将王梁一起清剿五校农民军余部，先后在魏郡、清河郡、东郡（郡治濮阳，今河南濮阳西南）击败了五校农民军，平毁所筑营堡，迫降农民军持节的大将30余人，平定三郡，使之成为刘秀重要的后方基地。

建武三年，杜茂率兵在汝南境内协助汝南太守寇恂剿灭盗匪。同年，刘秀拜杜茂为骠骑大将军，主持消灭刘永残部的战斗，攻克沛郡、芒县。建武五年春，杜茂率捕虏将军马武攻克西防，刘永部将佼彊弃城出逃。至此，刘永残部被彻底消灭。

建武七年，杜茂率兵在晋阳（今太原一带）、广武（今山西代县）屯田，以防匈奴入侵，并且伺机消灭依附于匈奴的卢芳。当时，卢芳占据高柳（今山西阳高县），与匈奴兵勾结，多次侵犯边民，汉军屡战不利。

建武九年，杜茂与雁门太守郭凉再次出兵讨伐卢芳，在繁峙遭遇败绩，杜茂率军退入楼烦城（今山西省娄烦县境内）。

建武十三年，杜茂封修侯；十五年，杜茂因为粮饷问题使军吏杀人，被免官，降为参蘧乡侯；十九年去世。

二十二、铫期

铫期（？—34 年），字次况，颍川郡郏县人。

铫期塑像

铫期身材魁梧，容貌威严。他的父亲铫猛官至桂阳郡太守。铫猛死后，铫期为父服丧三年。因此，铫期至孝之名闻于四方。

更始元年九月，刘秀任司隶校尉，受命去洛阳办理行宫事宜。路过父城县时，冯异推荐铫期投到刘秀麾下，担任贼曹掾（官名，掌管盗贼之事）。十月，刘秀以破虏将军行大司马事持节北渡，镇慰河北诸州郡，铫期随行。

在一路北上的过程中，刘秀派他同冯异巡行各县，审理释放囚徒，抚恤鳏寡。冯异和铫期在完成日常任务的同时，还对河北愿意归附和不愿意归附刘秀的地方高级官吏做了一个秘密调查，上报给了刘秀。

十二月，王郎在邯郸称帝，悬赏追捕刘秀。刘秀在蓟县遇险，铫期跃马持戟开道冲出蓟城，到达信都郡与信都太守任光会合。刘秀在这里开始整顿兵马，讨伐王郎。铫期与傅宽、吕晏都被任命为裨将，归邓禹节制。邓禹命令三人分头去征兵。铫期在房子县（今河北高邑县西南）征召数千兵马，邓禹任命他为偏将军，统领兵马 2000 人，而傅宽、吕晏各带数百人。铫期率部先后攻下真定、宋子、乐阳（今河北石家庄市西北）、藁县（今石家庄市东南）和肥累（今河北晋州西）等地。

更始二年三月，刘秀率军攻打巨鹿城，王郎派倪宏、刘奉率军驰援巨鹿。刘秀一方面严令诸将加紧围困巨鹿，一方面亲率铫期的步兵部队及景丹的数千突骑迎击倪宏、刘奉，拉开了南䜌之战的序幕。铫期率领步兵为先锋迎战，倪宏、刘奉人多气盛，铫期的步兵伤亡惨重。铫期纵马突击，舞动手中的方天画戟，带领手下的士卒奋力死战，亲手格杀敌军50余人，锐不可当。混战中，铫期额头受伤，血流如注。他将伤口草草包扎，再次杀入敌阵。这时，偏将军景丹亲率两千精锐突骑飞驰而来，直取敌军侧翼，倪宏、刘奉阵脚顿时大乱，全军溃败。

之后，汉军直取邯郸，消灭了王郎政权。铫期以军功升为虎牙大将军。

更始二年夏秋之间，刘秀率部北上消灭活动于河北一带的铜马军，在鄡县一带大败铜马军。铜马军一部向正南方向流窜，另外一部则向东南方向进驻兖州刺史部东郡博平县一带。汉军兵分两路，铫期率领其中一路直奔博平，在博平城下展开大战。铜马军人数占绝对优势，铫期与诸将奋起迎战，战局不利，伤亡惨重。所幸刘秀率领大军及时赶到，与铫期前后夹击，铜马军全线崩溃。铫期、耿弇等人穷追不舍，在清河国馆陶县（今河北邯郸馆陶县）境内，再次击溃铜马军。

刘秀称帝后，封铫期为安成侯，食邑5000户。刘秀为了巩固魏郡，任命铫期为魏郡太守。建武五年，魏郡局势已基本稳定，铫期奉调回京师担任太中大夫，不久调任卫尉卿，管辖宫廷禁卫军。

建武十年，铫期病故。刘秀亲临治丧，赐敛服，赠以卫尉、安成侯印绶，谥号忠侯。

二十三、王霸

王霸（？—59年），字元伯，颍川颍阳人。

王霸喜好法律，年轻时曾担任监狱官。他常常感叹不愿做小官吏，他父亲觉得他不一般，送他到长安求学。刘秀起兵路过颍阳，王霸带门客相投，说：“将军起义兵，我不自量力，仰慕您的威信品德，愿意在您军中当兵。”刘秀说：“我做梦都想与贤士共成功业，岂有两样心思？”王霸跟随刘秀在昆阳之战中打败王莽主力大军王后，回颍阳。

王霸塑像

更始元年，刘秀担任司隶校尉，再次路过颍阳，王霸请示父亲，想跟刘秀走。他父亲说：“我老了，过不了军队生活。你去吧，要努力啊！”王霸随刘秀到了洛阳。刘秀镇抚河北时，王霸随行，担任功曹令史。当刘秀在河北处境最艰难的时候，跟随王霸投靠刘秀的几十个门客相继离去。刘秀对王霸说：“颍川人跟着我的都走了，而你独自留下来了。努力吧，疾风知劲草。”

更始二年，王郎在邯郸起兵，悬赏捉拿刘秀。刘秀此时在蓟县城内，他让王霸到集市上招募兵员，准备攻打王郎。集市上的人都大笑，嘲弄王霸，王霸惭愧而回。刘秀见状不妙，立即从蓟城南逃，跑到下曲阳滹沱河边时，侦察兵回来报告说没有船只，无法渡河，随从们十分害怕。刘秀让王霸前去察看，王霸怕吓着众人，回来就谎报说：“河面结冰了，可以过去。”大家都很高兴。刘秀笑着说：“侦察兵果然是胡说。”等大家到河边时，河水真就冻结了。刘秀对部下说：“王霸的权宜之计成就了大事，大概是上天的吉祥之兆吧。”刘秀任用王霸担任军正，封关内侯。刘秀攻克邯郸时，王霸杀死王郎，缴获王郎的官印，因功封王乡侯。

刘秀称帝后，王霸任偏将军。建武二年，改封富波侯。建武四年秋，王霸和捕虏将军马武向东在垂惠讨伐周建。建武五年春，刘秀拜王霸为讨虏将军。建武六年，王霸屯垦新安。建武八年，王霸屯垦函谷关，攻克荥阳、中牟，剿灭盗贼。建武九年，王霸和吴汉及横野大将军王常、建义大将军朱祐、破奸将军侯进等率领 5 万多人，攻打卢芳的部将贾览、闵堪盘踞的高柳。建武十年，王霸又和吴汉等四位将军率 6 万人从高柳出兵攻打贾览，王霸和渔阳太守陈欣担任先锋。

建武十三年，王霸增食邑，封向侯。当时，卢芳和匈奴、乌桓联合，入侵抢劫尤其频繁，边区军民很愁苦。王霸率解下刑具的囚犯 6000 多人，和杜茂一起修整飞狐道，堆土石，筑亭障，从代城（今河北蔚县东）到平城（今山西大同）共修治道路 150 多千米。王霸在上谷任职 20 多年，总计和匈奴、乌桓进行了大小几十、上百次交战。他很熟悉边疆军事，多次上书说应和匈奴结亲讲和，又建议运输可以由温水漕运，省去陆路运输的辛劳。他的建议都被采纳。后来，南单于、乌桓投降，北部边疆从此安定。

建武三十年，王霸改封淮陵侯。永平二年（59 年），王霸因病免官，几个月后去世。

二十四、任光

任光（? —29 年），字伯卿，南阳宛城人。

更始元年，刘縯率领部队攻取宛城，士兵见任光冠服鲜明，要抢夺他的衣服，发生冲突，刚好光禄勋刘赐经过，救下任光。此后，任光跟从刘赐，被任命为安集掾，后经刘赐推荐，担任偏将军。之后，任光与刘秀一起参加了击破王寻、王邑的昆阳大战。更始帝刘玄到了洛阳之后，任命任光为信都郡太守。

刘秀镇抚河北州郡时，王郎在邯郸起兵称帝，河北郡国纷纷归附王郎，只有信都郡太守任光、和成郡太守邳彤不降。任光与都尉李忠、信都令万脩、功曹阮况、五官掾郭唐等人同心固守，等待刘秀南下归来。当扶柳县廷掾拿着王郎的檄文到任光家去游说任光投降时，任光就把廷掾押到闹市上斩首示众。

任光塑像

更始二年春，刘秀一行人到达信都，任光率李忠、万脩等人大开城门欢迎刘秀。刘秀任命任光为左大将军，率部出城招募“奔命兵”，发檄文召集郡县讨伐王郎。

任光率军进入堂阳县境时，下令士兵燃起火把，点燃野外的草木，虚张声势，堂阳县不战而降。随后，刘秀率任光等人继续北上，招募士兵，传檄周边各郡县讨伐王郎并四处攻城，声威大震。

就在刘秀进攻王郎时，王郎派将攻陷信都城，抄了汉军的后路，扣押了众将的家属。为安抚军心，刘秀派任光率兵回救信都。任光的士兵中途溃散，任光只身逃回汉军大营。此时恰逢更始帝刘玄派将攻破了信都城，众将的家属才得到保全。

刘秀攻破邯郸之后，派任光回信都郡任太守。

建武二年春，任光获封阿陵侯，食邑万户；五年冬去世。

二十五、李忠

李忠（？—43年），字仲都，东莱黄县（今山东龙口市）人。

李忠塑像

李忠的父亲曾任高密都尉。汉平帝元始年间，李忠被任命为郎官。王莽时期，李忠担任新博属长。更始元年九月，王莽政权灭亡，新博复名信都，李忠被更始政权任命为信都郡都尉。

同年十月，刘秀北渡黄河，镇抚河北州郡。不久，王郎在邯郸称帝，悬赏捉拿刘秀，河北郡县大都归顺王郎。李忠认为天下豪杰只有刘秀能成大事，于是与信都太守任光、信都令万脩、功曹阮况、五官掾郭唐等同心固守信都，等待刘秀。

更始二年春，刘秀从蓟县一路南逃，奔赴信都。任光、李忠等大喜过望，大开城门迎接刘秀。刘秀入驻信都之后，任命李忠为右大将军，封武固侯。刘秀还解下自己所佩绶带给李忠佩戴，以示恩宠。

随后，刘秀亲率任光、李忠等诸将征讨周边属县。当大军到达苦陉县的时候，刘秀会合各路将领，问他们都在征战中抢夺到了哪些财物。一问之下才发现，诸将之中只有李忠没有纵兵掠夺。刘秀就说："我想特别赏赐李忠，你们不会有什么不满吧？"于是，他就把自己所乘的大骊马及绣被、衣物赐给李忠。

刘秀整顿兵马之后开始讨伐王郎。王郎另外派将领率军攻入信都，抄了刘秀的后路。

王郎的部队把李忠的母亲、妻子劫持了，让他们写信招降李忠。当时信都郡叛投王郎的豪强马宠的弟弟在李忠军中，李忠即时召见，斥责马宠背恩反叛，因而把他杀了。众将都惊恐，说："你母亲和妻子还在人家手中，杀了他的弟弟，这还了得。”李忠说：“如果放纵贼人不杀，便是我对主公有了二心了。”刘秀听说这件事情之后，很赞赏李忠的行为。他对李忠说：“当前我们的军队已经做好了部署，将军可以放心地回信都去救你的母亲和妻子。你可以自行悬赏招募信都城中的吏民，有能救你家属的人，赏赐千万钱，到我这里来领取赏金就行。”李忠说：“蒙明公大恩，我只想到为主公效命，实在不敢顾及自己的家属。”此时，恰逢更始帝刘玄派将攻下信都，李忠家属才得到保全。刘秀派李忠回信都担任太守。李忠到任后，就把郡中归附王郎的豪强大姓诛杀了数百人。

建武二年春，李忠被封为中水侯，食邑 3000 户。同年，拜五官中郎将。

建武五年三月，庞萌造反投靠董宪。李忠随刘秀出征，参加了平定庞萌、董宪的战役。

建武六年，李忠任丹阳郡（今安徽宣城市宣州区）太守。他大力招安郡内拥兵自立的人，安抚顺从亲附的人，把那些不降服的人全部诛杀，很快平定了全郡。

丹阳郡地处长江以南，郡内有许多越族人。越族民众比中原地区落后，于是他兴办学校，教诲民众练习礼节，熟悉法令。他重用通晓经籍的知识分子，提高读书人的地位，社会风俗为之一变。李忠还制定招怀流民的政策。三年间，定居丹阳郡从事农业劳动的流民有 5 万多人。随着在籍人口的增加，开垦的土地也不断增多。

建武十四年，李忠政绩考核被评定为全国第一，调任豫章郡（今江西省南昌市市区）太守。后因病免官，回京都休养，十九年病故。

二十六、万脩

万脩（？—26 年），字君游，扶风茂陵（今陕西兴平）人。

万脩塑像

更始元年九月，刘玄登基之后，万脩被任命为信都令。

刘秀到河北后不久，王郎在邯郸称帝，悬赏捉拿刘秀。刘秀在蓟城遇险，星夜南逃。此时河北各地大都归附王郎，只有信都、和成两郡拒不投降。万脩与太守任光、都尉李忠、功曹阮况、五官掾郭唐等一起，同心同德固守信都，等待刘秀。

更始二年春，刘秀到达信都，得到任光、万脩、李忠、邳彤等的支持。刘秀从信都起兵，率领任光、万脩、李忠等起兵讨伐王郎。五月，刘秀攻破邯郸，诛杀王郎。万脩以军功升右将军。此后，万脩跟随刘秀参加了平定河北的一系列战役。

建武元年七月，万脩随大司马吴汉围攻洛阳。洛阳守将朱鲔在岑彭的劝说之下投降，汉军进入洛阳。

建武二年春，刘秀改封万脩为槐里侯。八月，万脩随刘秀北上击溃五校农民军，迫降 5 万余人。

此时，南阳郡堵乡县人董䜣乘汉军主力北上之际，聚众攻陷南阳，据城反叛。复阳县人许邯在杏聚起兵响应董䜣。刘秀任命大司马吴汉为主将，任命扬化将军坚镡、右将军万脩为副将，率领汉军主力 10 余万人南下平叛。因为吴汉纵兵劫掠南阳一带，刘秀手下的破虏将军邓奉正好从洛阳回新野探亲，一气之下举兵造反，汉军被邓奉、董䜣、许邯等分割围困，孤立无援。就在这形势万分危急之时，万脩病逝军中。

二十七、邳彤

邳彤塑像

邳彤（？—30年），字伟君，信都郡信都县（今河北省冀州区旧城）人。在河北安国市一带，邳彤被尊奉为“药王”。

邳彤出身于官宦之家，他的父亲邳吉曾经担任辽西郡的太守。邳彤在王莽新朝时期担任和成（一说和戎）卒正（王莽篡位后，分巨鹿郡置和成郡，郡治在下曲阳城，太守改称卒正）。

更始元年，刘秀北渡黄河，镇抚河北州郡。当他来到下曲阳时，邳彤率部举城相迎，被任命为和成郡太守。刘秀在下曲阳停留了几日，继续北上。当刘秀走到蓟县时，王郎在邯郸称帝，各郡县纷纷归附王郎，只有信都太守任光、和成太守邳彤不肯听从王郎的号令。

更始二年春，刘秀从蓟县南归，逃往信都。邳彤闻讯派部下五官掾张万、督邮尹绥率精骑2000余人在道路边上迎接刘秀。刘秀到了信都后，邳彤赶紧前来信都拜会。

当时，刘秀虽然得到信都、和成二郡的支持，但二郡兵力有限且部队分散驻守，所以很多人建议由信都郡派遣部队护送刘秀西归长安。邳彤坚决反对，说：“天下黎民对王莽深恶痛绝，深受其害。各地的官吏、军民思念汉室。因此，更始皇帝一称尊号，天下响应，长安人民自发地修缮宫殿、维修道路，翘首夹道欢迎更始皇帝。自从上古以来，也没有感物动民达到这种程度的。”邳彤接着说：“在邯郸称孤道寡、不可一世的王郎不过是一个算命先生。他用谎言欺骗百姓，蒙蔽天下人的耳目，虽然看上去势力很大，不过是小人得志，纠集了一帮乌合之众盘踞在燕赵之地，在河北并没有深厚的根基。大司马只要征调和成、信都两个郡的人马，何愁不能讨平他。”

邳彤一席话，说得刘秀频频点头。邳彤又接着说：“如果西归长安，不但空失河北，而且惊动三辅，威信扫地，不是好办法。大司马一旦西归长安，邯郸王郎的势力坐大，等他羽翼丰满了，就不可收拾了。一旦他们扎下了根基，就会为非作歹，鱼肉百姓。大司马初来河北之时，老百姓把大司马像父母一样看待。如果大司马打算西归长安，和成、信都两地的军民必然会四散奔逃。如此一来，大事就干不成了。”

刘秀听从了邳彤的建议，任命邳彤为后大将军，率部攻略周围诸县。汉军第一个攻击的目标是堂阳县，当时堂阳县已经归属王郎了。邳彤派遣张万、尹绥先去晓谕县中官吏民众，说大司马刘秀晚上就带大军到堂阳县，让他们到时候马上打开城门迎接，堂阳县吏民畏惧汉军势大开城投降。之后，邳彤又率军在中山击破了白奢农民军。

汉军进军邯郸时，王郎派将攻下信都，抄了汉军的后路。邳彤是信都人，他的家人都在信都，王郎军队把邳彤的父亲、弟弟、妻子、儿女囚禁起来，逼迫他们写信劝降邳彤。邳彤回信说：“效力君王的人顾不上家。邳氏一族所以至今得以安身于信都，都是刘公的恩德。刘公正忙于国事，我邳彤不能以私事为念。”恰在此时，更始政权的军队攻下了信都，邳彤的家人幸免于难。

五月，汉军攻占邯郸，斩杀王郎。邳彤封武义侯。

更始三年，刘秀率军追击流窜河北的几支农民军到渔阳一带。刘秀回蓟城时，命令邳彤、耿弇等13名将军继续追击农民军残部，邳彤诸将在潞东、平谷连续重创农民军，斩首13000余级，消灭了其残部。六月，刘秀称帝，邳彤获封灵寿侯，代理大司空。

建武二年，邳彤随刘秀入洛阳，担任太常，一个多月之后又改任少府，同年转任左曹侍中。此后，他经常跟随刘秀出征平叛。

建武六年，邳丹辞官回封国，同年病逝。

二十八、刘植

刘植（？—26年），字伯先，巨鹿郡昌城（治所在今衡水冀州区西北）人。

更始元年，刘秀以大司马的身份北渡黄河，镇抚河北各州郡。十二月，王郎在邯郸称帝，河北大乱，刘植与刘喜、刘歆乘机率领手下的数千人占据了昌城县城。

刘植塑像

更始二年一月，刘秀南下得到信都太守任光、和成太守邳彤等的拥戴，从信都起兵讨伐王郎。刘秀率军到昌城时，刘植开城迎接刘秀，被任命为骁骑将军，刘喜、刘歆为偏将军，都封为列侯。

当时，真定王刘杨占据真定，拥兵十几万人。刘秀派刘植去劝降刘杨。刘植成功地说服了刘杨，刘秀娶了刘杨的外甥女郭圣通，通过政治联姻的方式取得了刘杨的支持。五月，刘植随刘秀进兵攻下邯郸，斩杀王郎。

秋天，刘植随刘秀进攻活动于鄡、清阳、博平的几十万铜马军。一个多月后，击溃铜马军，随后又在蒲阳与铜马、高湖、重连联军决战，各部农民军大败而降。随后，刘植又随刘秀的军队击溃了聚集在射犬聚一带的青犊、大彤、上江、铁胫、尤来、五幡等部10余万农民军。

更始三年正月，汉军击溃农民军主力后，刘秀返回蓟县，派刘植与耿弇、吴汉等人继续追击尤来、大枪、五幡等农民军余部，在潞东、平谷斩首13000余级，穷追至右北平郡的无终、土垠之间，到浚靡歼灭残余而还。

建武二年，刘植获封昌城侯。同年，刘植在平定密县时战死。

附录 2　刘秀年表

1. 西汉哀帝建平二年

十二月初六，刘秀出生于济阳县（河南省兰考县东北 20 千米的固阳镇）。他出生的时候，有红光照耀整个房间。当年有一株水稻长出了 9 个穗，被认为是吉祥的征兆，因此取名秀。

2. 西汉平帝元始三年

刘秀的父亲刘钦去世，年仅 9 岁的刘秀和兄妹回到祖籍枣阳春陵白水村，依靠叔父刘良生活。

3. 西汉初始元年

王莽废掉西汉最后一个皇帝刘婴，正式代汉登基称帝，建立新朝，建元“始建国”，西汉灭亡。

4. 王莽新天凤年间

刘秀去长安求学，拜中大夫许子威为老师，学习《尚书》等。在长安，与他同学的有邓禹和严光。

5. 王莽新地皇三年

刘秀及兄长刘縯联合宗族数千人在春陵正式起兵，不久加入绿林军，联合反抗王莽。

6. 王莽新地皇四年，更始元年

二月，刘秀的族兄刘玄被绿林军拥立为皇帝，恢复汉朝，年号更始。

三月，王莽遣大司空王邑、大司徒王寻发动各州郡精兵共 42 万人扑向昆阳和宛城一线，力图一举扑灭新生的更始政权。

五月，王邑、王寻率军西出洛阳，南下颍川，与严尤、陈茂两部会合，迫使刘秀的部队从阳关（今河南禹县西北）撤回昆阳。刘秀率13名骑兵乘夜出城，前往定陵县、郾县调集援兵，赴援昆阳。

六月，刘秀、王凤等在昆阳（今湖北叶县）大败王莽主力大军几十万人，杀主将王寻，取得了昆阳大捷，动摇了王莽政权的统治基础。此后，更始政权进入战略进攻阶段，刘秀兄弟的威望不断提高。

九月，长安百姓响应绿林军，杀死王莽，新朝覆灭。不久，刘玄杀死了刘秀的哥哥刘缤。刘秀娶新野阴氏家族的阴丽华为妻。不久，刘秀奉命以司隶校尉之职前往洛阳整修宫室。

十月，更始帝刘玄派刘秀北渡黄河，镇抚河北州郡。在邯郸，宗室刘林向他建议掘开黄河，水淹赤眉军，被拒。

十二月，刘秀巡行真定。

十二月，刘林拥立诈称汉成帝儿子刘子舆的王郎为天子，悬赏捉拿刘秀。

7. 更始二年

正月，刘秀一行来到蓟城。故广阳王之子刘接在蓟城起兵响应王郎，刘秀不得已南奔信都。刘秀在信都郡太守任光、和成郡太守邳彤的支持下，起兵讨伐王郎。不久，刘秀得到渔阳太守彭宠和上谷太守耿况及其子耿弇的支持。为了促成和真定王刘杨的联盟，刘秀亲赴真定迎娶刘杨的外甥女郭圣通。

四月，进攻邯郸，与更始帝刘玄派遣的谢躬形成南北夹击之势，连战连捷。

五月甲辰，刘秀攻克邯郸，杀死王郎。刘秀被更始帝封为萧王。

秋，刘秀与铜马军在巨鹿首次交战，双方形成胶着态势。刘秀的大将吴汉自幽州率突骑南下，驻扎在清河郡清阳县，与刘秀军形成对铜马义军的夹击之势，连续击溃铜马军，迫降几十万众。

8. 更始三年，东汉建武元年

六月二十二日，刘秀以《赤伏符》的预言为根据，在鄗城的千秋亭五成陌设坛祭天，即皇帝位，年号建武，大赦天下。

七月，大封功臣。

九月，刘秀围攻洛阳，数月不下。他许诺更始政权大将朱鲔不追究杀害刘縯的事，朱鲔投降。赤眉军攻入长安，更始帝刘玄仓皇出逃，更始政权灭亡。

十月，刘秀定都洛阳。

9. 东汉建武二年

正月，邓禹攻入长安。

三月，刘秀遣将进攻南方更始政权众将领，渔阳太守彭宠和汉将邓奉相继造反。

十一月，刘秀命岑彭进攻邓奉。刘秀欲封阴丽华为皇后，阴丽华坚辞不受，因而立郭圣通为皇后、其长子刘强为皇太子。

10. 东汉建武三年

正月，刘秀在宜阳迫降赤眉军。

三月，刘秀亲征邓奉。

四月，邓奉被杀，刘秀派军继续进攻南方，自己回洛阳。

11. 东汉建武四年

刘秀至河北，命吴汉率军消灭五校等农民武装。

刘秀至寿春（今安徽合肥），派马成进攻李宪。

刘秀至黎丘，招降秦丰不果。

12. 东汉建武五年

刘秀亲临桃城（今山东兖州）进攻叛将庞萌。

刘秀驾幸临淄。

同年，名士严子陵到洛阳。

13. 东汉建武六年

经过近六年的东征西讨，刘秀基本上统一了中国的东方，与西北陇右的隗嚣、西南巴蜀的公孙述形成了鼎足之势，并且派大军取道陇上意图攻打巴蜀的公孙述。

三月，他亲自到长安指挥作战。

五月，陇右隗嚣反叛。

14. 东汉建武七年

春，公孙述封隗嚣为朔宁王，出兵增援陇右。光武帝回洛阳，下诏释放囚犯，在押囚犯减刑，解散部分军队。

15. 东汉建武八年

来歙和征虏将军祭遵攻下略阳，杀死隗嚣守将金梁，据守略阳。隗嚣尽出精锐围攻略阳。刘秀亲自率大军增援，隗嚣部众溃散，略阳解围。

颍川、河东造反。

八月，刘秀东归。

16. 东汉建武九年

刘秀派来歙和冯异攻打隗嚣。来歙率领征西大将军冯异、建威大将军耿弇、虎牙大将军盖延、扬武将军马成等，打败公孙述部将田弇、赵匡。来歙攻克落门，隗嚣余党及天水属县全部投降。

17. 东汉建武十年

平定陇西。

18. 东汉建武十一年

刘秀派岑彭攻打公孙述。

十月，岑彭被公孙述派人刺死。

十二月，吴汉进攻公孙述。

19. 东汉建武十二年

吴汉灭公孙述。自建武元年至建武十二年，刘秀用了 12 年统一中国。

20. 东汉建武十三年

增功臣封邑、爵位，解除功臣兵权。

21. 东汉建武十四年

西域各国请求刘秀设置西域都护，刘秀婉拒。

22. 东汉建武十五年

下诏度田，清查天下郡县田亩。南阳多皇族近亲，河南多近臣，二地清查田亩遇到困难。

23. 东汉建武十六年

交趾（今越南河内）女征侧、征贰造反。

24. 东汉建武十七年

刘秀派伏波将军马援征讨征侧、征贰。皇后郭圣通被废，阴丽华被册立为皇后。

25. 东汉建武十八年

马援击溃征侧、征贰的叛军。

26. 东汉建武十九年

太子刘强退位，降为东海王，改立阴丽华的儿子刘阳为太子。

征侧、征贰死。

洛阳令董宣杀死犯杀人罪的湖阳公主家奴，不肯认错，被称为“强项令”。

27. 东汉建武三十年

群臣请求刘秀封禅，刘秀拒绝了，他说：“即位三十年，百姓怨气满腹，召欺谁，欺天乎？”

28. 建武中元元年

根据河图会昌符及谶文的说法，刘秀封禅泰山。

29. 建武中元二年

二月五日，刘秀在南宫前殿逝世，享年 62 岁。

三月五日，葬刘秀于原陵，上庙号世祖、谥号光武皇帝。

后　　记

东汉开国之君刘秀，在中国历史上是一位了不起的人物。

早在少年时代，常听父辈讲述有关刘秀的民间故事，刘秀的形象早已镌刻于心。退休之后，多次参加省市地方志书的评审工作，有缘览阅河北史志及有关图书，书中均记载了当地众多刘秀的传说，大都是记录刘秀被王郎追赶走投无路时，平民百姓舍身相救的故事，以及刘秀登基称帝后，心系平民，不忘当年民众相助之恩，均予封赏，终得民众爱戴之轶事。刘秀事迹与故事在河北乃至山西、河南等地世代相传且传播地域极为广泛。同时，若干历史典籍中也记载了刘秀的人生经历与活动轨迹，若干历史评议也高度评价了他的不朽业绩与历史功绩。

通过对这些原始资料进一步的梳理和思考，深刻认识到刘秀的东汉中兴与河北有着密切而重要的关系。当时，王郎自蓟（现天津市蓟县）追赶刘秀，刘秀一路四处逃避，多处守城要官闭门不纳，只有信都（现衡水市冀州区）太守任光打开城门亲自迎接，和成太守邳彤（冀州人士）率大军投奔相助，并且力排众议，劝服刘秀留至河北，开始修整那支疲惫不堪的队伍，结束了在河北狼狈流亡的日子，建立复兴汉业的冀州根据地，丰富了“一言可以兴邦”的历史典故。后刘秀在河北转战，力量逐步壮大，于鄗邑（今柏乡县）千秋台登基称帝，成就了光武伟业。可以说，历史上的东汉中兴由“冀”而来。

随着“东汉中兴由冀而来”这一认识的不断深化，作一部《刘秀与河北》之书的想法就常在脑海中浮动。2019 年初，开始谋篇布局，筹划编辑。常说孤掌难鸣，为此我要找个帮手，于是想到参加巨鹿县与博野县二轮县志评审时结识的滑春改与郑文林两位同志，他们对人热情，均有学识。通过电话联系，将编辑此书的意愿和盘托出。可喜的是，他们很愿意不计报酬地担当此事。于是，我们详细列出编辑提纲，分工合作，开始有序收集资料，正式启动了编纂工作。后来又有齐春荣、尚旭景等同志加入，壮大了编辑队伍。

踏上征途路，总要经风雨。我们在编辑过程中也遇到资料欠缺、记述不详、版本不一等问题。特别是2020年初，当个人收集的散落资料正需碰头研究时，疫情袭来，给大家带来了诸多意想不到的困难。是就此搁浅，还是迎难而上？经过冷静而认真地思索，我们清醒地认识到当前所做的这些是挖掘梳理河北历史的一项大有裨益的工作。这是我们的责任，应勇于担当。于是利用现代的通信工具，线上沟通，线下快递，仔细修订校正，三易其稿，但我们从未谋面，直至出版社做出样书。通过这次合作，深刻体会到这些同志是“说事、干事、靠谱之人”。

千淘万漉虽辛苦，吹尽狂沙始到金。为进一步核实史实，今年疫情过后，我们又到邢台、邯郸、石家庄、衡水、沧州等有关刘秀活动遗址前去考察，取得众多宝贵资料，丰富了很多生动内容。

此书的出版感谢梁勇、陈廷佑先生作序，感谢杨洪进、孟鹏文、杨福忠、杨秀丽、吴恒青、张积涛等省方志界同仁及河北大学出版社众多同志的支持和帮助。但是，由于水平受限、经验不足，再加上时间紧迫、工作量大，《刘秀与河北》一书中不足和错误之处在所难免，敬请各位专家和读者指正！

常海成

2021年5月16日